"Este cuidadosamente elaborado y lúcidamente escrito libro cubre historia (estudios de caso de 1971-89, 1990-2000, 2001-16), teoría (una discusión de hegemonía, poder y diplomacia económica) y diferentes facetas del hemisferio occidental (estudios de caso de Canadá, México, Centroamérica, y Sud-América). Una maravilla de pensamiento claro sobre historia, teoría y el continente americano, este es uno de los mejores trabajos, explorando los altibajos del poder estadounidense."

— Peter J. Katzenstein, Walter S. Carpenter Jr. Professor of International Studies, Cornell University

"Arturo Santa Cruz ha escrito el libro definitivo sobre la hegemonía estadounidense en el continente americano. Quizás por primera vez, un análisis del hemisferio occidental en su totalidad ha sido ubicado en el contexto más amplio de la literatura sobre Relaciones Internacionales. Santa Cruz nos lleva a través de cuatro décadas, empezando en 1971, mientras aborda las grandes preguntas relacionadas con el poder, la hegemonía y la diplomacia económica. Santa Cruz argumenta que la naturaleza de la hegemonía estadounidense en el continente ha estado basada en gran parte en la diplomacia económica y ha permanecido intacta hasta la elección de Donald Trump en 2016. Desde 2016, la hostilidad de Washington hacia la región entera y sus intentos por presentar a China como una amenaza a su hegemonía en el hemisferio bien se podrían convertir en una profecía autocumplida. Este sofisticado libro ofrece una explicación completa de cómo Estados Unidos llegó de aquí a allá."

— Carol Wise, School of International Relations, University of Southern California

"El libro de Arturo Santa Cruz es un re-examen oportuno de las cuestiones esenciales que enfrentan las Americas. Yendo más allá tanto de nociones simplistas de hegemonía, como de un ámbito geográfico estrecho, Santa Cruz combina una conceptualización sofisticada con casos de estudio detallados. Sus conclusiones ofrecen valiosas revelaciones acerca de la trayectoria del poder, y la naturaleza y el impacto de los cambios concernientes a la diplomacia económica estadounidense durante la presidencia de Trump. El libro merece un amplio número de lectores entre estudiantes y académicos tanto de órdenes regionales comparativos como del hemisferio occidental más específicamente."

— Andrew F. Cooper, Balsillie School of International Affairs and the Department of Political Science, University of Waterloo

"Arturo Santa Cruz explora si el grado de hegemonía estadounidense (o de poder asimétrico) está decayendo, incrementando o manteniéndose constante en relación con ciertos países en particular y con América Latina en general. Otras discusiones de este tema son frecuentemente ideológicas y/o polémicas. Santa Cruz aborda la cuestión de manera lúcida, clarificando conceptos, revisando y comparando información, y tomando en cuenta variaciones entre los casos a lo largo del tiempo."

— Abraham F. Lowenthal, Profesor Emérito, University of Southern California

La hegemonía estadounidense y el continente americano

This book is part of the Peter Lang Regional Studies list.
Every volume is peer reviewed and meets
the highest quality standards for content and production.

PETER LANG
New York • Bern • Berlin
Brussels • Vienna • Oxford • Warsaw

Arturo Santa Cruz

La hegemonía estadounidense y el continente americano

Poder y diplomacia económica en las relaciones internacionales

PETER LANG
New York • Bern • Berlin
Brussels • Vienna • Oxford • Warsaw

Library of Congress Cataloging-in-Publication Data

Names: Santa Cruz, Arturo, author.
Title: La hegemonía estadounidense y el continente americano: poder y diplomacia económica en las relaciones internacionales / Arturo Santa Cruz.
Description: New York: Peter Lang, 2021.
Includes bibliographical references and index.
Identifiers: LCCN 2020021243 (print) | LCCN 2020021244 (ebook)
ISBN 978-1-4331-7781-1 (hardback) | ISBN 978-1-4331-7782-8 (paperback)
ISBN 978-1-4331-7783-5 (ebook pdf)
ISBN 978-1-4331-7784-2 (epub) | ISBN 978-1-4331-7785-9 (mobi)
Subjects: LCSH: Latin America—Foreign relations—United States. | United States—Foreign relations—Latin America. | Latin America—Foreign economic relations—United States. | United States—Foreign economic relations—Latin America. | Canada—Foreign relations—United States. | United States—Foreign relations—Canada. | Canada—Foreign economic relations—United States. | United States—Foreign economic relations—Canada. | Hegemony—United States.
Classification: LCC F1418 .S259 2021 (print) | LCC F1418 (ebook) | DDC 327.7308—dc23
LC record available at https://lccn.loc.gov/2020021243
LC ebook record available at https://lccn.loc.gov/2020021244
DOI 10.3726/b17276

Bibliographic information published by **Die Deutsche Nationalbibliothek**.
Die Deutsche Nationalbibliothek lists this publication in the "Deutsche Nationalbibliografie"; detailed bibliographic data are available on the Internet at http://dnb.d-nb.de/.

Original title: *US Hegemony and the Americas: Power and Economic Statecraft in International Relations* (New York: Routledge, 2020)
Translation by Fernando Osuna Rojas
Cover image by Brigit Baur

80 Broad Street, 5th floor, New York, NY 10004
www.peterlang.com

Para Brigit, Hannah, y Diego
Ten Pysk

Contenido

Nota del traductor

"Economic statecraft" frecuentemente se traduce como "diplomacia económica". Sin embargo, el término no es exacto, pues "statecraft" hace referencia al "arte de gobernar", o simplemente a la "política", lo cual no corresponde al significado del término compuesto original —el cual hace referencia al uso de medios económicos para fines políticos— ni a su vaga traducción al español. Todavía más, en la literatura especializada (como se verá en el cuarto capítulo de este libro) existe una corriente distinta a la de "economic statecraft" que se denomina "economic diplomacy", término que sí corresponde al de "diplomacia económica". Finalmente, es frecuente encontrar en trabajos en español el término "economic statecraft", sin traducir. Así pues, en aras de ser fiel a su significado, este traductor ha optado por la opción recién mencionada y conservar el término en inglés, utilizando itálicas (*economic statecraft*), a lo largo del texto.

Acrónimos

11-S	11 de septiembre
AIG	American International Group
ALBA	Alianza Bolivariana para los Pueblos de Nuestra América
ALCA	Área de Libre Comercio de las Américas
ASPAN	Alianza para la Seguridad y la Prosperidad de América del Norte
ATPA	Ley de Preferencias Arancelarias Andinas
ATPDEA	Ley de Preferencias Arancelarias Andinas y Erradicación de la Droga
BID	Banco Interamericano de Desarrollo
BRICS	Brasil, Rusia, India, China y Sudáfrica
CAFTA-DR	Tratado de Libre Comercio de América Central y República Dominicana
CARICOM	Comunidad del Caribe
CBPTA	Ley de Asociación Comercial de la Cuenca del Caribe
CCCT	Comisión Conjunta para el Comercio y las Transacciones
CDI	Carta Democrática Interamericana
CEE	Comunidad Económica Europea
CELAC	Comunidad de Estados Latinoamericanos y Caribeños
CIA	Agencia Central de Inteligencia

CMDA	Conferencia de Ministros de Defensa de las Américas
CUSFTA	Tratado de Libre Comercio entre Canadá y Estados Unidos
DEAN	Diálogo Económico de Alto Nivel
DEG	Derechos Especiales de Giro
DFAIT	Ministerio de Asuntos Exteriores y Comercio Internacional
EPI	Economía Política Internacional
EXIM	Banco de Exportaciones e Importaciones
FIRA	Agencia de Revisión de la Inversión Extranjera
FMCSA	Administración Federal de Seguridad de Autotransportes
FMI	Fondo Monetario Internacional
FMLN	Frente Farabundo Martí de Liberación Nacional
FRC	Conceptos de Semblanzas de Familia
GAO	Oficina General de Cuentas de Estados Unidos
GATT	Acuerdo General sobre Aranceles Aduaneros y Comercio
ICC	Iniciativa de la Cuenca del Caribe
IHO	Idea del Hemisferio Occidental
NAFA	Acuerdo Financiero de América del Norte
NEP	Programa Nacional de Energía
NORAD	Mando Norteamericano de Defensa Aeroespacial
OEA	Organización de los Estados Americanos
OMC	Organización Mundial del Comercio
ONU	Organización de las Naciones Unidas
OTAN	Organización del Tratado del Atlántico Norte
PAN	Partido de Acción Nacional
PEE	Política Económica Exterior
PIB	Producto Interno Bruto
RI	Relaciones Internacionales
SGP	Sistema Generalizado de Preferencias
TEH	Teoría de Estabilidad Hegemónica
TIAR	Tratado Interamericano de Asistencia Recíproca
TLC	Tratado de Libre Comercio
TLCAN	Tratado de Libre Comercio de América del Norte
TPA	Autoridad de Promoción Comercial
TPP	Acuerdo Transpacífico de Cooperación Económica
URSS	Unión de Repúblicas Socialistas Soviéticas
USAID	Agencia de Estados Unidos para el Desarrollo Internacional
USTR	Oficina del Representante de Comercio de Estados Unidos

Introducción

Durante al menos las últimas cuatro décadas, académicos y medios de comunicación han venido debatiendo los vaivenes de la hegemonía estadounidense. Las discusiones sobre el declive de Estados Unidos se incrementaron en el contexto de la crisis del petróleo y el "Nixon Shock"; una década después, con el repliegue y eventual desaparición de la Unión Soviética, la discusión viró en sentido contrario: Washington pasó a ser la Nueva Roma. Durante el cambio de milenio, el debate experimentó un nuevo giro con el surgimiento de los BRICS (en lo general) y el ascenso de China (en lo particular).

La naturaleza pendular de la discusión sobre la hegemonía estadounidense ha puesto en evidencia dos cosas: primero, un cambio de enfoque con respecto a lo que debe considerarse al abordar el tema y, segundo y más importante, una concepción errática del concepto que subyace a la hegemonía: el poder. El uso de distintas definiciones y parámetros a lo largo del tiempo ha vuelto complicado evaluar afirmaciones que se contraponen entre sí. Básicamente, el entendimiento del poder se ha presentado —de manera más o menos explícita— a partir de dos grandes corrientes: una lo concibe como propiedad, la otra como una relación social. Un análisis minucioso de otras formas de entender el poder, así como el uso consistente y delimitado del término, puede ilustrar la posición cambiante de Estados Unidos en el sistema internacional. Como sugerí anteriormente, se pueden distinguir tres fases en el debate sobre la hegemonía de este país: la primera abarca el periodo 1971–1989, es decir, desde lo que se considera el término del sistema Bretton Woods hasta el fin de la Guerra Fría; la segunda, 1990–2000, corresponde al interregno o al "momento unipolar" y la tercera, 2001–2016, va desde el supuesto "ascenso" de China (simbolizado por su ingreso a la Organización Mundial de Comercio) hasta el fin de la era Obama en Washington.

Este trabajo tiene como centro analítico lo que debería ser un caso de estudio crítico para el ejercicio de la hegemonía estadounidense: el continente americano, esto es, su histórica zona de influencia. El razonamiento detrás de este enfoque regional es metodológico: si se puede demostrar que la influencia de Washington en la región ha disminuido desde principios de los años 70, fácilmente se puede asumir que lo mismo ocurrió en otras latitudes. Así, podríamos considerar al hemisferio occidental como un "caso de estudio crítico"; estos últimos, como ha evidenciado la literatura existente, son de gran utilidad para probar tanto teorías como hipótesis.[1] Así pues, focalizo el análisis en tres regiones: Norteamérica, Centroamérica y Sudamérica. Debido a que cada región incluye países cuyas relaciones con Estados Unidos han sido muy distintas entre sí, considero que los hallazgos que aquí presento pueden contribuir a un mejor entendimiento del poder estadounidense en las subregiones en cuestión, añadiendo a su vez una mayor variabilidad a los resultados en conjunto. Es así como esta obra utiliza también el método comparativo con el objetivo de fortalecer los hallazgos que resulten de los distintos casos de estudio.[2] La ventaja de recurrir al estudio de (múltiples y comparados) casos radica en que esta metodología pone su foco en algo que es fundamental al momento de observar los vaivenes del poder en la política internacional: los procesos. Dada la naturaleza de la investigación, el acercamiento que utilizo es preeminentemente estatocéntrico, aunque en momentos ahondo en política interna.

De esta manera, centro mi análisis en las relaciones económicas entre Estados Unidos y algunos países del hemisferio. La economía es un campo que se encuentra en un punto medio entre temas tradicionalmente considerados en el ámbito del poder duro y/o de la alta política, como la seguridad, de los cuales, enfoques de corte más sociológico normalmente tienen poco que decir, y temas del ámbito del poder suave y/o de la baja política, como la diplomacia o el cambio normativo, donde las teorías dominantes han mostrado escaso interés. Debido a que ambos enfoques tienen algo que aportar al debate sobre la economía vista como una

1. Eckstein 1975; Lijphart 1975; George 1979; Gerring 2007.
2. Lijphart 1971; Ragin 1987; Collier 1993; Kohli et al. 1995; Peters 1998.

arena para las relaciones de poder, ésta puede servir como un espacio de encuentro para ambos planteamientos. Con la finalidad de especificar y operacionalizar el concepto de poder, pongo el foco en el *economic statecraft*, entendido no solo como un repertorio de herramientas de las cuales pueden echar mano los actores políticos para ejercer el poder, sino también como un componente más estructural relacionado con la identidad de quien lo ostenta, en este caso Estados Unidos. El objetivo es "robustecer" el concepto de *economic statecraft*, considerándolo como una práctica social cotidiana y profundamente arraigada que no se limita al uso de técnicas especiales en circunstancias extraordinarias.

Estructura del libro

Divido este trabajo en ocho capítulos (más las conclusiones); en la primera mitad me ocupo principalmente de asuntos conceptuales e históricos, mientras que en la segunda presento narrativas analíticas de casos empíricos. En el capítulo uno reviso el debate sobre el declive de la hegemonía de Estados Unidos. Asimismo, con la finalidad de poner en contexto la discusión académica, hago un repaso tanto de las condiciones iniciales sobre las cuales se ha desarrollado el debate como de los medios con los que Washington alcanzó su estatus hegemónico en los años posteriores a la Segunda Guerra Mundial. Las consideraciones previas sirven para hacer una revisión de las fases por las que el debate en cuestión ha transitado desde los años 70; con el fin de introducir el debate analítico en la región de interés de este trabajo, focalizo el argumento en el hemisferio occidental, particularmente en América Latina. En la última sección del capítulo enmarco la discusión general en términos de anarquía contra jerarquía, sosteniendo que el tema que subyace a las distintas etapas del debate es el tipo de orden que existe en la política internacional.

En el segundo capítulo analizo la naturaleza de los órdenes regionales jerárquicos centrándome en el hemisferio occidental. Explico a detalle la importancia de las regiones en la política mundial para después centrarme en el funcionamiento de las relaciones jerárquicas en el continente, donde observo de manera separada los casos de Canadá y de América Latina. En el capítulo tres examino el concepto de poder, tanto porque subyace la idea de hegemonía como porque se encuentra muy arraigado tanto en la disciplina de las Relaciones Internacionales (RI) como en la Ciencia Política en general. Hago también una revisión de distintos entendimientos sobre el poder utilizados en RI y abogo por un uso que tenga más que ver con las relaciones sociales. En el mismo capítulo discuto la noción de poder como un atributo, para después hacerlo con el entendimiento de este como una relación, tanto en su variante "delgada" como "gruesa". Para finalizar, me ocupo de los temas de operacionalización que surgen al realizar un análisis empírico centrado en el tema del poder.

Con el capítulo cuatro concluyo la sección analítica del libro. Aquí abordo el *economic statecraft* "grueso" y la economía política del poder de Estados Unidos. Asimismo, conecto la discusión previa sobre el concepto de poder con la forma en la que se ejerce actualmente en el ámbito económico; me propongo desplegar una esfera donde puedan converger de manera parcial distintos entendimientos teóricos para así dar lugar a una discusión más focalizada sobre la forma en la que el poderío estadounidense ha sufrido altibajos en el hemisferio occidental durante las últimas cinco décadas. El capítulo inicia con el análisis del *economic statecraft* en el ámbito académico —abogando por lo que llamo *economic statecraft* "grueso"—, para después revisar las dimensiones políticas y de poder del *economic statecraft* de Estados Unidos. Posteriormente, abordo la práctica por parte de dicho país del *economic statecraft* en lo general y hago un seguimiento de la evolución de su política comercial desde la década de 1970 —que es donde los temas de política interna adquieren relevancia—. Concluyo el capítulo discutiendo la operacionalización del concepto de poder en el ámbito económico, a partir de la forma en la que se entiende bajo un enfoque de *economic statecraft* grueso.

El quinto es el primero de cuatro capítulos empíricos y el primero de dos dedicados a la región de América del Norte; la lógica de dividir la vecindad inmediata de Estados Unidos obedece a que tanto México como Canadá tienen las relaciones más intensas con ese país, por lo que figuran de manera más prominente en su *economic statecraft* —aunque podríamos argumentar que recibiendo un trato diferenciado—. En este capítulo reviso algunos aspectos del *economic statecraft* estadounidense hacia Canadá desde principios de los años 70; el análisis se divide en los tres subperiodos que señalé anteriormente (1971–1989, 1990–2000, 2001–2016) y cubre tanto momentos de tranquilidad como episodios polémicos y difíciles en la economía política de su relación. Entre los casos que aquí reviso se encuentran la reacción de Washington a las políticas económicas nacionalistas de Ottawa en la década de los 70, la negociación del acuerdo bilateral de libre comercio de los años 80, la normalidad de sus relaciones económicas en los años 90 y los casos de la disputa de la madera blanda y el del oleoducto Keystone.

De manera análoga, en el capítulo seis reviso el *economic statecraft* de Estados Unidos hacia México. Lo hago a través de los tres subperiodos, cubriendo tanto las interacciones económicas cotidianas como las de un carácter más crítico. Entre los casos que reviso se encuentran la reacción de Washington al primer intento de

México por ingresar al Acuerdo General sobre Aranceles Aduaneros y Comercio (GATT) en la década de 1970, las negociaciones del Tratado de Libre Comercio de América del Norte (TLCAN) a principios de los años 90 y la discusión sobre el acceso del transporte transfronterizo durante la primera década y media de este siglo.

En el capítulo siete abordo el *economic statecraft* de Estados Unidos hacia Centroamérica; el Coloso del Norte ha establecido una suerte de relación patronal con la región, a la cual Washington ha tratado como si fuera una entidad única y no como un conglomerado de países.[3] De la misma forma, divido este capítulo en tres secciones que corresponden a los subperiodos ya mencionados. Entre otros temas, reviso la política de coerción económica de Washington hacia la Nicaragua Sandinista, la creación del programa unidireccional de libre comercio mejor conocido como la Iniciativa de la Cuenca del Caribe (ICC), la política económica exterior más benigna de los años 90 y la negociación que llevó al Tratado de Libre Comercio de América Central y República Dominicana (CAFTA-DR).

Por otro lado, en el capítulo ocho cubro el *economic statecraft* de Estados Unidos hacia Sudamérica. A pesar de que históricamente la región no ha estado en el centro de las prioridades de Washington, ésta si ha caído en la premisa de su hegemonía hemisférica. Este capítulo también lo divido en los tres subperiodos ya mencionados. Aquí reviso la política económica exterior de Washington hacia Chile durante la administración de Salvador Allende, la respuesta de Estados Unidos a la crisis de la deuda de los años 80 –en particular su reacción al reto lanzado por el presidente peruano Alan García—, la Ley de Preferencias Arancelarias Andinas (ATPA) —un programa de libre comercio también unidireccional—, la puesta en marcha del tratado de libre comercio con Chile, la respuesta a la crisis argentina de principios de siglo y la relación con Brasil en el contexto de la negociación del Área de Libre Comercio de las Américas (ALCA).

Aunque los capítulos empíricos se concentran en el ejercicio del *economic statecraft* de Estados Unidos hacia los países del continente americano, las narrativas analíticas que presento también apuntan a un contexto más amplio; recurro a ello para señalar los componentes sociales y relacionales que explícitamente permiten al *economic statecraft* funcionar como una arena para las relaciones de poder. En las

3. "Coloso del Norte" no es un término despectivo o peyorativo sinónimo del concepto "potencia imperialista" tan utilizado en América Latina; Thomas Jefferson lo usó para referirse a su propio país. Ver Van Tassell 1997: 243. Es de notar que Jefferson lo empleó mucho antes de que Estados Unidos se convirtiera en un país de "inmenso tamaño o poder" (Merriam-Webster) en el hemisferio occidental.

conclusiones del libro vuelvo a examinar el ejercicio del poder estadounidense a través de su política económica exterior en los diferentes países y regiones que manejo a lo largo de esta obra; asimismo, retomo la discusión sobre la naturaleza del poder, sobre los órdenes regionales y sobre el *economic statecraft* para, finalmente, ponderar las perspectivas de la hegemonía de Estados Unidos a partir de la llegada de Donald Trump a la Casa Blanca.

***

Aunque esté firmado por un solo autor —en quien recaen errores y omisiones—, este libro es más bien un producto colectivo. Por ello reconozco y agradezco el apoyo de colegas, familiares y amigos. Debido a que cada uno conoce su aportación y lo agradecido que me siento por su ayuda, los mencionaré en orden alfabético: Antonio Ortiz Mena, Arturo Sotomayor, Athanasios Hristoulas, Brigit Baur, Carlos Pérez Ricart, Charlie Baker, Christian Cabrera (cuya labor como asistente de investigación es invaluable), Clare Seelke, Craig Deare, Dagoberto Amparo, Diego Santa Cruz, Fernando Osuna, Gonzalo Paz, Gustavo Vega, Hannah Santa Cruz, Héctor Raúl Solís Gadea, Jeff Hornbeck, John Feeley, Jon Luckhurst, Karla Planter, Kevin Delgadillo, Marcela López Vallejo, Melba Falck, Miguel Híjar, Miguel Sigala, Natalja Mortensen, Roberto Hernández, Santiago Aceves, Stella Villagrán, Thiago Rodríguez y Tom Legler. Asimismo, doy las gracias a los revisores anónimos, tanto a los de la propuesta del proyecto como a los del manuscrito final, de Routledge, editorial en la que apareció originalmente esta obra en su versión en inglés.

Agradezco también el cuidadoso trabajo de evaluación y edición del manuscrito por parte del equipo de Peter Lang, particularmente a Emma Clarke y Michelle Smith. Quiero agradecer a dos personas de manera reiterada, por motivos que exceden la mención que de ellas se hizo líneas arriba: a Fernando Osuna por el excelente trabajo de traducción, y a Héctor Raúl Solís Gadea, quien desde su cargo de Vicerrector de la Universidad de Guadalajara aprobó los fondos para la traducción de este trabajo. Alguien que no tiene idea de la ayuda que me brindó —porque nunca nos hemos visto o comunicado— es David A. Baldwin, a quien agradezco explícitamente el enorme sostén intelectual que su brillante y lúcido trabajo representa. En un nivel más institucional, quiero reconocer a la Universidad de Guadalajara por el excelente ambiente de trabajo que hizo posible esta obra. Dedico este libro a Brigit, a Hannah y a Diego, cuya presencia vuelve los vaivenes de la vida tan disfrutables.

Referencias

Collier, D. (1993). The comparative method. En A. W. Finiter (Ed.), *Political science: The state of the discipline II* (pp. 105–119). Washington, DC: APSA.

Eckstein, H. (1975). Case study and theory in political science. En F. I. Greenstein & N. W. Poslby (Eds.), *Handbook of political science* (pp. 79–137). Reading, MA: Addison-Wesley.

George, A. L. (1979). Case studies and theory development: The method of structured, focused, comparison. En P. Gordon (Ed.), *Diplomacy: New approaches in history, theory and policy* (pp. 43–68). Nueva York: Free Press.

Gerring, J. (2007). *Case study research: Principles and practices.* Cambridge: Cambridge University Press.

Kohli, A., Evans, P., Katzenstein, P. J., Przeworski, A., Rudolph, S. H., Scott, J. C., & Skocpol, T. (1995). The role of theory in comparative politics: A symposium. *World Politics, 48*(1), 1–49.

Lijphart, A. (1971). Comparative politics and the comparative method. *American Political Science Review, 65*(3), 682–693.

Lijphart, A. (1975). The comparable-cases strategy in comparative research. *Comparative Political Studies, 8*(2), 158–175.

Peters, G. (1998). *Comparative politics: Theory and methods*. Nueva York: New York University Press.

Ragin, C. C. (1987). *The comparative method.* Berkeley, CA: University of California Press.

Van Tassell, D. (1997). Operational code evolution: How Central America came to be our "Backyard" in US culture. En V. M. Hudson (Ed.), *Culture & Foreign Policy* (pp. 231–261). Boulder, CO: Lynne Riener.

1

Cinco décadas y contando: el debate sobre el declive de la hegemonía estadounidense

La política es la política es la política, ya sea doméstica o internacional. El supuesto principio ordenador de esta última —la anarquía— no es, en realidad, su característica más significativa. En cambio, la jerarquía figura de una manera más prominente en el ámbito local y en el internacional;[1] es, por así decirlo, la "teoría general" (*per* Keynes) de la política, donde la anarquía representa, más bien, un caso extraordinario. De hecho, los órdenes jerárquicos pueden tomar más de una forma y presentar métricas muy distintas entre sí. No obstante, en todos ellos encontramos la estratificación como el medio a partir del cual se dan las relaciones de poder. Así, de la misma manera en la que surgieron distintas estructuras de partidos dominantes después de la Segunda Guerra Mundial en países como Italia, Japón y Suecia (donde prevaleció una facción), el sistema político internacional de la posguerra presentó una característica particular: la hegemonía de Estados Unidos.[2] Después de todo, tal como notó Helen Milner justo después del fin de la Guerra Fría y durante el surgimiento del "momento unipolar": "la esencia de la política internacional es idéntica a la de su contraparte doméstica".[3]

1. Sartori 1987: 131.
2. Pempel 1990.
3. Milner 1991: 79.

En el fondo, si los dos ámbitos compartimentados de la política son tan similares, no debería sorprendernos que los acertijos intelectuales que generan se parezcan tanto entre sí; uno de ellos tiene que ver con la durabilidad y eventual declive de un orden (jerárquico) establecido. Así, tal como sucedió con los partidos dominantes, en el sistema internacional de la posguerra la cuestión de la permanencia de la facción política en el poder se convirtió enseguida en un tema a investigar. El debate sobre la eventual evanescencia de la hegemonía de Washington apareció no mucho después de que esta última se estableció como un hecho social; con el tiempo, el tópico se tornó bastante familiar en la literatura de la disciplina de Relaciones Internacionales (RI). En este capítulo hago un breve resumen de los vaivenes en el debate sobre el declive de la hegemonía estadounidense y argumento que su recurrencia se debe en parte a los distintos referentes y estándares utilizados en la discusión; este recuento sirve para delinear el marco analítico que estaré utilizando a lo largo de esta obra, así como para focalizar el debate en los conceptos que discutiré y operacionalizaré más adelante en la sección empírica.

Divido este capítulo en seis secciones: en la primera repaso el debate sobre el declive de Estados Unidos como potencia hegemónica mundial; en la segunda doy un paso atrás para echar un vistazo a las condiciones iniciales alrededor de las cuales giró la discusión. En la tercera sección analizo, a partir de distintos enfoques, los medios a través de los cuales Washington alcanzó un estatus hegemónico después de la Segunda Guerra Mundial y cómo fue capaz de sostenerlo durante la Guerra Fría. Lo anterior me sirve para reexaminar, en la cuarta sección, las fases por las que el debate ha transitado desde que adquirió relevancia en los años 70; aquí centro la discusión en el hemisferio occidental, particularmente en América Latina, con la finalidad de introducir el debate teórico en la región de interés de este trabajo. La sección cinco enmarca la controversia en términos de anarquía contra jerarquía, donde argumento que el tema que subyace a las distintas etapas del debate es el tipo de orden presente en la política internacional. En la última sección hago una breve recapitulación de la discusión en su conjunto.

1) Estados Unidos como potencia hegemónica

Sin exagerar, se puede afirmar que el declive de la hegemonía estadounidense adquirió relevancia desde el momento mismo en que el país adquirió el estatus. Las pruebas nucleares que la Unión Soviética llevó a cabo en 1949 llevaron a los analistas —y al liderazgo político en Washington— a ponderar la resistencia de su todavía reciente posición de privilegio en la política mundial. Después de todo, como ha señalado Stephen Walt: "cuando un Estado se encuentra solo en el pináculo del poder (...) únicamente puede dirigirse hacia abajo".[4] Aunque intermitente, el tema nunca dejó de estar en el debate tanto público como académico; las aventuras soviéticas más allá de Eurasia en los años 60, así como los problemas económicos —el déficit comercial o el fin del patrón oro— y militares —Vietnam— de Estados Unidos en la década posterior, siguieron dando relevancia a la discusión. No obstante, el tema se consolidó en la literatura de RI hasta finales de los años 70 y principios de los 80. Desde entonces, como ha señalado Adam Quinn, el debate sobre el declive de Estados Unidos "ha pasado por tantas iteraciones de artículos señalando que es cíclico, que ellos mismos se han vuelto parte de ese ciclo".[5]

A pesar que trabajos tan influyentes como los de Richard Rosecrance –*America as an Ordinary Country* (1976)—, Robert Cox –*Social Forces, States and World Orders* (1981)—, Robert Gilpin –*War and Change in World Politics* (1981)—, Robert Keohane –*After Hegemony* (1984)— y Paul Kennedy –*Rise and Fall of the Great Powers* (1988)— contribuyeron a la discusión, la mayoría de las veces sus autores establecieron un diálogo de sordos. Esto era de esperarse ya que el término "debate" no era precisamente la forma correcta de referirse a lo que más bien era una evocación del "primer" debate (idealismo vs. realismo) que se dio en la disciplina.[6] Es decir, los académicos no estaban abordando las mismas preguntas; mientras Keohane se ocupó de la resiliencia de los regímenes internacionales después del eventual declive de la hegemonía estadounidense, Kennedy se focalizó en la sobreextensión imperial durante un periodo histórico de 500 años. Además, a pesar de que durante las dos primeras décadas de la discusión la postura que en apariencia prevaleció fue la de la obsolescencia de la hegemonía estadounidense, las conclusiones a las que se llegaron se dieron, como ha observado Ian Clark, "en una serie de terrenos muy dispares".[7]

Estas discrepancias en parte tienen que ver con los indicadores utilizados para estimar la hegemonía que Washington ha ejercido en distintos momentos desde el fin de la Segunda Guerra Mundial. Así, por ejemplo, mientras que para unos los recursos materiales resultaban lo importante, para otros lo era el poder estructural o el liderazgo.[8] Las diferencias de opinión también tuvieron que ver con el grado o

4. Walt 2011.
5. Quinn 2011: 804; ver también Calleo 2010: 215 y Cox 2007: 644.
6. Long 1995; Wilson 1995.
7. Clark 2011: 129.
8. Cf. Waltz 1979, Strange 1987 y Gilpin 1981.

la cantidad de atributos que Estados Unidos debía manifestar para calificar como potencia hegemónica. No obstante, el carácter disonante del intercambio que se ha dado en la literatura académica durante por lo menos las últimas seis décadas obedece a una razón más de fondo: existen múltiples entendimientos sobre lo que es la hegemonía.[9] Echar un vistazo a la forma en la que distintas perspectivas aseguran que Washington consiguió su estatus hegemónico quizá nos ayude a tener mayor claridad al respecto.

2) Condiciones iniciales alrededor de las cuales giró el debate

La pregunta es entonces: ¿qué hizo posible que Washington se convirtiera en una potencia hegemónica en las postrimerías de la Segunda Guerra Mundial? Para algunos, la respuesta yace en la acumulación de recursos materiales, particularmente los de tipo económico. Por ejemplo, William Zartman asegura que "Estados Unidos consiguió una posición hegemónica a través del ejercicio de su enorme poderío económico".[10] De manera similar, para Guy Poitras la hegemonía estadounidense es "producto de los recursos económicos y militares",[11] mientras que para Quinn el poder de Estados Unidos lo explica su "preponderancia en la posesión de recursos materiales".[12] Para otros, las condiciones que la volvieron posible son más difusas. Por ejemplo, Susan Strange argumenta que la hegemonía de Estados Unidos tiene que ver con su "poder estructural", es decir, con "el poder de elegir y dar forma a las estructuras de la economía política global al interior de las cuales otros Estados, sus instituciones políticas, sus empresas y (no menos importante) sus profesionistas tienen que operar".[13]

Desde una perspectiva más sociológica, Clark argumenta que el surgimiento de la hegemonía de Estados Unidos puede explicarse a partir del reconocimiento especial que le han conferido sus aliados. Como señala:

> No fue el cúmulo de instituciones de la segunda mitad de la década de 1940 lo que dio forma a la inadvertida hegemonía estadounidense: más bien, esas

9. Russett 1985: 209–210.
10. Zartman 2009: 5.
11. Poitras 1990:2.
12. Quinn 2011: 812.
13. Strange 1987: 565.

> instituciones secundarias fueron posibles gracias a que un grupo de Estados ya había optado por aceptar un principio hegemónico en la esfera que le correspondía en la sociedad internacional [...] al hegemón se le concedió un cierto estatus con distintos derechos.[14]

Obviamente, estos derechos no le dieron carta blanca a Estados Unidos; los márgenes de acción de Washington variaron dependiendo del tema o del área, y no siempre fue capaz de suscitar el apoyo de sus aliados y seguidores en una serie de asuntos políticos que le resultaban de gran importancia.[15] De manera similar, basado en Antonio Gramsci, Cox sostiene que la hegemonía tiene que ver con las capacidades materiales (sugiriendo en ocasiones que son equivalentes al poder), las instituciones y las ideas; él asegura que la hegemonía estadounidense "implicaba un alto grado de consentimiento".[16] Asimismo, en cierta medida previendo el argumento de Clark, Cox observó "una estrecha conexión entre el institucionalismo y lo que Gramsci definió como hegemonía", notando que, al interior de un entorno institucionalizado, "el débil acepta la prevaleciente relación de poder como legítima", mientras que las principales potencias "hacen concesiones que aseguran la aquiescencia del débil".[17] En la misma línea, autores como Robert Keohane y Christian Reus-Smit han hecho hincapié en la función de generador de normas que Washington fue capaz de asumir durante la posguerra.[18]

Así pues, resulta claro que mientras algunos han equiparado la hegemonía de Estados Unidos con primacía, otros la han convertido en sinónimo de liderazgo o de establecimiento de reglas. No obstante, mi argumento sostiene que en los hechos existe un aspecto en común que ha pasado inadvertido —una especie de variable interviniente, es decir, "una variable que explica una relación o que provee un vínculo causal entre otras variables"[19]— presente en los distintos recuentos de las altas y bajas de la hegemonía estadounidense: la legitimidad. Mientras que este factor resulta evidente en los enfoques de corte más sociológico, se encuentra escondido en las perspectivas con una carga más materialista. No argumento que la legitimidad "causa" o lleva a la posesión de recursos, sino que estos no se pueden poner en uso si no hay legitimidad; es decir, la primacía de lo material es

14. Clark 2011: 143.
15. *Ibid.*: 237; Ikenberry, Mastaduno y Wohlforth 2011: 71; Walt 2011.
16. Cox 1981: 144.
17. *Ibid.*: 137.
18. Reus-Smit 2004; Keohane 1984.
19. Danish 2017: 50.

una pobre representación del poder (social). Los autores que enfatizan los recursos materiales saben que, si éstos existen "allá afuera", su instanciación como poder no: este último se crea a través de las interacciones sociales. Dicho de otra forma, ellos saben que en medio de las condiciones iniciales y los resultados que estas arrojan se encuentran los procesos políticos; probablemente argumentarán que su modelo simplificado provee "un esbozo rápido, una representación conveniente, fácil de calcular y lo suficientemente precisa para ser utilizada como una guía de conducta".[20] El problema es que, por sí mismos, los bienes (sean económicos o militares) no son una base muy útil para calcular el poder. Consideremos de manera breve las distintas formas en las que se ha lidiado con el tema al analizar las diferentes fases de la hegemonía estadounidense.

3) La hegemonía de Estados Unidos: sus fases

Existe un amplio consenso en que Estados Unidos emergió de la Segunda Guerra Mundial como una potencia hegemónica y que esta condición duró alrededor de veinticinco años.[21] Durante este periodo, Washington contribuyó de manera decisiva tanto a establecer las instituciones que fundaron el orden internacional de la posguerra (ONU, OTAN, Banco Mundial, Fondo Monetario Internacional, por nombrar solo algunos) como a liderarlas; por otra parte, dispuso de una cantidad incomparable de recursos materiales así como de una amplia red de alianzas. Su apreciada doctrina económica fue extrapolada a uno de los dos bloques que confluyeron durante la Guerra Fría en lo que vino a conocerse como el "liberalismo enraizado" —es decir, keynesianismo en el interior y libre comercio al exterior—.[22] Aunque en diferente medida, todas las visiones sobre el declive hegemónico concuerdan en que durante este periodo Washington gozó tanto de superioridad material como de un claro liderazgo en un amplio rango de temas (seguridad, finanzas, comercio, diplomacia). Por lo tanto, no fue un mero tema de superioridad. Como ha señalado John Gerard Ruggie en su análisis sobre el surgimiento del multilateralismo en la posguerra, lo importante "no fue tanto el hecho de la *hegemonía* estadounidense [...] como el hecho de la hegemonía *estadounidense*".[23]

20. Graziano 2013: 28.
21. Calleo 1984: 442; Wallerstein 2007: 51; Clark 2011: 125; Kurth 2010: 61.
22. Kahler 1980: 461; Ruggie 1982; Rodman 1995: 105.
23. Ruggie 1992: 568.

De acuerdo con muchos especialistas, el punto de inflexión se dio a principios de los años 70. La exitosa reconstrucción económica de sus aliados —en particular la de Alemania y Japón—, la creciente competencia que la URSS y su bloque representaban, además de los problemas de cuenta corriente que enfrentaba Estados Unidos, llevaron a muchos a concluir que la hegemonía de Washington había llegado a su fin aproximadamente dos décadas y media después del fin de la Segunda Guerra Mundial.[24] Como ya he señalado, Kennedy destacó la sobreextensión imperial (es decir, que los imperios adquieren obligaciones militares que se convierten en cargas insostenibles en el largo plazo). De manera similar, en la década de los 80 Gilpin escribió sobre "la desfalleciente hegemonía de Estados Unidos", señalando que el país se había convertido en un "'hegemón depredador'",[25] mientras que Cox observó que la crisis económica de los años 70 sugería "la desintegración de la hegemonía en el orden mundial" análoga al "largo periodo de descomposición del orden del mundo liberal a finales del siglo diecinueve".[26] Según Cox, esa alteración fue un reflejo del deterioro de las "bases materiales" del país que ostentaba el liderazgo; para él —siguiendo a Gramsci— "el poder basado en el dominio de la producción se racionaliza a través de una ideología, incorporando el compromiso o el consenso entre los grupos dominantes y subordinados".[27] Para Lawrence Whitehead, los motivos detrás del desplome también son fundamentalmente materiales: de hecho, para él resulta "muy difícil revertir el (…) declive de la fortaleza relativa de Estados Unidos en el largo plazo".[28] Bajo esta perspectiva, la disminución en la distribución de los recursos estadounidenses (de alguna manera) había traído consigo un deterioro en su habilidad para ejercer su liderazgo político. Así, la tesis del fenecimiento de la hegemonía de Estados Unidos se volvió frecuente en los años 70.[29]

Obviamente hubo disidentes. En 1986, un año después de la aparición del libro sobre el mundo poshegemónico de Keohane, Bruce Russett señaló que en el debate sobre el declive de la hegemonía de Estados Unidos "el acertijo emerge del intento por explicar un fenómeno que en realidad no ha ocurrido".[30] De manera

24. Calleo y Rowland 1973: 3–4; Kahler 1980: 458; Greenberg 1990: 109; Hartlyn, Schoultz y Varas 1992: 70.
25. Gilpin 1987: 154, 345 (citando a John Coynbeare).
26. Cox 1987: 270.
27. *Ibid.*: 394; Cox 1977: 387 (las cursivas son mías). Cox parece tratar la legitimidad como un simple tema de racionalización.
28. Whitehead 1986: 99.
29. Cox 2002: 54.
30. Russett 1985: 230–231.

similar, un par de años después Susan Strange mostró su desacuerdo con la postura declinista. Con base en lo que denominó "poder estructural", argumentó que el declive hegemónico estadounidense era un "mito".[31] Según ella, durante los años 70 Estados Unidos todavía prevalecía en los cuatro componentes que dan forma al poder estructural: "la estructura de seguridad, la estructura de producción, la estructura crediticia (o financiera) y la estructura de conocimiento".[32] También desde el frente antideclinista, Samuel Huntington señaló que, debido a que ese país todavía se encontraba entre aquellos con los indicadores más altos en "casi todas las fuentes de poder nacional", era capaz de hacer frente a dificultades en una sacando provecho de las otras; para Huntington, Washington no enfrentaba la amenaza del declive, sino más bien el reto de la "renovación".[33] Aun así, para finales de la década de los 80 la perspectiva declinista seguía llevando la delantera —en parte gracias a la aparición en 1988 del libro de Kennedy antes mencionado (una tesis similar que utiliza la analogía del declive británico, pero desde una perspectiva del sistema mundial, apareció en Boswell y Bergesen 1987)—.[34] Como señaló Strange: "pareciera que a la 'escuela declinista', como ha sido llamada, es por mucho a la que mejor le ha ido en la justa intelectual".[35]

No obstante, las cosas empezaron a cambiar en los años 90. Por ese entonces, el declive (en términos reales o absolutos) de Estados Unidos nunca se materializó; al contrario, el colapso del bloque soviético y el fin de la Guerra Fría trajeron consigo un discurso político y académico diametralmente opuesto.[36] Así, en enero de 1991 el presidente Bush compareció ante el Congreso hablando sobre el liderazgo de su país en la creación de un "nuevo orden mundial".[37] En un tono más académico e inspirado por Hegel, Francis Fukuyama (1990) afirmó que, debido a que ante la democracia liberal y el capitalismo de mercado no había ninguna alternativa creíble, la historia había llegado a su fin. En la misma época, Charles Krauthammer anunció la consecuencia de la recién lograda primacía global estadounidense: "este es el momento unipolar".[38] Por su parte, Joseph Nye argumentó con fuerza contra la postura que predominó años atrás, señalando en su lugar que

31. Strange 1987: 551.
32. *Ibid.*: 571.
33. Huntington 1988.
34. Destler 2005: 48.
35. Strange 1988: 2.
36. Cronin 2001: 104; Cox 2002: 60.
37. Bush 1991.
38. Krauthammer 1990: 24.

Washington, como el título de su libro de 1991 lo dice, estaba *Obligado a liderar* (*Bound to Lead*).

Y al parecer así fue: los resultados alcanzados por la amplia coalición internacional formada por la administración Bush para enfrentar a las fuerzas de Sadam Hussein en Kuwait en 1990–91 representaron una holgada victoria para su país en el frente político —de la misma forma que la extensa difusión del llamado Consenso de Washington lo haría en el económico unos años después—.[39] Por lo tanto, no fue una sorpresa que el ministro de Asuntos Exteriores Francés, Hubert Védrine, utilizara el término "hiperpotencia" para describir la situación de Estados Unidos en el nuevo orden mundial ("un país que domina o predomina en todas las categorías").[40] Entre las principales razones citadas para justificar su retorno a esa posición se encuentra la primacía de su poder material. Como señaló William Wohlforth a finales de siglo: "el sistema es inequívocamente unipolar"; además, para él la diferencia entre las capacidades materiales de Washington y otros países era tan grande que el nuevo sistema internacional sería "no sólo pacífico sino duradero".[41] Asimismo, hubo un amplio reconocimiento de que la arquitectura institucional del orden de la posguerra tenía el sello de Washington.[42] Así, como notó Michael Cox en 2002, "no existe ninguna razón teórica o práctica para que el siglo XXI no sea tan estadounidense como lo fue el siglo XX".[43] De esta manera, en el alba del tercer milenio los antideclinistas de antaño parecían haber sido reivindicados.

Pero el péndulo se movería rápidamente. El surgimiento económico de los llamados BRICS (Brasil, Rusia, India y China —Sudáfrica se incorporaría unos años después—) en lo general y de China en lo particular, aunado a los instintos unilaterales de la administración de George W. Bush —específicamente su intervención militar en Irak a principios de siglo— llevarían una vez más a cuestionar la hegemonía de Estados Unidos en términos políticos y materiales.[44] Washington estaba desgastando su legitimidad. Esto llevó a lo que Chistian Reus-Smit definió como "la principal paradoja de nuestro tiempo": la potencia unipolar no podía tener la influencia que deseaba.[45]

39. Ikenberry 2011: 236.
40. International Herald Tribune 1999; revisar también Boniface 2001: 157.
41. Wohlforth 1999: 7, 8; cf. Layne 2009: 172.
42. Wohlforth 1999: 33; Ikenberry 2011: 238.
43. Cox 2002: 67.
44. Wallerstein 2007: 50.
45. Reus-Smit 2004: 2.

La crisis financiera global de 2007 —iniciada por Washington— no haría más que agravar sus problemas de liderazgo. Para Jonathan Kirshner, la crisis había "traído consigo el fin de lo que llamo el 'segundo orden estadounidense de la posguerra' (al cual defino como el periodo de la hegemonía de Estados *después* de la Guerra Fría y que está asociado con su proyecto de desregulación financiera nacional e internacional), debido al colapso de su legitimidad internacional".[46] Como recordaría Henry Paulson –el secretario del Tesoro al que le tocó lidiar con la crisis—, en 2008 el viceministro chino, Wang Qishan, le comentó lo siguiente sobre el liderazgo estadounidense en asuntos económicos: "ustedes eran nuestros maestros [...] echen un vistazo a su sistema, Hank. Ya no estamos seguros si deberíamos seguir aprendiendo de ustedes".[47] Así pues, al darse cuenta de que "en cualquier dimensión distinta a la del poderío militar —industrial, financiera, social, cultural— la distribución del poder estaba cambiando y alejándose del dominio de Estados Unidos", Fareed Zakaria llegó a la conclusión de que el orden internacional estaba mutando a un "mundo posestadounidense".[48]

El *momentum* parecía haber regresado a la arena declinista. David Calleo, un experimentado participante del debate observó en 2010 que "desde una perspectiva de largo plazo, remontándonos a la Segunda Guerra Mundial, parece indudable que la posición económica relativa de Estados Unidos ha declinado. Un indicador evidente es la disminución de su participación en la producción bruta mundial."[49] De la misma manera, Quinn ha advertido que "la primacía de Estados Unidos, según todas las señales, es insostenible",[50] mientras que Christopher Layne, quien apenas unos años atrás consideraba que la unipolaridad podía extenderse durante una o dos décadas más, notó en 2012 que "el 'momento unipolar' ha terminado y la Pax americana —la era del predominio estadounidense en la política internacional que empezó en 1945— está llegando rápidamente a su fin".[51] Para Layne, "el debate sobre la unipolaridad ha terminado".[52] Así, cuatro décadas después de

46. Kirshner 2014: 17; cursivas en el original. El primer orden estadounidense de la posguerra fue el del liberalismo enraizado previamente mencionado. Cf. Dabat y Leal 2013: 83; Fernandes 2015: 8.
47. Paulson 2015: 240.
48. Zakaria 2008.
49. Calleo 2010: 216.
50. Quinn 2011: 807.
51. Layne 2012: 203.
52. *Ibid.*: 212.

haber adquirido relevancia, la discusión sobre el declive de la hegemonía de Estados Unidos había cerrado el círculo.

4) La hegemonía estadounidense en el hemisferio occidental: un adelanto

Cuando el debate más amplio sobre el declive de la hegemonía de Washington dio inicio en los años 70, el supuesto nuevo estado de las cosas no pasó desapercibido en el hemisferio occidental. Como Alfred Stepan señaló a finales de esa década: con "el decreciente poderío financiero, tecnológico y militar internacional de Estados Unidos, la relación entre Estados Unidos y América Latina ha cambiado de manera profunda".[53] De manera similar, al norte de la frontera David Dewitt y John Kirton notaron que Canadá podría convertirse en un jugador "principal" en las relaciones internacionales "ya que el preeminente Estados Unidos, que catalizó su creación [el orden de la posguerra] e hizo valer su efectividad, ha experimentado un enorme declive".[54] Aunque no en todo momento, la polémica sobre el deterioro de la hegemonía de Washington con respecto al hemisferio occidental, y en particular en lo que concierne a Latinoamérica, siguió una dinámica hasta cierto punto paralela a la discusión más amplia. Existen razones históricas que lo explican. Desde principios del siglo XIX, con la proclamación de la Doctrina Monroe, la región ha sido considerada como el área de influencia de Washington por excelencia. Para James Kurth, lo anterior constituye "un modelo casi ideal" de un sistema hegemónico.[55] Asimismo, a finales de la década de los 80, Strange consideraba al subcontinente como "la parte más sólida del imperio estadounidense".[56]

De manera interesante, el énfasis en la importancia de la superioridad material como base de su hegemonía se volvió más pronunciado al hablar de América Latina que de cualquier otra parte del mundo. Como señaló John Triska en un trabajo donde compara la esfera de influencia estadounidense con la soviética:

> Las desiguales relaciones que se dan al interior de ambas regiones son percibidas de manera distinta: los latinoamericanos denuncian principalmente la explotación económica (en términos de recursos naturales, inversión de corto plazo,

53. Stepan 1979: 659.
54. Dewitt y Kirton 1983: 3.
55. Kurth 2010: 63.
56. Strange 1988: 16.

> mano de obra barata, un gran número de activos en América Latina), mientras que la explotación soviética en Europa del Este está más orientada a la política y a la seguridad.[57]

Así, influidos más por la tradición marxista que por la realista (en RI), los principales análisis surgidos en el subcontinente han resaltado desde siempre la explotación de Washington sobre sus vecinos del Sur, centrándose en lo que bajo esta perspectiva no son otra cosa que meras condiciones objetivas,[58] algo que resultó claro para la teoría de la dependencia —el enfoque teórico de RI más destacado surgido en la región—.[59] Ello no significa que todos los analistas de la zona o latinoamericanistas de otras latitudes tuvieran una inclinación marxista; no obstante, la atención en el componente económico fue una constante en la literatura especializada. Como Alan Knight señalaría después: "para la pregunta central —'¿cuál es la base de la hegemonía imperialista estadounidense en América Latina?'— la respuesta debe ser la antigua y conocida: 'es la economía, estúpido' ".[60] Asimismo, una importante vertiente de la literatura canadiense sobre la relación de Ottawa con Washington ha enfatizado el componente vertical de la misma, de manera particular en la división del trabajo entre ambos países donde Canadá funge, por supuesto, como el subordinado.[61]

En cualquier caso, para principios de los años 80 el declive de la hegemonía de Estados Unidos en la región era ampliamente aceptado.[62] Aunque la mayoría coincidía en que Washington había ido perdiendo su rol tradicional en la región desde inicios de la década de los 70, los analistas con un entendimiento más amplio mostraron mayores reservas.[63] Solo unos cuantos académicos asumieron una posición contraria. Uno de ellos fue Peter Smith, quien consideraba que la "noción de una hegemonía en declive reside en supuestos que son discutibles", argumentando en su lugar que "la hegemonía de Estados Unidos [había] alcanzado su máximo histórico" a partir de mediados de los años 80.[64] No obstante, para él esto no se debió a modificaciones en su comportamiento o en sus

57. Triska 1986: 9.
58. Wesson 1982: 2.
59. Por ejemplo: Marini 1973; Cardoso 1972; cf. Palma 1978.
60. Knight 2008: 44–45.
61. Smythe 1980: 140–144.
62. Smith 1999: 223; ver también Lowenthal 1983: 311; Whitehead 1986: 92–93.
63. Poitras 1990: 179; Gill 1986: 207.
64. Smith 1999: 224.

capacidades —representaba más bien un ejemplo de "hegemonía por *default*" que se explicaba "gracias a que potencias externas se retiraron del continente americano y dirigieron su atención hacia otra parte"—.[65] Una vez más, la ascendencia de Washington en la región era entendida en términos de *distribución* de capacidades (o de atención *dirigida* a partir de sus capacidades).

Sea o no un tema de atención, de capacidades o de ambos, el hecho es que el entorno social del hemisferio cambió en los años 90 —como lo hizo la discusión académica sobre la hegemonía estadounidense en la región durante esos años—. Así, por ejemplo, David Lake enfatizó el creciente grado de hegemonía de Estados Unidos en ese momento.[66] En el debate amplio, tal como notó Smith, gran parte de lo que se generó tuvo que ver con el fin de la Guerra Fría. No obstante, el centro de la discusión estaba otra vez en los asuntos económicos —aunque no en la acostumbrada explotación material (a través de la industria extractiva, por ejemplo)—. En esta ocasión el foco se encontraba más bien en el ámbito de las ideas económicas: en el ya señalado Consenso de Washington —un nuevo entendimiento sobre ciertas políticas económicas como el equilibrio presupuestario, la desregulación, las privatizaciones y la liberalización del comercio (abundo en ello en el capítulo cuatro); estos términos se pusieron de moda entre académicos, políticos y diseñadores de políticas públicas durante los años 90—. Vale la pena señalar que lo que se convirtió en una doctrina económica global tuvo sus orígenes en el hemisferio occidental.[67] Parte del cambio que se dio en el entorno hemisférico involucró al país más septentrional: Canadá. En 1988 Ottawa firmó el Tratado de Libre Comercio con Washington (sobre el cual hablo más a detalle en el capítulo cinco). Asimismo, en 1990 Canadá se convirtió en miembro de la Organización de Estados Americanos (OEA).

Durante la época en la que se dieron las primeras conversaciones sobre los BRICS —que para algunos sugirió de nueva cuenta el declive de la hegemonía de Estados Unidos, o al menos el advenimiento de un mundo multipolar—, las relaciones de América Latina con Washington estaban empezando a cambiar.[68] En los albores del nuevo siglo, una serie de triunfos electorales de candidatos progresistas llevó a algunos analistas políticos a señalar que una "izquierda emergente" estaba reemplazando al Consenso de Washington. El viraje político que se dio en varios países de la región —la "ola rosa"— estuvo acompañado de esfuerzos que

65. *Ibid.*: 225.
66. Lake 2009: 48.
67. Williamson 1994: 15; Domínguez 1997: 26–27.
68. O'Keefe 2018: 1.

promovían la integración únicamente de países latinoamericanos. Así, para finales de la primera década del siglo XXI surgió bastante literatura hablando sobre el regionalismo "poshegemónico" (o "posliberal"), notando el "desplazamiento parcial de las formas de gobernanza neoliberales lideradas por Estados Unidos".[69]

No obstante, en dirección opuesta tanto a los eventos políticos como al estado del debate sobre el declive global de la hegemonía de Estados Unidos, lo que en apariencia representaba el final del giro a la izquierda en América Latina durante la segunda década del siglo XX ha hecho que el consenso académico se aleje —una vez más— de la que unos años atrás fue la posición predominante: que Washington ya no era el hegemón regional. Como ha observado Juan Gabriel Tokatlian, "los Estados Unidos nunca 'abandonaron' la región" —más bien, como dice el tango de Aníbal Troilo, están "siempre... llegando".[70] Por otro lado, en Canadá el gobierno de Chrétien marcó su distancia con Washington, particularmente en el tema de la intervención militar en Irak. No obstante, con Bush todavía en la Casa Blanca, bajo el liderazgo de Stephen Harper las relaciones entre Canadá y Estados Unidos se estrecharon de manera considerable —sugiriendo que Washington también estaba "siempre llegando" al norte de su frontera—. Como reconoció el representante de Ottawa ante la OEA, Paul D. Durand, en 2002: "buscamos el liderazgo" de Washington en los asuntos de comercio internacional.[71]

5) Anarquía vs. jerarquía

En RI, la fijación con la anarquía como concepto determinante de la disciplina inició apenas unos años antes del surgimiento del debate sobre el declive de la hegemonía de Estados Unidos. Esto resulta interesante porque el argumentar sobre un actor hegemónico —independientemente de si está en declive o no, o incluso sobre aquello que sustenta su hegemonía— iba contracorriente de lo que se había convertido en la ortodoxia en la materia. De hecho, la literatura dominante considera a la anarquía como el principio ordenador de los asuntos internacionales.[72] Como señaló Kenneth Waltz en su clásico de 1979, *Theory of International Politics* (Teoría de la política internacional, uno de los libros más influyentes en la literatura de RI), la conducta de autoayuda de las unidades deriva de este rasgo básico

69. Riggirozzi y Tussie 2012: 12: cf. Legler 2013.
70. Tokatlian 2013.
71. OEA 2002.
72. Mattern y Zarakol 2016: 626.

del sistema internacional.[73] Así pues, la anarquía sirve para separar lo que sucede en el ámbito internacional de lo que acontece al interior de las entidades que lo constituyen. Es de notar que la literatura sobre la hegemonía, al presentar a la jerarquía como un rasgo del sistema internacional, parte en este sentido de la teoría dominante de RI —no obstante, este género no se volvió… hegemónico en la disciplina—. En cualquier caso, el protagonismo de la anarquía en la disciplina tiene un origen reciente: los años 80.[74]

Haciendo a un lado las consecuencias teóricas más amplias que tiene el dudoso significado de la anarquía (algunas veces se considera una especie de estado natural, mientras que en otras se utiliza para señalar la falta de un gobierno internacional), lo que resulta importante para mi argumento son un par de supuestos que se formulan al tomar la anarquía como el concepto fundamental de la disciplina: 1) que es la antítesis de la jerarquía y 2) que es el rasgo que define las relaciones entre los Estados. Ambos supuestos son relevantes porque afectan el entendimiento del ejercicio de la hegemonía en los asuntos internacionales, ya sea en un nivel regional o global.

Con respecto al primer supuesto, como ha dejado claro Jack Donnelly, anarquía no es lo opuesto a jerarquía: es la "arquía" lo que se encuentra en las antípodas de la anarquía (con la hegemonía como un punto en el continuum anarquía-imperio).[75] Jerarquía no significa el control total de un actor sobre otro. Como señala Lake,

> La jerarquía se presenta cuando un actor posee autoridad sobre un segundo. La autoridad nunca es completa, sino que varía en alcance. Quizá A posea autoridad sobre B y emita una orden regulando las posibles acciones 1–5, pero no las acciones 6-n, las cuales permanecen en el campo 'privado' de B o más allá de la habilidad de A para hacer que se cumplan.[76]

De ello se desprende que, en teoría, la dicotomía entre la política doméstica y la internacional, o entre la anarquía de la literatura convencional y la jerarquía de la literatura sobre hegemonía, no es tajante, sino difusa.

En lo que respecta al segundo supuesto —la anarquía como rasgo definitorio de las relaciones entre Estados— el registro histórico nos muestra que, incluso

73. Waltz 1979: 111; Donnelly 2015: 394; Ricks 2014.
74. Donnelly 2015: 393.
75. Donnelly 2006: 162.
76. Lake 2009: 38.

en el moderno sistema de Estados, la anarquía no ha sido la regla.[77] Por nombrar solo un caso que resulta pertinente para este trabajo: gracias a la ya mencionada Doctrina Monroe, a principios del siglo XX el hemisferio occidental ya era ampliamente reconocido como la "esfera de influencia" de Estados Unidos. Así, las potencias europeas aceptaron en Versalles el manifiesto de Washington.[78] Se reconoció que Estados Unidos tenía una posición de autoridad por lo que gozaba de ciertos derechos sobre el continente americano. Como documenta Donnelly, en un periodo histórico más largo la jerarquía, y no la anarquía, ha sido la norma en los sistemas internacionales.[79] De ahí la analogía entre jerarquía y un sistema económico de bajo desempeño que presenté al inicio del capítulo: ambos deberían estar normalizados, la primera en asuntos políticos (domésticos o internacionales) y el segundo en las economías de mercado.

Desde una postura analítica, como ha señalado John Hobson, la construcción teórica de RI reside en una "concepción jerárquica" (implícita, por ejemplo, en el estándar civilizatorio eurocentrista) que vuelve problemática la supuesta "igualdad soberana" generada por la anarquía internacional.[80] Al mismo tiempo, en la disciplina ha sido reconocido el irrefutable hecho de que "algunos Estados son más iguales que otros". Así, fue el mismo Waltz quien escribió que los Estados "con mayores capacidades asumen responsabilidades especiales" —señalando no solo algún tipo de diferenciación funcional entre las unidades del sistema, sino también una especie de jerarquía en la arena internacional; para él "la desigualdad entre naciones es todavía el hecho *político* dominante de la vida internacional"—.[81] No obstante, resulta interesante que este componente de autoridad en la política mundial no tenga un rol en su aparato teórico.

Gilpin también reconoce de manera abierta que no todos los actores del sistema internacional son iguales, y que esto afecta la naturaleza del mismo; así, señala que "el carácter del sistema internacional está determinado en gran medida por el tipo de actor-Estado".[82] Para mis propósitos, la diferencia relevante entre las dos nociones radica en que Gilpin incorpora la naturaleza jerárquica del sistema internacional. Pero la inquietud generada por el papel primordial asignado a la anarquía en la disciplina no se limita a los autores (neo) realistas ya mencionados;

77. Hobson y Sharman 2005: 64; Donnelly 2006: 145; Mattern y Zarakol 2016: 624.
78. González 2010: 234.
79. Donnelly 2015: 408.
80. Hobson 2014: 558.
81. Waltz 1979: 198, 152; las cursivas son mías.
82. Gilpin 1981: 26.

liberales como Milner o Lake, constructivistas como Reus-Smit o Alexander Wendt, y expertos en teoría crítica como Richard Ashley o Robert Walker han cuestionado durante mucho tiempo la centralidad del concepto en la disciplina.[83]

Así pues, si anarquía —incluso en su significado más minimalista (ausencia de gobierno)— no es lo opuesto a jerarquía, y esta última es reconocida como una característica tanto teórica como histórica del sistema internacional, de ello deriva que los sistemas hegemónicos, como sugerí anteriormente, deberían presentarse de manera más frecuente de lo que generalmente se reconoce. La importancia de lo anterior reside no tanto en la cruda realidad que representan los desiguales atributos de las unidades que conforman el sistema, sino en las relaciones de autoridad que se establecen entre ellas. Es importante resaltar que la distribución de capacidades *per se*, *à-la* Waltz, no genera relaciones políticamente estratificadas, es decir, dominación, un tipo de poder impregnado de autoridad.[84]

Esto resulta importante debido a que un orden político —ya sea doméstico o internacional— que carezca de legitimidad no puede perdurar.[85] La legitimidad no es inherente a los actores, es más bien una cualidad conferida por otros *de jure* y/o *de facto*;[86] es decir, la legitimidad es un hecho social (abundo en ello en el siguiente capítulo). Debido a que tienen que ver con normas y costumbres, los hechos sociales no son categóricos. De ahí la utilidad de pensar en la noción de legitimidad, como sugieren Rapkin y Braaten, en términos de "conceptos de semblanzas de familia" (FRC en inglés). Como señalan estos autores, los FRC son "multidimensionales" y envuelven diversos significados (por ejemplo: valores, procedimientos y resultados), y también "multinivel", implicando varios indicadores.[87] Este planteamiento trasciende el enfoque tradicional en las fuentes sustantivas y procesales de la legitimidad, y considera el cumplimiento (o los resultados) como una fuente secundaria de legitimidad; así pues, para la literatura sobre hegemonía en RI el suministro de bienes y servicios públicos sería una fuente de legitimidad a partir de los resultados que generen.[88] Aquí, lo relevante para el argumento radica en que al considerar la legitimidad —o la autoridad o el poder— como un FRC (en lugar de un tipo ideal), podemos pensar en ella más

83. Mattern y Zarakol 2016: 628–629; Milner 1991; Lake 2009, Reus-Smit 1999; Wendt 1992; Ashley 1988; Walker 1991.
84. Weber 1978: 53, 212–213, 946.
85. Sartori 1987: 144.
86. Friedman 1990: 60–62.
87. Rapkin y Braaten 2009: 115.
88. *Ibid.*: 124; cf. Zürn *et al.* 2012: 84–85; cf. Sartori 1987: 144.

como una gradación y, en consecuencia, encontrar más casos en el "mundo real".[89] Como han notado Michael Zürn, Maring Binder y Matthias Ecker-Ehrhardt: "la autoridad puede ser legítima en distintos grados".[90]

De lo anterior se desprende que la influencia que un actor tiene sobre otros no depende únicamente de las capacidades materiales de las que dispone, sino también de la medida en la que otros actores relevantes la acepten.[91] Tal como notaba Rousseau con respecto al "derecho del más fuerte": "la fuerza es un poder físico, y me resulta difícil distinguir el efecto moral que puede tener. Ceder ante la fuerza es un acto de necesidad, no de voluntad —a lo mucho un acto de prudencia—. ¿En qué sentido puede ser una obligación?"[92] Asimismo, existe una brecha ontológica entre la voluntad o el sentido de obligación de un agente y la cruda realidad del control físico; las primeras se encuentran inmersas en relaciones autoritativas (es decir, imbuidas de autoridad) producidas y reproducidas a través de instituciones y normas sociales, la segunda es ajena a ellas.[93] Por lo tanto, en contraste con el *modus operandi* de un régimen político (o sistema de Estados) que descansa exclusivamente en las capacidades materiales (esto es, en la coerción o en la fuerza), el *modus operandi* de la dominación es la legitimidad y la persuasión.

De manera similar, un entendimiento sobre la hegemonía basado en los recursos no genera relaciones políticamente estratificadas. En la literatura convencional sobre el tema, el punto de partida es una concepción materialista de la supremacía, normalmente en términos de capacidades económicas o militares.[94] Normalmente se llega a una conclusión: que existe una conexión entre este hecho duro y dos hechos sociales: la responsabilidad y la influencia. Pero una vez más, estas últimas son de una naturaleza distinta. Es por ello que la consigna de que *un gran poder conlleva una gran responsabilidad* —tan significativa para distintas ramas teóricas de la política internacional, como la teoría de la estabilidad hegemónica (TEH) y su versión liberal— resulta problemática.

En la literatura sobre hegemonía se supone que un gran poder (material) *cum* responsabilidad debe concretarse a través del suministro de bienes públicos. Así, mientras que en la TEH los bienes públicos deberían proveer seguridad

89. Rapkin y Braaten 2009: 134.
90. Zürn et al. 2012: 85.
91. Reus-Smit 2004: 4.
92. En Hobson y Sharman 2005: 68.
93. Donnelly 2012: 625.
94. Prys 2010: 487.

internacional a través de alianzas militares, bajo una perspectiva liberal podría darse a partir del establecimiento de instituciones económicas internacionales.[95] Estas perspectivas racionalistas generalmente conciben al hegemón como un líder benevolente que actúa bajo su interés propio iluminado.[96] De cualquier forma, el ejercicio del liderazgo, incluso si es para el bien común, no carece de fricciones; en ocasiones, el hegemón debe recurrir a la coerción para asegurarse de que otros pongan su parte en la producción del orden social.[97]

No obstante, el hegemón debe utilizar la coerción con moderación. Como ya mencioné anteriormente, la legitimidad, y no la coerción, es el *modus operandi* de un régimen con relaciones autoritativas, y es por ello que el uso frecuente de esta última debería poner de manifiesto la falta de aceptación del orden social establecido por parte de los actores subordinados. Así, la prueba de fuego para el liderazgo del hegemón es la socialización de sus valores e intereses; cuando esto ocurre se minimiza la oposición hacia el orden político establecido.

No debería sorprender que las normas y las instituciones jueguen un importante rol en el ámbito internacional, uno en el cual —como ya hemos visto— las relaciones jerárquicas son más que una mera posibilidad teórica o práctica. Hace mucho tiempo, los autores asociados a la Escuela Inglesa escribieron sobre esto. Adelantándose a la literatura constructivista, Hedley Bull reconoció tanto la maleabilidad como la resiliencia de los elementos normativos en las relaciones internacionales; por ejemplo, notó que "los Estados cambian las reglas demostrando, a través de sus palabras y sus acciones, que están retirando su consentimiento a reglas viejas y confiriéndoselo a unas nuevas, y por lo tanto alterando el contenido de prácticas acostumbradas o establecidas", reconociendo al mismo tiempo que las "reglas no son infinitamente maleables".[98] Asimismo, Bull se interesó por la "sociedad internacional", la cual cree que surgió "cuando un grupo de Estados, conscientes de ciertos valores e intereses comunes, formaron una sociedad en el sentido de que se concibieron como unidos por una serie de reglas comunes en sus relaciones con los otros";[99] este vínculo normativo fue fortalecido a su vez por el surgimiento de cinco instituciones internacionales (el derecho internacional,

95. Gilpin 1981; Ikenberry 2005.
96. Katzenstein, Keohane y Krasner 1998; Kindleberger 1981; Keohane 1984.
97. Lanoszka 2013: 398.
98. Bull 1977: 73; 45.
99. *Ibid.*: 13.

la diplomacia, el equilibrio de poder, la noción de "grandes potencias" y la guerra).[100] Estas instituciones no fueron epifenómenos o meros accidentes históricos; más bien, explican las prácticas cotidianas de la sociedad internacional.[101] Como sugiere la mayor parte de la arquitectura de la política internacional, las relaciones entre Estados eran jerárquicas en términos políticos y materiales.

Así pues, como he sugerido, la hegemonía como orden jerárquico debería ser entendida como un punto intermedio entre la anarquía (en el sentido de ausencia de leyes, no únicamente en el sentido de ausencia de gobierno) y el imperio;[102] por lo que, a partir de ahora, la existencia de relaciones autoritativas se convierte en un elemento fundamental de esta. Es por ello que, en un sistema hegemónico, los Estados subordinados reconocen el derecho del Estado dominante de jugar un papel excepcional en el mismo.[103] Entre otras cosas, esto significa que el Estado hegemónico tiene responsabilidades especiales; es decir, en los sistemas hegemónicos no solo la distribución de capacidades resulta desigual, sino también la distribución de responsabilidades —por si misma una auténtica fuente de poder—.[104] Esta no es una simple discusión sobre definiciones. La hegemonía tiene efectos reales en la forma en la que se conducen los asuntos internacionales. Obviamente no es lo mismo formar parte de un imperio que ser asumido como el presunto Estado independiente de la teoría dominante o ser una unidad constitutiva de un orden hegemónico (ya sea en una posición subordinada o de superioridad) —los acuerdos institucionales importan—. Asimismo, cabe señalar que no existe ningún principio ordenador en los sistemas hegemónicos;[105] lo que impera es una gradación de la autoridad.

Debido a que de manera constante los actores se mueven y renegocian a lo largo de ese continuum, lo que vuelve interesantes en términos analíticos a los sistemas jerárquicos es precisamente esa gradación. Asimismo, la base política (en oposición a la material) de la hegemonía implica que las negociaciones, disputas e intercambios entre los Estados subordinados y los que se encuentran en una posición de superioridad se dan a través de normas e instituciones (constitutivas y regulatorias).[106] Lo que esto significa para la práctica de la investigación es que

100. *Ibid.*: 37, 74.
101. Bull 1966: 48.
102. Lake 2009: 39.
103. Hobson y Sharman 2005: 69.
104. Bukovansky et al. 2012: 9.
105. Hobson y Sharman 2005: 93; Donnelly 2015: 414.
106. Mattern y Zarakol 2016: 637.

no existe como tal *un* orden hegemónico —y por lo tanto ninguna forma a partir de la cual el declive de un hegemón mundial debiera ser instanciado a través de regiones o áreas temáticas uniformes—. Tanto las relaciones de autoridad como sus efectos concomitantes están obligados a oscilar entre diferentes instanciaciones de la hegemonía. Así pues, como ha sugerido Donnelly, lo que queda por delante es echar un vistazo a los distintos tipos de sistemas jerárquicos.[107]

6) Resumen

Como señalé al principio, la política está relacionada con la estratificación y no reconoce fronteras. Desde la década de 1940, Estados Unidos ha estructurado gran parte del sistema internacional conforme a líneas jerárquicas, un orden en el cual proyectó los principios de su propia economía política. Aproximadamente tres décadas después dio inició un animado debate sobre el fin de la hegemonía estadounidense tanto entre académicos como practicantes y público en general. En ocasiones, esta discusión se volvió cacofónica debido a que las bases y significados de la hegemonía variaron —algunos le dieron más importancia a los factores materiales y otros privilegiaron los normativos—. Aunque en diferentes grados, la mayoría de ellos se basaron en el reconocimiento de que Washington gozó de una legitimidad internacional. Pero cualesquiera que sean las bases del análisis, podemos establecer tres fases en el debate sobre los vaivenes de la hegemonía de Estados Unidos: 1971–1989, las últimas dos décadas de la Guerra Fría; 1990–2000, el interregno o momento unipolar; 2001–2013, el surgimiento de los BRICS y en particular el ascenso de China.

En el hemisferio occidental, el orden liderado por Estados Unidos precedió al orden más amplio (el del bloque occidental) por más de un siglo, tal como lo acreditó el reconocimiento global de la Doctrina Monroe en 1823. En el particular sistema jerárquico establecido en la región, han figurado de manera prominente tanto los factores materiales como los normativos; así como el continente americano ha sido un caso paradigmático para estudiar la hegemonía estadounidense, también debería serlo en el debate sobre el declive de esta. En el siguiente capítulo, después de examinar de manera breve la relevancia y el significado de los pactos regionales para la política internacional, profundizo en el funcionamiento de las relaciones jerárquicas en una región en particular: el hemisferio occidental.

107. Donnelly 2015: 419.

Referencias

Ashley, R. (1988). Untying the sovereign state: A double reading of the anarchy problematique. *Millennium, 17*(2), 227–262.

Boniface, P. (2001). The specter of unilateralism. *Washington Quarterly, 24*(3), 155–162.

Boswell, T., & Bergesen, A. (1987). *America's changing role in the world-system.* Nueva York: Praeger.

Bukovansky, M., Clark, I., Eckersley, R., Price, R., Reus-Smit, C., & Wheeler, N. (2012). *Special responsibilities: Global powers and American power.* Cambridge: Cambridge University Press.

Bull, H. (1966). Society and anarchy in international relations. En H. Butterfield & M. Wight (Eds.), *Diplomatic investigations: Essays in the theory of international politics.* Cambridge, MA: Harvard University Press.

Bull, H. (1977). *The anarchical society: A study of order in world politics.* Londres: Macmillan.

Bush, G. H. W. (1991, Enero 29). *Address before a joint session of the congress on the state of the union.* En línea por Gerhard Peters & John T. Woolley, The American Presidency Project. Recuperado de http://www.presidency.ucsb.edu/ws/?pid=19253

Calleo, D. P. (1984). Since 1961: American power in a new world economy. En W. H. Becker & S. F. Wells (Eds.), *Economics and world power: An assessment of American diplomacy since 1789* (pp. 391–457). Nueva York: Columbia University Press.

Calleo, D. P. (2010). American decline revisited. *Survival, 52*(4), 215–227.

Calleo, D. P., & Rowland, B. M. (1973). *America and the world political economy: Atlantic dreams and national realities.* Bloomington, IN: Indiana University Press.

Cardoso, F. H. (1972). Dependency and development in Latin America. *New Left Review, 74*(74), 83–95.

Clark, I. (2011). *Hegemony in international society.* Oxford: Oxford University Press.

Cox, M. (2002). September 11th and US hegemony—Or will the 21st century be American too? *International Studies Perspectives, 3*(1), 53–70.

Cox, M. (2007). Is the United States in decline-again? An essay. *International Affairs, 83*(4), 643–653.

Cox, R. (1977). Labor and hegemony. *International Organization, 31*(3), 385–424.

Cox, R. (1981). Social forces, states, and world orders: Beyond international relations theory. *Millennium: Journal of International Studies, 10*(2), 126–155.

Cox, R. (1987). *Production, power, and world order.* Nueva York: Columbia University Press.

Cronin, B. (2001). The paradox of hegemony: America's ambiguous relations with the United Nations. *European Journal of International Relations, 7*(1), 103–130.

Dabat, A., & Paulo, L. (2013). Declinación de Estados Unidos: Contexto histórico mundial. *Problemas del Desarrollo, 44*(174), 61–88.

Danish, F. (2017). *Classification and tabulation.* En *Fundamentals of statistics – A brief insight* (pp. 28–51). Indira Nagar: OnlineGatha – The Endless Tale.

Destler, I. M. (2005). *American trade politics.* Washington, DC: Institute for International Economics.

Dewitt, D., & Kirton, J. (1983). *Canada as a principal power: A study in foreign policy and international relations.* Toronto, ON: John Wiley and Sons.

Dominguez, J. (1997). T*echnopols: Ideas and leaders in freeing politics and markets in Latin America in the 1990s*. University Park, PA: Pennsylvania State University Press.
Donnelly, J. (2006). Sovereign inequalities and hierarchy in anarchy: American power and international society. *European Journal of International Relations, 12*(2), 139–170.
Donnelly, J. (2012). The elements of the structures of international systems. *International Organization, 66*(4), 609–643.
Donnelly, J. (2015). The discourse of anarchy in IR. *International Theory, 7*(3), 393–425.
Fernandes, M. P. (2015). Sobre o fim da hegemonia dos Estados Unidos: Uma análise conceitual. *Meridiano 47, 16*(147), 3–10.
Friedman, R. B. (1990). On the concept of authority in political philosophy. En J. Raz (Ed.), *Authority* (pp. 56–91). Nueva York: New York University Press.
Fukuyama, F. (1990). *The end of history?* Washington, DC: United States Institute of Peace.
Gill, S. (1986). Hegemony, consensus and Trilateralism. *Review of International Studies, 12*(3), 205–221.
Gilpin, R. (1981). *War and change in world politics*. Cambridge: Cambridge University Press.
Gilpin, R. (1987). *The political economy of international relations*. Princeton, NJ: Princeton University Press.
González, G. (2010). Un siglo de política exterior mexicana (1910–2010). Del nacionalismo revolucionario a la intemperie global. En M. A. Casar & G. González (Eds.), *México 2010: El juicio del siglo* (pp. 231–274). México: Taurus.
Graziano, M. (2013). *Consciousness and the Social Brain*. Oxford: Oxford University Press.
Greenberg, E. S. (1990). Reaganism as corporate liberalism: Implications for the American future. *Policy Studies Review, 10*(1), 103–125.
Hartlyn, J., Schoultz, L., & Varas, A. (1992). *The United States and Latin America in the 1990s: Beyond the cold war*. Chapel Hill, NC: University of North Carolina Press.
Hobson, J., & Sharman, J. (2005). The enduring place of hierarchy in world politics: Tracing the social logics of hierarchy and political change. *European Journal of International Relations, 11*(1), 63–98.
Hobson, J. M. (2014). The twin self-delusions of IR: Why hierarchy and not anarchy is the core concept of IR. *Journal of International Studies, 42*(3), 557–575.
Huntington, S. (1988). The U.S.: Decline or renewal? *Foreign Affairs, 67*(2), 76–96.
Ikenberry, G. J. (2005). Power and liberal order: America's postwar world order in transition. *International Relations of the Asia-Pacific, 5*(2), 133–152.
Ikenberry, G. J. (2011). *Liberal leviathan: The origins, crisis, and transformation of the American world order*. Princeton, NJ: Princeton University Press.
Ikenberry, J. G., Mastanduno, M., & Wohlforth, W. C. (2011). *International relations theory and the consequences of unipolarity*. Cambridge: Cambridge University Press.
International Herald Tribune (1999, Febrero 5) To Paris, U.S. looks like a 'Hyperpower'. *New York Times*.
Kahler, M. (1980). America's foreign economic policy: Is the old-time religion good enough? *International Affairs (Royal Institute of International Affairs 1944-), 56*(3), 458–473.
Katzenstein, P. J., Keohane, R. O., & Krasner, S. D. (1998). International organization and the study of world politics. *International Organization, 52*(4), 645–685.

Kennedy, P. (1988). *Rise and fall of the great powers*. Lexington: DC Heath.
Keohane, R. O. (1984). *After hegemony: Cooperation and discord in the world political economy*. Princeton, NJ: Princeton University Press.
Kindleberger, C. P. (1981). Dominance and leadership in the international economy. *International Studies Quarterly*, *25*(2), 242–254.
Kirshner, J. (2014). *American power after the financial crisis*. Ithaca, NY: Cornell University Press.
Knight, A. (2008). U.S. imperialism/hegemony and Latin American resistance. En F. Rose (Ed.), *Empire and dissent: The United States and Latin America*. Durham, NC: Duke University Press.
Krauthammer, C. (1990). The unipolar moment. *Foreign Affairs*, *70*(1), 23–33.
Kurth, J. (2010). The United States as a civilizational leader. En P. J. Katzenstein (Ed.), *Civilizations in world politics: Plural and pluralist perspectives* (pp. 41–66). Nueva York: Routledge.
Lake, D. (2009). Regional hierarchy: Authority and local international order. *Review of International Studies*, *35*, 35–58.
Lanoszka, A. (2013). Beyond the consent and coercion: Using republican political theory to understand international hierarchies. *International Theory*, *5*(3), 382–413.
Layne, C. (2009). The waning of U.S. hegemony-myth or reality? *International Security*, *34*(1), 147–172.
Layne, C. (2012). This time it's real: The end of unipolarity and the Pax Americana. *International Studies Quarterly*, *56*(1), 203–213.
Legler, T. (2013). Post-hegemonic regionalism and sovereignty in Latin America: Optimists, skeptics, and an emerging research agenda. *Contexto Internacional*, *35*(2), 325–352.
Long, D. (1995). Conclusion: Inter-war idealism, liberal internationalism, and contemporary international theory. En D. Long & P. Wilson (Eds.), *Thinkers of the twenty years' crisis: Inter-war idealism reassessed* (pp. 302–328). Oxford: Clarendon.
Lowenthal, A. F. (1983). Ronald Reagan and Latin America: Coping with hegemony in decline. En K. Oye, R. J. Lieber, & D. Rothchild (Eds.), *Eagle defiant: United States foreign policy* (pp. 311–336). Boston, MA: Little, Brown and Company.
Marini, R. M. (1973). *Dialéctica de la dependencia*. Ciudad de México: Era.
Mattern, J. B., & Zarakol, A. (2016). Review essay: Hierarchies in world politics. *International Organization*, *70*(3), 624–654.
Milner, H. V. (1991). The assumption of anarchy in international relations theory: A critique. *Review of International Studies*, *17*(1), 67–85.
Nye, J. S. (1990). *Bound to lead: The changing nature of American power*. Nueva York: Basic Books, Inc.
OEA. (2002). Acta de la cuarta sesión plenaria, Asamblea General, 4 de junio (AG/ACTA 380/02).
O'Keefe, T. A. (2018). *Bush II, Obama, and the decline of U.S. hegemony in the Western Hemisphere*. Nueva York: Routledge.
Palma, G. (1978). Dependency: A formal theory of underdevelopment or a methodology for the analysis of concrete situations of underdevelopment. *World Development*, *6*(7–8), 881–924.
Paulson, H. (2015). *Dealing with China: An insider unmasks the new economic superpower*. Nueva York: Twelve.
Pempel, T. J. (1990). *Uncommon democracies: The one-party dominant regimes*. Ithaca, NY: Cornell University Press.

Poitras, G. E. (1990). *The ordeal of hegemony: The United States and Latin America.* Boulder, CO: Westview Press.

Prys, M. (2010). Hegemony, domination, detachment: Differences in regional powerhood. *International Studies Review, 12*(4), 479–504.

Quinn, A. (2011). The art of declining politely: Obama's prudent presidency and the waning of American power. *International Affairs, 87*(4), 803–824.

Rapkin, D., & Braaten, D. (2009). Conceptualising hegemonic legitimacy. *Review of International Studies, 35*(1), 113–149.

Reus-Smit, C. (1999). *The moral purpose of the state: Culture, social identity, and institutional rationality in international relations.* Princeton, NJ: Princeton University Press.

Reus-Smit, C. (2004). *American power and world order.* Cambridge: Polity Press.

Ricks, T. (2014, Septiembre 25). Who are the top international-relations specialists? Surprise! Scholars have a very different view than policymakers do. *Foreign Policy.*

Riggirozzi, P., & Tussie, D. (2012). The rise of post-hegemonic regionalism in Latin America. En *The Rise of Post-Hegemonic Regionalism* (pp. 1–16). Dordrecht: Springer.

Rodman, K. A. (1995). Sanctions at bay? Hegemonic decline, multinational corporations, and US economic sanctions since the pipeline case. *International Organization, 49*(1), 105–137.

Rosecrance, R. N. (1976). *America as an ordinary country: U.S. foreign policy and the future.* Ithaca, NY: Cornell University Press.

Ruggie, J. G. (1982). International regimes, transactions, and change: Embedded liberalism in the postwar economic order. *International Organization, 36*(2), 379–415.

Ruggie, J. G. (1992). Multilateralism: The anatomy of an institution. *International Organization, 46*(3), 561–598.

Russett, B. (1985). The mysterious case of vanishing hegemony; or, is Mark Twain really dead? *International Organization, 39*(2), 207–231.

Sartori, G. (1987). *The theory of democracy revisited (Vol. I).* Chatham, NJ: Chatham House Publishers.

Smith, P. H. (1999). *Talons of the eagle: Dynamics of U.S.-Latin American relations.* Oxford: Oxford University Press.

Smythe, E. (1980). International relations theory and the study of Canadian-American relations. *Journal of Political Science, 13*(1), 121–147.

Stepan, A. (1979). The United States and Latin America: Vital interests and the instruments of power. *Foreign Affairs, 58*(3), 659–692.

Strange, S. (1987). The persistent myth of lost hegemony. *International Organization, 41*(4), 551–574.

Strange, S. (1988). The future of the American empire. *Journal of International Affairs, 42*(1), 1–17.

Tokatlian, J. G. (2013, November 28). 'Bye bye Monroe, hello Troilo'. *El País.*

Triska, J. F. (1986). Introduction. En J. F. Triska (Ed.), *Dominant powers and subordinate states: The United States in Latin America and the Soviet Union in Eastern Europe* (pp. 1–23). Durham, NC: Duke University Press.

Walker, R. B. J. (1991). On the spatiotemporal conditions of democratic practice. *Alternatives: Global, Local, Political, 16*(2), 243–262.

Wallerstein, I. (2007). Precipitate decline: The advent of multipolarity. *Harvard International Review, 29*(1), 50–55.

Walt, S. (2011). The end of the American Era. *National Interest*, 116, 6–16.

Waltz, K. (1979). *Theory of international politics*. Reading, MA: Addison-Wesley.

Weber, M. (1978). *Economy and Society* (G. Roth and C. Wittich Eds.). Berkeley, CA. University of California Press.

Wendt, A. (1992). Anarchy is what states make of it: The social construction of power politics. *International Organization, 46*(2), 391–425.

Wesson, R. G. (1982). *United States influence in Latin America in the 1980s*. Nueva York: Praeger Publishers.

Whitehead, L. (1986). Debt, diversitfication, and dependency: Latin America's international political relations. En K. J. Middlebrook & C. Rico (Eds.), T*he United States and Latin America in the 1980s.* (pp. 87–130). Pittsburgh, PA: University of Pittsburgh Press.

Williamson, J. (1994). In search of a manual for technopols. En J. Williamson (Ed.), T*he political economy of policy reform* (pp. 9–28). Washington, DC: Institute for International Economics.

Wilson, P. (1995). Introduction: The twenty years' crisis and the category of 'idealism' in international relations. En D. Long & P. Wilson (Eds.), *Thinkers of the twenty years' crisis: Inter-war idealism reassessed* (pp. 1–24). Oxford: Clarendon.

Wohlforth, W. C. (1999). The stability of a unipolar world. *International Security*, 24(1), 5–41.

Zakaria, F. (2008). The future of American power: How America can survive the rise of the rest. *Foreign Affairs, 87*(3), 18–43.

Zartman, I. W. (2009). *Imbalance of power: US hegemony and international order.* Boulder, CO: Lynne Rienner Publishers.

Zuïrn, M., Binder, M., & Ecker-Ehrhardt, M. (2012). International authority and its policization. *International Theory, 4*(1), 69–106

2

Jerarquía y autoridad en los órdenes regionales: el hemisferio occidental

En este capítulo profundizo en la importancia y en el sentido de los órdenes regionales, centrándome en el que se ha construido en el hemisferio occidental. De manera significativa, el acuerdo jerárquico del Nuevo Mundo vino a reproducir las divisiones culturales, económicas, políticas y sociales que existían en Europa, en particular aquellas entre España y el Reino Unido. De forma pronta, Estados Unidos se convirtió en el hegemón de este orden en gran medida dicotómico. Divido este apartado en cuatro secciones. En la primera profundizo en el significado de los órdenes regionales para la política mundial. En la segunda y tercera me enfoco en el funcionamiento de las relaciones jerárquicas en el hemisferio occidental, considerando los casos de América Latina y Canadá, respectivamente. En la cuarta y última hago una sucinta recapitulación de la discusión.

1) Significado y relevancia de los pactos regionales para la política internacional

Los ordenamientos regionales son intrínsecos al sistema de Estados moderno.[1] Se puede decir que una región consiste "en dos o más Estados miembro con proximidad geográfica [...] caracterizados por una interacción regular entre ellos [y] percibidos tanto por actores internos como externos como un espacio regional distinto".[2] Pero como argumenta Peter J. Katzenstein, las regiones también "reflejan el poder y el propósito de los Estados" y adquieren "formas institucionales distintivas".[3] Por su parte, Barry Buzan ha notado el tejido cultural "más grueso" en las configuraciones regionales al compararlas con la conformación global.[4] Parte de este "grosor" tiene que ver con la "cultura diplomática" que, según Andrew Hurrell, desarrollan las regiones y la cual contribuye a mantener un sentido de unidad entre sus miembros; para él, la "cultura diplomática regional" hace referencia a "una sociedad regional de Estados, los cuales, a pesar de estar en conflicto frecuente, se entienden a sí mismos como obligados por una serie de reglas en común y compartiendo bajo el funcionamiento de instituciones comunes".[5]

Los anteriores atributos apuntan a la existencia de órdenes regionales parecidos al señalado por Hedley Bull para describir a la sociedad internacional —y del cual hablé en el capítulo anterior—. Las sociedades regionales no solo forman parte del sistema en su sentido más amplio, representan también "localizaciones" del mismo.[6] Como señala Mohammed Ayood: "las reglas básicas de la sociedad regional deben ir más lejos que las de la sociedad internacional, esto con la finalidad de darle al concepto tanto su sello de identidad como su contenido normativo".[7] De esta manera, la naturaleza jerárquica y autoritativa de dicho subsistema posee propiedades específicas de la región en cuestión.

Una característica fundamental entre aquellas que distinguen a las regiones, y en particular a los órdenes hegemónicos regionales, es la autoridad diferenciada de sus miembros. Como señalé anteriormente, la gramática de la jerarquía varía dependiendo la configuración cultural. Así, los órdenes hegemónicos operan, en

1. Hobson y Sharman 2005: 64.
2. Katzenstein 2005; Paasi 2009; Prys 2010: 485.
3. Katzenstein 2005; 2, 6.
4. Buzan 2010: 23.
5. Hurrell 1998: 535.
6. Acharya 2004.
7. Ayoob 1999: 248.

cierta medida, bajo distintos principios ordenadores, asignando diferentes derechos y responsabilidades a sus miembros,[8] pero incluso en esta asignación graduada de autoridad, un agente —el hegemón— juega un rol preponderante y vuelve dominantes sus propósitos y valores. El pegamento que da forma a este orden jerárquico no es un actor, sino, tal como noté en el capítulo anterior, un hecho social: la legitimidad.[9] Como observa Lake, "la legitimidad conferida por los Estados regionales a un Estado dominante crea y da forma a su autoridad".[10] Asimismo, los hegemones no solo lideran a sus vecinos, sino también imponen límites a las relaciones que estos pueden establecer con otros Estados.[11] El grado a partir del cual los órdenes hegemónicos regionales se ajustan a los modelos contractuales, así como la medida en que resultan benignos o abusivos, es una pregunta empírica; aquí lo importante es que la jerarquía en cuestión trae consigo relaciones de autoridad.[12] Consideremos ahora la forma en la que estas últimas han evolucionado en nuestra región de interés.

2) El desarrollo de las relaciones jerárquicas en el hemisferio occidental: América Latina

El hemisferio occidental se constituyó como un orden regional independiente desde principios del siglo XIX.[13] Siguiendo a Janice Mattern y Ayse Zarakol, podemos distinguir tres lógicas de la jerarquía que funcionan en la región desde la época ya mencionada: la lógica de concesiones como una solución a los problemas de orden; la lógica de posicionalidad, a partir de la cual los actores se conducen y dan forma a sus intereses dependiendo de su posición en el orden jerárquico; y la lógica de la productividad, de acuerdo a la cual los actores se constituyen a sí mismos por el orden en el cual se encuentran inmersos.[14] Mi argumento sostiene que las primeras dos lógicas han dominado este contexto regional; sin importar cuál de ellas ha prevalecido, resulta claro que el hemisferio occidental ha vivido

8. Lake 2007; Hobson y Sharman 2005: 93; Bukovansky et al. 2012.
9. Lake 2009: 57; Katzenstein 2005: 21; Prys 2010: 484.
10. Lake 2009: 57; ver también Hurrel 2006: 16; Cox 2002: 67.
11. Donnelly 2006: 164, 156; cf. Wendt y Friedheim 1995: 697.
12. Hobson y Sharman 2005: 70; contrastar con Lake 2009: 36.
13. En esta sección me baso en Santa Cruz 2005a, Santa Cruz 2005b y Santa Cruz 2015.
14. Mattern y Zarakol 2016: 634–643.

bajo un esquema de tipo jerárquico. Revisemos de forma breve la evolución de este sistema regional.

De manera significativa, el hemisferio occidental se convirtió en un orden hegemónico *antes* de que el Estado líder —Estados Unidos— se volviera de manera indiscutible el país más fuerte en términos de capacidades materiales. Así, cuando en 1823 el presidente James Monroe proclamó la doctrina que lleva su nombre, este país se encontraba a unas ocho décadas de distancia de poder hacer lo que los hegemones hacen— "cuidar su propio patio trasero"—; en ese entonces su armada era incluso más pequeña que la de Chile.[15] Este caso es análogo al de Japón de finales del siglo XIX cuando, después de que Tokio adoptara las normas occidentales en asuntos tanto internos como externos, podía argumentarse que empezó a "competir por encima de sus capacidades".[16] Resulta revelador que la Doctrina Monroe haya sido bien recibida por la mayoría de los líderes latinoamericanos;[17] así, por ejemplo, fue aplaudida por el libertador Simón Bolívar, mientras que el presidente mexicano Guadalupe Victoria se refirió a ella como "la memorable promesa del presidente Monroe".[18] Estas reacciones a lo que en los hechos representó el establecimiento de la esfera de influencia de Washington tuvieron que ver con la admiración que la primera nación independiente del Nuevo Mundo despertó en gran parte de las élites latinoamericanas. Por lo tanto, no fue una sorpresa que Estados Unidos se convirtiera en el modelo político a seguir para estos países.[19]

Con esto no quiero sugerir que el respeto que las élites latinoamericanas sentían por Estados Unidos equivalía a sentimientos de amistad o incluso que esta disposición fuera generalizada. Después de todo, el Nuevo Mundo era en más de una forma una recreación de las animosidades históricas (tanto políticas como religiosas) entre España y el Reino Unido, una suerte de "frontera trasplantada"; de ahí "la gran dicotomía americana" sobre la cual Edmundo O'Gorman escribió de manera tan elocuente.[20] La alta consideración en la que las élites liberales tenían a Estados Unidos estaba más relacionada con el reconocimiento a sus logros económicos y políticos que con afabilidad. Como señaló Domingo Sarmiento, el intelectual y funcionario liberal argentino:

15. Prys 2008: 12; Williams 2015: 199; Nye 2015: 5.
16. Cf. Gong 1984: 179, 195; Murase 1976: 285; Storry 1979: 23; Hobson y Sharman 2005: 87.
17. Rojas 2009: 233.
18. Corrales y Feinberg 1999: 4; Victoria 1826: 299.
19. O´Gorman 2003 [1958]: 156.
20. Sullivan 2005: 5; O´Gorman 1977: 5.

> Los Estados Unidos son una cosa sin modelo anterior, una especie de disparate que choca a primera vista y frustra la expectación pugnando contra las ideas recibidas, y no obstante este disparate inconcebible es grande y noble.[21]

O como señaló el educador brasileño del siglo XIX, José Veríssimo: "los admiro, pero no los estimo".[22] Asimismo, Washington estaba lejos de ser un modelo para buena parte de la clase dominante latinoamericana: los llamados conservadores. Para ellos, la cultura y sociedad española —y posteriormente la francesa— era el ejemplo a seguir.

De manera significativa, Estados Unidos siguió siendo el modelo político para las facciones liberales incluso después de que sus intereses expansionistas fueron revelados. Así, por ejemplo, a pesar de que les arrebataron más de la mitad de su territorio durante la guerra de 1846–1848, ni siquiera los liberales mexicanos cambiaron de parecer con respecto a Washington;[23] y tiempo después, cuando el gobierno estadounidense felicitó a su contraparte mexicana por la aprobación de una importante legislación de corte liberal, el presidente envió a su ministro de relaciones exteriores a leer la carta al Congreso —una señal evidente de la importancia de contar con la bendición del vecino del Norte.[24]

Por otro lado, en Estados Unidos consideraban a México en particular, y a América Latina en general, como niños que necesitaban orientación. Aquí se puso en juego lo que Hobson ha denominado la "jerarquía civilizatoria"; Washington empezó a poner en práctica el "republicanismo imperial".[25] Así, alrededor de 1813 Thomas Jefferson escribió que "la vecindad de Nueva España con Estados Unidos y su consecuente intercambio pueden significar una escuela para las clases más elevadas y ejemplo para las clases inferiores";[26] siete años después, el secretario de Estado Henry Clay señaló ante el Congreso que "está en nuestro poder la creación de un sistema del cual Estados Unidos sería el centro, y en el cual toda Sudamérica actuaría con nosotros".[27]

La "Idea del hemisferio occidental" (IHO) de Arthur Whitaker tomó forma a raíz de lo sucedido en las primeras décadas del siglo XIX. Según el autor, la IHO se refiere "a la afirmación de que los pueblos de este hemisferio tienen una relación

21. En Ocampo 2009: 131.
22. En Pratt 2004: 38.
23. Cosío Villegas 1997: 245–246; Krauze 2001.
24. Foster 1909: 49–50.
25. Hobson 2014: 574; Freed 2008.
26. Carreño 1951: 83.
27. En Reinhold 1938: 351.

especial entre sí que los distingue del resto del mundo".[28] Este "sistema separado de intereses" (Jefferson *dixit*) era liderado, por supuesto, por Estados Unidos y gozaba de la aquiescencia de las antiguas colonias peninsulares, aunque también estaba permeado por el resentimiento que estas últimas sentían por las intenciones expansionistas y tutelares de Washington. La actitud arrogante del hegemón en ascenso fue evidenciada, por ejemplo, en 1905 por el Corolario de Roosevelt a la Doctrina Monroe (el cual sostenía el rol de guardián hemisférico de Washington), por la intervención de Woodrow Wilson ante el Congreso en 1913 (donde aseveró que "somos amigos de los gobiernos constitucionales de América; somos más que sus amigos, somos sus campeones [...] Yo les enseñaré a los latinoamericanos a elegir buenos hombres") y por el hecho de que Estados Unidos no aceptó el principio de no intervención —tan importante para sus vecinos del Sur— sino hasta la Conferencia Interamericana de Consolidación de la Paz de 1936.[29] Estas acciones y señales, entre muchas otras, sólo contribuyeron a alimentar los sentimientos negativos de estos países hacia el vecino del Norte.

Independientemente de las tensiones que recorrían el continente americano, para finales de la segunda década del siglo XX América Latina ya era reconocida internacionalmente como la verdadera zona de influencia de Estados Unidos. Como ya he señalado, las potencias europeas avalaron la Doctrina Monroe en Versalles. Lo ocurrido durante la Segunda Guerra Mundial y la Guerra Fría sólo vino a reforzar, de manera interna y externa, el entendimiento de que el hemisferio occidental poseía un orden hegemónico regional distinto. En consecuencia, durante la Conferencia Interamericana sobre Problemas de Guerra y de la Paz llevada a cabo en 1945 en la Ciudad de México, los Estados participantes acordaron establecer un sistema de seguridad colectivo interamericano una vez que terminara la guerra. Más revelador aún resultó el celo con el que, un mes después del encuentro de Chapultepec, los Estados latinoamericanos defendieron el reconocimiento de sistemas regionales durante la Conferencia de las Naciones Unidas sobre la Organización Internacional que se llevó a cabo en San Francisco. Estos esfuerzos —respaldados por Estados Unidos— llegaron a buen puerto, como lo reflejan los artículos 52–54 de la Carta de las Naciones Unidas.[30]

Así pues, el "sistema separado" que Jefferson había imaginado para el continente se materializaría 135 años después con la promulgación de la Carta de Bogotá y el establecimiento de la Organización de los Estados Americanos (OEA)

28. Whitaker 1954: 1.
29. Dent 1999: 266; Burr 1973: xxv.
30. Burr 1973: xxviii.

en 1948. Los países latinoamericanos tenían como objetivo no solo la cooperación, sino también la contención de Estados Unidos. Este pacto político estaba imbuido por el legado republicano, según el cual "los Estados, no obstante ser independientes, están conectados entre sí no sólo de manera circunstancial"[31] en una esfera jerárquica donde el líder debe justificar sus actos.[32] Asimismo, en el nuevo contexto de la Guerra Fría Latinoamérica tuvo éxito, al menos de manera formal, en crear una organización más democrática que la ONU —en la Carta de la OEA se reconoce la igualdad de todos sus Estados miembro—.[33] Como señaló el representante mexicano ante el órgano regional en 1970:

> Es ésta una organización peculiar, en que están agrupadas la nación más poderosa de la tierra, Estados Unidos, y más de veinte que no son ni ricas ni poderosas. Es indudable, empero, que a pesar de ello, la Organización ha ganado en espíritu democrático.[34]

El irreductible común denominador que el republicanismo representaba en el hemisferio implicó la extrapolación, a nivel continental, del principio a partir del cual "la coerción y la preocupación por el bien común van de la mano".[35] Es decir, había una comprensión implícita respecto no solo a la generalizada presencia de la coerción en las relaciones entre los Estados (a pesar de su igualdad formal), sino también en cuanto a la existencia latente de intereses comunes. Estos eran, lógicamente, la paz y la seguridad —aunque este entendimiento compuesto tenía que ajustarse forzosamente al contexto de la Guerra Fría—. Debido a que esta última consistía principalmente en una batalla ideológica entre dos súper potencias (Estados Unidos y la Unión de Repúblicas Socialistas Soviéticas), la OEA se convirtió en gran medida en una herramienta de Washington para su autoproclamada misión de mantener a raya al comunismo en el continente;[36] su rol en la exclusión de Cuba en 1962, así como la aprobación del intervencionismo estadounidense en República Dominicana en 1965 son dos ejemplos de ello. Así pues, el orden regional tomó forma de manera cabal a través del consentimiento y la coerción.

***

31. Onuf 1998: 4.
32. *Ibid.*: 7.
33. Farer 1988: 25.
34. OEA 1970.
35. Onuf 1998: 8.
36. Wilson y Dent 1995: 27.

Por las fechas en las que el debate académico sobre el declive de la hegemonía estadounidense dio inicio, las relaciones entre Estados Unidos y sus vecinos del Sur se inscribían al interior del mismo orden jerárquico, pero también dentro del marco de la Guerra Fría —independientemente del supuesto cambio en las capacidades de Washington—. Un claro ejemplo del prisma bipolar a través del cual el hegemón regional veía la política hemisférica fue su reacción ante la victoria, por medio de elecciones democráticas, de la izquierda chilena en 1970 —algo que toco de manera más amplia en el capítulo ocho—. A pesar de la intervención de Estados Unidos en Chile y en otros países del Cono Sur durante esa década, Washington parecía alejado del resto del hemisferio e incluso daba la impresión de estar perdiendo control sobre el mismo; así, por ejemplo, para finales de esa década la mayoría de los países habían reestablecido relaciones diplomáticas con La Habana. Estos fueron los tiempos en los que tanto la política exterior como el debate académico en la región empezaron a enfatizar la necesidad de "autonomía" vis-à-vis el hegemón.[37] También hubo acaloradas discusiones en el foro regional, las cuales tuvieron su apogeo en 1979 al ser rechazada una iniciativa estadounidense que buscaba impedir la llegada al poder de los Sandinistas —apoyando a su vez una que favorecía de manera clara a los rebeldes.[38]

La relación entre Estados Unidos y América Latina no hizo más que empeorar durante los años 80. Así, por primera vez el subcontinente confrontó de manera conjunta a Washington durante la Guerra de las Malvinas.[39] La cruzada anticomunista de Reagan en América Central contribuyó de forma particular al deterioro de las relaciones hemisféricas. El surgimiento del Grupo Contadora a principios de la década de los 80, el posterior Grupo de Apoyo y el eventual Grupo de Río, todos excluyendo de manera explícita a Estados Unidos, proponiendo ideas que contradecían a las de Washington para dar solución al embrollo centroamericano, fueron una demostración más de la creciente futilidad de la OEA.

No obstante, había un triple movimiento en dirección opuesta: primero, la ola de transiciones democráticas en América Latina; segundo, el énfasis que la OEA estaba poniendo en la democracia a través de la modificación de su Carta en 1985 y que dotaba a la organización de una nueva misión: la promoción de la democracia; tercero, Washington puso en el centro de su política exterior la "promoción de la democracia". A pesar de que el repentino compromiso democrático de la administración de Reagan no tuvo eco entre los líderes latinoamericanos,

37. Russell y Totatlian 2002: 167; Olaya 2007: 289; Schenoni y Escude 2016: 1.
38. Muñoz 1990: 31.
39. Corrales y Feinberg 1999: 7; Wesson 1986: 149.

sus efectos sí fueron reales. Así, Chile se convirtió en una prueba crucial para la política de la "promoción de la democracia" de la administración Reagan. En 1985, el embajador estadounidense Harry Barnes llegó a Santiago dejando clara su simpatía hacia las fuerzas democráticas chilenas, mientras que el año siguiente Washington emitió una declaración mostrando su oposición a cualquier tipo de dictadura, de derecha o de izquierda.[40] Este cambio en la actitud de Estados Unidos, sin duda alguna, contribuyó a que Pinochet perdiera el plebiscito de 1988 y a poner fin a su régimen.

Para ese entonces, las conversaciones hemisféricas habían cambiado sustancialmente. Con el fin de la Guerra Fría, Washington parecía estar en una situación similar a la que vivió al final de la Segunda Guerra Mundial, aunque mejor: con el desvanecimiento de su contraparte económica, ideológica y militar (la URSS), Estados Unidos parecía emerger, como ya he señalado, como la potencia hegemónica global. No obstante, el cambio en la conversación hemisférica tuvo más que ver con factores internos. Las transiciones que se dieron en la región alteraron la estructura de los incentivos políticos en la colaboración para asegurar la democracia. Un renovado espíritu impregnó la OEA, la cual jugó, por ejemplo, un papel fundamental en el proceso electoral de Nicaragua en 1990.

Vale la pena destacar que, más allá de los altibajos en las relaciones hemisféricas durante las décadas de los 70 y 80, tanto Estados Unidos como los países latinoamericanos mantuvieron su discusión en términos consistentes con la IHO —es decir, el continente americano como un "sistema separado de intereses" pese a estar dividido por una frontera cultural, económica y política—. Como notó Robert Wesson a mediados de los años 80:

> Los latinoamericanos pueden recurrir, y lo hacen, a motivos legalistas y morales y hacer un llamamiento a Estados Unidos para que actúe no de acuerdo con sus capacidades, sino con sus principios. Ellos, en efecto, le piden a la potencia hegemónica que se autolimite en nombre de la justicia, del orden jurídico y del humanitarismo al cual se adscriben.[41]

De hecho, vale la pena señalar la prevalencia de las declaraciones señalando la naturaleza jerárquica del orden regional —en el sentido discutido en la primera sección— que se dieron en el foro regional. Así, por ejemplo, con respecto a la composición bicultural del continente americano (en línea con la "gran dicotomía

40. Fernández 1997.
41. Wesson 1986: 152.

americana" de O'Gorman), en la Asamblea General de 1970 el representante chileno, Patricio Silva, se refirió a la OEA como un ente compuesto no por muchos países, sino por "dos grandes colectividades: América Latina y Estados Unidos", mientras que el representante boliviano, Camacho Omiste, reconoció su "profunda admiración por el pueblo norteamericano (*sic*), quienes han sido capaces de construir esta civilización, la cual constituye la más alta expresión de poderío económico y tecnológico de la historia".[42] Por su parte, el representante venezolano, Gonzalo García, señaló la obligación que Estados Unidos tiene "con el bloque latinoamericano" en términos de ayuda para el desarrollo.[43]

De manera similar, en la Asamblea General de 1971 el delegado colombiano, Alfredo Vázquez, observó que América Latina formaba un "sistema regional" con Estados Unidos en asuntos de seguridad, y sugirió que el subcontinente podría aprender de Washington.[44] En la Asamblea General de 1977, siendo complaciente con sus contrapartes latinoamericanos en cuanto a las coincidencias civilizacionales de los países del hemisferio, el representante estadounidense Gale W. McGee destacó el "patrimonio más o menos común" que Estados Unidos compartía con sus vecinos del Sur haciendo referencia a los ideales de George Washington, cuyo nacimiento había sido conmemorado durante esa sesión.[45] A pesar de ello, el delegado venezolano José Alberto Zambrano insistiría después en que "la OEA no es una organización regional, sino más bien una organización que engloba dos regiones: América Latina y Estados Unidos, quien representa una región por sí mismo".[46] Al igual que su contraparte de Bolivia una década antes, en la Asamblea General de 1980 el representante de Santa Lucía, Barry Auguste, hizo referencia al rol especial de Estados Unidos en los asuntos internacionales, reconociendo que este era "uno de los países más ricos, más democráticos y más estimados del mundo".[47]

Pero la apreciación del hegemón regional venía frecuentemente acompañada de rencor o resentimiento. Así, en la Asamblea General de 1983 el representante colombiano, Rodrigo Lloreda, lamentó el acuerdo "paternalista" de la posguerra según el cual la seguridad hemisférica recaía únicamente en Estados

42. OEA 1970.
43. *Ibid.*
44. OEA 1971.
45. OEA 1977.
46. OEA 1979.
47. OEA 1980.

Unidos "como una especie de prolongación extemporánea de la Doctrina Monroe".[48] De la misma forma, tres años después el presidente guatemalteco, Vinicio Cerezo, señaló en el mismo foro que el continente americano "es fruto de un proceso histórico común [europeo]", indicando que los Estados latinoamericanos habían establecido un diálogo político con Estados Unidos "para decirles que respetamos su posición [...] pero que queremos ser sus socios y no los instrumentos de su política internacional".[49] Hacia finales de la Guerra Fría, el secretario de Estado, George Shultz, se dirigió a la Asamblea General para reiterar la responsabilidad especial de Washington con sus vecinos, señalando la "obligación [de su país] de ofrecer nuestro apoyo moral, político y material a aquellos pueblos que todavía se encontraban luchando por implementar la verdadera democracia en sus países".[50]

Así, el supuesto declive de Estados Unidos como hegemón de occidente no pareció afectar en mucho las relaciones hemisféricas. Washington siguió siendo por mucho el incuestionable hegemón regional, y las transformaciones que se dieron en el continente tuvieron que ver más con asuntos internos —particularmente la ola de transiciones democráticas en los años 80— que con algún cambio en sus capacidades materiales relativas. El reconocimiento de Washington como una especie de *primus inter pares* continuaría durante la década posterior al fin de la Guerra Fría. Obviamente, la aceptación de la autoridad estadounidense no significó que los líderes latinoamericanos consideraran indefensos a sus países vis-à-vis Washington; tal como los exitosos esfuerzos de varios Estados del subcontinente por influir en Washington durante la Guerra Fría lo demuestran, la hegemonía no es un juego de suma cero.[51]

Durante los años 90 las relaciones interamericanas se expandieron y profundizaron. La expansión tuvo que ver con el hecho de que Canadá se volvió miembro del órgano regional. El movimiento de Ottawa fue muy bien recibido por los Estados latinoamericanos porque percibían al nuevo integrante como un potencial aliado que podría contribuir a equilibrar la presencia de Washington en la organización.[52] Soltando una pulla a Estados Unidos, el representante de Costa Rica, Rodrigo Madrigal, dio la bienvenida a Ottawa a la "familia americana"

48. OEA 1983.
49. OEA 1986a.
50. OEA 1986b.
51. Long 2015. Cf. Long 2013: 19; Scarfi y Tillman 2016.
52. Pellicer 1998: 21.

señalando que su nuevo integrante posee una "inteligente política exterior [...] sin hegemonismo ni pretensiones".[53]

Canadá también contribuyó al ahondamiento de la agenda hemisférica. La OEA acogió muchas de las preocupaciones de su distintiva política exterior, entre ellas la democracia y los derechos humanos; como era de esperarse, el nuevo miembro regional adquirió protagonismo en esos asuntos. No obstante, la profundización de la agenda regional también se dio en una serie de asuntos que tenían que ver con los intereses de Washington y que habían sido tabú para otros Estados. Así, en 1995 la OEA estableció la Comisión de Seguridad Hemisférica y La Conferencia de Ministros de Defensa de las Américas (CMDA), de manera que la plana mayor de la región pudiera discutir temas relevantes para el nuevo entorno de seguridad del hemisferio: entre ellos las relaciones cívico-militares, el terrorismo y el crimen organizado transnacional.[54]

No obstante, el asunto más significativo para la intensificación de las relaciones hemisféricas fue la convergencia, ya señalada en el capítulo anterior, en el llamado "Consenso de Washington". El término, acuñado en 1989 por John Williamson, se refiere a una lista de recomendaciones en diez asuntos de política pública para quienes quisieran adoptar el modelo económico promovido por Estados Unidos y otros países desarrollados (aunque vale la pena señalar el enorme disenso al interior del consenso durante los años posteriores;[55] más sobre esto en el capítulo cuatro). Así pues, durante la Asamblea General de 1990 el delegado chileno, Enrique Silva, hizo un llamado para el involucramiento de la OEA no solo en la agenda de liberalización comercial, sino también en la promoción de la inversión extranjera privada en el hemisferio.[56] El énfasis en la integración económica tuvo mucho que ver, como señaló en el mismo evento el representante mexicano, Sergio González, con el "renovado pragmatismo" de los países latinoamericanos.[57] De manera similar, el ministro de Relaciones Exteriores de Venezuela señalaría que la región había dado un "vuelco importante" en asuntos económicos "por convicción o por necesidad financiera".[58]

Ese mismo mes, el presidente George Bush (padre) anunció en la Casa Blanca "la Iniciativa para las Américas" en respuesta a la petición hecha por los líderes

53. OEA 1989.
54. Klepak 2000: 18.
55. Cf. Naim 2000.
56. OEA 1990a.
57. OEA 1990b.
58. OEA 1992.

latinoamericanos cuatro meses antes en Cartagena, Colombia. Los jefes de Estado presentes en la reunión habían dejado claro que no les interesaba recibir ayuda para sus países; lo que ellos querían era tener acceso al mercado estadounidense. Como el ministro de Relaciones Exteriores de Venezuela, Armando Durán, señaló en la Asamblea General de 1991, la invitación del presidente Bush representaba tanto "la oportunidad para resolver el desencuentro entre Estados Unidos y América Latina", como la "posibilidad [...] para promover y estimular el desarrollo económico de la región".[59] Así, la Iniciativa representó, como señaló Joseph Tulchin, el "reconocimiento" de George Bush al estado de ánimo del subcontinente.[60] En línea con el renovado interés en los asuntos comerciales, en 1993 se estableció la Comisión Especial de Comercio al interior de la OEA.

Sumando las coincidencias políticas y económicas, en diciembre de 1994 el presidente Bill Clinton invitó a todos los líderes "democráticamente electos" del hemisferio occidental a participar en la Primera Cumbre de las Américas en Miami. La agenda incluía tres asuntos principales: democracia, integración económica y desarrollo sustentable. Para el ministro de Relaciones Exteriores de Colombia, Rodrigo Pardo:

> En buena hora convocada y dirigida por el presidente de los Estados Unidos, la Cumbre dejó sin duda un marco de trabajo que es en sí mismo una invitación al optimismo. Los temas incluidos, las prioridades fijadas y los planes de acción acordados son la mejor agenda para el manejo de los asuntos hemisféricos.[61]

Coincidentemente, esta fue la primera conferencia hemisférica a la que asistió un presidente de Estados Unidos desde la llevada a cabo por la OEA en Punta del Este en 1967. Así pues, no resultó sorpresivo que el delegado estadounidense, Mark B. Feierstein, resaltara el "sin precedente grado de consenso con respecto a la forma en la que podemos asegurar el futuro de la región", así como la "convergencia de valores" entre los países del continente americano.[62] La presunta convergencia sirvió para revelar la autopercepción de Washington. Como señaló el embajador estadounidense ante la OEA a principios de los años 90:

> En este revolucionario Nuevo Mundo, en esta nueva era democrática, tanto nosotros como nuestros socios necesitamos entender que los valores en los cuales

59. OEA 1991.
60. Tulchin 1993: 60.
61. OEA 1995.
62. *Ibid.*

> creemos no son para nada los de Estados Unidos —estos son valores americanos, valores universales que todos nosotros nos esforzamos por alcanzar.[63]

En cualquier caso, por lo menos en asuntos económicos había algo de consenso; el principal objetivo de la Cumbre de Miami fue la creación del Área de Libre Comercio de las Américas (ALCA) para el año 2005.[64]

Como ya he señalado, para estas fechas la organización hemisférica ya había dado importantes pasos en cuestiones políticas. Desde principios de los años 90 el apoyo a la democracia por parte de la OEA había ganado impulso; así, por ejemplo, en octubre de 1990 fue creada la Unidad para la Promoción de la Democracia —liderada primero por John Graham y después por Elizabeth Spehar, ambos canadienses—, lo que garantizó una cascada de misiones de observación electoral en distintos países latinoamericanos. Asimismo, en junio de 1991 la organización regional adoptó el Compromiso de Santiago y la Resolución 1080; a través de ambos instrumentos la OEA reforzó de manera sustancial no solo su doctrina a favor de la democracia, sino también su músculo (se facultó al Secretario General para convocar al Consejo Permanente o a la Asamblea General en caso de una interrupción del orden democrático en alguno de sus países miembro). De manera adicional, el Protocolo de Washington de 1992 estableció que un Estado miembro podía ser sancionado en caso de que su gobierno electo democráticamente fuera derrocado.

Siete años después de su lanzamiento, se le agregó un componente político al proyecto del ALCA. En la cumbre de las Américas de Quebec en 2001 —a petición de algunos Estados latinoamericanos— se insertó una "cláusula democrática" en el proceso. La Carta Democrática Interamericana (CDI) adoptada el mismo año en Lima —justo el día en que se dieron los ataques terroristas en Estados Unidos— especificaba los criterios necesarios para la defensa colectiva de los regímenes electos democráticamente. Un enfoque liberal, consistente con las directrices de la IHO, parecía guiar la política y la economía del continente. Una semana después tanto de la promulgación de la CDI como de los ataques terroristas del 11 de septiembre (11-S), al presentar sus condolencias a Washington durante una reunión del Consejo Permanente de la OEA, el representante venezolano, Jorge Valero, señaló:

63. OEA 1992.
64. Moss 1994: i.

> Venimos con el mejor propósito de cooperar abnegada y estrechamente para alcanzar una respuesta efectiva a la agresión contra un país amigo, Estados Unidos, país miembro de nuestra Organización [OEA]. Esta respuesta es unánime por parte de todos los países del hemisferio, porque todos nos sentimos agredidos.[65]

Los ataques terroristas coincidieron con la discusión sobre el surgimiento de los BRICS y con lo que parecía ser la consolidación de la Unión Europea (gracias a su reciente expansión y a la introducción del Euro), lo que reavivó la discusión sobre el declive de Estados Unidos. La nueva realidad geopolítica se volvió más visible en el hemisferio occidental con el ascendente interés económico de China en la región, tanto como proveedor de materias primas (cobre, petróleo y soya, entre otras) como mercado para sus exportaciones. Países como Argentina, Brasil y Chile se beneficiaron particularmente de su creciente comercio con el gigante asiático.[66] Venezuela, como gran potencia petrolera, también se vio muy favorecida por los altos precios del petróleo en los mercados mundiales, circunstancia que le permitió asumir un rol más importante en la política hemisférica.

No obstante, sostengo que los virajes geopolíticos no fueron el principal factor de la vorágine de cambios en la política interamericana durante la primera década del siglo XXI. Las causas más próximas tuvieron que ver con sucesos en el mismo hemisferio: en primer lugar, la llegada al poder de George W. Bush en Estados Unidos y, en segundo, el ya referido giro a la izquierda en varios países latinoamericanos. En cuanto al primero, incluso si resultaba claro desde principios de su administración que Bush intentaría jugar la carta unilateral de manera más prominente que su antecesor (como lo volvió evidente su rechazo a ratificar el Protocolo de Kioto), poco después de los ataques terroristas del 11-S, es decir, a menos de un año de haber ascendido al poder, el unilateralismo de Washington ya estaba funcionando a toda marcha. Así, no sorprendió que América Latina y Canadá se opusieran a uno de los temas que vinieron a definir la administración Bush: la invasión a Irak. Así, por ejemplo, los dos países latinoamericanos que en ese momento formaban parte del Consejo de Seguridad de la ONU (México y Chile) —quienes además tenían una actitud cercana y amistosa con Estados Unidos—se opusieron a Washington; Canadá, otro socio cercano —y aliado militar en el NORAD y en la OTAN— también estuvo en contra.[67] En parte como

65. OEA 2001.
66. Wise 2017.
67. Bravo y Santa Cruz 2012.

resultado de su creciente unilateralismo en los asuntos mundiales, Washington empezó a perder influencia al interior de la OEA. De hecho, como notó Peter Hakim, "a lo largo y ancho de la región el apoyo a las políticas de Washington ha disminuido. Pocos latinoamericanos, fuera o dentro del gobierno, consideran a Estados Unidos un socio confiable".[68]

La otra causa próxima del cambio en las relaciones hemisféricas, como ya lo he señalado, tuvo que ver con el viraje político en distintos países latinoamericanos. Por ejemplo, lo que estaba destinado a convertirse en el legado de la cooperación y el interés común del hemisferio, el ALCA, vio su fracaso en la Cumbre de las Américas de 2005 en Mar del Plata. En la reunión, no solo el presidente venezolano, Hugo Chávez, sino también el anfitrión, el presidente argentino Néstor Kirchner, hicieron patente su oposición al pacto continental; por su parte, Brasil jugó de manera exitosa la "carta regional" para ganar influencia tanto a nivel regional como global.[69] Para ese entonces (en diciembre de 2004), ya se había establecido la Alianza Bolivariana para los Pueblos de Nuestra América (ALBA) encabezada por el presidente cubano Fidel Castro y por el venezolano Hugo Chávez, la cual se convertiría en un verdadero frente opositor ante lo que consideraban las políticas imperialistas de Washington.

Si bien ambos factores se constituyeron en la fuerza motora de las crecientes divergencias entre Washington y el resto del hemisferio, también se presentaron tres eventos que operaron en dirección contraria desde finales de la primera década del siglo XXI hasta el año 2016. El primero fue el acercamiento gradual entre Washington y el resto de los países del continente a partir de la llegada de Barack Obama a la Casa Blanca, y con ello el regreso de Estados Unidos a un enfoque multilateral, e incluso colegiado.[70] El restablecimiento de las relaciones diplomáticas con Cuba —por lo que el presidente estadounidense fue muy aplaudido por sus contrapartes hemisféricas— plasmó el cambio de actitud de Washington.

Un segundo evento que contribuyó a la armonía parcial de las relaciones hemisféricas fue la escisión de algunos países latinoamericanos a partir del establecimiento del ALBA; esta ruptura se materializó en 2011 con la fundación de un grupo análogo, la Alianza del Pacífico, entre cuatro países con orientación de mercado y con una actitud amistosa hacia Washington: Chile, Colombia, México y Perú. Vale la pena señalar que, además de Canadá, todos ellos, con excepción de Colombia, se unieron al proyecto geopolítico más importante de la administración

68. Hakim 2006: 39.
69. Malamud 2011: 19; Merke 2015: 181–182.
70. Bagley y Defort 2015: 374.

Obama: El Acuerdo Transpacífico de Cooperación Económica (TPP por sus siglas en inglés). La división entre los países latinoamericanos resultó evidente incluso cuando intentaron actuar en conjunto. Así, por ejemplo, la creación en 2010 de la Comunidad de Estados Latinoamericanos y Caribeños (CELAC) evidenció las distintas posiciones vis-à-vis Washington, quien, junto con Canadá, fue excluido del nuevo acuerdo; mientras que el presidente de Nicaragua, Daniel Ortega, señalaría al respecto que "estamos sentenciando de muerte a la Doctrina Monroe", el presidente colombiano, José Manuel Santos, aclararía después que "la CELAC no ha nacido para estar en contra de nadie".[71]

Finalmente, el tercer evento que ha operado para revertir la tendencia en las relaciones interamericanas en esta década ha sido el debilitamiento de la posición de la izquierda regional (dentro o fuera del ALBA) debido tanto a factores exógenos, entre ellos la caída en los precios de las materias primas que empezó en 2014, como endógenos, por ejemplo, la llegada al poder de regímenes más moderados o de derecha en Argentina o Brasil.

3) El desarrollo de las relaciones jerárquicas en el hemisferio occidental: Canadá

En el otro extremo de las desavenencias políticas y sociales entre Washington y sus vecinos del Sur, se ha vuelto lugar común resaltar la cercana relación con Ottawa. Parte de la explicación tradicional de la cordialidad entre ambos países tiene que ver con sus afinidades culturales. Sus raíces y características históricas, como el lenguaje y la religión, han contribuido, sin duda alguna, a la sólida relación que estos "gemelos separados al nacer" gozan. Como ha notado Seymour Lipset, los dos países "se parecen más entre sí que cualquier otra nación".[72] Sin embargo, en tiempos pasados —y a pesar del parentesco— las cosas solían ser radicalmente distintas. Como J.L. Granatstein y Norman Hillmer han señalado, "el carácter pacífico de América del Norte, su inclinación a privilegiar el arbitraje sobre la guerra fue, en gran medida, un mito. Ha habido guerras, rebeliones, derramamiento de sangre y enfrentamientos en abundancia a medida que las relaciones entre ambos pueblos fueron tomando forma".[73]

71. Shifter 2012: 60.
72. Lipset 1990: 212.
73. En Haglund 2004: 23.

Desde la fundación de Estados Unidos y hasta mediados del siglo XIX, la relación bilateral difícilmente podría ser considerada como amigable. Inicialmente, Washington veía a Canadá, entonces una colonia británica, como una amenaza. En consecuencia, intentó separar a su vecino del Norte del imperio británico.[74] Durante la guerra de 1812 invadieron el alto Canadá y lo declararon un territorio ocupado, y a pesar de que la aventura expansionista no prosperó, los planes de anexión, al igual que los de los nacionalistas irlandeses-americanos, siguieron vigentes después de la guerra. Así, seis años después de que los soldados británicos norteamericanos quemaran la Casa Blanca, John Quincy Adams escribió sobre el "dominio natural en Norteamérica" que su país ejercía.[75]

De manera similar, los canadienses no se concebían a sí mismos como norteamericanos, y mucho menos como una nación americana (del hemisferio occidental); aunque con sus propias especificidades, se veían como pertenecientes al imperio británico. Como el miembro del Parlamento, Paul Martin, señalaría tiempo después: aunque "la preferencia por los beneficios materiales que implicaba la inclusión en Estados Unidos pudo haber sido comprendida durante el siglo XIX, la alternativa elegida por los canadienses fue la Confederación";[76] así pues, mantuvo su profundo vínculo con Londres. Esta postura fue recíproca: incluso después de la Confederación (1867), Washington con frecuencia percibía a Ottawa como una extensión imperial. Como sea, para finales del siglo XIX ya resultaba obvio para Estados Unidos que el futuro de Canadá se encontraba en América del Norte y, en consecuencia, empezó a darle un trato de país independiente.[77]

Para ese entonces, una guerra entre ambos países ya no era una opción. Así, el Primer Ministro, Sir John A. Macdonald, señaló en 1880:

> Mi opinión es que, desde el aspecto presente de los asuntos y desde una mejora gradual en los sentimientos entre el pueblo de Estados Unidos y el pueblo de Canadá, el peligro de guerra decrece anualmente, tanto, que resulta improbable en el grado más alto que alguna vez haya una guerra entre Inglaterra y Estados Unidos, con excepción de causas totalmente desconectadas de Canadá y sobre las cuales no puedo emitir un juicio.[78]

74. Stewart 1992: 53, 185.
75. Adams 1965: 36.
76. Martin 1971: 34.
77. Shore 1998: 336–337.
78. En *Ibid.*: 346.

Para principios del siglo XX, la transición en el entendimiento mutuo se encontraba en una fase preliminar. La pacífica historia bilateral, que había sido acompañada —y promovida— por una serie de acciones clave para la construcción de confianza, como el incremento en las interacciones económicas y la desmilitarización de sus fronteras, estaba empezando a infundir un sentido de comunidad entre los dos países. Con esto no quiero sugerir que todo era buenos sentimientos entre Ottawa y Washington; el antiamericanismo, por ejemplo, era todavía la "religión oficial" de Canadá.[79] De hecho, la elección de 1911 se desarrolló bajo la supuesta amenaza que la propuesta de un tratado comercial con su vecino del Sur representaba para su misma existencia. Como sea, para ese entonces el sentimiento antiamericano era más un artificio de una élite para ganar popularidad que una política de Estado. Asimismo, los sucesos que llevaron a la Primera Guerra Mundial, el conflicto en sí mismo (con ambos países peleando en el mismo lado) y las consecuencias que arrojó, volvieron evidentes los intereses de seguridad que compartían. Tal como señaló Theodore Roosevelt en 1914 en una carta personal:

> No puedo evitar creer y esperar que al final las naciones lleguen al punto que, por ejemplo, hoy han alcanzado Canadá y Estados Unidos, donde cada nación, de manera natural, trata a la otra con razonable justicia y amabilidad, y donde la guerra entre ellas es impensable.[80]

El nuevo entendimiento se profundizó durante el periodo de entreguerras. Así, cuando Canadá estableció su primera representación diplomática en el exterior (aunque no se convertiría en un país soberano hasta 1931), lo hizo en Estados Unidos. Fue durante este periodo que sus intereses en seguridad confluyeron, que ambos países desarrollaron grandes estrategias similares y que Canadá empezó a incluir, al menos en algunos asuntos, al "otro" que Washington representaba como parte constitutiva de sí mismo.[81] Así, poco después del estallido de la Segunda Guerra Mundial, el Primer Ministro Mackenzie King comentó que las relaciones de su país con su vecino eran tan íntimas que para algunos canadienses estas "no eran en absoluto relaciones exteriores".[82]

La redefinición más sustancial de la identidad de Canadá y, por lo tanto, de su seguridad vis-à-vis su vecino se dio durante la Segunda Guerra Mundial. Empezó

79. Granatstein 2003: 2.
80. En Shore 1998: 354.
81. Martin 1971: 28–29; Nossal 2004: 505; Haglund 2004: 12.
82. Shore 1998: 352.

en 1940 con la Declaración de Ogdensburg y fue seguida el año siguiente por la Declaración de Hyde Park, ambas haciendo referencia a reuniones entre el primer ministro Mackenzie King y el presidente Franklin Roosevelt. Estos dos sencillos documentos llevarían al establecimiento de una compleja red de cooperación militar entre ambos países, la cual funcionaría como la base operativa de la Junta Permanente de Defensa Estados Unidos-Canadá de 1940.[83] Pero fue el cultivo de valores compartidos, de intereses comunes e incluso la gestación de una nueva identidad lo que permitió a ambos países cambiar el curso de su historia y eventualmente formar lo que en la literatura de RI se conoce como una comunidad de seguridad.[84] Fue precisamente esta transformación la que hizo posible que surgiera el mito de la siempre amistosa relación entre ambos vecinos.

Para finales de la Segunda Guerra Mundial no había duda de que Ottawa había unido su suerte con la de Washington. Este alineamiento se facilitó gracias a tres condiciones interrelacionadas: en primer lugar, el hecho de que parte de la identidad de Canadá en la política mundial se encontraba inextricablemente ligada a la mancomunidad británica, con la cual, debido a razones históricas, Washington tenía un estrecho vínculo; en segundo, como consecuencia de la primera, la incipiente "relación especial" anglo-estadounidense; y en tercero, los favorables antecedentes de la relación bilateral entre Canadá y Estados Unidos.[85] Por consiguiente, para Canadá apoyar a su vecino significaba no solo respaldarlo, sino de manera más amplia apoyar los principios e intereses que defendía junto al naciente bloque occidental en contra de sus oponentes liderados por los soviéticos. En la confrontación bipolar, como sugerí anteriormente, la gran estrategia de la posguerra de Washington tenía dos componentes: la contención del comunismo y el establecimiento de un orden económico internacional liberal.[86] La situación de Canadá fue muy afortunada porque sus ideales coincidían con sus intereses.

Por otra parte, después de la Segunda Guerra Mundial Canadá se autodefinió como una "potencia media" en el ámbito internacional.[87] Esto implicó poner sus intereses a la par de los del bloque liderado por Estados Unidos. Así, para finales de los años 50, cuando la confrontación nuclear bipolar estaba en su apogeo, el imperativo de la defensa colectiva se volvió aún más claro para los líderes canadienses. Como señaló el Primer Ministro John Diefenbaker: "la defensa de

83. Murray 1994: 63–64.
84. Deutsch et al. 1996; Adler y Barnett 1998; Shore 1998.
85. Tupper y Bailey 1967: 41.
86. Stairs 2001: 43.
87. Chapnick 2005.

América del Norte se ha vuelto una tarea conjunta tanto de Canadá como de Estados Unidos";[88] fue así como durante su liderazgo se creó el Mando Norteamericano de Defensa Aérea —después Aeroespacial— (NORAD).

Las intricadas relaciones en temas de seguridad de Canadá con Estados Unidos no son una sorpresa. La peculiar economía política canadiense (alrededor del 80 por ciento de su población vive a no más de 100 millas de distancia de su frontera sur, en un extenso, pero escasamente poblado territorio) ha convertido al establecimiento de estrechos vínculos económicos y sociales con Washington en el *leitmotiv* de la relación.[89] Asimismo, el aparente carácter benévolo de la integración económica probablemente ha tenido consecuencias indirectas en el componente político. Como el ex miembro del Parlamento Paul Martin señaló en 1971: "el hecho de que Canadá haya vivido y prosperado por más de un siglo [...] es evidencia de la probidad de la política exterior de Estados Unidos para todos los países".[90]

Obviamente, una relación de este tipo ha generado oposición en la política canadiense —una batalla ideológica que ha reflejado y dado continuidad a las que surgieron y siguieron a la separación de los "gemelos" a finales del siglo XVIII—. Como suele decirse, "Canadá ha tenido que elegir entre el Estado y Estados Unidos".[91] Así, la búsqueda de la "tercera vía" a principios de los años 70 del primer ministro Pierre Elliot Trudeau fue una clara reacción al, en apariencia, desproporcionado foco de la política exterior de su país en Washington, independientemente de lo benigno que el trato recibido por su vecino haya sido. De hecho, fue durante esta época que la "relación especial" de Canadá con su vecino del Sur empezó a desentrañarse.[92] Como señaló el presidente Nixon en 1972 en un discurso ante el Parlamento canadiense: "es momento de reconocer que tenemos identidades distintas, que tenemos diferencias significativas, y que ocultar estas realidades no favorece los intereses de nadie".[93]

En última instancia, el esfuerzo fallido de Trudeau fue revelador; aunque lo hizo de manera más explícita que la mayoría de sus predecesores, el intento por librar la predominante influencia de Estados Unidos ha sido una constante en la diplomacia canadiense. Aquí podemos encontrar otra explicación a la vocación

88. Murray 1994: 62.
89. *Ibid.*; Stewart 1992: 194.
90. Martin 1971: 25.
91. En Golob 2002: 11.
92. Bow 2009.
93. En Granatstein y Bothwell 1990: 71.

internacionalista de Canadá —como se ve reflejada en su ya señalado rol como potencia media y, quizá de manera más notable, en su práctica multilateral—. Pero lo que resulta importante para mi argumento es que el multilateralismo le ha servido como un instrumento de autoafirmación vis-à-vis su poderoso vecino. Como el ex ministro de Asuntos Exteriores, Lloyd Axworthy, señaló:

> El multilateralismo ha estado en el corazón de la política exterior de Canadá, sobre todo porque hemos intentado tener un buen acompañamiento en nuestras negociaciones con nuestro gran vecino y porque hemos insistido que las normas —el Estado de derecho—mitiguen los impulsos unilaterales de otros 'grandes actores'.[94]

A pesar de resultar claro que Canadá operó bajo una tensión implícita —por un lado, deseando estar cerca de Washington para poder ejercer influencia sobre el mismo y, por el otro, procurando mantener su distancia para conservar su autonomía—, para los tiempos en los que la Guerra Fría estaba llegando a su fin, su proximidad con Estados Unidos se había incrementado. Así, en 1985 el gobierno del Primer Ministro Mulroney abordó a su vecino para sugerirle la negociación de un Acuerdo de Libre Comercio, propuesta que rendiría frutos en 1988 (más de esto en el capítulo cinco).

Como señalé anteriormente, fue en el contexto del Consenso de Washington que Ottawa "descubrió" a América Latina y se unió a la OEA. Asimismo, en 1990 Canadá no solo se convirtió en miembro de la organización regional, sino que también estaba en camino de convertirse en socio de México bajo el Tratado de Libre Comercio de América del Norte (TLCAN) que entró en vigor en 1994 (más de esto en el capítulo seis).

La cooperación de Canadá con Estados Unidos en temas de seguridad continuó al dar inicio el "momento unipolar" y a lo largo de la década de los 90.[95] Así, apoyó a Washington tanto en los ataques a Irak en 1991, 1996 y 1998 como en el bombardeo a Belgrado liderado por la OTAN en 1999.[96] Como señala el documento *Strategy 2020* emitido en 1999: "debido a que nuestra estrecha relación ha beneficiado ampliamente a ambos países, nuestro más importante aliado en el presente y en el futuro es Estados Unidos".[97]

94. En Roussel 2004: 24.
95. Cf. Collenette 1994; Crosby 1997: 49.
96. Vucetic 2006: 133; Hristoulas 2010: 126.
97. En Haglund 2004: 16.

Tras los ataques terroristas del 11-S, la relación bilateral fue puesta a prueba. Obligado por la interpretación del pacto bilateral, Ottawa apoyó de manera inmediata las medidas de Washington en Afganistán; asimismo, además de Estados Unidos y Gran Bretaña, fue en los hechos el único país que definió su misión en la nación asiática en términos de su interés nacional.[98] Asimismo, en diciembre de 2001 Canadá firmó un acuerdo de "fronteras inteligentes" con Washington. No obstante, como ya he señalado, en 2003 no quiso apoyar la invasión de su vecino a Irak y no pudo ser persuadido por los argumentos de Washington que involucraban al país del Golfo Pérsico con los ataques terroristas. Esta fue, sin duda, una decisión clave para Ottawa. Por supuesto habría que pagar los costos políticos de la afrenta a la administración Bush. No obstante, la postura del Primer Ministro Jean Chrétien gozó de un amplio apoyo entre su población.

Lo que siguió fue un difícil proceso de acomodamiento (implícito o explícito) en algunos de los frentes que Washington había reclamado. En especial desde la partida del Primer Ministro Chrétien en 2003, Canadá llevó a cabo distintas acciones políticas para enmendar sus tensas relaciones con Washington.[99] Así, entre otras medidas, aprobó una nueva legislación antiterrorista, estableció el departamento de Seguridad Pública y Preparación para Emergencias (que es un reflejo del Departamento de Seguridad Interna de Estados Unidos) en diciembre de 2003 y creó el Mando de Canadá (en consonancia con el Comando Norte de Estados Unidos) en febrero de 2006. Parece que, como observaron Joel Sokolsky y Philippe Lagassé, el 11-S "no los transformó, más bien exhibe de manera más clara los factores fundamentales que le han dado forma [a la relación de seguridad entre Canadá y Estados Unidos] desde antes de la Segunda Guerra Mundial".[100]

Todavía en asuntos de seguridad, pero extendiéndolos al ámbito económico, en marzo de 2005 el Primer Ministro Paul Martin, el presidente George W. Bush y el presidente Vicente Fox anunciaron la creación de la Alianza para la Seguridad y la Prosperidad de América del Norte (ASPAN), la cual buscaba incrementar la cooperación regional en temas económicos y de seguridad. Esto representó un modesto paso en el impulso a la agenda económica de los socios norteamericanos; como señaló la Secretaria de Estado adjunta para Asuntos del Hemisferio Occidental, Roberta Jacobson, resultó ser un "enfoque incremental" que carecía de

98. Clarkson y Fitzgerald 2009: 12.
99. Nimijean 2006: 72.
100. Sokolsky y Lagassé 2005/2006: 17.

"altura de miras".[101] Así, la agenda de seguridad fue la que se mantuvo progresando en la relación bilateral, incluso cuando en apariencia se manejaba en conjunto con la económica. Por ejemplo, en 2011 el Primer Ministro Harper y el presidente Obama anunciaron el plan "Más allá de la frontera: una visión compartida para la seguridad perimetral y la competitividad económica"; sus principales componentes hacían referencia, de nuevo, a la agenda de seguridad.[102] Resultó claro que la "seguridad ha triunfado sobre la economía en Estados Unidos";[103] por su parte, Canadá estuvo de acuerdo con esto, por lo menos de manera formal.

4) Resumen

Como vimos anteriormente, los órdenes regionales forman parte integral del sistema de Estados moderno. A pesar de que los diversos órdenes jerárquicos pueden presentar distintas profundidades y divisiones de autoridad, lo que todos comparten es aquello que los mantiene unidos: la legitimidad. En el caso revisado en este capítulo, la legitimidad de la cual gozó Estados Unidos entre el resto de los países del hemisferio ha sido esencial para el funcionamiento del orden regional. Como ya he señalado, esto no significa que haya habido consenso o un seguimiento a ciegas de los dictados estadounidenses, pero sí el suficiente reconocimiento a Washington como una especie de *primus inter pares* —soberanos formalmente iguales que crearon un sistema separado de valores e intereses—. Esta es la naturaleza de la Idea del Hemisferio Occidental.

Tanto al norte como al sur, Washington siguió siendo un líder legítimo en las fechas en las que el debate sobre su declive hegemónico dio inicio. Este estado de cosas se extendería hasta finales del primer subperiodo de estudio de este trabajo (1971–1989). Durante el segundo (1990–2000), la posición de privilegio de Estados Unidos mejoró de manera considerable; estos fueron los tiempos del Consenso de Washington. El predominio estadounidense se vio en apuros durante la primera mitad del último subperiodo (2001–2016), en gran medida debido al pronunciado viraje unilateral de la administración de George W. Bush. El auge de la izquierda en América Latina sin duda también contribuyó a la reducción de la hegemonía de Estados Unidos en el continente. No obstante, durante los años

101. Roberta Jacobson, entrevista personal con el autor. Washington, D.C., 15 de julio de 2008; Anderson y Sands 2007: 33.
102. Fry 2012: 883.
103. Jones 2011: sin número de página.

de Barack Obama la tendencia se revirtió gracias tanto a que su administración retornó a su tradición más multilateral, como a la consolidación de economías con orientación de mercado en el hemisferio y al debilitamiento de los gobiernos de izquierda —particularmente en Sudamérica—. Por su parte, aunque sus administraciones no coincidían en sus apreciaciones durante la mayor parte de este periodo, las relaciones entre Canadá y Estados Unidos siguieron siendo cercanas, si bien no necesariamente amistosas, durante la segunda mitad del mismo lapso. Así pues, tanto la jerarquía como la autoridad han estado operando de manera conjunta en el hemisferio occidental.

Referencias

Acharya, A. (2004). How ideas spread: Whose norms matter? Norm localization and institutional change in Asian regionalism. *International Organization, 58*(2), 239–275.

Adams, J. Q. (1965). *John Quincy Adams and American continental empire: Letters, papers and speechs* (W. LaFeber, Ed.). Chicago, IL: Quadrangle Books.

Adler, E., & Barnett, M. (1998). Security communities in theoretical perspective. En E. Adler and M. Barnett (Eds.), *Security communities* (pp. 3–28). Cambridge: Cambridge University Press.

Anderson, G., & Sands, C. (2007). *Negotiating North America: The security and prosperity partnership.* Washington, DC: Hudson Institute.

Ayoob, M. (1999). From regional system to regional society: Exploring key variables in the construction of regional order. *Australian Journal of International Affairs, 53*(3), 247–260.

Bagley, B. M., & Defort, M. (2015). *Decline of the United States hegemony? A challenge of ALBA and a new Latin American integration of the twenty-first century.* Lanham, MD: Lexington Books.

Bow, B. (2009). *The politics of linkage: Power, interdependence, and ideas in Canada-US relations.* Vancouver, BC: UBC Press.

Bravo, J., & Santa Cruz, A. (2012). Hegemonía pírrica: La influencia estadounidense sobre Canadá y México en el contexto de la Invasión a Iraq. *Foro Internacional, 52*(3), 557–583.

Bukovansky, M., Clark, I., Eckersley, R., Price, R., Reus-Smit, C., & Wheeler, N. (2012). *Special responsibilities: Global powers and American power.* Cambridge: Cambridge University Press.

Burr, R. (1973). *The dynamics of world power: A documentary history of United States foreign policy 1945–1973.* (A. M. J. Schlesinger, Ed.) (Vol. III). Nueva York: Chelsea.

Buzan, B. (2010). Culture and international society. *International Affairs, 86*(1), 1–25.

Carreño, J. M. (1951). *La diplomacia Extraordinaria entre México y Estados Unidos, 1789–1947* (Vol. II). México: Editorial Jus.

Chapnick, A. (2005). *The middle power project: Canada and the founding of the United Nations.* Vancouver, BC: UBC Press.

Clarkson, S., & Fitzgerald, E. (2009). A special military relationship? Canada's role in constructing US military power. *Journal of Military and Strategic Studies, 12*(1), 1–24.

Collenette, D. (1994). *White paper on defence: Canada-United States cooperation* [White paper]. Recuperado de http://publications.gc.ca/collections/collection_2012/dn-nd/D3-6-1994-eng.pdf

Corrales, J., & Feinberg, R. (1999). Regimes of cooperation in the Western Hemisphere: Power, interests, and intellectual traditions. *International Studies Quarterly*, *43*(1), 1–3.

Cosío Villegas, D. (1997). *Estados Unidos contra Porfirio Díaz.* México: Clío.

Cox, M. (2002). September 11th and US hegemony—Or will the 21st century be American too? *International Studies Perspectives*, *3*(1), 53–70.

Crosby, A. D. (1997). A middle-power military in alliance: Canada and NORAD. *Journal of Peace Research*, *34*(1), 37–52.

Dent, D. W. (1999). *The legacy of the Monroe doctrine: A reference guide to U.S. involvement in Latin American and the Caribbean.* Westport, CT: Greenwood Press.

Deutsch, K., *et al.* (1966). *International political communities.* Garden City, NY: Anchor Books.

Donnelly, J. (2006). Sovereign inequalities and hierarchy in anarchy: American power and international society. *European Journal of International Relations*, *12*(2), 139–170.

Farer, T. J. (1988). *The grand strategy of the United States in Latin America.* Nuevo Brunswick, NJ: Transaction Books.

Fernández, S. (1997). *Mi lucha por la democracia.* Santiago: Editorial Los Andes.

Foster, J. W. (1909). *Diplomatic memoirs.* Boston, MA: Houghton Mifflin Co.

Freed, F. C. (2008). *Joel Poinsett and the Paradox of Imperial Republicanism: Chile, Mexico, and the Cherokee Nation, 1810–1841.* M.A. thesis, Departamento de Historia, Universidad de Oregon, OR.

Fry, E. (2012). The Canada-US relationship one decade after 9/11. *International Journal*, *67*(4), 879–893.

Golob, S. R. (2002). North America beyond NAFTA? Sovereignty, identity, and security in Canada-U.S. relations. *Canadian-American Public Policy*, *52*(Diciembre), 1–44.

Gong, G. W. (1984). *The standard of civilization in international society.* Oxford: Claredon Press.

Granatstein, J. L. (2003). *The importance of being less earnest: Promoting Canada's national interests through tighter ties with the U.S.* Toronto, ON: C.D. Howe Institute.

Granatstein, J. L., & Bothwell, R. (1990). *Pirouette: Pierre Trudeau and Canadian foreign policy.* Toronto, ON: University of Toronto Press.

Haglund, D. G. (2004). The comparative "Continentalization" of security and defence policy in North America and Europe: Canadian multilateralism in a unipolar world? *Journal of Canadian Studies*, *38*(2), 9–28.

Hakim, P. (2006). Is Washington losing Latin America? *Foreign Affairs*, *85*(1), 39–53.

Hobson, J., & Sharman, J. (2005). The enduring place of hierarchy in world politics: Tracing the social logics of hierarchy and political change. *European Journal of International Relations*, *11*(1), 63–98.

Hobson, J. M. (2014). The twin self-delusions of IR: Why hierarchy and not anarchy is the core concept of IR. *Journal of International Studies*, *42*(3), 557–575.

Hristoulas, A. (2010). La política de seguridad canadiense: Pasado, presente y futuro. En R. Benitez Manaut (Ed.), *Seguridad y defensa en America del Norte: Nuevos dilemas geopolíticos* (pp. 103–151). Washington, DC: Woodrow Wilson International Center for Scholars FundaUngo.

Hurrell, A. (1998). Security in Latin America. *International Affairs, 74*(3), 529–546.
Hurrell, A. (2006). Hegemony, liberalism and global order: What space for would-be great powers? *International Affairs, 82*(1), 1–19.
Jones, D. T. (2001, Noviembre 01). Trading over the fence. *Policy Options Politiques.*
Katzenstein, P. J. (2005*). A world of regions: Asia and Europe in the American Imperium.* Ithaca, NY: Cornell University Press.
Klepak, H. (2000). Algunas Ideas Acerca De Las Primeras Reformas Al Sistema Interamericano De Seguridad. *Fasoc*, Año 15, no. 2, abril-junio, 14–25.
Krauze, E. (2001). Sumarísima historia del Antiyanquismo. *Letras Libres.*
Lake, D. (2007). Escape from the state of nature: Authority and hierarchy in world politics. *International Security, 32*(1), 47–79.
Lake, D. (2009). Regional hierarchy: Authority and local international order. *Review of International Studies*, 35, 35–58.
Lipset, S. M. (1990). *The values and institutions of the United States and Canada.* Nueva York: Canadian American Committee.
Long, T. (2013). *Convincing the colossus: Latin American leaders face the United States.* Ph.D. dissertation, American University School of International Service, Washington, DC.
Long, T. (2015). *Latin America confronts the United States: Asymmetry and influence.* Nueva York: Cambridge University Press.
Malamund, A. (2011). A leader without followers? The growing divergence between the regional and global performance of Brazilian foreign policy. *American Politics and Society, 53*(3), 1–24.
Martin, P. (1971). The American impact on Canada. En J. Redekop (Ed.), *The star-spangled beaver* (pp. 25–35). Toronto, ON: Peter Martin Associates Limited.
Mattern, J. B., & Zarakol, A. (2016). Review essay: Hierarchies in world politics. *International Organization, 70*(3), 624–654.
Merke, F. (2015). Neither balance nor bandwagon: South American international society meets Brazil´s rising power. *International Politics, 52*(2), 178–192.
Moss, A. H. J. (1994). Introduction: The summit of the Americas, 1994. *Journal of Interamerican Studies and World Affairs, 36*(3), i–x.
Muñoz, H. (1990). The rise and decline of the inter-American system: A Latin American view. En R. J. Bloomfield & G. F. Treverton (Eds.), *Alternative to intervention: A new U.S.- Latin American security relationship* (pp. 27–37). Boulder, CO: Lynne Rienner.
Murase, S. (1976). The most-favored-nation treatment in Japan's treaty practice during the period 1854–1905. *The American Journal of International Law, 70*(2), 273–297.
Murray, D. J. (1994). Canada. En D. J. Murray & P. R. Viotti (Eds.), *The defense policies of nations: A comparative study* (pp. 57–93). Baltimore, MD y Londres: The Johns Hopkins University Press.
Naim, M. (2000). Fads and fashion in economic reforms. Washington consensus or Washington confusion? *Third World Quarterly, 21*(3), 505–528.
Nimijean, R. (2006). The politics of branding Canada: The international-domestic nexus and the rethinking of Canada's place in the world. *Revista Mexicana de Estudios Canadienses*, 11, 67–85.
Nossal, K. R. (2004). Defending the "realm": Canadian strategic culture revisited. *International Journal, 59*(3), 503–520.
Nye, J. S. (2015). *Is the American century over?* Estados Unidos: Polity Press.

O'Gorman, E. (1977). La gran dicotomía americana: Angloamérica e Iberoamérica. *Vuelta, 1*(10), 1–7.

O'Gorman, E. (2003 [1958]). *La invención de América.* México: FCE.

Ocampo, E. (2009). *De la Doctrina Monroe al Destino Manifiesto. Alvear en Estados Unidos.* Buenos Aires: Editorial Claridad.

OEA (1970). Acta de la segunda sesión plenaria, Asamblea General, 26 de junio (AG/ACTA 5).

OEA (1971). Acta de la segunda sesión plenaria, Asamblea General, 15 de abril (AG/ACTA 25).

OEA (1977). Acta de la sesión inagural, Asamblea General, 22 de febrero (AG/ACTA 92/77).

OEA (1979). Acta de la segunda sesión plenaria, Asamblea General, 23 de octubre (AG/ ACTA 130/79).

OEA (1980). Acta de la segunda sesión plenaria, Asamblea General, 20 de noviembre (AG/ ACTA 145/80).

OEA (1983). Acta de la sexta sesión plenaria, Asamblea General, 16 de noviembre (AG/ ACTA 185/83).

OEA (1986a). Acta de la sesión inaugural, Asamblea General, 10 de noviembre (AG/ACTA 216/86).

OEA (1986b). Acta de la tercera sesión plenaria, Asamblea General, 11 de noviembre (AG/ ACTA 219/86).

OEA (1989). Acta de la segunda sesión plenaria, Asamblea General, 13 de noviembre (AG/ ACTA 256/89).

OEA (1990a). Acta de la xxx sesión plenaria, Asamblea General, 4 de junio (AG/ACTA xxx/xxx).

OEA (1990b). Acta de la quinta sesión plenaria, Asamblea General, 6 de junio (AG/ACTA 270/90).

OEA (1991). Acta de la xxx sesión plenaria, Asamblea General, 3 de junio (AG/ACTA xxx/ xxx).

OEA (1992). Acta de la tercera sesión plenaria, Asamblea General, 19 de mayo (AG/ACTA 291/92).

OEA (1995). Acta de la quinta sesión plenaria, Asamblea General, 7 de junio (AG/ACTA 326/95).

OEA (2001). Acta de la session extraordinaria, Consejo Permanente, 19 de septiembre (CP/ ACTA 1293/01).

Onuf, N. G. (1998). *The republican legacy in international thought.* Cambridge: Cambridge University Press.

Olaya, S. (2007). Autonomía y relaciones internacionales: un análisis de las propuestas desarrolladas en América Latina. *Desafíos, 17*(2), 283–238.

Paasi, A. (2009). The resurgence of 'Region' and 'Regional Identity': Theoretical perspectives and empirical observations on regional dynamics in Europe. *Review of International Studies, 35*(S1), 121–146.

Pellicer, O. (1998). La OEA a los 50 años; ¿hacia su fortalecimiento? *Revista Mexicana de Política Exterior, 54*, 19–36.

Pratt, M. L. (2004). Back yard views. En A. Ross & K. Ross (Eds.), *Anti-Americanism* (pp. 32–46). Nueva York y Londres: New York University Press.

Prys, M. (2008). *Developing a contextually relevant concept of regional hegemony: The case of South Africa, Zimbabwe and "Quiet Diplomacy".* GIGA Working Papers, 77. Hamburgo: GIGA German Institute of Global and Area Studies.

Prys, M. (2010). Hegemony, domination, detachment: Differences in regional powerhood. *International Studies Review, 12*(4), 479–504.

Reinhold, F. L. (1938). New research on the first pan-American congress held at Panama in 1826. *The Hispanic American Historical Review*, *18*(3), 342–363.

Rojas, R. (2009). *Las repúblicas de aire. Utopía y desencanto en la revolución de Hispanoamérica.* México: Taurus.

Roussel, S. (2004). *The North American democratic peace. Absence of war and security institutionbuilding in Canada-US Relations, 1867–1958.* Montreal, QC: McGill–Queen's University Press.

Russell, R., & Tokatlian, J. G. (2002). De la autonomía antagónica a la autonomía relacional: una mirada teórica desde el Cono Sur. *Perfiles Latinoamericanos*, *10*(21), 159–194.

Santa-Cruz, A. (2005a). *International election monitoring, sovereignty, and the Western Hemisphere Idea: The emergence of an international norm.* Nueva York: Routledge.

Santa-Cruz, A. (2005b). Constitutional structures, sovereignty, and the emergence of norms: The case of international election monitoring. *International Organization*, *59*(3), 663–693.

Santa-Cruz, A. (2015). Liberalism, constructivism and Latin American politics since the 1990s. En J. I. Domínguez & A. Covarrubias (Eds.), *Routledge handbook of Latin America in the world* (pp. 97–111). Nueva York: Routledge.

Scarfi, J. P., & Tillman, A. R. (2016). *Cooperation and hegemony in US-Latin American relations: Revisiting the Western Hemisphere idea.* Nueva York: Palgrave Macmillan.

Schenoni, L., & Escudé C. (2016). Peripheral realism revisited. *Revista Brasileria de Política Internacional*, *59*(1), 1–18.

Shifter, M. (2012). The shifting landscape of Latin American regionalism. *Current History*, *111*(742), 56–61.

Shore, S. M. (1998). No fences make good neighbors: The development of the Canadian-US security community, 1871–1940. En E. Adler & M. Barnett (Eds.), *Security communities* (pp. 333–367). Cambridge: Cambridge University Press.

Sokolsky, J. J., & Lagassé, P. (2005/2006). Suspenders and a belt: Perimeter and border security in Canada-US relations. *Canadian Foreign Policy*, *12*(3), 15–29.

Stairs, D. (2001). Canada in the 1990's: Speak loudly and carry a bent twig. *Policy Options*, *22*(1), 43–49.

Stewart, G. T. (1992). *The American response to Canada since 1776.* East Lansing, MI: Michigan State University Press.

Storry, R. (1979). *Japan and the decline of the West in Asia 1894–1943.* Londres: The Macmillan Press Ltd.

Sullivan, H. W. (2005). The border that refused to go away: The Río Grande as replication of the Rhine-Danube frontier. En R. A. Galoppe & R. Weiner (Eds.), *Explorations on subjectivity, borders, and demarcation* (pp. 3–22). Lanham, MD: University Press of America.

Tulchin, J. (1993). La inicicativa para las américas: ¿Gesto vacio, astuta maniobra estrategica, o notable giro en las relaciones hemisfericas? En *America latina y la iniciativa para las americas* (pp. 53–79). Santiago: FLACSO.

Tupper, S. R., & Bailey, D. I. (1967). *One continent-two voices: The future of Canada/U.S. relations.* Toronto, ON: Clarke, Irwin & Company Limited.

Victoria, G. (1986 [1826]). *Guadalupe Victoria: Correspondencia diplomática.* México, D.F.: SRE.

Vucetic, S. (2006). Why did Canada sit out of the Iraq war? One constructivist analysis. *Canadian Foreign Policy*, *13*(1), 133–153.

Wendt, A., & Friedheim, D. (1995). Hierarchy under anarchy: Informal empire and the East German state. *International Organization, 49*(4), 689–721.

Wesson, R. (1986). Summary and conclusions. En R. Wesson & H. Muñoz (Eds.), *Latin American views of U.S. policy*. Nueva York: Praeger.

Whitaker, A. P. (1954). *The Western Hemisphere idea: Its rise and decline*. Ithaca, NY: Cornell University Press.

Williams, M. E. (2015). The United States and Latin America. En J. Domínguez & A. Covarrubias (Eds.), *Routledge handbook of Latin America in the world* (pp. 199–210). Nueva York: Taylor and Francis.

Wilson, L. C., & Dent, D. W. (1995). The United States and the OAS. En D. W. Dent (Ed.), *U.S. – Latin American policymaking: A reference handbook* (pp. 25–44). Westport, CT: Greenwood Press.

Wise, C. (2017). After the China boom: What now for Latin American emerging economies? En M. Myers & C. Wise (Eds.), *The political economy of China-Latin America relations in the new millennium* (pp. 143–169). Nueva York: Routledge.

3

Sobre el poder

Como quedó claro en el capítulo anterior, la hegemonía implica poder. Desde su origen, la palabra [hegemonía] hace referencia al mando, a la orientación o al dominio ejercido sobre otros. Asimismo, el poder es un término con amplia presencia más allá de RI. Como Harold Lasswell y Abraham Kaplan notaron hace tiempo, este concepto "es quizás el más importante en toda la ciencia política".[1] Al interior de la disciplina, Keohane ha señalado que al lidiar con las "Grandes Cuestiones" de la política internacional como la guerra, la cooperación y la soberanía, la noción de poder siempre está presente.[2] No obstante, definirlo nunca ha sido fácil. Así, por ejemplo, Peter Bachrach y Morton Baratz afirmaron tiempo atrás que "el concepto de poder sigue siendo esquivo".[3] Más recientemente, Gilpin comentó que llegar a una conceptualización del mismo resulta "de lo más problemático en el campo de las relaciones internacionales y, de forma más general, en la ciencia política".[4] De manera interesante, y a pesar de ser para algunos un "concepto esencialmente en disputa",[5] el consenso sobre su importancia en la disciplina precede

1. Lasswell y Kaplan 1950: 75.
2. En Keohane 2008: 709.
3. Bachrach y Baratz 1962: 947.
4. Gilpin 1981: 13.
5. Gallie 1955–1966; Barnett y Duvall 2005: 41; Collier et al. 2006.

tanto a la centralidad de la anarquía como a la popularidad de la hegemonía.[6] Desafortunadamente, se ha abusado del término porque su maximización ha sido considerada como el único propósito de los Estados, y se le ha minimizado ya que a menudo se le utiliza como sinónimo de capacidades militares.[7]

Vale la pena señalar que ni la dificultad para definir el poder ni lo controvertido de su naturaleza son necesariamente producto de la inconmensurabilidad de los distintos enfoques como el realismo clásico, el neorrealismo o la teoría del sistema-mundo en RI; es decir, el problema no radica en que los entendimientos teóricos sean "no traducibles".[8] Aunque es cierto, como ha notado Guzzini, que los conceptos son "teórico-dependientes" en el sentido de que su significado deriva del enfoque analítico dentro del cual están inmersos,[9] mi argumento sostiene que no lo son en su totalidad. Es decir, los conceptos teóricos en ocasiones sirven como componentes que pueden ser utilizados en diferentes perspectivas analíticas.[10]

Sin el ánimo de cerrar o definir la discusión en torno a la conceptualización o a la operacionalización del poder, en este capítulo hago una revisión de diversos entendimientos utilizados en la disciplina y abogo por el uso de uno social-relacional debido a que, como se argumenta, permite una comprensión con mayores matices del fenómeno y una operacionalización menos reduccionista del mismo. Sostengo también que una comprensión de ese tipo puede transitar a través de distintos enfoques, contribuyendo de esta manera a tender puentes que hagan un diálogo teórico en la disciplina posible. Así, divido este apartado en cinco secciones. En la primera discuto la noción de poder como atributo; en la segunda y tercera toco el entendimiento de este como una relación, revisando sus variantes "delgada" y "gruesa", respectivamente. En la cuarta abordo temas relacionados con su operacionalización al momento de llevar a cabo análisis empíricos centrados en el poder. En la última hago un resumen de la discusión.

6. Baldwin 2016: 96–100.
7. *Ibid.*: 89, 106, 109.
8. Wight 2002: 31.
9. Guzzini 2013: 235.
10. Cf. Baldwin 2016: 60; Sil y Katzenstein 2010.

1) El poder como atributo

Empecemos entonces con el que se ha convertido en el entendimiento más común del término en la disciplina de RI: el poder como atributo. Tanto en el ámbito académico como en la práctica de la política internacional es habitual encontrar una comprensión materialista y asocial del poder. En la interpretación académica el poder es un atributo, una propiedad o una cosa que los actores poseen; es producto de los recursos materiales que los agentes detentan.[11] Así, el poder es el equivalente funcional del dinero en una economía de mercado: su posesión se traduce fácilmente en la consecución de objetivos en distintos mercados. De manera similar, es fácil identificar casos de este entendimiento meramente materialista entre los practicantes de la política internacional. Por ejemplo, el círculo íntimo del expresidente George W. Bush sostenía que la medida en la que los recursos económicos y militares estaban concentrados en Estados Unidos lo volvía de manera automática en el país más poderoso del mundo. En este sentido, es reveladora su Estrategia de Seguridad Nacional del año 2002, en la cual se afirma que "Estados Unidos posee una capacidad y una *influencia* sin precedente —e inigualable— en el mundo".[12]

En la literatura académica y en el documento político mencionado, el poder (o la influencia) aparece como un objeto. Es decir, tanto los académicos como los redactores de la estrategia dan por sentado que mientras más grande sea la suma de las capacidades materiales de un Estado (armas, recursos materiales, territorio o incluso población) mayor poder ejercerá en las distintas esferas de la política mundial. El supuesto implícito en la generalidad de los enfoques al interior de la disciplina es que, en última instancia, los recursos sirven como una (potencial) amenaza para obligar a otros a hacer lo que el poseedor de los recursos desea.[13] Entenderlo así supone no solo que los distintos recursos de poder son altamente fungibles actuando en distintas esferas de la agenda internacional, sino que también operan de una forma similar independientemente de si el Estado en cuestión está lidiando con amigos o adversarios.[14] Bajo este enfoque, las capacidades son una heurística y sirven como atajos cognitivos para que las relaciones de poder entre los Estados tengan sentido.

11. Wohlforth 1999; Brooks y Wohlfort 2002.
12. USNSS 2002: 1; las cursivas con mías.
13. En Lake 2013: 56.
14. Wendt 1999: 301; Shambaugh 1999:11.

Joseph Nye argumenta que la focalización en las capacidades vuelve al concepto de poder "concreto, medible y predecible" y que los "decisores políticos tienden a centrarse en los recursos".[15] De hecho, los tomadores de decisiones de la política utilizan los recursos materiales como referencia para comprender el poder en su práctica diaria, pero los analistas, con las ventajas que brindan el tiempo y la reflexión, podrían hacer un seguimiento del proceso por el cual los recursos son utilizados—o no—como poder. Esto es importante porque las capacidades materiales, incluso cuando se les considera en términos relativos (por ejemplo, como la distribución de un universo y, por consiguiente, de manera relacional), son inertes en términos políticos;[16] las capacidades requieren de la voluntad humana, es decir, de un propósito, para ser puestas en práctica.

Resulta interesante que incluso los enfoques que enfatizan los elementos no materiales tienden a pensar en ellos en términos de recursos cuantificables. Tomemos el caso del poder "suave". Para Nye, quien acuñó el término, este se refiere a la capacidad de "conseguir que los otros quieran obtener los mismos resultados que tú".[17] Pero el poder suave no se reduce a la persuasión, "es también la habilidad de atraer", y "los recursos del poder suave son los recursos con los cuales se genera esa atracción";[18] los principales recursos son la cultura, los valores políticos y las políticas públicas. De cualquier forma, como reconoce el mismo Nye, "la atracción no siempre determina las preferencias de los otros, aunque esta brecha entre el poder medido a partir de recursos y el poder juzgado según las consecuencias de un comportamiento no es exclusiva del poder suave".[19] Para los propósitos de mi discusión, lo que me interesa del poder suave es que Nye y muchos de sus seguidores piensan en él como una cosa—de ahí la referencia al poder suave como un "recurso" o como un "activo"—. El autor apunta a medir el poder "suave" de Estados Unidos desde la cantidad de producciones cinematográficas, de patentes registradas o de universidades de alto nivel que el país posee.[20] Según Nye, el poder suave no es susceptible de ser "medido objetivamente".[21]

15. Nye 1990: 26; Nye 2011: 240.
16. Adler-Nissen y Pouliot 2014: 891; Wendt y Friedheim 1995: 692.
17. Nye 2004: 5.
18. *Ibid.*: 6.
19. *Ibid.*: 6.
20. Nye 1990: 26.
21. Nye 2004: 34.

Si el poder, como dice Guzzini es, "dependiente de encuentros específicos entre personas, con sus valores y preferencias en su contexto histórico",[22] cuantificar los recursos no resulta del todo útil. Con esto no pretendo refutar el hecho de que los activos, sean "duros" o "suaves", son relevantes al momento de calcular las relaciones de poder en la política internacional; después de todo, no existe antecedente de un Estado pobre o marginal que haya sido considerado como influyente. Mi punto radica en que la posesión de recursos de cualquier tipo, por sí misma, no es suficiente para considerar a un Estado como poderoso. Incluso, si echamos un vistazo a la distribución en la detentación de los recursos, la tenencia de una cosa habla poco sobre una relación social—que es de lo que trata el poder—. Cuando la estimación de las posesiones no es suficiente, uno tiene que aplicar una visión más amplia del poder, una que empiece por su naturaleza relacional.

2) El poder como una relación: versión delgada

En términos generales, se puede tener una visión relacional del poder desde dos perspectivas muy distintas entre sí. La primera, en un sentido más próximo a lo que ya hemos revisado, es un enfoque contractual. Bajo este, la interacción social genera una situación donde es posible la negociación entre actores; así, para el analista el foco se ubica en el comportamiento estratégico que los agentes adoptan para conseguir sus intereses. El enfoque es relacional no solo debido al explícito *quid pro quo* que surge en la interacción, sino también porque los agentes toman en cuenta los calculados intereses y acciones de los demás actores en su intento por mantener o maximizar su poder. Si se omite el componente intencional de la interacción y se mantiene el foco exclusivamente en los recursos materiales, el análisis del carácter relacional de la relación de poder se vuelve socialmente delgado, justo como en los análisis de teoría de juegos.[23]

Incluso en una concepción relativamente delgada de la interacción social, al enfocarse en el componente estratégico de las relaciones de poder, el análisis puede incluir categorías imbuidas de significado como la autoridad o la legitimidad. David Lake es quizás el autor que más ha desarrollado este enfoque en RI. A pesar de que para él las bases de la autoridad se encuentran en el intercambio material,[24] su perspectiva permite tomar en consideración elementos ideacionales,

22. Guzzini 2013: 5.
23. Morrow 1994; Snidal 1985; Fearon 1994; cf. Wendt 1994: 390.
24. Lake 2009: xi.

no materiales, en un sentido que va más allá del enfoque que tiene que ver con el mero recuento de activos señalado previamente. Su entendimiento relacional de la autoridad se traduce en que "el derecho a mandar descansa en un contrato social a través del cual el gobernante provee un orden político de valor al gobernado, quien en cambio le concede legitimidad al gobernante y acata las restricciones a su conducta necesarias para la generación de ese orden".[25]

Lo que vuelve distinta a la perspectiva de Lake no es solo el hecho de que recurra a la autoridad y a la legitimidad; lo que la hace diferente es que el intercambio, incluso si es concebido en términos transaccionales, se ancla a un componente normativo: es decir, a un derecho. En el enfoque de Lake, las interacciones estratégicas—el centro de su análisis—residen en una lógica que las trasciende: un razonamiento político bajo el cual los derechos pueden ser creados, reconocidos, afirmados y por los que se puede luchar (según la definición de la Real Academia Española, un derecho es la "facultad de hacer o exigir todo aquello que la ley o la autoridad establece en nuestro favor").[26] Como señala el mismo autor:

> La autoridad es, en términos simples, un gobierno legítimo. Es decir, un gobernante autoritativo tiene el derecho de ordenar a sus subordinados que realicen ciertas acciones, y, debido a que sus disposiciones son legítimas, el gobernado tiene el deber de acatarlas. En este sentido, la autoridad es una especie de poder que se ejerce sobre otros.[27]

A diferencia del entendimiento dominante en RI, para Lake la autoridad no termina en las fronteras nacionales, es decir, esta no es monopolio de la política doméstica. Según él, la autoridad también se da "entre Estados, con Estados dominantes ejerciendo una mayor o menor autoridad sobre los subordinados".[28]

Asimismo, Lake asume que la autoridad es una forma de poder más relevante que la coerción—un concepto que tiende a ser asociado con enfoques que privilegian el elemento material—porque en las disputas interestatales la violencia toma forma a través de las armas (aunque vale la pena notar que la afirmación *no* señala que la autoridad carece de coerción).[29] Así, siguiendo al mismo autor, el poder en su manifestación autoritativa hace referencia a una situación en la cual "*A* le

25. *Ibid.*: 3.
26. Cf. Ashley 1983.
27. Lake 2009: 8.
28. Lake 2013: 61.
29. Lake 2009: ix, 8, 21.

ordena a *B*, entonces *B* todavía hace algo que de otra manera no haría".[30] Como el mismo Lake ha dejado en claro, su definición de poder autoritativo tiene como base el entendimiento de Robert Dahl sobre el poder.

Es importante señalar que la forma en la que Dahl trata el poder es susceptible a una segunda interpretación relacional. Esta visión es más gruesa en términos de las interacciones sociales, menos orientada a lo material y no tan confinada a la estrategia como la de Lake. Por lo tanto, vale la pena explorar el pensamiento de Dahl en la materia para trazar lo que podríamos argumentar es una versión más social del poder relacional que, al ser también compatible con un enfoque puramente contractual, se puede acomodar de mejor manera a categorías imbuidas de significado—y no solo autoridad, sino también otras como normas e identidades que, como se verá más adelante, resultan útiles al momento de emplear un entendimiento interpretativista del poder.

3) El poder como una relación: versión gruesa

A pesar de no ser un académico de RI, la sucinta concepción del poder que desarrolló Dahl es reconocida como una de las más influyentes en la disciplina[31] y quizá la predominante en toda la ciencia política.[32] Aunque su definición fue evolucionando, mantuvo su foco en el poder como "una relación entre personas" y de manera particular en el efecto que una tiene en el comportamiento o la disposición de la otra.[33] Así, en su obra seminal de 1957, *The Concept of Power* (El concepto del poder), lo concibió—junto con "influencia", ya que solía utilizar ambos términos de manera indistinta—en los siguientes términos: "*A* tiene poder sobre *B* en la medida en la que puede hacer que *B* haga algo que, de otra manera, no haría".[34] Casi cinco décadas después, en la sexta y última edición (2003) de su *Modern Political Analysis* (Análisis político moderno, con Bruce Stinebrickner), sostiene en una formulación más elaborada que:

> la influencia puede ser definida como *una relación entre actores humanos de manera que las necesidades, deseos, preferencias o intenciones de uno o más actores*

30. *Ibid.*: 21.
31. Barnett y Duvall 2005: 49.
32. Stinebrickner 2015.
33. Dahl 1957: 203.
34. *Ibid.*: 202–203.

> *afecten las acciones, o las predisposiciones a actuar, de uno o más actores de una forma consistente con—y no contraria a—las necesidades, preferencias o intenciones de quien(es) ostenta la influencia.*[35]

A pesar de su relevancia, el enfoque de Dahl no ha carecido de críticos. Aunque no pudo abordar de manera plena todas las críticas a su concisa concepción del poder, uno podría argumentar que esta última es capaz de dar cabida a la mayoría de ellas. Debido a que mi objetivo no es la revisión exhaustiva de los distintos enfoques de poder que han existido, sino trabajar con una definición que pueda servir como marco general, siguiendo la visión que Baldwin desarrolla en su libro *Power and International Relations* (Poder y relaciones internacionales) me concentro en el entendimiento de Dahl como el epítome de un enfoque relacional de poder, a la vez que intento ilustrar la forma en la que puedo lidiar con algunas de las críticas que ha generado.

El entendimiento del poder de Dahl es eminentemente social, no solo porque es relacional (y no en el sentido [estadístico] de distribución de capacidades), sino porque va más allá de un mero comportamiento estratégico o de una autoridad basada en la transaccionalidad. La definición de Dahl incluye temas como el carácter, el carisma, la amistad, las oportunidades, la persuasión, las reglas y el estatus social.[36] Para el autor, estos elementos—entre otros más tangibles como el dinero o las armas—no producen poder por sí mismos. En este sentido, coincide con Hans Morgenthau quien, al elaborar "A Political Theory of Foreign Aid" (Una teoría política de la ayuda exterior), argumentó que:

> No es la ayuda en sí o sus resultados positivos lo que genera lealtades políticas de parte del beneficiario, sino las relaciones positivas que la mente del beneficiario establece entre la ayuda y sus resultados positivos, por una parte, y la filosofía política, el sistema y los objetivos políticos del donante, por la otra.[37]

Por consiguiente, en la misma línea y a diferencia de aquellos que tienden a identificar la posesión de capacidades materiales con el poder, para Dahl las fuentes de poder son "inertes, pasivas".[38] Esto realza el inherente carácter relacional que el poder tiene en su entendimiento. En este sentido, era muy cercano a Lasswell y Kaplan, para quienes el poder "se define de manera relacional y no como una

35. Dahl y Stinebrickner 2003: 17; cursivas en el original.
36. Dahl 1957: 203; Dahl y Stinebrickner 2003: 34, 49.
37. Morgenthau 1962: 308–309.
38. Dahl 1957: 203.

simple propiedad".[39] Por eso, para Dahl el poder no puede ser un atributo o un objeto—es decir, un concepto de propiedad.[40]

La discusión anterior nos arroja dos conclusiones: 1) que la instanciación del poder está supeditada a las intenciones y capacidades de quien ostenta los recursos de poder, y 2) que el efecto de dicha instanciación en los intereses o preferencias es indeterminado.[41] Los dos puntos son cruciales para lo que estamos revisando porque eliminan la fijación materialista presente en la disciplina y el supuesto de que las relaciones de poder son un juego de suma cero. Es decir, si un bien dotado potencial detentador de poder carece ya sea de la motivación o de las capacidades para desplazar de manera ágil sus recursos, no llegará, en efecto, a convertirse en un actor poderoso en la materia en cuestión; de manera análoga, si el poseedor del poder *A* utiliza exitosamente sus recursos de poder en su relación con *B*, ello no significa que este último estará en peores condiciones como resultado de ello, lo único que significa es que *B* está haciendo algo que de otra forma no habría hecho, y que esto es un efecto del poder de *A*.

La exhaustiva definición, inclusiva y social, que Dahl hace del poder representa un avance con respecto a enfoques anteriores, los cuales son más estrechos y tienen una visión más racional y material. Como sea, vale la pena notar que, en apariencia, la principal virtud de Dahl ha sido su capacidad de sintetizar y articular lo que otros ya habían sugerido, aunque enfatizando la importancia de la comparabilidad (sobre lo que abundo más adelante). De hecho, Dahl reconoce su deuda con Harold Lasswell, quien, entre otras cosas, escribió sobre los aspectos relacionales y persuasivos del poder citando de manera favorable a Max Weber, cuya definición del poder ("la probabilidad de imponer la propia voluntad, dentro de una relación social, aun contra toda resistencia y cualquiera que sea el fundamento de esa probabilidad")[42] tiene cierta semejanza con la suya. Asimismo, la noción de dominación de Weber—una especie de poder imbuido con autoridad—citada en el artículo de 1957 [de Dahl, al que hice referencia anteriormente] es también eminentemente social, un punto clave tanto en la obra seminal de Dahl como en sus posteriores iteraciones sobre el concepto de poder.

Debido al énfasis que pone Dahl en la comparabilidad del poder, vale la pena notar que su contribución en este sentido no se limitó a temas metodológicos u operacionales—aunque ambos hayan sido copiosos y consecuentes—, su

39. Lasswell y Kaplan 1950: 75.
40. Oppenheim 1981.
41. Baldwin 2016: 36; Morgenthau 1962.
42. Weber 1944:43.

aportación tuvo también implicaciones ontológicas. Es decir, Dahl concibió el poder como contextual, multidimensional y polimorfo, características que revelan un entendimiento no esencialista del concepto.

Dahl no es el único en pensar el poder en estos términos tan complejos; otros, antes y después, han propuesto ideas similares. Así, por ejemplo, desde el lado contextual, Talcott Parsons señaló en 1960 que el poder no necesita ser distributivo, como indica la concepción de Weber, sino también colectivo, es decir, que genere una suma-positiva[43]—una posibilidad que, como ya he sugerido, brinda el enfoque de Dahl—. De manera similar, en su artículo de 1962, "Two Faces of Power" (Las dos caras del poder), Bachrach y Baratz se oponen en lo general al enfoque pluralista y, en lo particular, al de Dahl porque "concentran su atención no en las fuentes del poder, sino en su ejercicio".[44] Para ellos, "el poder puede ser ejercido, y frecuentemente lo es, poniendo límites a los alcances que tiene la toma de decisiones";[45] es decir, el problema radica en la aparente exclusión que Dahl hace del control de la agenda. Sin embargo, el control de la agenda es compatible con el enfoque de Dahl. No existe en el mismo nada que evite la consideración de "los valores y sesgos que se construyen al interior del sistema político", de manera que el análisis indaga en la "movilización de los sesgos" del caso en cuestión.[46] De hecho, Bachrach y Baratz reconocen que Dahl habla sobre la existencia de "una especie de falso consenso", así como de una "adherencia a las normas y a los objetivos de la élite por parte de amplios sectores de una comunidad" (a pesar de señalar que Dahl "en gran medida no entiende nuestro punto").[47]

De manera más reciente, Rebecca Adler-Nissen y Vincent Pouliot han argumentado que el poder puede ser generado por las relaciones sociales mismas; para ellos, "el poder también emerge de la interacción *per se*".[48] A pesar de que aseguran que esta instanciación del poder se omite de manera frecuente en los enfoques que lo abordan, incluyendo el de tipo relacional, vale la pena notar que Dahl no lo hace de lado—aunque es cierto que no predomina en el desarrollo de la conceptualización que hace del término—. El énfasis que Adler-Nissen y Pouliot ponen en la práctica y en el reconocimiento de las capacidades está íntimamente relacionado con la autoridad y el respeto, los cuales juegan un rol central

43. Parsons 1960: 221.
44. Bachrach y Baratz 1962: 948.
45. *Ibid.*: 948.
46. Bachrach y Baratz 1962: 950, 952; cf. Baldwin 2016: 17.
47. Bachrach y Baratz 1962: 949.
48. Adler-Nissen y Pouliot 2014: 893.

tanto en la concepción del poder de Dahl como en la de los autores a los cuales recurre—en particular Lasswell y Kaplan—.[49] Tal como estos últimos señalaron, "aquello que es afectado, y sobre qué base, representa variables cuyo contenido específico, en una situación dada, únicamente puede ser determinado a partir de una investigación sobre las prácticas actuales de los actores que se encuentran en esa situación".[50]

A pesar de que las intenciones de los actores son parte fundamental del mismo, en el lado multidimensional del enfoque de Dahl los efectos involuntarios de las acciones de *A* sobre *B* no son necesariamente excluidos. Mientras que el énfasis en el aspecto relacional del poder, y en particular su foco inicial en el comportamiento, lo llevó a estrechar el componente intencional de las acciones (Dahl estaba, después de todo, operando al interior de una tradición conductista[51]), no existe razón por la cual el contexto más amplio en el que está imbuida la relación, y la cual por sí misma pudo haber tenido efectos inesperados en las relaciones de poder, entre en conflicto con este enfoque.[52] Así, la "tercera cara" del poder de Lukes (es decir, el poder ideológico), que tiene que ver con las raíces de las motivaciones de los agentes, no es antitética al entendimiento de Dahl. De manera similar, la distinción que Michael Mann hace entre "poder autoritativo" (poder intencional y vertical) y "poder difuso" (poder que no requiere mando) también es compatible con la concepción más amplia que Dahl tiene del poder.[53]

En cuanto al lado polimorfo del enfoque de Dahl: resulta claro que, como se sugirió anteriormente, para él las bases del poder son múltiples y, en consecuencia, lo son también sus potenciales instanciaciones. Así, las cuatro fuentes sustantivas del poder de Michael Mann: la económica, la ideológica, la militar y la política se prestan al entendimiento del poder de Dahl. Por ejemplo, la naturaleza de actividades relacionadas con la subsistencia, las cuales abarcan tanto el poder "autoritativo" como el "difuso", vuelven posible para el poder económico encontrar su expresión dentro del marco de trabajo de Dahl.[54] Del mismo modo, los contenidos del concepto de poder suave, como ya he señalado, son parte integral del entendimiento del poder como una relación, tanto para Dahl como para sus

49. *Ibid.*: 893–894; Lasswell y Kaplan 1950: 87. Sobre la teoría práctica y el relacionismo ver McCourt 2016 y Nexon et al. 2017.
50. Lasswell y Kaplan 1950: 92.
51. Cf. Lukes 1974.
52. Baldwin 2016: 75; ver también Lasswell 1935: 20, 21, 309.
53. Mann 1986: 8.
54. *Ibid.*; ver también Lasswell y Kaplan 1950: 90.

antecesores. Así, en la discusión con respecto al poder que el presidente de Estados Unidos podría ejercer sobre el Congreso, Dahl hace referencia al "carisma" y al "encanto" del presidente—que son, sin duda, una forma de poder suave.[55]

Por lo tanto, en términos ontológicos, para Dahl el poder no tiene esencia. Al igual que para el filósofo español José Ortega y Gasset las personas no tienen naturaleza sino historia, podría decirse que para Dahl el poder no tiene naturaleza sino distintas expresiones relacionales.[56] La mayoría de las manifestaciones del poder tienen lugar en ambientes jerárquicos, ambientes en los cuales la autoridad por lo general es un elemento constitutivo de los mismos. Regresando a la discusión sobre el poder que Estados Unidos ha ejercido en los asuntos mundiales durante al menos las últimas cinco décadas, en el ámbito internacional debería ser claro que el carácter jerárquico de este no proviene de una fuente única, y que sus manifestaciones son diversas. Como notaron Lasswell y Kaplan, "las formas del poder son interdependientes: una cierta cantidad de varias formas de poder es una condición necesaria para que exista una gran cantidad de cualquiera de estas formas".[57] Como Michael Barnett y Raymond Duvall han sugerido, el reto para cualquier analista consiste en

> imaginar de qué manera las distintas formas interactúan para afinar el análisis empírico. Distintas formas de poder tienen diferentes dominios de aplicación en la medida en que ilustran distintas maneras en las que relaciones sociales afectan la habilidad de los actores para controlar su propia fortuna.[58]

En esta tarea, considero que la perspectiva de Dahl es particularmente útil porque me permitirá operacionalizar el término y, de manera subsecuente, realizar comparaciones significativas.

4) Traduciendo y desagregando el poder

Como señalé anteriormente, Dahl hizo importantes contribuciones sobre un tema que le resultaba crucial: la comparabilidad del poder. Revisemos de manera breve algunos de esos aportes que son relevantes para este trabajo. Para poder comparar el ejercicio del poder ya sea en casos simultáneos o diacrónicos, es necesario

55. Dahl 1957: 203; ver también Lasswell 1935: 309; Lasswell y Kaplan 1950: 84.
56. Ortega y Gasset 1942: 63.
57. Lasswell y Kaplan 1950: 92.
58. Barnett y Duvall 2005: 68.

precisar qué es el poder. Ello requiere dos movimientos metodológicos: primero operacionalizar el concepto abstracto del poder de manera que se ajuste al caso en cuestión, y después desagregar las partes que lo componen. Con respecto al primer movimiento, el reto consiste en trabajar con una noción que, como señaló Dahl en su artículo seminal, "indudablemente modificará [el] significado puro" del concepto abstracto del poder, pero permaneciendo apegado a él [al concepto de poder].[59] El razonamiento también aplica a concepciones como la hegemonía; mientras que los analistas necesitan trabajar con una definición concreta por motivos específicos de investigación, esta debe hacer justicia a la relación autoritativa que el concepto connota. Por lo tanto, es necesario limitar el concepto a una dimensión en particular. Al igual que con la dimensión elegida, se debe usar solo un término operacional, y su elección debe estar guiada tanto por la pregunta de investigación como por la información disponible.[60] Estrictamente hablando, en este punto ya debería resultar claro que no estamos lidiando con el concepto abstracto—o "midiéndolo"—, sino con una aproximación de este. El supuesto es que el poder se manifiesta de manera indirecta a través del criterio especificado. Como ha sugerido Baldwin, el meollo del asunto se encuentra en que uno debe ser capaz de establecer de manera clara "quién está influyendo a quién con respecto a qué" al momento de traducir, para su operacionalización, el concepto abstracto de poder, lo que nos lleva al segundo movimiento metodológico: la desagregación del concepto.[61]

Como señaló Dahl mientras formulaba su célebre aforismo ("*A* tiene poder sobre *B* en la medida en la que puede hacer que *B* haga algo que, de otra manera, no haría"), "precisar quiénes son los actores en una relación de poder—*A* tiene poder sobre *B*—no resulta muy interesante, informativo o incluso preciso".[62] Para volver más significativa una afirmación sobre las relaciones de poder necesitamos por lo menos especificar la base, el dominio, el alcance y los medios involucrados. La base se refiere a los recursos—no necesariamente materiales, como señalé anteriormente— que quien ostenta el poder puede utilizar en la relación con su contraparte.[63] El dominio del poder de *A*, por su lado, se compone por los actores influidos por él (*B* en el hipotético ejemplo ya citado). El alcance apunta a los

59. Dahl 1957: 214.
60. *Ibid.*: 202, 214.
61. Baldwin 2016: 76.
62. Dahl 1957: 203.
63. *Ibid.*: 203.

asuntos ("en tales o cuales peculiaridades" como señalan Lasswell y Kaplan)[64] en los que *A* puede poner en práctica su poderío. Como nota Dahl, "cualquier afirmación sobre la influencia que no señale de manera clara el dominio y el alcance al que se refiere, raya en lo insignificante".[65] Por último, los medios hacen alusión a los instrumentos que *A* puede utilizar para realizar la base de su poder. Existen por supuesto otros temas a considerar al momento de analizar las relaciones de poder, como la cambiante importancia que *A* puede atribuirles a asuntos específicos (dependiendo del momento histórico o de los costos relativos de perseguirlos), o el rol que la incipiente ingenuidad de los actores puede tener en contextos inciertos—aunque estas son cuestiones más contingentes que definicionales.

Sin embargo, existe otra consideración definicional que subyace a los elementos del poder desagregados en el párrafo anterior: la distinción entre un concepto de propiedad y un concepto relacional. Esta diferenciación resulta fundamental para comprender el enfoque sobre el poder que desarrolló Dahl. Para él, de forma un tanto contraintuitiva, el "recurso de poder"—o la "base del poder"—es un concepto relacional; ello se debe a que adquiere su significado en un contexto determinado—en el contexto de las relaciones de poder—. Vale la pena señalar que el hecho de notar la importancia que el entorno social tiene para la prominencia de los recursos no es algo exclusivo del análisis político—y que tampoco es una novedad—. Así, el economista Frank Knight señaló en su obra de 1921, *Risk and Uncertainty* (Riesgo e incertidumbre, basada en su tesis de 1916) que:

> Parece que aquello a lo que llamamos "recurso" es tal, no por su propia cuenta, sino únicamente por los usos que se le pueden dar, y su aspecto cuantitativo, cuánto recurso hay, es aún más evidentemente determinable sólo en términos de su uso.[66]

Bajo este entendimiento, debería resultar claro por qué el "recurso de poder" es un concepto relacional (de manera incidental, un entendimiento que se lleva bien con un enfoque interpretativista en cuanto enfatice el contexto y su sentido).

En contraste, en la medida en que son instrumentos creados por quien ostenta el poder con la intención de influir en otro(s), los medios utilizados por *A* para ejercer su poder—como puede ser una política específica—son conceptos de propiedad. Los medios elegidos por *A* deben estar relacionados tanto con la

64. Lasswell y Kaplan 1950: 76.
65. Dahl 1976: 33.
66. En Baldwin 2016: 54; cf. Sartori 1987: 142.

concepción que tenga de sí mismo como con los propósitos que persigue—es decir, con su identidad—. Así, por ejemplo, las políticas diseñadas e implementadas por distintos Estados industrializados durante la crisis petrolera de la década de 1970, como las analiza Peter J. Katzenstein en su libro *Between Power and Plenty*, fueron en gran medida determinadas por las redes políticas (como podría ser el modelo de las relaciones Estado-sociedad) que existían en cada uno de ellos—es decir, fueron resultado de las identidades de los Estados—. Recordando la consigna ya mencionada, "la política es la política es la política", vale la pena señalar que no solo la política económica exterior, sino las políticas públicas en general confirman la impronta de la identidad estatal. Por lo tanto, como el manantial del cual surgen los instrumentos de las políticas públicas, la identidad del Estado podría ser considerada—un tanto de manera contraintuitiva—como un concepto de propiedad (excluyendo las interacciones internacionales).[67]

La distinción definicional entre un concepto relacional y uno de propiedad es importante porque evidencia que las relaciones de poder son un proceso—y no una estructura inanimada, determinista, o una posesión o característica del agente—. Así, por ejemplo, concebir los recursos en términos relacionales y los medios en términos de propiedad permite a los analistas separar los esfuerzos y los efectos provocados por *A*; una política específica, por ejemplo, la diplomacia pública, puede o no lograr sus objetivos. Al igual que con la legitimidad, el resultado de las tentativas de poder se da como una gradación. Es decir, no es algo que pueda o deba expresarse en términos dicotómicos; de la misma manera en que la legitimidad es un continuum en el sentido de que, por ejemplo, una potencia hegemónica puede ser legítima para otros Estados en distintos grados, la influencia que *A* puede lograr sobre *B* en una ocasión determinada no es un asunto de todo o nada. Asimismo, debido a que el poder es relacional, su análisis debería arrojar luz no solo sobre *A* o sobre la interacción misma, sino también sobre *B*;[68] es decir, debido a que *B* no es un objeto pasivo, sus medios y recursos deberían también ser parte de la ecuación.[69] En el siguiente capítulo discuto un marco de trabajo útil para analizar la forma en la que las relaciones de poder se reflejan en la economía política internacional.

67. Cf. Wendt 1999: 367.
68. Cf. Baldwin 2016: 50, 55; cf. Kirshner 1997: 33; Mastanduno 1999: 306.
69. Morgenthau 1962.

5) Resumen

Como señalé anteriormente, a pesar de que el estudio del poder es generalizado tanto en la ciencia política como en RI, no existe una definición consensuada del término. Los enfoques convencionales tratan al poder como un atributo, como una posesión que puede ser utilizada. Esta perspectiva, más frecuentemente de lo que se piensa, implica un entendimiento materialista y asocial del poder. De manera alternativa, el poder puede ser considerado como una relación. En esta perspectiva amplia, el poder puede ser abordado en términos contractuales y, en mayor medida, estratégicos; esta es una perspectiva relacional delgada. Una perspectiva más gruesa es una que entiende el poder como algo que envuelve mucho más que la estrategia y los intereses; en su lugar privilegia el significado, la legitimidad y la interacción social. La influyente consideración que hace Dahl sobre el poder se enfoca precisamente en las relaciones entre las personas, y particularmente en los efectos que esta relación produce en el comportamiento y en la disposición de los agentes involucrados. A pesar de que el concepto de Dahl se focaliza primero en los efectos conductuales del poder, sus especificaciones implícitas dejan claro que también puede ser aplicado a las otras dos "caras" del poder: el establecimiento de la agenda y la ideología.

De manera crucial, para Dahl el poder no tiene esencia. Es contextual, multidimensional y polimorfo; por lo tanto, su implementación y sus efectos son contingentes. Por otra parte, su enfoque de poder más amplio resulta también útil porque enfatiza la necesidad de especificar y operacionalizar el poder; para lo primero es necesario desagregarlo (en términos de base, alcance, dominio y medios), mientras que lo segundo implica elegir una aproximación que, aunque no siga siendo en sentido estricto el concepto abstracto de poder—en consecuencia, viendo alterado su significado—, tampoco lo traicione. La distinción que hace Dahl entre los conceptos relacionales y de propiedad resulta particularmente útil para desagregar el poder. Como ya señalé, para él los recursos de poder deberían ser entendidos como un ejemplo de conceptos relacionales debido a que adquieren su significado a partir del contexto en el que se encuentren. En cambio, los medios utilizados por quien ostenta el poder en una relación son producto de los conceptos de propiedad porque son instrumentos creados por él mismo para influir en sus contrapartes. Anteriormente argumenté que cuando estudiamos las relaciones de poder en la arena internacional, la identidad puede ser considerada un concepto de propiedad—un concepto de propiedad del cual otros conceptos más específicos, como las políticas del *economic statecraft*, en cierta medida emanan—. La importancia de considerar la identidad del Estado como un concepto de propiedad radica en que subraya tanto la congruencia que debe existir entre esta y los medios elegidos, como que el Estado objetivo la experimenta como un hecho social. Asimismo, como ya he notado, la distinción entre los conceptos relacionales y los de propiedad es significativa porque ayuda a mantener separados los esfuerzos por influir de los efectos potenciales, evidenciando así que las relaciones de poder deben ser consideradas como un proceso social contingente.

Referencias

Adler-Nissen, R., & Pouliot, V. (2014). Power in practice: Negotiating the international intervention in Libya. *European Journal of International Relation*, *20*(4), 889–911.

Ashley, R. K. (1983). Three modes of economism. *International Studies Quarterly*, *27*(4), 463–496.

Bachrach, P., & Baratz, M. S. (1962). Two faces of power. *The American Political Science Review*, *56*(4), 947–952.

Baldwin, D. A. (2016). *Power and international relations: A conceptual approach*. Princeton, NJ: Princeton University Press.

Barnett, M., & Duvall, R. (2005). Power in international politics. *International Organization*, *59*(1), 39–75.

Brooks, S., & Wohlforth, W. (2002). American primacy in perspective. *Foreign Affairs*, *81*(4), 20–33.

Collier, D., Hidalgo, F. D., & Maciuceanu, A. O. (2006). Essentially contested concepts: Debates and applications. *Journal of Political Ideologies*, *11*(3), 211–246.

Dahl, R. A. (1957). The concept of power. *Behavioral Science*, *2*(3), 201–215.

Dahl, R. A. (1976). *Modern political analysis* (3rd ed.). Upper Saddle River, NJ: Prentice Hall.

Dahl, R. A., & Stinebrickner, B. (2003). *Modern political analysis* (6ª ed.). Upper Saddle River, NJ: Prentice Hall.

Fearon, J. D. (1994). Signaling versus the balance of power and interest. *Journal of Conflict Resolution*, *38*(2), 236–269.

Gallie, W. (1955–1996). Essentially contested concepts. *Proceedings of the Aristotelian Society*, *56*, 167–198.

Gilpin, R. (1981). *War and change in world politics*. Nueva York: Cambridge University Press.

Guzzini, S. (2013). *Power, realism and constructivism*. Nueva York: Routledge.

Katzenstein, P. J. (1978). *Between Power and Plenty: Foreign economic policies of advanced industrial states*. Madison, WI: University of Wisconsin Press.

Keohane, R. O. (2008) Big questions in the study of world politics. En C. Reus-Smit & D. Snidal (Eds.), *The Oxford handbook of international relations* (pp.708–715). Nueva York: Oxford University Press.

Kirshner, J. (1997). The microfoundations of economic sanctions. *Security Studies*, *6*(3), 32–64.

Lake, D. (2009). *Hierarchy in international relations*. Ithaca, NY: Cornell University Press.

Lake, D. (2013). Authority, coercion, and power in international relations. En M. Finnemore & J. Goldstein (Eds.), *Back to the basics, state power in a contemporary world* (pp. 55–77). Nueva York: Oxford University Press.

Lasswell, H. D. (1935). *World politics and personal insecurity*. Nueva York: Free Press.

Lasswell, H. D., & Kaplan, A. (1950). *Power and society: A framework for political inquiry*. New Haven, CT: Yale University Press.

Lukes, S. (1974). *Power: A radical view*. Londres: Macmillan.

Mann, M. (1986). *The sources of social power, Vol. I: A history of power from the beginning to 1760 AD*. Nueva York: Cambridge University Press.

Mastanduno, M. (1999). Economic statecraft, interdependence, and national security: Agendas for research. *Security Studies, 9*(1–2), 288–316.

McCourt, D. M. (2016). Practice theory and relationalism as the new constructivism. *Internatinal Studies Quarterly, 60*(3), 475–485.

Morgenthau, H. (1962). A political theory of foreign aid. *The American Political Science Review, 56*(2), 301–309.

Morrow, J. D. (1994). *Game theory for political scientists*. Princeton, NJ: Princeton University Press.

Nexon, D. et al. (2017). *Seizing constructivist ground? Practice and relational theories*. International Studies Quarterly Online Symposium.

Nye, J. S. (1990). *Bound to lead: The changing nature of American power*. Nueva York: Basic Books Inc.

Nye, J. S. (2004). *Soft power: The means to success in world politics*. Nueva York: Public Affairs.

Nye, J. S. (2011). *The future of power*. Nueva York: Public Affairs.

Oppenheim, F. (1981). *Political concepts: A reconstruction*. Oxford: Basil Blackwell.

Ortega y Gasset, J. (1942). *Historia como sistema*. Madrid: Revista de Occidente.

Parsons, T. (1960*). Structure and process in modern societies*. Nueva York: Free Press.

Sartori, G. (1987). *The theory of democracy revisited* (Vol. I). Chatham, NJ: Chatham House Publishers.

Shambaugh, G. E. (1999). *States, firms, and power: Successful sanctions in United States foreign policy*. Albany, NY: SUNY Press.

Sil, R., & Katzenstein, P. J. (2010). *Analytical eclecticism in the study of world politics*. Nueva York: Palgrave Macmillan.

Snidal, D. (1985). Coordination versus Prisoners' Dilemma: Implications for international cooperation and regimes. *The American Political Science Review, 79*(4), 923–941.

Stinebrickner, B. (2015). Robert A. Dahl and the essentials of modern political analysis: Politics, influence, power, and polyarchy. *Journal of Political Power, 8*(2), 189–207.

USNSS (September 2002). *The national security strategy of the United States of America*. Washington, DC: U.S. Government Printing Office.

Weber, M. (1944). *Economía y sociedad* (J. Medina, J. Roura, E. Ímaz, E. García y J. Ferrater, Trans.). México: Fondo de Cultura Económica.

Wendt, A. (1994). Collective identity formation and the international state. *American Political Science Review, 88*(2), 384–396.

Wendt, A. (1999). *Social theory of international politics*. Cambridge: Cambridge University Press.

Wendt, A., & Friedheim, D. (1995). Hierarchy under anarchy: Informal empire and the East German State. *International Organization, 49*(4), 689–721.

Wight, C. (2002). Philosophy of social science and international relations. En W. Carlsnaes, T. Risse & B. A. Simmons (Eds.), *Handbook of international relations* (pp. 23–51). Londres: Sage Publications.

Wohlforth, W. C. (1999). The stability of a unipolar world. *International Security, 24*(1), 5–41.

4

Economic statecraft *grueso y la economía política del poder estadounidense*

La economía es una arena de las relaciones de poder. Como en el caso de la autoridad discutido anteriormente, la economía tampoco termina en las fronteras nacionales. Asimismo, al igual que la política en un sentido más amplio, la economía está incrustada en un grueso tejido de relaciones sociales.[1] Como notó Edward H. Carr en la víspera de la Segunda Guerra Mundial en su libro *The Twenty Years Crisis* (La crisis de los veinte años), "las fuerzas económicas son en realidad fuerzas políticas. [...] La ciencia económica presupone un orden político determinado y no puede estudiarse provechosamente si se aísla de la política".[2] De manera similar, en las postrimerías del conflicto armado, Albert O. Hirschman describió en su obra *National Power and the Structure of Foreign Trade* (El poder nacional y la estructura del comercio exterior) la forma en la que el comercio internacional puede ser utilizado con fines políticos, particularmente cuando un país económicamente poderoso tiene intercambios con uno más débil.[3]

A pesar de la estrecha relación entre ambas disciplinas, la economía y la política se distanciaron en los tiempos que se publicaron las dos obras mencionadas

1. Polanyi 1944.
2. Carr 1964 [1939]: 116–117.
3. Hirschman 1980 [1945].

y tendieron a estudiar sus áreas temáticas en solitario; este problema ha resultado particularmente grave para las Relaciones Internacionales (RI). Una de las razones de este alejamiento tuvo que ver con la creencia generalizada, por lo menos en la academia y en el sector público occidental, de que el sistema económico liberal contaba con sus propias leyes y que no debía ser contaminado por temas políticos. Los asuntos de la economía política en general, o del *economic statecraft* en particular, tendieron a ser ignorados en la literatura de RI.[4]

Así, en 1970 Susan Strange lamentó el predominio del análisis puramente económico que se hacía de la economía internacional, en detrimento del "análisis político" que un asunto de este tipo requiere.[5] Fue precisamente la desconexión entre el estudio de los asuntos políticos y el de los económicos en el plano internacional lo que llevó al resurgimiento de la Economía Política Internacional (EPI) durante esa misma década.[6] El acercamiento que se ha dado entre los temas económicos y políticos en lo general, y en la esfera internacional en particular, ha generado valiosas aportaciones, entre las que destaca el descubrimiento de los efectos del poder en la interacción entre política y economía —un hallazgo particularmente relevante para este trabajo—. Aunque en términos analíticos siguen siendo distintas, la economía y la política, especialmente en su intersección, pueden ser consideradas como ámbitos de producción y disputa del poder desde un enfoque de economía política. En consecuencia, algunos temas que antes del resurgimiento de la EPI eran desestimados en RI —sobre la base de que su relevancia era marginal para los aspectos que le resultan centrales, como la seguridad— ahora son analizados de manera provechosa a partir de que las antes rígidas fronteras de las disciplinas se han ido parcialmente difuminando.

En consecuencia, la agenda de investigación de RI se ha ampliado a temas que habían sido desatendidos por su carácter económico, entre ellos la ayuda internacional, la inversión extranjera, las materias primas y el comercio.[7] Asimismo, el parcial desvanecimiento de las fronteras de las disciplinas también ha enriquecido la forma en la que se enmarcan los temas. Así, por ejemplo, la política económica exterior ya no se entiende como si respondiera únicamente a los imperativos de las ventajas comparativas, a la división internacional del trabajo o a la dotación de los factores, hoy también es vista como un medio que sirve a los objetivos más

4. Cohen 1990: 263; Dobson 2002: 5.
5. Strange 1970: 308.
6. Caporaso y Levine 1992; Krasner 1996; Tooze 1989; Gill y Law 1988: 3–4.
7. Por ejemplo, Krasner 1978; Gourevitch 1986; Oye 1992; Alt et al. 1996; Lumsdaine 1993.

amplios de un país y que está relacionada con su identidad.[8] Gracias a esta nueva comprensión, las relaciones económicas internacionales han pasado a ser consideradas un asunto legítimo en lo que solía ser terreno exclusivo de la "alta política", es decir, de temas directamente relacionados con "la lucha por el poder" en los asuntos internacionales, como la guerra.[9]

Con la intención de desplegar un espacio donde puedan confluir distintos entendimientos teóricos sobre el poder, en este capítulo conecto la discusión previa sobre el concepto de poder con su ejercicio en la Economía Política Internacional. Esta convergencia debería permitirnos encontrar un terreno común entre esas perspectivas y, en consecuencia, ayudarnos a tener una discusión más focalizada sobre la forma en la que el poderío estadounidense ha aumentado y disminuido en el hemisferio occidental durante las últimas cinco décadas. Divido este apartado en seis secciones: en la primera me centro en el *economic statecraft* como campo académico y expongo lo que llamo *economic statecraft* "grueso"; en la segunda hago una revisión de las dimensiones políticas y de poder del *economic statecraft* de Estados Unidos, mientras que en la tercera analizo la práctica del *economic statecraft* estadounidense en general. En la sección cuatro me centro en la evolución, desde los años 70, del caso paradigmático del *economic statecraft* de Estados Unidos: la política comercial en su sentido amplio. En la quinta me avoco a la operacionalización del concepto de poder en el ámbito económico, entendido bajo un enfoque de *economic statecraft* grueso; en la sexta y última sección hago un resumen de la discusión.

1) Engrosando el *economic statecraft*

Durante mucho tiempo, las relaciones económicas se han venido utilizando con fines políticos más amplios. Alrededor del año 432 A.C., Atenas aprobó un decreto para bloquear el comercio con Megara a raíz de acciones políticas de la ciudad porteña consideradas como desleales.[10] Ya en el sistema de Estados moderno, pero antes de que Estados Unidos se convirtiera en un país independiente, los colonos en el Nuevo Mundo recurrieron a distintas medidas comerciales para manifestarse contra el dominio británico y obtener su independencia.[11] Este repertorio de

8. Baldwin 1985: 65; Dobbin 1994: 10; Dobson 2002: 8.
9. Mastanduno 1999: 315.
10. Chan y Drury 2000: 1.
11. Kunz 1994: 453–454.

intercambios con otras unidades políticas usualmente es llamado *economic statecraft*. Para Stephen Collins, el *economic statecraft* "engloba toda aplicación de sanciones materiales y asistencia material para alterar el comportamiento de Estados extranjeros".[12] De manera más específica, David Baldwin, el académico más experimentado en el tema, ha definido el término como "los intentos por influir que se basan principalmente en recursos, los cuales se asemejan de forma razonable a un precio de mercado en términos de dinero".[13] Baldwin distingue tres elementos constitutivos del *economic statecraft*: "1. El tipo de instrumento de política pública utilizado en los intentos por influir; por ejemplo, de tipo económico. 2. El ámbito del intento por influir, verbigracia, otro(s) actor(es) internacional(es). 3. El alcance del intento por influir, es decir, algunas dimensiones de la conducta del Estado objetivo (incluyendo creencias, actitudes, opiniones, expectativas, emociones y/o propensiones a actuar)".[14] Además de las sanciones y la ayuda, a las que Collins y otros autores reducen el *economic statecraft*,[15] Baldwin incluye la guerra económica como una de sus principales categorías.[16]

Baldwin concibe el *economic statecraft* como "una actividad normal, rutinaria, diaria, ordinaria y habitual".[17] Considero esto relevante porque apunta a la naturaleza cotidiana de las relaciones de poder en el ámbito económico. Es decir, a pesar de que Baldwin se enfoca en gran medida en "instrumentos" o "técnicas"[18] como las sanciones económicas o la ayuda extranjera que son utilizadas de manera esporádica, el hecho de que entienda el *economic statecraft* como una actividad de todos los días amplía el concepto a prácticas más habituales. Es por ello por lo que Baldwin reconoce que, a pesar de que las políticas de libre comercio "quizá no sean las técnicas obvias del statecraft, (…) pueden ser y han sido importantes".[19]

Baldwin es explícito al señalar que las actividades económicas son parte integral de "una generalizada serie de valores y prioridades" del país que las pone en práctica, y que tienen como objetivo servir a "los fines más altos de la política".[20]

12. Collins 2009: 368.
13. Baldwin 1985: 13–14.
14. *Ibid.*: 32.
15. Por ejemplo, Blanchard et al. 1999: 3; Drezner 2011.
16. Baldwin 1985: 55.
17. *Ibid.*: 61.
18. *Ibid.*: 12; cf. Odell 1990: 140, cita a Baldwin 1985 como un ejemplo de un trabajo focalizado en las "sanciones comerciales".
19. Baldwin 1985: 46.
20. *Ibid.*: 65.

Mientras que privilegia el estudio de los instrumentos del *economic statecraft* porque estos son los que distinguen a este tipo de statecraft,[21] y por lo tanto se enfoca en esta práctica "como una forma de negociación",[22] para él el *economic statecraft* siempre es un acto político.[23] Asimismo, el acto político en cuestión no es unidireccional ni exclusivamente material. Es decir, Baldwin afirma que las acciones de *A* pretenden generar un efecto o una respuesta de parte de *B* —creando así un bucle o un mecanismo de retroalimentación—, y que la finalidad de los intentos por influir quizá tenga que ver con asuntos no materiales, como la reputación o el respeto.[24]

La ampliación del concepto de *economic statecraft* trascendiendo la serie de instrumentos que caen dentro del ámbito de sus facetas punitivas (sanciones, embargos comerciales, tarifas, manipulación monetaria) o positivas (ayuda, preferencias comerciales, subvenciones, asistencia técnica) lo colocan más allá de un marco meramente estratégico o de negociación (*à-la* Lake, como en el capítulo anterior). Bajo un entendimiento puramente estratégico, la política es reducida a lo que Richard Ashley llama el "economismo lógico", el cual se refiere a "la reducción del marco interpretativo práctico de la acción política al marco de la acción económica: la reducción de la lógica de la política a la lógica de la economía".[25] En contraste, una concepción más amplia del *economic statecraft*, llamémoslo "*economic statecraft* grueso", abre la posibilidad de trascender las descripciones socialmente delgadas de las interacciones, en las cuales se asume que los actores se relacionan con otros únicamente de manera instrumental (considerando sus transacciones como un simple *quid pro quo* a la vez que buscan obtener una mayor recompensa). Ashley sugiere que este entendimiento más amplio restituye para bien "la lógica de la política como el punto de partida y marco de referencia del análisis político".[26] Asimismo, al hacerlo, esta concepción más amplia ubica al *economic statecraft* directamente dentro de los enfoques clásicos de la economía política en general y, de manera más particular, al interior de la literatura más reciente sobre la Diplomacia Económica, la Política Económica Exterior (PEE) y la Economía Política Internacional (EPI).

21. *Ibid.*: 65.
22. *Ibid.*: 96.
23. *Ibid.*: 32–33.
24. *Ibid.*: 99, 135, 336; cf. Kirshner 1997: 33; Mastanduno 1999: 306.
25. Ashley 1983: 472.
26. *Ibid.*: 484.

La vertiente implícita, y más bien delgada, del enfoque de Baldwin sobre el *economic statecraft* es análoga a lo que Ashley llama realismo "práctico", que se contrapone al realismo "técnico" en la teoría de RI; para Ashley, "el enfoque del realismo práctico es interpretativo" y "debe expresar sus afirmaciones sobre conceptos, normas y conocimiento en términos del mismo lenguaje que interpreta".[27] Evocando la insistencia de Baldwin y Dahl sobre la importancia de utilizar conceptos cercanos al lenguaje ordinario cuando se habla de las relaciones de poder y del *economic statecraft*, respectivamente, Ashley sostiene que en el realismo práctico los términos utilizados deben corresponder al "lenguaje diplomático clásico del tradicional arte de gobernar".[28] De manera similar, argumento que el concepto de *statecraft* de Baldwin—el cual representa el más minucioso y profundo trabajo en la materia—arroja mejores resultados si es entendido de una manera más amplia que la que él a menudo enfatiza. Es decir, su profunda comprensión del problema en cuestión parece estar limitada por su foco en instrumentos o técnicas (sin embargo, como noté anteriormente, Baldwin en ocasiones muestra bastante disposición a tomar en cuenta asuntos más extensos y menos técnicos, como los valores y políticas públicas más amplias en el ámbito de la economía internacional).

La predilección de Baldwin por los aspectos técnicos o por los instrumentos de políticas públicas tiene como origen la convicción de que al *economic statecraft* lo caracteriza la "peculiar naturaleza de sus medios" (Baldwin está aludiendo a la concepción de Carl von Clausewitz sobre la guerra).[29] Para él, por lo tanto, el *economic statecraft* como campo de estudio debería ser definido en términos de los medios —y no en términos de sus efectos esperados o de los procesos (a partir de los cuales las políticas públicas fueron hechas)—, como hacen otros enfoques que lidian con las relaciones económicas internacionales. No obstante, es interesante que Baldwin reconozca que existen dos perspectivas bastante cercanas a su propio entendimiento del *economic statecraft*. Así, por ejemplo, escribe que "en ocasiones la 'política económica exterior' es utilizada de manera muy similar a la forma en la que el 'economic statecraft' es utilizado aquí", y que "la diplomacia económica en ocasiones es utilizada casi del mismo modo en que el "economic statecraft" es utilizado aquí".[30] Pero encuentra muchas salvedades ya que, en el caso de la política económica internacional, muchas veces "no dice nada sobre los *medios* a ser utilizados, dejando así abierta la posibilidad de que técnicas no económicas,

27. Ashley 1981: 221, 213.
28. *Ibid.*: 214.
29. Baldwin 1985: 65.
30. *Ibid.*: 35.

como la amenaza o la violencia, puedan ser consideradas como política económica exterior",[31] y, en el caso de la diplomacia económica, porque "amplía tanto el concepto de 'diplomacia', que vuelve complicado pensar las técnicas económicas en términos de alternativas diplomáticas".[32]

Así, teniendo en mente los motivos por los que su enfoque parte de la forma en la que se lidia con ambas perspectivas —consideraciones que ciertamente dan mayor foco a su propia óptica—, pero enfatizando el terreno común que encontró entre ellas, mi intención es la de "engrosar" el enfoque de Baldwin. Para ello retomo factores profundamente arraigados que otras perspectivas revelan de manera más clara de la que lo hace Baldwin. Así, para Charles S. Maier un adecuado enfoque de economía política "invita a las doctrinas económicas a revelar sus premisas sociológicas y políticas".[33] Esta idea quizás está implícita en el trabajo de Baldwin: por ejemplo, en su argumento de que la "peculiar naturaleza" de los medios utilizados está relacionada con los "objetivos de política exterior" —debido a que estos constituyen ideas sobre lo que son los intereses de un Estado, sobre su concepción de lo que su economía política y su rol en asuntos mundiales deberían de ser—.[34] Con la intención de hacer justicia a la bien articulada perspectiva de Baldwin, mantengo lo que considero el centro (para asuntos substantivos y metodológicos) de su enfoque: el foco en los medios. Metodológicamente hablando, pienso que los motivos de Baldwin para centrarse en ellos son bastante sólidos: los medios son conceptos de propiedad, es decir, "características" pertenecientes a quien ostenta el poder, permitiendo así al analista (y al practicante) diferenciar entre los intentos por influir y los resultados —algo que debería ser útil al momento de indagar las relaciones de poder en la esfera económica internacional.

No obstante, este movimiento presenta un desafío metodológico: reconciliar los conceptos más amplios y menos técnicos de los enfoques alternativos con los "instrumentos" específicos en los que se concentra Baldwin. Tomemos el caso de la identidad de un Estado. Aunque por lo general otras perspectivas no la utilizan de manera explícita, sí es bastante susceptible de ser usada por ellas. La obra seminal de Peter J. Katzenstein, *Small States in World Markets* (Estados pequeños en mercados mundiales), donde contrasta las estructuras domésticas de países liberales y estatistas es, por ejemplo, bastante compatible con la literatura más reciente

31. *Ibid.*: 33.
32. *Ibid.*: 35.
33. Maier 1987: 4.
34. Baldwin 1985: 115–116.

sobre identidad estatal.[35] De manera similar, el trabajo de Egon Rohrlich sobre cultura económica y política económica exterior, donde ubica la cognición, las normas, las percepciones y los sistemas de valores en el centro del análisis, es también compatible con lo que la literatura sobre identidad en RI tiene qué decir.[36] No obstante, por lo general la identidad no se piensa como un instrumento, un medio o una técnica. Normalmente es concebida como algo que funciona en un nivel de análisis distinto; examinemos esto de manera breve.

La identidad es una categoría social. En actores corporativos presenta dos dimensiones que varían con el tiempo: su contenido y el grado en el que se rebate. El propósito de la colectividad y la visión del mundo, la cual implica un cierto grado de solidaridad —aunque ilusoria y disputada— entre los miembros de la sociedad, forman parte de la primera dimensión.[37] La segunda se refiere al grado en el que el contenido de la identidad es aceptado por los miembros del grupo.[38] Mientras que la naturaleza contenciosa de la identidad apunta a su fluidez, su componente substantivo nos lleva en la dirección contraria: a su (relativa) permanencia. No obstante, si la identidad es útil como concepto práctico y analítico, el resultado de esta tensión debería estar un tanto sesgada hacia la continuidad; si la identidad fuera completamente inestable, no tendría sentido hablar de ella ni como creencia ni como concepto.[39]

Al ser una estructura relativamente estable, la identidad crea intereses y limita el rango de posibilidades —no "todo va" con una determinada identidad—.[40] Decir que analíticamente la identidad se mantiene al margen de los intereses, y que en muchas ocasiones los precede, no supone una separación entre ambos conceptos ni tampoco el privilegiar uno etéreo sobre uno más "concreto". Por un lado, la relación entre identidad e intereses es recursiva.[41] Los intereses con frecuencia inciden en la identidad de un actor; así, por ejemplo, los intereses perseguidos a través de la política económica exterior pueden servir para cimentar la identidad de un Estado.[42] Asimismo, los actores corporativos como los Estados poseen algunos intereses "presociales" —es decir, intereses que no son producto de

35. Katzenstein 1985; cf. Jepperson, Wendt y Katzenstein 1996.
36. Rohrlich 1987.
37. Waever en McSweeney 1999: 70; Brubaker y Cooper 2000: 7.
38. Abdelal et al. 2006: 696.
39. Knight 2007: 193.
40. Katzenstein 1996: 30.
41. McSweeney 1999: 168.
42. Nossal 2010; Hynek y Thomsen 2006.

la interacción con otros Estados, como la supervivencia— que no solamente son independientes de la identidad, sino que también tienen un efecto en ella.[43] Por otro lado, el hecho de que la identidad (como el poder) pueda ser un "concepto en disputa" no significa que el interés no lo sea —y en ese sentido no es que este último sea "difuso" y el primero preciso—. En la política internacional, por ejemplo, no es que los intereses nacionales simplemente estén allí afuera o que deriven de la posición de cada Estado según la distribución de sus capacidades; su definición siempre implica una discusión política.[44]

Asimismo, la identidad no es transparente ni tampoco un hecho social objetivo. Por lo tanto, el lenguaje utilizado para articular el discurso sobre la identidad estatal es frecuentemente usado de forma estratégica por los actores políticos; como categoría práctica, los agentes a menudo la utilizan de manera instrumental para obtener beneficios políticos. No obstante, independientemente de la sinceridad de los alegatos que presenten, dicha instrumentalidad nos dice algo sobre la importancia de la identidad; es decir, el hecho de que los actores reaccionen a tales expresiones, e incluso de que entren en disputa por ellas, se debe a que la identidad les resulta importante.[45]

El rol de la identidad en la literatura de la política internacional y de la Economía Política Internacional ha sido ampliamente reconocido —incluso si, como se asume, esto en ocasiones ha sucedido dándole otros nombres—. Así, Hans Morgenthau consideraba la "identidad cultural" como parte de los intereses nacionales que los Estados deben proteger, y el proceso a través del cual la identidad es parcialmente formada en el sistema internacional forma parte de la tradición realista.[46] De manera similar, la noción de Kal Holsti sobre las "concepciones del rol nacional" es similar a la de identidad en cuanto a que supone que ambas limitan el rango de posibilidades de los tomadores de decisiones al ser parte de la cultura política de un país.[47] Incluso los neorrealistas, que infieren la cultura estratégica de un Estado a partir de sus capacidades relativas, de alguna manera están hablando sobre identidad.[48] Como ya he señalado, los trabajos de Katzenstein y de Rohrlich sobre las estructuras domésticas y la cultura económica, respectivamente, encajan bien con el concepto de identidad estatal.[49]

43. Wendt 1999: 233.
44. Chafetz, Spirats y Frankel 1998: 16; Klotz y Lynch 2007: 87.
45. Brubaker y Cooper 2000; Abdelal et al. 2006: 700; Rousseau 2006: 14.
46. McSweeney 1999: 34; Guillaume 2010: 20.
47. Holsti 1970: 298.
48. Haglund 2009: 348.
49. Katzenstein 1985; ver también Katzenstein 1978; Rohrlich 1987.

De manera significativa, la identidad se ancla en la historia.[50] Como en el caso del sentido de comunidad implícito en los intereses y en el propósito, la construcción de la historia nacional es un proceso profundamente político. Los mitos fundacionales y los parteaguas históricos se entremezclan y compiten por relevancia política al momento de ser planteados, donde la memoria colectiva juega un papel fundamental. Sin la memoria colectiva, ni la solidaridad anclada al pasado ni la noción de un futuro común que impregna al Estado con un sentido de propósito confluirán para formar la identidad que cualquier colectividad necesita para funcionar.[51] Por ejemplo: uno de los mitos fundacionales de la economía política estadounidense, el capitalismo liberal, ha servido como una característica definitoria de la identidad de Estados Unidos en la política internacional.[52]

Con lo anterior no estoy sugiriendo que exista una sola identidad imperante; las identidades a menudo varían de acuerdo con la materia en cuestión y con las tradiciones políticas o culturales dominantes (más de esto adelante). Así, por ejemplo, un Estado puede instanciar su identidad como "no alineado" en algunos contextos y como un Estado "promercado" en otros.[53] No obstante, no todas las identidades tienen el mismo peso ni la misma persistencia —existen algunas que tienen mayor prominencia y resiliencia—. Asimismo, las identidades no cargan con todo el peso del trabajo explicativo en las interacciones sociales; de esa manera, un enfoque que privilegia las identidades y problematiza los orígenes de los intereses puede aceptar que, una vez establecidos los intereses, los actores simplemente irán en su búsqueda, con los factores de identidad pasando a segundo plano.[54]

Como he argumentado en los párrafos previos, la identidad afecta las políticas públicas que un Estado adopta. El reto metodológico, como señalé anteriormente, es el de acomodar este concepto más abstracto a las concepciones más específicas en que se enfoca Baldwin porque la identidad generalmente no es entendida como un instrumento. Pero ¿puede esta ser considerada como un concepto de propiedad? Sí, si uno aísla la interacción internacional de *A* (es decir, quien ostenta el poder —profundizo en esto más adelante).[55] Planteemos entonces la pregunta de manera distinta: ¿debería uno ignorar un concepto de propiedad, en este caso la

50. Kratochwill 2008: 455.
51. Abdelal et al. 2006: 699.
52. Hofstadter 1989 [1948]; Hartz 1983 [1955]; Lipset 1996; Kurth 2009: 9; Walt 2017.
53. Holsti 1970; Jepperson, Wendt y Katzenstein 1996.
54. Hopf 2002: 16; Hurd 2008: 310; Legro 2009: 40.
55. Cf. Wendt 1999; Kowert 2007.

identidad, que afecta los medios utilizados, solo por no ser ella misma un instrumento? Mi respuesta es no, porque ignorarla crearía una especie de endogeneidad o generaría un sesgo de variable omitida.[56]

Tomemos en consideración una analogía de política económica doméstica (o, de hecho, simplemente de política interna: "una rosa es una rosa es una rosa...") para ilustrar la forma en la que la identidad del Estado, o de manera más precisa la identidad de un gobierno o de sus dirigentes —la ideología o sus visiones del mundo— afecta los instrumentos que eligen. En 1952, el presidente argentino, Juan Domingo Perón, escribió a su contraparte chileno, Carlos Ibáñez, que debería

> Darle a la gente, especialmente a los trabajadores, todo lo que sea posible. Cuando te parezca que les has dado demasiado, dales más. Ya verás los resultados. Todo mundo intentará asustarte con el espectro del colapso económico. Pero todo eso es mentira. No hay nada más elástico que la economía, a la cual todo mundo teme porque nadie la entiende.[57]

A pesar de que podría argumentarse que la supuesta misteriosa naturaleza de la economía se debía simplemente a la ignorancia del presidente argentino, creo más bien que estaba relacionada con la concepción de Perón sobre la economía política y con lo que consideraba apropiado que un Estado liderado por su Partido Justicialista debía hacer; estos asuntos ideacionales, por lo tanto, afectaron en gran medida las políticas económicas, es decir, los medios que su gobierno implementó. Bajo esta lectura, los instrumentos o técnicas de Baldwin pueden ser pensados de manera más precisa como "variables intervinientes" en el sentido que señalé en el capítulo uno (como una "variable que explica una relación o que provee un vínculo causal entre otras variables"), pero también como "una 'contingencia', la cual se añade a una variable causal básica" —en mi caso la identidad estatal—.[58] Así, la identidad delimita el repertorio de instrumentos de políticas públicas que pueden ser utilizados.[59]

El tipo de *economic statecraft* grueso que propongo se adhiere a la tradición de los economistas políticos clásicos como Karl Marx, John Stuart Mill, David

56. Cf. McCloskey y Ziliak 1996; McCloskey 1998.
57. En Hirschman 1979: 65.
58. Hobson 2000: 11. Cf. Krasner 1983a y Krasner 1983b; Johnston 1996: 227; Rose 1998: 151; Wohlforth (1994/5): 109.
59. Cf. Johnston 1995: 37.

Ricardo y Adam Smith, quienes, poniendo la interacción entre la política y la economía en el centro, reconocieron la primacía de la política, concibieron el sistema político en términos societales (en oposición a un término atomístico) y se focalizaron en el rol que juegan la producción y el intercambio en la evolución de una nación.[60] Vale la pena notar que el *economic statecraft* grueso, al igual que el enfoque clásico de la economía política, es similar al entendimiento social relacional del poder revisado anteriormente.[61]

El *economic statecraft* grueso también es compatible con la diplomacia económica. Al igual que el trato convencional que se le da al *economic statecraft*, la diplomacia económica normalmente se entiende como útil para lidiar con incentivos positivos o negativos a pesar de que explícitamente excluye estímulos que claramente resultan hostiles, como los bloqueos, los cuales suelen ser considerados fuera de la gama de la diplomacia (y dentro del entendimiento de un conflicto bélico).[62] La semejanza entre el *economic statecraft* grueso y la diplomacia económica viene de la concepción holística de esta última;[63] la diplomacia se entiende como el arte de la comunicación, el diálogo y la construcción de legitimidad entre los Estados.[64] En este sentido, la diplomacia económica no se aleja mucho del *economic statecraft* grueso debido a que "statecraft", según el diccionario Merriam-Webster, tiene que ver con "el arte de conducir los asuntos de un Estado". Por su parte, el arte se define como "la habilidad adquirida gracias a la experiencia, al estudio o a la observación". La misma fuente nota que, tomando en cuenta que arte y habilidad "significan la facultad de realizar de la forma correcta algo que se ha concebido", el arte "implica un poder creativo personal e imposible de analizar". El *economic statecraft* grueso es, por lo tanto, susceptible al entendimiento más amplio de la práctica diplomática que el campo de la diplomacia económica entraña.

La implicación metodológica que viene con este entendimiento del *statecraft*, así como la que el uso del término de diplomacia trae consigo, difícilmente puede ser analizada de forma exclusivamente positivista, y tampoco se puede pretender que el *economic statecraft* trate únicamente sobre interacciones estratégicas. Así, por ejemplo, la proyección del poder y de los valores de un país en el exterior, como el liberalismo enraizado en el periodo de la posguerra, es considerada en la

60. Caporaso y Levine 1992: 25–26, 52–53; Baldwin 1985: 32, 85.
61. Baldwin 1985: 4.
62. Kunz 1994: 451–452.
63. Turvey 2014; Drezner 2019.
64. Buzan 2004: 143; Watson 2005 [1982]; cf. Baldwin 1985: 115–116.

literatura como una instancia de la diplomacia económica —y una que, de manera significativa, no ha tenido como único propósito la obtención de beneficios económicos—.[65] Así, el término *statecraft* es bastante cercano al del arte de la diplomacia y gobierno en su acepción ordinaria. Por ejemplo, en el *Washington Post* Katen E. Young equipara el término de *statecraft* con "visiones de gobernanza",[66] una idea que se asemeja a la traducción al español del término (*arte de gobernar*,[67] o simplemente *política*[68] [de manera similar, la traducción al francés es la de *habilidad política*,[69] mientras que la del alemán también remite a la política]).[70] Esta no es una simple discusión semántica, tanto para Baldwin como para Dahl es importante que los conceptos analíticos mantengan cierta semejanza con el lenguaje ordinario.[71]

De igual manera, la afinidad del *economic statecraft* con la PEE resulta evidente no solo en el hecho de que ambos se focalizan en el componente económico, sino también en que se ocupan de la política exterior —es decir, de los intentos (planeados y/o implementados) de un Estado por influir en el ámbito internacional a la luz de sus intereses y valores—.[72] Así, el *economic statecraft* debería ser consistente con el más prominente rol que algunas visiones de la PEE dan a las costumbres sociales. Como ya he señalado, Baldwin sugiere que los valores son un elemento importante al momento de diseñar el *economic statecraft*. De manera similar, en la literatura de la PEE Dobson concibe el *economic statecraft* como una práctica que refleja las "tradiciones individuales, las características y las circunstancias" de un Estado.[73] Una perspectiva de *economic statecraft* grueso puede beneficiarse de la cuidadosa consideración que la PEE hace de los marcos ideacionales de los cuales surgen tanto los guiones de la política como los instrumentos del *statecraft*.[74]

65. Kunz 1994: 456.
66. Young 2017.
67. es.oxforddictionaries.com y wordreference.com; linguee.com
68. www.translategoogle.com
69. El primero en wordreference.com y Larousse.fr; el segundo en translategoogle.com
70. De-langenscheidt.com y wordreference.com
71. Dahl 1957: 207; Baldwin 2016: 74.
72. Baldwin 1985: 16; Ikenberry, Lake y Mastanduno 1988: 1; Mastanduno 1999: 299. Cf. Cohen 2000: 3–4.
73. Dobson 2002: 8; ver también Dobbin 1994.
74. Cf. Adler 1987; Sikkink 1991; Hall 1989; Hall 1997; Biersteker 1995; Woods 1995; Kahler 1990; Goldstein 1989.

De manera similar, el *economic statecraft* grueso también es cercano a la EPI en el sentido de que ambos reconocen la separación analítica entre política y economía y en que se enfocan de manera explícita en los efectos generativos que su interacción práctica produce. Así, por ejemplo, la obra de 1978 de Peter J. Katzenstein, *Between Power and Plenty* (Entre el poder y la abundancia) expone no solo la interrelación de los ámbitos domésticos e internacionales —y por lo tanto la ya mencionada falsa dicotomía entre ambos—, sino también la forma en la que la interacción de los factores económicos y políticos al interior de los Estados industrializados produjo respuestas diferenciadas a un impacto externo común. De manera similar, Baldwin sostiene que "la creencia de que la economía y la política pueden y deben se aisladas la una de la otra… obstaculiza el pensamiento sobre el *economic statecraft*".[75]

Asimismo, otra contribución distintiva de la EPI que es compatible con la literatura sobre el *economic statecraft* es el desvanecimiento de la acostumbrada división entre alta y baja política en RI —la primera se refiere a temas como la seguridad y la segunda a cuestiones como el comercio—.[76] Esta difuminación también está en sincronía con la perspectiva más gruesa del *economic statecraft* de Baldwin, como cuando escribe: "en la medida en que la distinción entre 'alta' y 'baja' política implique que la política económica exterior pierda importancia o que esté fuera del alcance de la política exterior en general, desalienta la investigación sobre el *economic statecraft*".[77]

Considero que el entendimiento más grueso del *economic statecraft* por el que abogo, mientras se mantenga fiel al articulado, esclarecedor y profundo enfoque de Baldwin, se beneficia de la incorporación más abierta de ideas que corresponden a tradiciones analíticas relacionadas.

2) El *economic statecraft* de Estados Unidos: la política y el poder

El campo de la diplomacia económica de Estados Unidos, del *economic statecraft* —grueso o delgado— o de la política económica exterior se ha propagado y ha ganado influencia al interior de RI en general y de EPI en particular.[78] Ello se

75. Baldwin 1985: 59.
76. Kohli et al. 1995: 10; Krasner 1996: 109; Tooze 1989: 381–382.
77. Baldwin 1985: 61.
78. Ikenberry, Lake y Mastanduno 1988: 1.

debe en parte al hecho de que, como ya he sugerido, el *economic statecraft* parece ser intrínseco a Estados Unidos. Así, los colonos recurrieron a esta práctica no solo con la intención de obtener su independencia, sino que siguieron haciéndolo de forma periódica —la "diplomacia del dólar" es una instancia destacada de esa costumbre—. No cabe duda de que gran parte de la lógica que llevó a la consolidación de la diplomacia económica de Estados Unidos, de la política económica exterior o del *economic statecraft* como campo académico, tiene que ver con el rol que el país adquirió en el sistema internacional después de la Segunda Guerra Mundial. Como un analista de la naciente era observó:

> El hecho es que hoy mismo gran parte de nuestra política exterior gira alrededor de asuntos económicos, y las políticas económicas y comerciales son primordiales en todas nuestras negociaciones internacionales. Estados Unidos es hoy la más grande fuerza económica en la tierra, y el tipo de política económica exterior que seguimos y que seguiremos durante los próximos años inevitablemente determinará en gran medida las políticas a seguir por el resto del mundo.[79]

El sarcasmo de Stanley Hoffman al afirmar que RI es "una ciencia social estadounidense" podría extenderse al estudio del *economic statecraft*.[80]

Con esto no quiero sugerir, como algunos hicieron al hablar del dominio estadounidense en RI, que este campo académico está supeditado a los intereses de ese país o que sus académicos estén al servicio de su clase política.[81] Después de todo, como ya he señalado, el *economic statecraft* precede al surgimiento de Estados Unidos como un agente protagonista en los asuntos internacionales, además de que algunas prácticas estadounidenses, como la diplomacia del dólar, enfrentaron serios cuestionamientos en el ámbito doméstico.[82] Asimismo, los primeros esfuerzos consistentes y coordinados por generar un *economic statecraft* surgieron antes de que Estados Unidos se convirtiera en una potencia hegemónica global en los años 30.[83]

De lo que no hay duda es que Estados Unidos puso mayor atención en el *economic statecraft* e incrementó su capacidad para ejercerlo pasada la Segunda Guerra Mundial.[84] De manera significativa —como señalaron Thomas Blaisdell

79. Blaisdell y Braderman 1948: 37.
80. Hoffman 1977.
81. Cf. Krippendorf 1987.
82. Leets 2016 [1912]; Nearing y Freeman 1925.
83. Blaisdell y Braderman 1948: 39; Cohen 2000: 17.
84. Rogowsky 2014: 1.

y Eugene Braderman anteriormente—, el "tipo" de política económica exterior practicada por la naciente potencia hegemónica se volvería crucial para el emergente orden internacional *liberal.* Esto no significa que hubiera un acuerdo o una predestinación. De la misma forma que en Estados Unidos había múltiples tradiciones de cultura política (por ejemplo el liberalismo y el republicanismo) compitiendo por el dominio, también había una disputa entre las tradiciones de política exterior, como la Hamiltoniana, la Jacksoniana y la Wilsoniana, cada una con su correspondiente concepción de *economic statecraft.*[85] Como ha señalado Walter Russell Mead, "cada generación de estadounidenses ha luchado por definir sus intereses y sus valores nacionales, y por relacionar ambos conceptos en una estrategia general de política exterior".[86]

Asimismo, cada generación produce sus propias narrativas. Por ejemplo, la tradición de cultura política que Roger Smith llama el "estadounidismo adscriptivo" sostiene que la población no blanca de Estados Unidos es inferior a la que sí lo es y, en consecuencia, esas personas no deberían ser consideradas como ciudadanos plenos.[87] De manera similar, los defensores del liberalismo económico construyeron una narrativa donde los proteccionistas son retratados como egoístas, como malas personas y como opositores a la inclinación de los liberales por lograr el bien común.[88] Así, la tradición que prevaleció en la posguerra fue la liberal, la cual, al ser extrapolada al nivel internacional, como ya he señalado, ha sido descrita como "liberalismo enraizado".[89] Como notó Stephen Krasner a finales de los años 70, "durante las dos décadas y media posteriores a la Segunda Guerra Mundial el liberalismo de Locke fue la clave de la política exterior estadounidense".[90] En un plano más fundamental, como ya he sugerido, las tradiciones de cultura política, de política exterior y de *economic statecraft* son parte sustancial de una identidad; la identidad estatal juega un importante rol en la definición de los intereses de un Estado, y probablemente también en el tipo de *economic statecraft* que se practique.[91] Ahora bien, ciertamente Estados Unidos no ha tenido una identidad única desde su fundación —de ahí la importancia del tipo de política económica exterior adoptado por Washington después de la Segunda Guerra Mundial.

85. Hartz 1983 [1955]; Smith 1993; Mead 2002; Smith 1994.
86. Mead 1994/1995: 13.
87. Smith 1993: 563.
88. Mayer 2009: 21.
89. Ruggie 1982; Destler 2005: 21.
90. Krasner 1978: 347.
91. Jepperson, Wendt y Katzenstein 1996; Hopf 2002; Kowert 2007.

Uno de los elementos clave para la construcción del orden internacional de la posguerra fue el régimen de comercio. Al promover el libre comercio, Estados Unidos no solo perseguía sus intereses económicos, sino también sus intereses políticos. Esto resultó claro, por ejemplo, en el uso selectivo de políticas comerciales, donde el trato recibido por diferentes países dependió de si eran considerados aliados o enemigos (más de la política comercial estadounidense en la sección cuatro).[92] Como el secretario de Estado, Dean Acheson, señaló a finales de los años 40, "nuestro deseo es el de ayudar a la gente que piensa como nosotros a que siga viviendo de la manera en la que desean vivir".[93] Los objetivos de la política económica exterior estadounidense operaron en conjunto con los fines más amplios de su política exterior, una situación que se prolongó durante varias décadas.[94]

Así, de conformidad con las prácticas estadounidenses y con la teoría de la modernización entonces en boga, Washington se asumió como un ejemplo en sus relaciones con países menos desarrollados, defendiendo y apoyando modelos de desarrollo que encajaban con sus intereses económicos, ideológicos y políticos.[95] A pesar de que las reacciones al tutelaje estadounidense fueron diversas, durante varias décadas su política económica exterior fue consistente en el mundo en lo general y en América Latina en lo particular.[96] Ciertamente, el surgimiento de ideas y nuevas prácticas en distintos países latinoamericanos —como cuando a finales de los años 60 la nacionalización de activos extranjeros se volvió una práctica común en la región— puso el elemento político de las relaciones económicas al centro de la agenda internacional de Washington.[97] Así, como señaló el asesor de Seguridad Nacional y secretario de Estado de Nixon, Henry Kissinger, con respecto a lo que parecía un simple desacuerdo económico con el gobierno chileno a principios de los años 70, "nuestra inquietud por Allende tenía que ver con la seguridad nacional, no con la economía. La nacionalización de propiedades estadounidenses no era el tema".[98]

Pero no solo fue Chile. En esa época las cosas comenzaron a cambiar en el enfoque del *economic statecraft* de Washington cuando, como noté en el primer

92. Baldwin 1985: 207–208, 210.
93. En Brands 2008: 246.
94. Cohen 2000: 19.
95. Cf. Rostow 1990 [1960]; Hirschmann 1980 [1945]; cf. Cox 1987: 108, 266; Cottam 1994: 23; Escobar 1995.
96. Brands 2008: 246, 248, 256; Blake y Walters 1976: 4.
97. Bitar 1984: 9.
98. Kissinger 1979: 656.

capítulo, las conversaciones sobre el declive de la hegemonía estadounidense se empezaron a generalizar. Un prolongado proceso de "disociación del liberalismo", que culminaría en los años 90, dio inició en la década de 1970.[99] Así, en 1971 el presidente Nixon proclamó su Nueva Política Económica, la cual incluía una modificación sustancial a los Acuerdos de Bretton Woods —particularmente en lo relativo a la convertibilidad del dólar estadounidense en oro— así como importantes enmiendas a su política comercial (como la imposición de una sobretasa de 10 por ciento a los aranceles). El sentido de estos cambios no pasó desapercibido. Como ha escrito Stephen Cohen, este viraje representó "un giro monumental en la filosofía económica de Estados Unidos… Lo que una vez fue la incuestionable prioridad de cultivar un entorno global consistente con los valores estadounidenses fue hecha a un lado".[100] A partir de entonces, especialmente desde los años 80, la política económica exterior estadounidense se tornó menos preeminente y más impredecible, con intereses limitados y evidentes factores ideológicos interviniendo en su diseño y ejecución.[101] Así, como señaló un documento del Sistema Económico Latinoamericano a principios de los años de Reagan (1981–1989), el "trato que se le dio a los temas de economía internacional estuvo en gran medida influido por las prioridades de la política exterior, las cuales estaban centradas en recobrar una posición dominante en la relación de Estados Unidos con la Unión Soviética y en establecer el liderazgo decisivo de Estados Unidos entre sus aliados".[102] Como observó el secretario de Estado, Alexander Haig, "en la formulación de la política económica, en la asignación de nuestros recursos, en las decisiones relativas a temas de economía internacional, el principal determinante será la necesidad de proteger y mejorar nuestra seguridad".[103]

Con la Guerra Fría ya finalizada, las cosas más o menos regresaron a su curso normal en la siguiente década, en particular durante los años de Clinton (1993–2001). Aunque con importantes modificaciones, regresó la versión estándar del liberalismo económico internacional estadounidense. El nuevo guion, el neoliberalismo —como fue llamado por sus críticos—, superó la ortodoxia de Bretton Woods al incluir temas como la desregulación financiera y la liberalización de las cuentas de capital.[104] Para tener una idea del grado en el que la emergente

99. Blyth 2002.
100. Cohen 2000.
101. Rich 1997: 94–95; Destler 2005: 104.
102. SELA 1984: 41.
103. Casa de Representantes de Estados Unidos 1981.
104. Bhagwati 1998; Stiglitz 1998.

ortodoxia tuvo como punto de partida la ortodoxia previa, vale la pena recordar que el sector financiero fue un elemento fundamental del orden económico liberal de la posguerra. De acuerdo con John Maynard Keynes, uno de los principales arquitectos del acuerdo del liberalismo enraizado, la no liberalización de las cuentas de capital fue el factor clave para que funcionara el aspecto doméstico de la ecuación de la posguerra. Es decir, los controles del capital fueron el *sine qua non* para la administración efectiva de las economías nacionales. Como señaló Keynes, "todo el manejo de la economía doméstica depende de tener la libertad de tener la tasa de interés apropiada sin tomar en cuenta las tasas que prevalecen en el resto del mundo. El control del capital es un corolario de esto".[105] A finales de los años 90, el FMI sugirió cambiar el Convenio Constitutivo con la finalidad de convertir la liberalización de las cuentas de capital en uno de sus objetivos; el Banco Mundial adoptó una postura similar.[106]

El espíritu económico de la época, que coincidió con el "momento unipolar", sirvió como fundamento para el *economic statecraft* de Washington. Una declaración del secretario del Tesoro, Larry Summers, lo ejemplifica: "la política económica de Estados Unidos debería estar, y estará basada, en la idea de que la promoción de la integración y la prosperidad alrededor del mundo se encuentra ampliamente integrada a nuestro interés nacional debido a la estabilidad que trae a un mundo que sigue siendo peligroso".[107] Vale la pena destacar que la conexión entre economía y política, en particular la que involucra a la seguridad, no quedó fuera del racional utilizado para promover la mencionada agenda; como señaló Summers, "los errores cometidos en la política económica internacional pueden tener graves consecuencias para la seguridad".[108] A pesar de los cambios que experimentó la diplomacia estadounidense durante los años de George W. Bush, el componente económico de la misma no sufrió mayores alteraciones.[109]

No sorprende que el compromiso con el liberalismo internacional se haya reafirmado durante los ocho años de Barack Obama en la Casa Blanca. Para su primera secretaria de Estado, Hillary Clinton, "el economic statecraft [estaba] en el centro de su agenda de política exterior" porque servía para "aprovechar las fuerzas y utilizar las herramientas de la economía global para fortalecer nuestra diplomacia y presencia en el exterior"; de ahí, como señaló, la importancia del

105. En Simmons 1999: 38.
106. Noble y Ravenhill 2000: 16; Grabel 1996: 1772.
107. Departamento del Tesoro de Estados Unidos 1997.
108. *Ibid.*
109. Daalder y Lindsay 2003: 31.

libre comercio en la economía internacional. Para ella, y posiblemente para toda la administración Obama, el *economic statecraft* representaba algo más que la prosperidad y las relaciones internacionales —en el fondo, tiene que ver con los valores y el poder—. Como observó Clinton, "no sólo estamos en una competencia política y económica, estamos compitiendo por las ideas. Si la gente no cree que la democracia y el libre mercado aportan, entonces buscarán modelos en cualquier otro lado… sucede que pensamos que nuestro modelo no es sólo el mejor para nosotros, creemos que encarna principios universales… que lo vuelven el mejor modelo para cualquier país".[110] Es por ello que el *economic statecraft* no tiene que ver solo con política o economía, ni únicamente con negociaciones o instrumentos políticos; también tiene que ver con el poder.

3) La práctica del *economic statecraft*

El ejercicio del poder estadounidense a través del *economic statecraft* no es tan claro ni tan simple como la anterior narrativa pudiera sugerir. Es decir, además del problema conceptual de la reificación, la práctica del *economic statecraft* es más complicada de lo que el discurso sobre el tema sugiere. A modo de ejemplo, consideremos rápidamente los problemas de organización que la ejecución del *statecraft* estadounidense enfrenta. Tanto su naturaleza múltiple—que afecta a distintos grupos sociales—como la política burocrática implícita en la interacción de distintas agencias, vuelven el manejo de la política económica exterior una ardua tarea.[111] Así, por ejemplo, a finales de los años 40 Blaisdell y Braderman notaron que se pusieron en operación dos mecanismos para lidiar con el desafío de la coordinación: "una estrecha colaboración entre el personal del Departamento de Estado y el de distintas organizaciones en temas internacionales, los cuales se encuentran dentro de la competencia especial de una agencia particular […] [y] a través del mecanismo del comité interdepartamental".[112] Como detallan:

> Se puede tener una idea del amplio espectro de este trabajo examinando los temas que han sido del interés de este comité y de sus subcomités. Los siguientes son solo unos cuantos ejemplos —la política económica hacia China, los procedimientos aduaneros, la protección de patentes extranjeras, los viajes

110. Clinton 2011a.
111. Blaisdell y Braderman 1948: 38.
112. *Ibid.*: 41–42.

> internacionales, los asuntos económicos interamericanos, los problemas internacionales relativos a los productos básicos, los cárteles y los monopolios privados y el comercio estatal.[113]

Como señala un estudio de mediados de los años 50:

> La política económica exterior puede, en el mejor de los casos, ser manejada en "partes", en funciones controlables relacionadas entre sí [...] Pero evidentemente resulta imposible darle un espectro amplio de control político y administrativo —como el que sería necesario en la unificación de toda la política económica exterior— a cualquier persona, exceptuando al presidente.[114]

Mientras tanto, el "amplio abanico" de agencias involucradas en el *economic statecraft* estadounidense de la década de 1940, se incrementó a más de sesenta en los años 70, época en la que el debate sobre el declive de la hegemonía estadounidense adquirió mayor relevancia.[115]

Algo que complica aún más el diseño e implementación del *economic statecraft* es la diversidad de los objetivos y de las políticas estadounidenses. Como corresponde a una potencia hegemónica, durante el periodo de la posguerra Washington por lo general adoptó una perspectiva global en su política económica exterior.[116] Sin embargo, se presentaron limitaciones estratégicas y prácticas para el desarrollo de un enfoque integral. Tomemos el caso del comercio internacional; como ya he observado, la política de libre comercio ha sido selectiva y ha dependido del país y del contexto.[117] Por lo tanto, aunque Washington hubiese tenido un objetivo global, con un diseño claro en cualquiera de los temas de su política económica exterior, habría resultado muy difícil una implementación uniforme a lo largo de distintas regiones y países —y más aún a través del tiempo.

No obstante, ha habido intentos por imponer algo de control en este reacio tema. El presidente Eisenhower creó el Consejo de Política Económica Exterior, ubicándolo al interior de la Oficina Ejecutiva del Presidente; sin embargo, la nueva oficina resultó ineficiente, con sus miembros raramente siendo convocados. El Consejo dejó de existir a la salida de Eisenhower. El presidente Kennedy regresó la responsabilidad del *economic statecraft* al Departamento de Estado; pero la

113. *Ibid.*: 42.
114. Wagner 1970: 81.
115. Destler 1980: 9.
116. Cohen y Meltzer 1982: 7; Bitar 1984: 15.
117. SELA 1984: 112.

creación bajo su mandato de la (semi autónoma) Agencia para el Desarrollo Internacional y de la figura del Representante de Comercio socavaron el control que el Departamento de Estado tenía sobre la política económica exterior. Por su parte, el presidente Nixon estableció el Consejo de Política Económica Internacional, también al interior de la Oficina Ejecutiva del Presidente, dos años después de su llegada a la Casa Blanca en 1971. Al igual que su precedente, este Consejo resultó inoperante, desapareciendo en 1977 durante la administración Carter.[118]

También durante los años de Carter, el Congreso fortaleció la entonces estatutaria figura del Representante de Comercio al convertirla en la Oficina del Representante de Comercio de Estados Unidos, asignándole algunas responsabilidades que antes le correspondían al Departamento de Estado.[119] Durante su segundo periodo, Reagan creó el Consejo de Políticas Económicas bajo el mando de su poderoso secretario del Tesoro, James Baker; aunque Bush padre mantuvo el Consejo, este se volvió cada vez más débil y menos efectivo.[120] En 1993 se dio una importante innovación cuando el presidente Bill Clinton estableció el Consejo Económico Nacional; uno de sus objetivos declarados era el de "coordinar el proceso del diseño de la política económica con respecto a temas económicos domésticos e internacionales".[121] De manera significativa, la nueva oficina era análoga al Consejo de Seguridad Nacional, con las cabezas de ambas oficinas involucrándose en la operación de la otra; originalmente, el Consejo Económico Nacional incluía representantes de quince agencias, aunque con el paso del tiempo se fueron añadiendo más.[122] La importancia del nuevo órgano de coordinación quedó demostrada por el hecho de que tanto Bush (hijo) como Obama decidieron conservarla.

La compleja historia de la organización burocrática manejando las relaciones económicas de Estados Unidos con el resto del mundo nos da una pista sobre la enorme cantidad de actores y factores que intervienen en la práctica del *economic statecraft*. Tomemos el caso de la política económica exterior de Washington hacia América Latina; la mayor parte del tiempo, la gran cantidad de temas que afectan la región ha sido manejada de una forma extremadamente descentralizada, una en la cual figuran de manera prominente los intereses políticos y económicos de distintos grupos de interés.[123] Como observó R. Harrison Wagner en 1970:

118. Destler 1980: 9–10.
119. Destler 2005: 103, 114, 118.
120. Orszag, Orszag y Tyson 2002: 989.
121. En Dolan y Rosati 2006: 102.
122. *Ibid.*: 103; Orszag, Orszag y Tyson 2002: 992.
123. Dent 1995: XX, XXIII.

> El proceso a partir del cual fueron formuladas las políticas económicas de Estados Unidos hacia América Latina parece estar caracterizado por la misma fragmentación del poder y por la dificultad de conseguir una serie de objetivos políticos que derivan de las demandas de grupos privados que caracterizan al resto de la política estadounidense.[124]

Asimismo, no ha existido una política hecha a la medida de la región; en su lugar, se han aplicado las directrices políticas estadounidenses globales.[125] (De manera incidental, lo mismo sucede con Canadá. A mediados de los años 60, un embajador de Estados Unidos en ese país observó que alrededor de veinte agencias gubernamentales trataban con Canadá de manera separada; un diplomático con el mismo cargo hizo una observación similar en los años 80.[126] Como han señalado Edelgard Mahant y Graeme S. Mount, "No existe una política única de Estados Unidos hacia Canadá…").[127] Por alguna razón, el Departamento de Estado o el del Tesoro se involucran de manera activa únicamente cuando el asunto en cuestión se torna crítico.[128]

Pero no son únicamente las complejidades de la política burocrática y las dificultades para mantener una posición global coherente a lo largo de las regiones lo que vuelve difícil el diseño e implementación de la política económica exterior; la consistencia en el tiempo de algún tema en particular también entraña riesgos de conflicto y desacuerdo. Tomemos el caso de la política comercial.

4) La evolución de la política comercial de Estados Unidos

Como ya he señalado, la política comercial constituye la base del orden internacional liberal de la posguerra liderado por Estados Unidos (el orden internacional liberal realmente existente es, por supuesto, más engorroso de lo que su estilizada descripción sugiere). Siguiendo a Thomas Schelling, utilizo una definición amplia del comercio con el objetivo de incluir otros asuntos que no son estrictamente comerciales, como la inversión. En parte, hago esto porque una concepción limitada

124. Wagner 1970: 82.
125. Odell 1980: 217.
126. Mahant y Mount 1999:6
127. *Ibid.*: 199.
128. Cohen y Meltzer 1982: 5; SELA 1984: 112.

del comercio no arroja mucha luz sobre las relaciones económicas más amplias, y porque es frecuentemente indeterminada; por ejemplo, en un estudio de veinticinco casos de disputas comerciales entre 1960 y 1978, John Odell encontró que Washington solo ganó doce de ellos.[129] Por sí misma, la política comercial dice más sobre el equilibrio de poder entre una serie de fuerzas sociales en Estados Unidos, que sobre los resultados reales de las negociaciones interestatales en la materia. Asimismo, un entendimiento más amplio del comercio se justifica debido a que, como señala Schelling, "de esto trata la mayor parte de las relaciones internacionales"; las políticas comerciales, según el mismo autor, "pueden antagonizar a los gobiernos, generar resentimientos entre la población, dañar economías, influir en la duración de un gobierno e incluso provocar hostilidades".[130] En consecuencia, entiendo la política comercial no solo como representativa del *economic statecraft* grueso más amplio de Estados Unidos, sino también como una consecuencia de las fluctuaciones del poder de ese país. Por lo tanto, utilizo este particular instrumento de política como una instanciación de la identidad económica de Estados Unidos y, en ese sentido, como un concepto de propiedad que otros países, especialmente los del hemisferio occidental, han enfrentado como un hecho social.

Después de tres párrafos introductorios sobre el período que nos llevó a la etapa de interés de este trabajo (1971–2016), divido este pequeño resumen de la política comercial de Estados Unidos en tres partes, cada una correspondiente a un subperiodo (1971–1989, 1990–2000 y 2001–2016); relaciono cada uno de ellos con un tipo de identidad económica en lo que respecta al comercio internacional. *Reitero: incluso si la política comercial sirve para ejemplificar la política económica exterior más amplia, es necesario contextualizarla al interior del discurso estadounidense sobre temas económicos con el objetivo de vincularla de una manera más precisa con el economic statecraft grueso practicado durante el periodo en cuestión, y también con la identidad económica más amplia que Washington tenía en la época.*

Como puede inferirse en las páginas anteriores, el libre comercio no gusta a todos por igual en los distintos sectores sociales en el ámbito doméstico. Como observó James Madison en el *Federalist 10*:

> ¿Las industrias domésticas deben ser estimuladas, y si es así, en qué grado, imponiendo restricciones a las manufacturas extranjeras? He aquí asuntos que las clases propietarias decidirán de modo diferente que las fabriles, y en que

129. Odel 1980: 226.
130. Schelling 1971.

probablemente ninguna de las dos se atendría únicamente a la justicia ni al bien público.[131]

Este tipo de controversia se dio en el país que surgiría como el indiscutible líder del mundo capitalista en los años 40. Si Estados Unidos fue capaz de definir el curso de estos asuntos en el ámbito internacional durante esa década y las dos que siguieron, fue porque el Congreso defirió la autoridad al presidente. Así, desde 1934, con la aprobación de la Ley de Acuerdos Comerciales Recíprocos, Washington privilegió el objetivo de "reciprocidad" de la política comercial, es decir, la consecución de acuerdos comerciales recíprocos que disminuían los impedimentos al comercio, como el principal objetivo de la política comercial de Estados Unidos (las dos otras dos "R", por "renta" y por "restricción" fueron la prioridad en épocas previas, la primera desde la creación del gobierno federal hasta la Guerra Civil, y la segunda desde la Guerra Civil hasta la Gran Depresión).[132] En este contexto, el régimen comercial representado por el GATT funcionó de una manera correcta—como los sustanciales avances en la reducción de tarifas logrados por la Ronda Kennedy (1963–1967) dejaron en claro—. No había duda de que Washington era el protagonista de la obra.[133]

Pero las cosas empezaron a cambiar en distintos frentes a finales de los años 60 y principios de los 70. En primer lugar, la perspectiva keynesiana que dio forma a la política económica interna y externa de Estados Unidos empezó a disiparse en los centros de mando de Washington.[134] Asimismo, por esos tiempos, un dólar sobrevaluado volvió las exportaciones estadounidenses menos atractivas en los mercados internacionales, la cohesión entre los miembros del GATT se debilitó —especialmente por el surgimiento de nuevos jugadores— y las barreras no arancelarias adquirieron mayor relevancia.[135] Estos factores internacionales impactaron las políticas comerciales al interior de Estados Unidos. Los productores afectados cabildearon con sus representantes, quienes cuestionaron con mayor dureza la preferencia del Ejecutivo por el libre comercio. Por supuesto, todo esto ocurrió en los tiempos en los que la ya mencionada percepción tanto del abuso estadounidense por su preponderancia económica como, paradójicamente, de su declive económico, se estaba generalizando. Por lo tanto, no sorprendió que en

131. En Irwin 2017: 1.
132. *Ibid.*: 2.
133. Baldwin 1991: 365.
134. Salant en Hall 1989: 30.
135. Destler 2005: 53–54.

1969 el Fondo Monetario Internacional creara los Derechos Especiales de Giro (DEG) como una forma de proveer liquidez al sistema financiero internacional que no tenía como base el dólar, y que una década después la Comunidad Económica Europea (CEE) creara el Sistema Monetario Europeo; claramente, Washington no fue capaz de asumir la carga de la forma acostumbraba durante la Ronda de Tokio que concluyó en 1979.[136]

Durante los veinticinco años que siguieron al fin de la Segunda Guerra Mundial, Estados Unidos mantuvo en gran medida una identidad liberal en asuntos económicos; esto fue instanciado, por ejemplo, en sus políticas pro libre comercio.[137] Obviamente, esto no significa que Washington no asumiera otras identidades como la potencia hegemónica que era. De hecho, aliados como Alemania y Japón fueron capaces de construir una identidad de "Estado comercial" gracias precisamente a la posición dominante de Estados Unidos en la esfera de seguridad.[138] Como ya he observado, la identidad estatal es dúctil y rebatible. Así, Estados Unidos pasó de ser un Estado proteccionista en el siglo XIX a ser uno liberalizador del comercio en la segunda mitad del siglo XX.

1971–1989: Política contenciosa, bandazos proteccionistas y una minada identidad procomercio

Continuando con la tendencia en las ideas económicas iniciada a mediados de los años 60, durante este subperiodo el enfoque más orientado al mercado siguió ganando terreno no solo durante los años de Nixon, sino también durante la administración Carter, cuando fueron introducidas la desregulación y las políticas monetaristas. Obviamente, el cambio más radical en la materia se dio con Reagan, cuando se añadió la economía de la oferta a ideas monetaristas más ortodoxas, constituyendo lo que vino a conocerse como "Reaganomics".[139]

Los años 70 y 80 también trajeron consigo cambios significativos en el sistema mundial de comercio. El nacionalismo económico se encontraba al alza en todo el mundo.[140] Asimismo, como observó John S. Odell, "la suerte de la doctrina comercial liberal durante los años 70 y 80 en Estados Unidos (…) pareció perder algo de

136. Baldwin 1991: 367–368.
137. Krasner 1985: 70; Gilpin 1987: 190.
138. Berger 1996; Katzenstein 1996.
139. Dietrich 2014: 69–70; Williamson 1990.
140. Gilpin 1987: 192.

terreno".[141] Así, como ya he señalado, el 15 de agosto de 1971 se produjo el "Nixon Shock"; tres años después, el Congreso aprobó la Ley de Comercio, la cual, en su sección 301, autorizaba al presidente a tomar represalias contra los países que considerara estuvieran imponiendo algún tipo de restricción comercial a las exportaciones estadounidenses.

Asimismo, la Ley de Comercio de 1974 instauró otros mecanismos de protección para los exportadores estadounidenses como derechos compensatorios y medidas antidumping, así como asistencia a trabajadores que hubieran sido desplazados por el comercio internacional; no obstante, la ley también facultaba al presidente para participar en la Ronda de Tokio y para negociar otros acuerdos de libre comercio bajo lo que vino a conocerse como procedimientos "fast-track". La Ley de Comercio de 1974 estableció las directrices para un Sistema Generalizado de Preferencias (SGP) para los países del Tercer Mundo —algo que se volvería relevante para sus relaciones económicas con los países latinoamericanos—. A pesar de que el tono de la política comercial de Estados Unidos cambió en los años siguientes, en especial durante los años de Reagan, las nuevas herramientas intimidatorias al servicio del presidente, particularmente la Sección 301, fueron utilizadas de manera más bien esporádica (un puñado de casos durante la siguiente década), como fue el uso de medidas para paliar los efectos de las importaciones.[142]

Así, un lustro después del "Nixon Shock" se había vuelto evidente que el golpe asestado por esta y posteriores medidas al sistema de comercio mundial no resultaron fatales. Al contrario; tanto el régimen global de comercio como la política estadounidense parecieron fortalecerse, tal como la exitosa competencia de la Ronda de Tokio —la cual redujo de manera sustancial las barreras no comerciales al comercio— demostró. La Ley de Acuerdos Comerciales de 1979 ciertamente incluyó algunos cambios administrativos y burocráticos que tenían la intención de volver más efectiva la ley sobre reparaciones comerciales (transfiriendo su aplicación del Departamento del Tesoro al Departamento de Comercio), pero sin afectar de manera considerable el volumen del comercio mundial.

A mediados de la década de 1980, el Congreso facultó al presidente para negociar acuerdos de libre comercio con Israel y Canadá y renovó la ya mencionada SGP. La Ley de Comercio y Aranceles de 1984 fue, en los hechos, un proyecto principalmente procomercio. La revaluación del dólar por esas fechas de nueva cuenta volvería controversial la política comercial de Estados Unidos. En

141. Odell 1990: 164.
142. Destler 2005: 124, 144.

ocasiones, los legisladores empujaron leyes abiertamente proteccionistas porque los exportadores volvieron a perder competitividad y porque empeoró el déficit comercial del país (alcanzando los US$112.5 billones—valor aduanero—en 1984, muy por encima de los US$25.5 billones de 1980).[143] La administración actuó en consecuencia, incrementando la ayuda que había provisto a los productores afectados. No obstante, después de que la administración Reagan orquestara el Acuerdo Plaza de 1985 para debilitar al dólar, las exportaciones estadounidenses se recuperaron y el déficit comercial empezó a reducirse tres años después (a principios de 1986 Estados Unidos todavía presentaba déficit con la mayoría de sus socios comerciales).[144] Pero no toda la recuperación comercial de Estados Unidos provino del régimen cambiario; también vino de lo que pasó a conocerse como el comercio gestionado, como el Acuerdo Automotriz entre Estados Unidos y Japón; este tipo de arreglo fue, más de lo que se piensa, producto de las no tan veladas amenazas a los países que, según la opinión de Washington, estaban incurriendo en prácticas comerciales desleales.[145]

Asimismo, en 1988 el presidente Reagan firmó la Ley General de Comercio Exterior y Competencia, un importante proyecto que, como su nombre lo indica, trata con una gran cantidad de temas; entre los más relevantes sin duda se encontraban el fortalecimiento de la criatura mixta que era la estatutaria figura del Representante de Comercio de Estados Unidos, así como el estrechamiento de la Sección 301, volviéndola más agresiva contra lo que los legisladores consideraban acciones desleales de parte de los socios comerciales de Estados Unidos. No obstante, la Ley General de Comercio no era una legislación primordialmente proteccionista donde el Congreso tenía el control del comercio;[146] el Congreso otorgaba al ejecutivo la autoridad *fast-track*. Así, la política comercial de Estados Unidos durante el subperiodo de 1970–1989, a pesar de todas sus dificultades, no representó una desviación importante del régimen comercial de la posguerra que Washington había liderado.[147] En este sentido, el discurso dominante sobre asuntos económicos más amplios hacia finales de este periodo fue uno que ensalzaba la "magia del mercado",[148] tanto dentro como fuera del país. La controvertida naturaleza del comercio (en Estados Unidos y en el mundo), y en particular algunas de

143. *Ibid.*: 46.
144. Gilpin 1987: 194.
145. Schoppa 1993.
146. *Ibid.*: 357, nota al pie 7.
147. Destler 2005: 104.
148. Reagan 1984.

las políticas comerciales implementadas durante este periodo, ciertamente minaron la identidad procomercio del país, pero no la quebraron. Washington seguía siendo el líder del sistema global de comercio.

1990–2000: Primacía, convergencia y restauración parcial de la identidad procomercio

El colapso de la Unión Soviética y de su bloque tuvo un profundo impacto en el discurso económico: produjo una confluencia global alrededor de las ideas prevalecientes en Estados Unidos. Pero la convergencia empezó a tomar forma aproximadamente un lustro antes en el hemisferio occidental —y particularmente en América Latina—. En las postrimerías de la crisis de la deuda, a principios y mediados de la década de 1980, los países de la región comenzaron a adoptar políticas de libre mercado por razones tanto internas (al darse cuenta de que el anterior modelo de desarrollo ya no funcionaba) como externas (la presión de Washington y de las instituciones financieras internacionales). Por lo tanto, como señalé en el capítulo dos, no fue coincidencia que en 1989 John Williamson acuñara el término "Consenso de Washington" para referirse, por un lado, a las recomendaciones de políticas públicas promovidas por el Coloso del Norte en la región y, por el otro, a las reformas económicas que ya "se estaban llevando a cabo en América Latina".[149] De manera significativa, como observa Williamson, la expresión Consenso de Washington "en principio fue específica en términos geográficos e históricos".[150] Así, incluso antes de que los países de Europa Central y del Este se apresuraran a adoptar en masa reformas orientadas al mercado, la mayor parte de América Latina contaba con bastante experiencia en temas como la desregulación, la disciplina fiscal, la liberalización de las importaciones, la apertura a la inversión extranjera directa y las privatizaciones.

Asimismo, a pesar de que el Consenso de Washington fue acuñado después de los años de Reagan —de hecho, fue un ejercicio para destilar el pensamiento económico que sobreviviría a las políticas económicas del presidente número 40 de Estados Unidos—,[151] perduraría durante las siguientes tres administraciones de este periodo (sobre todo durante la de Bush padre); la persistencia y durabilidad de la hegemonía discursiva de Estados Unidos en este asunto es notable.[152]

149. Williamson 2000: 254.
150. *Ibid.*: 254.
151. *Ibid.*
152. Agüero 2010; Betta 2016; Toscano 2009. Cf. Keeley 1990.

De manera incidental, el término en gran medida se distorsionaría en su semblante neoliberal, particularmente en América Latina—con la bendición de Washington—.[153] Entre las políticas que no se incluyeron en el consenso original (pero que se volverían centrales para su tergiversación) se encontraba la completa liberalización de las cuentas de capital.[154]

En lo que respecta a la política comercial de Estados Unidos, en 1991 el Congreso otorgó la autoridad *fast-track* al presidente George H. W. Bush para negociar la Ronda de Uruguay y un acuerdo comercial con México. A inicios del periodo posterior a la Guerra Fría, Washington se encontraba en buena posición —tanto material como ideológica— para impulsar una mayor liberalización del comercio, tarea en la que tendría bastante éxito en los años venideros. Dos ejemplos notables de triunfos de Washington durante la primera mitad de la década de 1990 fueron el Tratado de Libre Comercio de América del Norte (TLCAN), que entraría en vigor el 1 de enero de 1994 (más sobre esto en el capítulo cinco), y la conclusión de la Ronda de Uruguay el 15 de abril de 1994, la cual llevó a la creación de la Organización Mundial de Comercio (OMC; que inició funciones en enero de 1995). Entre sus logros, la Ronda de Uruguay fue capaz de lidiar de manera más efectiva con áreas que anteriormente estaban prácticamente fuera del alcance del GATT, como la agricultura; también de introducir nuevos temas, como la propiedad intelectual, y de reforzar los mecanismos de solución de controversias —todo con un número récord de firmantes—. Los primeros logros comerciales de la administración Clinton fueron realmente impresionantes. Como señalara el antiguo subsecretario de asuntos internacionales del Departamento del Tesoro y exasistente para asuntos económicos internacionales en el Consejo de Seguridad Nacional, Fred Bergsten:

> Los dos primeros años del presidente Bill Clinton representaron el cenit de la política comercial estadounidense de la posguerra, debido a que reafirmaron el tradicional bipartidismo de esa política al concretar importantes acuerdos que habían sido lanzados por las primeras administraciones de Bush y Reagan.[155]

Asimismo, en diciembre de 1994, durante la ya mencionada (capítulo dos) Cumbre de las Américas de Miami, treinta y cuatro países acordaron la creación del

153. Dietrich 2014: 70; Kurth 2009: 1; Williamson 2000: 252.
154. Williamson 2000: 257. Cf. Cypher 1998: 47; Stiglitz 2002: 74, 92; Harvey 2005: 13.
155. Bergsten 2002: 88.

Área de Libre Comercio de las Américas (ALCA) para el año 2005. Pero la primacía estadounidense no se convirtió de manera automática en capacidad para dictar las nuevas reglas comerciales: prácticamente al mismo tiempo que Washington estaba montando con éxito una impresionante coalición internacional para luchar contra Irak en la Operación Tormenta del Desierto (diciembre de 1990), las negociaciones de la Ronda de Uruguay se estaban rompiendo. No obstante, para finales del lustro los asuntos relacionados con el comercio también se habían resuelto, en gran medida de conformidad con los lineamientos estadounidenses.

1994 parecía ser la cúspide de la liberalización del comercio estadounidense. Ese mismo año, en lo que en retrospectiva parece una señal de lo que estaba por venir, el presidente Clinton fracasó en su intento por obtener la autoridad *fast-track* de parte del Congreso; tres años después, volvió a fallar. Para ese entonces, principalmente debido a la polémica discusión sobre el TLCAN, algunos temas que habían sido ignorados en la agenda de liberalización comercial de la posguerra se volvieron prominentes en el debate sobre el comercio en Estados Unidos: las normas ambientales y laborales. Los disturbios de Seattle, que acompañaron la conferencia ministerial de la OMC de 1999, ilustraron vívidamente los nuevos términos del debate.

Una importante anomalía en el nuevo entorno comercial fue la aprobación de las relaciones comerciales normales con China en 2000 y la consiguiente entrada (en 2001) del país asiático a la OMC (las negociaciones para el Tratado de Libre Comercio Chile-Estados Unidos también fueron lanzadas en el año 2000, pero, de manera obvia, no tuvieron la misma repercusión). Así, la mayor parte del interregno (es decir, la década siguiente a la finalización de la Guerra Fría) fue un periodo un tanto difícil para el liderazgo estadounidense en el libre comercio. De entrada, la administración Clinton no mostró un compromiso ideológico con la causa de la liberalización del comercio tan fuerte como la de Bush padre; adicionalmente, tuvo que enfrentar renovadas presiones proteccionistas tanto de la opinión pública como del Congreso. La disminución del apoyo y el aumento de las dificultades se reflejaron en la adopción de una estrategia más pragmática para fortalecer el libre comercio: el abandono del tradicional terreno multilateralista a favor de acuerdos bilaterales y minilaterales.[156] En el discurso económico más amplio, Estados Unidos parecía estar reemplazando el pensamiento clásico liberal, plasmado en el consenso del liberalismo enraizado de la posguerra, por uno similar al de la doctrina tradicional pero en esteroides. Por lo tanto, extrapolando

156. Aggarwal 2009: 2; Feinberg 2003: 1019.

ciegamente las virtudes del libre comercio a los mercados financieros internacionales, Washington, como señalé anteriormente, empujó para lograr la liberalización de las cuentas de capital; en esta materia —a pesar de que existe poderosa evidencia de lo contrario— Estados Unidos siguió promoviendo la "magia del mercado". En términos generales, Estados Unidos fue capaz en el crepúsculo del siglo XX de restaurar parcialmente su identidad como el principal arquitecto del régimen de libre comercio—aunque uno ciertamente más disperso y menos coherente que el que existió durante las dos décadas y media que siguieron a la Segunda Guerra Mundial.

2001–2016: liberalización competitiva e identidad como centro de conexión comercial

La administración de George W. Bush tuvo éxito en conseguir la Autoridad para la Promoción del Comercio (como pasó a conocerse la anterior autoridad *fast-track*) en 2002. Con la nueva autoridad bajo el brazo, siguió adelante y en los siguientes años logró concluir acuerdos de libre comercio con Chile, Singapur, Australia, Marruecos y distintos países centroamericanos. Asimismo, empezó negociaciones de libre comercio con varios países, entre ellos Bolivia, Ecuador, Colombia, Panamá y Perú. Mientras tanto, las negociaciones conducentes al ya mencionado ALCA se estancaron para después morir a mediados de la primera década del siglo XX. Así, la estrategia comercial de la "liberalización competitiva", promovida por el Representante de Comercio Zoellick como un medio para fomentar el libre comercio multilateral, terminó por convertirse en un fin en sí misma —y probablemente teniendo más efectos de desvío que de creación comercial a nivel global—.[157] En 2001, la administración Bush participó en el lanzamiento de la Ronda de Doha de la OMC, pero las negociaciones se fueron tornando lentas hasta que se estancaron en 2008.

Precisamente en ese año, estalló en Estados Unidos una crisis financiera que alcanzó proporciones globales y que llevaría a la Gran Recesión de la década de 2010. Si bien Europa recurrió a una extrema austeridad fiscal, la administración Obama adoptó un enfoque menos contraccionista y fue capaz de sobreponerse más rápidamente (para 2010, Estados Unidos había alcanzado el PIB que tenía antes de la crisis, aunque el nivel de empleo se recuperó hasta 2016; en la zona del euro el empleo todavía no se había recuperado, y el PIB alcanzó su nivel anterior a la crisis hasta el 2014).[158] Mientras tanto, por motivos políticos y económicos,

157. Aggarwal 2009; Feinberg 2003; Quiliconi y Wise 2009.
158. BEA 2019; OCDE 2016; OCDE 2019; Banco Mundial 2019.

la administración Obama dio inicio a su estrategia "pivote hacia Asia"—un giro que en parte implicó una disminución de su compromiso con el hemisferio occidental.[159]

Parte de la renovada atención en Asia tuvo que ver con el involucramiento y liderazgo de Washington, empezando en 2010, en el Acuerdo Transpacífico de Cooperación Económica, o TPP (por sus siglas en inglés), como el incipiente acuerdo de libre comercio entre doce naciones fue llamado (un proceso que la administración Bush ya había iniciado cuando anunció su intención de unirse a las negociaciones transpacíficas); de manera significativa, China no formó parte del acuerdo. La importancia del acuerdo era más estratégica que económica.[160] Como señalara el secretario de Defensa, Ash Carter: "en términos de nuestro reequilibrio en el sentido más amplio, la aprobación del TPP me resulta tan importante como tener otro portaviones".[161] Cuatro países del hemisferio occidental se unieron a Estados Unidos en el proyecto transpacífico: Canadá, México, Perú y Chile, lo que significó el fortalecimiento de sus vínculos políticos y económicos con Washington y, para los dos primeros en particular, una puerta trasera para renegociar su acuerdo de 1992 con Estados Unidos debido a que ciertas áreas que habían sido excluidas o que no existían (por ejemplo el comercio electrónico) en los tiempos del TLCAN, fueron incluidas en las negociaciones del TPP.[162] Como observó un analista canadiense, "¿Es el TPP una renegociación del TLCAN? Técnicamente, no —pero en términos prácticos sí lo es—. Será un TLCAN en esteroides para la región Asia-Pacífico".[163] Las negociaciones del TPP concluyeron de manera exitosa en febrero de 2016 [aunque antes de que fuera ratificado, Donald Trump, en una de sus primeras acciones como presidente de Estados Unidos, decidió sacar a su país del acuerdo].

A pesar de que durante los años de Obama se concretaron los acuerdos de libre comercio con Colombia y Panamá —negociaciones que empezaron durante la administración Bush—, América Latina no fue, como he sugerido, una prioridad económica para Washington. En términos políticos, el restablecimiento de las relaciones diplomáticas con Cuba fue una importante hazaña de la política estadounidense hacia el continente americano. Parte de la justificación del audaz movimiento fue, de hecho, que ayudaría a "mejorar la posición de nuestro país

159. Allen 2009; Clinton 2011b.
160. Krugman 2014; Rachman 2015.
161. Garamone 2015.
162. Ferguson et al. 2015.
163. Clark 2012.

en el hemisferio".[164] No obstante, en términos generales, el presidente Obama dio continuidad a la misma política comercial de sus antecesores.[165] El rasgo distintivo de este periodo en el frente comercial fue quizás el más pronunciado abandono del multilateralismo de la posguerra, así como el énfasis en los intentos por convertir a Estados Unidos en un centro de conexión del sistema internacional de comercio. En el enfoque más amplio de los asuntos económicos, la fe ciega de Washington en "la magia del mercado", particularmente en asuntos financieros, disminuyó— sin duda como consecuencia de la crisis de 2008.

***

Incluso si, por lo general, el periodo 1971–2016 presenta una notable continuidad de la identidad estadounidense instanciada en su discurso económico y, de manera más específica, en la definición amplia de su política comercial (según Schelling), a lo largo de los tres subperiodos hubo pequeñas, aunque no insignificantes, diferencias sobre el contenido y la objeción del apropiado rol de Estados Unidos en los asuntos económicos mundiales, así como en relación a las correspondientes estrategias comerciales. Es decir, el entendimiento compartido del sistema político de Estados Unidos sobre los objetivos de sus relaciones económicas internacionales no fue el mismo en 1971 que, por ejemplo, en 2001. Esto no debería sorprendernos ya que, durante el periodo de 45 años cubierto en este trabajo, la economía política del mundo, del hemisferio y de Estados Unidos sufrió importantes transformaciones.

Para reiterar: la identidad relacionada con el comercio, así como la política comercial asociada a ella, son consideradas en este trabajo como conceptos de propiedad, con el segundo obviamente siendo más tangible y fungible que el primero. *A priori*, sin embargo, el apalancamiento que la política comercial de Estados Unidos puede aportar es indeterminado —depende del contexto en el que se despliegue—. Una parte crucial de este contexto es, por supuesto, la identidad y las políticas del país objetivo —pero debido a que el foco de este trabajo se encuentra en el lado estadounidense, el otro resulta secundario, por lo que será traído a colación cuando sea pertinente en cada caso específico (más de esto adelante). Ahora bien, el carácter indeterminado de las políticas no puede ser de otra manera: las políticas son solo instrumentos utilizados para la consecución de un objetivo. Como he notado anteriormente, ser consciente de un intento por influir no equivale a saber cuál será el resultado de ese esfuerzo. Es por ello que las políticas son un concepto de propiedad. Pero no todos los conceptos de propiedad son

164. Kerry et al. 2014.
165. Schneider 2013; Manyin et al. 2012: 21.

herramientas. Así, como aventuré anteriormente, la identidad de un Estado (por decir, la identidad comercial), también debe ser considerada como un concepto de propiedad, aunque esto no significa que sea solo un instrumento: esta no puede ser manipulada con la misma facilidad.[166] Más sobre cuestiones metodológicas en la siguiente sección.

5) Operacionalizando el poder en el *economic statecraft* grueso

De manera interesante, la literatura sobre el *economic statecraft* de Estados Unidos hacia el hemisferio occidental ha tendido a centrarse en casos críticos, ignorando por lo general aspectos básicos de la política económica exterior hacia la región: los temas de la cotidianidad como la ayuda, la inversión, la promoción de ideas económicas y el comercio.[167] Debido a que la naturaleza extraordinariamente centralizada del manejo de los temas críticos en cuestión parece ser el estado normal de las cosas, este sesgo contribuye al problema de la reificación señalado anteriormente. Así, la elección de valores extremos distorsiona de manera clara la imagen que surge de la multifacética relación entre Estados Unidos y los países del hemisferio; parafraseando a Holmes de la Suprema Corte estadounidense: puede ser que los grandes casos generen mala teoría.

Al entender el *economic statecraft* como una práctica a través de la cual Washington ha ejercido su poder en el hemisferio occidental de 1971 a 2016, es importante señalar algunas consideraciones. Como ya he notado, pienso que tanto el discurso amplio en asuntos económicos internacionales, como las iniciativas de políticas específicas vis-à-vis ciertos países o a una serie de países de la región, son examinados en este trabajo como intentos por influir de parte de Washington. Es decir, como observé en la sección previa, considero que el discurso y las políticas son conceptos de propiedad. En consecuencia, los instrumentos utilizados por Estados Unidos deberían incluir doctrinas y/o pronunciamientos generales de política económica exterior, y también aquellos dirigidos específicamente hacia el hemisferio o hacia un país o subregión en particular.

Así, la potencial influencia de Washington en el hemisferio no tiene que ver únicamente con modificaciones en los actos o comportamientos específicos de los países objetivo, sino también con sus identidades, con doctrinas o con actitudes

166. Alexandrov 2003: 42.
167. Dent 1995: XXII.

referentes a temas económicos, en especial cuando están relacionadas con el entorno bilateral (Estados Unidos-el país en cuestión) o el internacional. Pero, como ya he señalado, el foco de este trabajo no son las identidades ni las políticas de los países objetivo, sino el *economic statecraft* grueso de Estados Unidos. De esta manera, creo que puedo explicar de mejor forma si Washington ha sido o no capaz —y en qué ocasiones—de lograr que otros hagan lo que les pide.

Por lo tanto, el foco de los siguientes cuatro capítulos estará en los conceptos de propiedad correspondientes al ámbito económico, lo que implica la exclusión de otros relacionados con temas como la democracia y la seguridad, pero en el entendido de que cualquier intento económico es un acto político, y que no necesita estar confinado a temas económicos o a sus efectos. Es decir, el común denominador de los intentos considerados será su incidencia en recursos materiales o financieros. De esta manera, espero poder—en una medida razonable—separar las intenciones estadounidenses de los resultados o consecuencias de la práctica de su *economic statecraft*.[168]

Así, considerando que el dominio (u objetivo) de los intentos de Estados Unidos por influir serán los países y las regiones hemisféricas incluidas en este trabajo, a saber (como señalé en la introducción) Canadá, México, Centroamérica y Sudamérica, el alcance o ámbito de aplicación será el económico, instanciado, por ejemplo, en el enfoque de integración económica que tengan esos países, en los modelos de desarrollo y en su política comercial en la medida en que se relacionen con la tradición estadounidense dominante en la esfera del *economic statecraft* (grueso).[169] Por otro lado, las bases del poder no estarán confinadas al poder coercitivo que se deriva de los recursos materiales que Washington tiene a su disposición. Como observé en el capítulo anterior, el poder tiene múltiples bases y no todas son materiales; estas se relacionan de manera más amplia con los componentes de autoridad, jerarquía y respeto de las relaciones de poder que Estados Unidos ha tenido con el resto del continente americano.

6) Resumen

La economía es un dominio de las relaciones de poder. Incrustada en un grueso entramado social y político, la economía no conoce fronteras territoriales. Por lo tanto, no sorprende que las relaciones económicas internacionales durante mucho

168. Baldwin 1985: 24, 39–40.
169. *Ibid.*: 16–17; Lake 2009: 74–75.

tiempo hayan sido utilizadas con fines políticos por los Estado-nación. El hecho de que frecuentemente se denomine a esta práctica con el término compuesto de *economic statecraft*, apunta a su eminente naturaleza política ya que la primera palabra del concepto hace referencia, como ya había notado, al arte de gobernar. Es por ello por lo que, en oposición al uso académico convencional, el *economic statecraft* no puede ser confinado a una serie de medios *per se* (como las sanciones económicas o la ayuda internacional); esa delgada concepción del *economic statecraft* impide al analista ir más allá tanto en el entendimiento del poder como atributo como en una noción de poder que, al ser relacional, limita las interacciones a su estratégico componente contractual.

Con la intención de tener una visión más completa, una que incorpora un entendimiento más profundo del poder como una relación social que necesariamente involucra asuntos de legitimidad, significados y normas, es necesario recurrir a otras perspectivas como la Economía Política Clásica y la Diplomacia Económica, así como a la literatura sobre Política Económica Exterior y Economía Política Internacional. Como ya he señalado, el enfoque de David Baldwin ofrece un sólido punto de partida gracias a que incluye de manera implícita algunos de estos temas, y también debido a que tiene muy clara la naturaleza tanto política como cotidiana del *economic statecraft*. Asimismo, el entendimiento relacional del poder (basado en Dahl) y la distinción analítica que hace entre los intentos por influir y los resultados de dichos intentos, facilitan la operacionalización de su enfoque. No obstante, la perspectiva de Baldwin sobre el *economic statecraft* necesita ser ampliada.

La ampliación teórica que aquí presento permite integrar al *economic statecraft* una comprensión más amplia de la diplomacia, las consideraciones de las costumbres sociales y el concepto de identidad estatal, la cual, en cierta medida, funciona como el manantial del cual surgen los instrumentos de políticas específicas. Es por ello por lo que uno podría argumentar que la política comercial de un Estado (en su definición amplia) está necesariamente relacionada con su identidad como un actor en la Economía Política Internacional. Por lo tanto, sostengo que, para fines analíticos, la identidad estatal puede ser pensada como un concepto de propiedad creada por quien ostenta el poder (delimitando así el componente de interacción internacional que entra en su construcción, el cual, aunque problemático, se justifica para los propósitos de este trabajo), y la cual es enfrentada por el Estado objetivo como un hecho social.

Como he observado, el *economic statecraft* es intrínseco a Estados Unidos. Conforme el país se fue volviendo hegemónico en las postrimerías de la Segunda Guerra Mundial, el carácter de su política económica exterior adquirió nueva relevancia. Que Washington liderara la creación del orden internacional que vino a conocerse como "liberalismo enraizado", del cual el régimen de libre comercio fue un componente central, no fue una predestinación. Al perseguir este tipo de *economic statecraft*, Estados Unidos actuó bajo su interés propio iluminado tanto en el ámbito económico como en el político, pero a la vez reflejó una profunda tradición política que históricamente ha formado parte de su identidad.

Obviamente, la práctica del *economic statecraft* estadounidense no es tan pulcra como pudiera parecer en los recuentos analíticos—ya sea en la Diplomacia Económica o en la Economía Política Internacional, por señalar dos ejemplos—; los enfoques teóricos solo proveen hechos estilizados. Como la anterior narrativa demuestra, el *economic statecraft* realmente existente es mucho más complicado. En el caso de Estados Unidos, no solamente las múltiples agencias gubernamentales y los diferentes actores privados que influyen en él, sino también las distintas características económicas de otros países y, quizá de manera más importante, el tipo de relación política que mantiene con ellos, han impedido a Washington diseñar y emprender un *economic statecraft* coherente y consistente.

El ejercicio del poder estadounidense a través de su política económica exterior hacia Latinoamérica ha servido para ilustrar este desafío. La breve reseña de los tres subperiodos (1971–1989, 1990–2000, 2001–2016) en los que se divide la política comercial de Estados Unidos (en su definición amplia) desde que empezó el debate sobre su declive, da fe de esta dificultad. Pero los mismos periodos también dan testimonio del carácter relativamente maleable de la identidad de Washington como un actor fundamental en la Economía Política Internacional y de los cambios concomitantes que su política comercial ha experimentado. Así, a pesar de que en términos generales prevaleció una actitud liberal hacia el comercio internacional durante los tres subperiodos, hubo momentos en los cuales la práctica comercial se tornó explícitamente más proteccionista, o en los que simplemente contradijo el discurso oficial en la materia.

No obstante, la medida en la que el discurso estadounidense sobre política comercial fue compartido por otros países del hemisferio es relevante para valorar el grado en el que Washington ha sido capaz de ejercer su poder en la región a través de su *economic statecraft*. Es decir, si pensamos el discurso como un concepto de propiedad, este puede ser visto como un instrumento desplegado en los intentos de Estados Unidos por influir, en sus esfuerzos por afectar la disposición de otros países en asuntos económicos. Esta interacción de dos vías en la política económica exterior debería arrojar algo de luz con respecto a la autoridad, la jerarquía y el respeto en el hemisferio occidental.

Referencias

Abdelal, R., Herrera, Y. M., Johnston, A., & McDermott, R. (2006). Identity as a variable. *Perspectives on Politics, 4*(4), 695–711.

Adler, E. (1987). *The power of ideology: The quest for technological autonomy in Argentina and Brazil.* Berkeley, CA: University of California Press.

Aggarwal, V. (2009). Reluctance to lead: U.S. trade policy in flux. *Business and Politics, 11*(3), 1–21.

Agüero, J. O. (2010). Michel Foucault y la gubernamentalidad financier: Reflexiones sobre la crisis financiera internacional. *Revista Vision de Futuro, 14*(2), 207–220.

Alexandrov, M. (2003). The concept of state identity in international relations: A theoretical analysis. *Journal of International Development and Cooperation, 10*(1), 33–46.

Allen, M. (2009, Noviembre 13) America's first pacific president. *Politico.*

Alt, J., Frieden, J., Gilligan, M., Rodrik, D., & Rogowski, R. (1996). The political economy of international trade: Enduring puzzles and an agenda for inquiry. *Comparative Political Studies, 29*(6), 689–717.

Ashley, R. (1981). Political realism and human interest. *International Studies Quarterly, 25*(2), 204–237.

Ashley, R. (1983). Three modes of economism. *International Studies Quarterly, 27*(4), 463–496.

Baldwin, D. A. (1985). *Economic statecraft.* Princeton, NJ: Princeton University Press.

Baldwin, D. A. (2016). *Power and international relations: A conceptual approach.* Princeton, NJ: Princeton University Press.

Baldwin, R. (1991). The new protectionism: A response to shifts in national economic power. En J. A. Frieden & D. A. Lake (Eds.), *International political economy: Perspectives on global power and wealth* (pp. 362–375). Nueva York: St. Martin's Press.

BEA (2019). Gross Domestic Product [GDPA]. FRED. Recuperado de: https://fred.stlouisfed.org/series/GDPA

Berger, T. (1996). Norms, identity, and national security in Germany and Japan. En P. J. Katzenstein (Ed.), *The culture of national security: Norms and identity in world politics* (pp. 317–356). Nueva York: Columbia University Press.

Bergsten, C. F. (2002). A renaissance for U.S. trade policy? *Foreign Affairs, 81*(6), 86–98.

Betta, M. (2016). Governmentality and the economy: A Foucauldian perspective. En M. Betta (Ed.), *Ethicmentality – Ethics in Capitalist Economy, Business, and Society* (pp. 25–41). Dordrecht: Springer.

Bhagwati, J. (1998). The capital myth: The difference between trade in widgets and dollars. *Foreign Affairs, 77*(3), 7–12.

Biersteker, T. J. (1995). The "Triumph" of liberal economic ideas in the developing world. En B. Stallings (Ed.), *Global change, regional response: The new international context of development* (pp. 174–196). Cambridge: Cambridge University Press.

Bitar, S. (1984). United States-Latin American relations: Shifts in economic power and implications for the future. *Journal of Interamerican Studies and World Affairs, 26*(1), 3–31.

Blaisdell, T. C., & Braderman, E. M. (1948). Economic organization of the United States for international economic policy. En S. E. Harris (Ed.), *Foreign economic policy for the United States* (pp. 37–54). Cambridge, MA: Harvard University Press.

Blake, D. H., & Walters, R. S. (1976). *The politics of global economic relations*. Upper Saddle River, NJ: Prentice Hall.

Blanchard, J. M. F., Mansfield, E. D., & Ripsman, N. M. (1999). The political economy of national security: Economic statecraft, interdependence, and international conflict. *Security Studies*, *9*(1–2), 1–14.

Blyth, M. (2002). *Great transformations: Economic ideas and institutional change in the twentieth century*. Nueva York: Cambridge University Press.

Brands, H. (2008). Economic development and the contours of US foreign policy: The Nixon administration's approach to Latin America, 1969–1974. *Peace & Change*, *33*(2), 243–273.

Brubaker, R., & Cooper, F. (2000). Beyond "Identity". *Theory and Society*, *29*(1), 1–47.

Buzan, B. (2004). *From international to world society? English school theory and the social structure of globalisation*. Cambridge: Cambridge University Press.

Caporaso, J. A., & Levine, D. P. (1992). *Theories of political economy*. Cambridge: Cambridge University Press.

Carr, E. (1964 [1939]). T*he twenty years' crisis, 1919–1939: An introduction to the study of international relations*. Nueva York: Harper & Row Publishers.

Chafetz, G., Spirtas, M., & Frankel, B. (1998). Introduction: Tracing the influence of identity on foreign policy. *Security Studies*, *8*(2–3), 7–22.

Chan, S., & Drury, A. (2000). *Sanctions as economic statecraft: Theory and practice*. Nueva York: Palgrave.

Clark, P. (2012, Enero 10). Is the Trans Pacific Partnership a re-writing of NAFTA? *iPolitics*.

Clinton, H. R. (2011a). Secretary Clinton Remarks on Economics and Foreign Policy [Transcripción]. Recuperdo de: https://www.c-span.org/video/?302086-1/secretary-clinton-remarks-economics-foreign-policy

Clinton, H. R. (2011b, Octubre 11). America's pacific century. *Foreign Policy*.

Cohen, B. (1990). The political economy of international trade. *International Organization*, *44*(2), 261–281.

Cohen, S. D. (2000). *The making of United States international economic policy: Principles, problems, and proposals for reform*. Westport, CT: Praeger.

Cohen, S. D., & Meltzer, R. I. (1982). *United States international economic policy in action: Diversity of decision making*. Nueva York: Praeger.

Collins, S. (2009). Can America finance freedom? Assessing U.S. democracy promotion via economic statecraft. *Foreign Policy Analysis*, *5*, 367–389.

Cottam, M. L. (1994). *Images and intervention: U.S. Policies in Latin America*. Pittsburgh, PA: University of Pittsburgh Press.

Cox, R. (1987) *Production, power, and world order: Social forces in the making of history*. Nueva York: Columbia University Press.

Cypher, J. M. (1998). The slow death of the Washington consensus on Latin America. *Latin American Perspectives*, *25*(6), 47–51.

Daalder, I., & Lindsay, J. (2003). *America unbound: The Bush revolution in foreign policy*. Washington, DC: Brookings Institution Press.

Dahl, R. A. (1957). The concept of power. *Behavioral Science, 2*(3), 201–215.

Dent, D. (1995). Introduction: U.S.-Latin American policymaking. En D. W. Dent (Ed.), *US-Latin American policymaking: A reference handbook* (pp. xiii–xxxi). Westport, CT: Greenwood Press.

Destler, I. M. (1980). *Making foreign economic policy*. Washington, DC: Brookings Institution Press.

Destler, I. M. (2005). *American trade politics*. Washington, DC: Institute for International Economics.

Dietrich, C. (2014). The U.S. economy since World War II: Unprecedented growth, inflation, and stagnation. En R. Wright & T. Zeiler (Eds.), *Guide to U.S. economic policy* (pp. 61–74). Thousand Oaks, CA: CQ Press.

Dobbin, F. (1994). *Forging industrial policy: The United States, Britain, and France in the railway age*. Nueva York: Cambridge University Press.

Dobson, A. (2002). U.*S. economic statecraft for survival 1933–1991: Of sanctions embargoes and economic warfare*. Nueva York: Routledge.

Dolan, C., & Rosati, J. (2006). U.S. foreign economic policy and the significance of the national economic council. *International Studies Perspectives, 7*(2), 102–123.

Drezner, D. W. (2011). Sanctions sometimes smart: Targeted sanctions in theory and practice. *International Studies Review, 13*(1), 96–118.

Drezner, D. W. (2019). Economic Statecraft in the Age of Trump. *Washington Quarterly, 42*(3), 7–24.

Escobar, A. (1995). *Encountering development: The making and unmaking of the third world.* Princeton, NJ: Princeton University Press.

Feinberg, R. (2003). The political economy of the United States' free trade agreements. *The World Economy, 26*(7), 1019–1040.

Fergusson, I. F., McMinimy, M. A., & Williams, B. R. (2015). *The Trans-Pacific Partnership (TPP) negotiations and issues for congress* (Report No. R42694). Washington, DC: Congressional Research Service.

Garamone, J. (2015, Abril 6). Carter discusses U.S. rebalance to Asia-Pacific region. *DoD News*.

Gill, S. and Law, D. (1988) *The Global Political Economy: Perspectives, Problems, and Policies*. Baltimore, MD: The Johns Hopkins University Press

Gilpin, R. (1987). *The political economy of international relations*. Princeton, NJ: Princeton University Press.

Goldstein, J. (1989). The impact of ideas on trade policy: The origins of U.S. agricultural and manufacturing policies. *International Organization, 43*(1), 31–71.

Gourevitch, P. (1986). *Politics in hard times: Comparative responses to international economic crises*. Ithaca, NY: Cornell University Press.

Grabel, I. (1996). Marketing the third world: The contradictions of porfolio investment in the global economy. *World Development, 24*(11), 1761–1776.

Guillaume, X. (2010). *International relations and identity: A dialogical approach*. Nueva York: Routledge.

Haglund, D. (2009). And the beat goes on: "Identity" and Canadian foreign policy. En R. Bothwell (Ed.), *Canada among nations 2008: 100 years of Canadian foreign policy.* Montreal, QC: McGill–Queens University Press.

Hall, P. A. (1989). *The political power of economic ideas: Keynesianism across nations*. Princeton, NJ: Princeton University Press.

Hall, P. A. (1997). The role of interests, institutions, and ideas in the comparative political economy of the industrialized nations. En M. I. Lichbach & A. S. Zuckerman (Eds.), *Comparative politics: Rationality, culture, and structure* (pp. 174–207). Cambridge: Cambridge University Press.

Hartz, L. (1983 [1955]). *The liberal tradition in America*. San Diego, CA: Harvest/HBJ.

Harvey, D. (2005). *A brief history of Neoliberalism*. Nueva York: Oxford University Press.

Hirschman, A. O. (1979). The turn to authoritarianism in Latin America and the search for its economic determinants. En D. Collier (Ed.), *The new authoritarianism* (pp. 61–98). Princeton, NJ: Princeton University Press.

Hirschman, A. O. (1980 [1945]). *National power and the structure of foreign trade*. Berkeley, CA: University of California Press.

Hobson, J. M. (2000). *The state and international relations*. Cambridge: Cambridge University Press.

Hoffmann, S. (1977). An American social science: International relations. *Daedalus, 106*(3), 41–60.

Hofstadter, R. (1989 [1948]). *The American political tradition and the men who made it*. Nueva York: Vintage.

Holsti, K. (1970). National role conceptions in the study of foreign policy. *International Studies Quarterly, 14*(3), 233–309.

Hopf, T. (2002). *Social construction of international politics: Identities & foreign policies, Moscow, 1955 and 1999*. Ithaca, NY: Cornell University Press.

Hurd, I. (2008). Constructivism. En C. Reus-Smit & D. Snidal (Eds.), *The Oxford handbook of international relations* (pp. 298–317). Nueva York: Oxford University Press.

Hynek, N., & Thomsen, R. C. (2006). Keeping the peace and national unity. *International Journal, 61*(4), 845–858.

Ikenberry, G. J., Lake, D. A., & Mastanduno, M. (1988). Introduction: Approaches to explaining American foreign economic policy. *International Organization, 42*(1), 1–14.

Irwin, D. (2017). *Clashing over commerce: A history of US trade policy*. Chicago, IL: University of Chicago Press.

Jepperson, R., Wendt, A., & Katzenstein, P. J. (1996). Norms, identity, and culture in national security. En P. J. Katzenstein (Ed.), *The culture of national security: Norms and identity in world politics* (pp. 33–75). Nueva York: Columbia University Press.

Johnston, A. I. (1995). *Cultural realism: Strategic culture and grand strategy in Chinese history*. Princeton, NJ: Princeton University Press.

Johnston, A. I. (1996). Cultural realism and strategy in Maoist China. En P. J. Katzenstein (Ed.), *The Culture of national security: Norms and identity in world politics* (pp. 216–268). Nueva York: Columbia University Press.

Kahler, M. (1990). Orthodoxy and its alternatives: Explaining approaches to stabilization and adjustment. En J. M. Nelson (Ed.), *Economic crisis and policy choice: The politics of adjustment in the third world* (pp. 33–61). Princeton, NJ: Princeton University Press.

Katzenstein, P. J. (1978). *Between Power and Plenty: Foreign economic policies of advanced industrial states*. Madison, WI: University of Wisconsin Press.

Katzenstein, P. J. (1985). *Small states in world markets: Industrial policy in Europe*. Ithaca, NY: Cornell University Press.

Katzenstein, P. J. (1996). *Cultural norms and national security: Police and military in postwar Japan.* Ithaca, NY: Cornell University Press.

Keeley, J. F. (1990). Toward a Foucauldian analysis of international regimes. *International Organization, 44*(1), 83–105.

Kerry, J., Pritzker, P., & Lew, J. (2014, Diciembre 20). Kerry, Pritzker, Lew: President Obama's new Cuba policy looks forward, not back. *Miami Herald.*

Kirshner, J. (1997). The microfundations of economic sanctions. *Security Studies, 6*(3), 32–64.

Kissinger, H. (1979). *The White House years.* Boston, MA: Little Brown and Company.

Klotz, A., & Lynch, C. (2007). *Strategies for research in constructivist international relations.* Nueva York: M.E. Sharpe.

Knight, A. (2007). Mexican national identity. En S. Deans-Smith & E. Van Young (Eds.), *Mexican soundings: Essays in honour of David A. Brading.* Londres: University of London, Institute for the Study of the Americas.

Kohli, A., Evans, P., Katzenstein, P. J., Przeworski, A., Rudolph, S. H., Scott, J. C., & Skocpol, T. (1995). The role of theory in comparative politics: A symposium. *World Politics, 48*(1), 1–49.

Kowert, P. (2007). National identity: Inside and out. *Security Studies, 2*(3), 1–34.

Krasner, S. D. (1978). *Defending the national interest: Raw materials investments and U.S. foreign policy.* Princeton, NJ: Princeton University Press.

Krasner, S. D. (1983a). Structural causes and regime consequences: Regimes as intervening variables. En S. D. Krasner (Ed.), *International regimes* (pp. 1–21). Ithaca, NY: Cornell University Press.

Krasner, S. D. (1983b). Regimes and the limits of realism: Regimes as autonomous variables. En S. D. Krasner (Ed.), *International regimes* (pp. 355–368). Ithaca, NY: Cornell University Press.

Krasner, S. D. (1985). *Structural conflict: The third world against global liberalism.* Berkley, CA: University of California Press.

Krasner, S. D. (1996). The accomplishments of international political economy. En S. Smith (Ed.), *International theory: Positivism and beyond.* Cambridge: Cambridge University Press.

Kratochwill, F. (2008). Sociological approaches. En C. Reus-Smit & D. Snidal (Eds.), *The Oxford handbook of international relations* (pp. 444–461). Nueva York: Oxford University Press.

Krippendorf, E. (1987). The dominance of American approaches in international relations. Millenium. *Journal of International Studies, 16*(2), 207–214.

Krugman, P. (2014, February 27). No big deal. *New York Times.*

Kunz, D. B. (1994). When money counts and doesn't: Economic power and diplomatic objectives. *Diplomatic History, 18*(4), 451–462.

Kurth, J. (2009). *What are we fighting for? Western civilization, American identity, and U.S. foreign policy.* Filadelfia, PA: Foreign Policy Research Institute.

Lake, D. (2009). *Hierarchy in international relations.* Ithaca, NY: Cornell University Press.

Leets, J. (2016 [1912]). *United States and Latin America; dollar diplomacy.* Wentworth Press.

Legro, J. (2009). The plasticity of identity under anarchy. *European Journal of International Relations, 15*(1), 37–65.

Lipset, S. M. (1996). *American exceptionalism. A double-edged sword.* Nueva York: W.W. Norton & Company.

Lumsdaine, D. (1993). *Moral vision in international politics: The foreign aid regime, 1949–1989.* Princeton, NJ: Princeton University Press.

Mahant, E., & Mount, G. S. (1999). *Invisible and inaudible in Washington: American policies toward Canada.* Vancouver, BC: UBC Press.

Maier, C. S. (1987). *In search of stability: Explorations in historical political economy.* Cambridge: Cambridge University Press.

Manyin, M., Daggett, S., Dolven, B., Lawrence, S. V., Martin, M. F., O'Rourke, R., & Vaughn, B. (2012). *Pivot in the Pacific? The Obama Administration's "Rebalancing" Toward Asia* (Report No. R42448). Washington, DC: Congressional Research Service.

Mastanduno, M. (1999). Economic statecraft, interdependence, and national security: Agendas for research. *Security Studies, 9*(1–2), 288–316.

Mayer, F. W. (2009). *Narrative and the construction of interests: Implication for the politics of trade.* Artículo presentado en American Political Science Meetings, Toronto.

McCloskey, D., & Ziliak, S. (1996). The standard error of regressions. *Journal of Economic Literature, 34*(1), 97–114.

McCloskey, D. N. (1998). Burgeois virtue and the history of P and S. *Journal of Economic History, 58*(2), 297–317.

McSweeney, B. (1999). *Security, identity and interests: A sociology of international relations.* Cambridge: Cambridge University Press.

Mead, W. R. (1994/1995). Lucid stars: The American foreign policy tradition. *World Policy Journal, 11*(4), 1–17.

Mead, W. R. (2002). *Special providence: American foreign policy and how it changed the world.* Nueva York: Routledge.

Nearing, S., & Freeman, J. (1925). *Dollar diplomacy: A study in American imperialism.* Nueva York: B.W. Huebsch and the Viking Press.

Noble, G. W., & Ravenhill, J. (2000). Causes and consequences of the Asian financial crisis. En G. W. Noble & J. Ravenhill (Eds.), *The Asian financial crisis and the architecture of global finance* (pp. 1–35). Cambridge: Cambridge University Press.

Nossal, K. R. (2010). 'Middlepowerhood' and 'Middlepowermanship'. En N. Hynek & D. Bosold (Eds.), *Canada's foreign and security policy: Soft and hard strategies of a middle power Canadian foreign policy* (pp. 20–34). Toronto, ON: Oxford University Press.

Odell, J. S. (1980). Latin American trade negotiations with the United States. *International Organization, 34*(2), 207–228.

Odell, J. S. (1990). Understanding international trade policies: An emerging synthesis. *World Politics, 43*(1), 139–167.

OECD (2016). Unemployment rate: Aged 15–64: All persons for the United States [LRUN64TTUSA156S]. FRED. Recuperado de: https://fred.stlouisfed.org/series/LRUN64TTUS A156S

OECD (2019). Unemployment rate: Total: All persons for the Euro Area [LRHUTTTTEZA156S]. FRED. Recuperado de: https://fred.stlouisfed.org/series/LRHUTTTTEZA156S

Orszag, J. M., Orszag, P. R., & Tyson, L. D. (2002). The role of institutions in the White House. En J. A. Frankel & P. R. Orszag (Eds.), *American economic policy in the 1990s* (pp. 983–1026). Cambridge, MA: Massachusetts Institute of Technology.

Oye, K. (1992). *Economic discrimination and political exchange: World political economy in the 1930s and 1980s.* Princeton, NJ: Princeton University Press.

Polanyi, K. (1944). *The great transformation: The political and economic origins of our time.* Boston, MA: Beacon Press.

Quiliconi, C., & Wise, C. (2009) The US as a bilateral player: The impetus for asymmetric free trade agreements. En M. Solís, B. Stallings & S. N. Katada (Eds.), *Competitive regionalism.* Londres: Palgrave Macmillan.

Rachman, G. (2015, Mayo 18). Obama's Pacific trade deal will not tame China. *Financial Times.*

Reagan, R. (1984, September 29) Radio address to the Nation on United States-Soviet relations. Recuperado de: https://www.presidency.ucsb.edu/documents/radio-address-the-nation-united-states-soviet-relations

Rich, P. G. (1997). Latin America and present US trade policy. *World Economy, 20*(1), 87–101.

Rogowsky, R. A. (2014). The revival of economic statecraft. *Journal of Political Sciences & Public Affairs, 2*(1), 1–2.

Rohrlich, P. (1987). Economic culture and foreign policy: The cognitive analysis of economic policy making. *International Organizations, 41*(1), 61–92.

Rose, G. (1998). Neoclassical realism and theories of foreign policy. *World Politics, 51*(1), 144–172.

Rostow, W. W. (1990 [1960]). *The stages of economic growth: A non-communist manifesto.* Nueva York: Cambridge University Press.

Rousseau, D. (2006). *Identifying threats and threatening identities: The social construction of realism and liberalism.* Stanford, CA: Stanford University Press.

Ruggie, J. G. (1982). International regimes, transactions, and change: Embedded liberalism in the postwar economic order. *International Organization, 36*(2), 379–415.

Schelling, T. (1971). National security considerations affecting trade policy. En *United States international economic policy in an interdependent world* (pp. 723–737). Washington, DC: U.S. Government Printing Office.

Schneider, H. (2013, Marzo 8). From a skeptical beginning, Obama has set a global round of trade talks in motion. *Washington Post.*

Schoppa, L. (1993). Two-level games and bargaining outcomes: Why gaiatsu succeeds in Japan in some cases but not others. *International Organization, 47*(3), 353–386.

SELA (1984). *Latin American-U.S. economic relations, 1982–1983.* Nueva York: Westview Press.

Sikkink, K. (1991). *Ideas and institutions: Developmentalism in Brazil and Argentina.* Ithaca, NY: Cornell University Press.

Simmons, B. A. (1999). The internationalization of capital. En H. Kitschelt, P. Lange, G. Marks & J. D. Stephens (Eds.), *Continuity and change in contemporary capitalism* (pp. 36–69). Cambridge: Cambridge University Press.

Smith, R. M. (1993). Beyond Tocqueville, Myrdal, and Hartz: The multiple traditions in America. *The American Political Science Review, 87*(3), 549–566.

Smith, T. (1994). *America's mission: The United States and the worldwide struggle for democracy in the twentieth century.* Princeton, NJ: Princeton University Press.

Stiglitz, J. (1998). Must financial crises be this frequent and this painful? En *McKay Lecture.* Pittsburgh, PA. University of Pittsburgh.

Stiglitz, J. (2002). *Globalization and its discontents.* Nueva York: W.W. Norton & Company Inc.

Strange, S. (1970). International economics and international relations: A case of mutual neglect. *International Affairs (Royal Institute of International Affairs 1944-), 46*(2), 304–315.

Tooze, R. (1989). International political economy and international relations: From 'Enfant Terrible' to child prodigy, or just a cuckoo in the nest? En H. C. Dyer & L. Mangasarian (Eds.), *The Study of International relations: The state of the art* (pp. 380–383). Nueva York: Palgrave Macmillan.

Toscano, D. (2009). Crítica de la gubernamentalidad neoliberal: ¿Un giro hacia técnicas de autocolonización en América Latina? *Logos: Revista de Lingüistica, Filosofía y Literatura, 19*(1), 72–86.

Turvey, R. A. (2014). Economic diplomacy and security: Linkages, trends and changes. International *Journal of Diplomacy and Economy, 2*(1/2), 4–22.

U.S. Department of the Treasury (1997). *America's role in global economic integration Lawrence summers deputy secretary of the treasury Brookings conference on "Integrating National Economies: The Next Step"*. Comunicado de prensa, Enero 9.

U.S. House of Representantives (1981). *Foreign assistance legislation for fiscal year 1982.* Hearing before the Committee on Foreign Affairs, March 13, 18, 19 and 23. Washington, DC: U.S. Government Printing Office.

Wagner, R. H. (1970). *United States policy toward Latin America. A study in domestic and international politics.* Stanford, CA: Stanford University Press.

Walt, S. (2017, Septiembre 21). Great powers are defined by their great wars. *Foreign Policy.*

Watson, A. (2005 [1982]). *Diplomacy: The dialogue between states.* Florencia: Taylor and Francis e-library.

Wendt, A. (1999). *Social theory of international politics.* Cambridge: Cambridge University Press.

Williamson, J. (1990). What Washington means by policy reform. En J. Williamson (Ed.), *Latin American adjustment: How much has happened?* Washington, DC: Peterson Institute for International Economics.

Williamson, J. (2000). What should the world bank think about the Washington consensus? *World Bank Research Observer, 15*(2), 251–264.

Wohlforth, W. C. (1994/1995). Realism and the end of the cold war. *International Security, 19*(3), 91–129.

Woods, N. (1995). Economic ideas and international relations: Beyond rational neglect. *International Studies Quarterly, 39*(2), 161–180.

World Bank (2019). Gross domestic product for the European Union [NYGDPMKTPCDEUU]. FRED. Recuperado de: https://fred.stlouisfed.org/series/NYGDPMKTPCDEUU

Young, K. E. (2017, Agosto 23). How Egypt wound up in the center of a Gulf Cooperation Council dispute on Qatar. *Washington Post.*

5

El economic statecraft *de Estados Unidos hacia Canadá*

Como señalé en el capítulo dos, Ottawa ha tenido una compleja relación en temas de seguridad con Washington —y lo mismo pasa con su relación económica—. Durante décadas (al menos desde 1948), Canadá ha sido el principal socio comercial de Estados Unidos —un vínculo que no hizo más que crecer en términos económicos y psicológicos a partir de que el Reino Unido se uniera a la Comunidad Económica Europea (CEE) en 1973—.[1] Paradójicamente, esto coincide de manera amplia con el inicio de un periodo de acercamiento y distanciamiento entre los dos Estados más septentrionales del hemisferio occidental.

El debate sobre el declive de la hegemonía estadounidense, tanto en la política internacional como en RI, adquirió relevancia a principios de los años 70. El "Nixon Shock" de 1971 o, de manera más formal, la Nueva Política Económica, fue de particular importancia no solo por su relación con la percepción de país en decaimiento que Estados Unidos tenía sobre sí mismo (haciendo la analogía con la caída de Grecia y Roma, el presidente llegó a sugerir que su país estaba entrando a un periodo de "decadencia") y porque fue usado como antítesis en el debate académico, sino también porque fue un hito en las relaciones económicas y políticas

1. Molot 2003: 33; Hilliker y Donaghy 2005: 42–43.

entre Estados Unidos y Canadá.[2] Las medidas anunciadas por el presidente, en particular la sobretasa del 10 por ciento mencionada anteriormente, afectó de manera directa a Ottawa, que en ese entonces tenía un superávit comercial de US$800 millones con Washington;[3] pero el efecto no fue solo monetario, sino también psicológico: los canadienses mostraron desconcierto por no haber sido consultados y/o exonerados —resintieron que Washington los tratara como a un país cualquiera—. Como veremos más adelante, el *economic statecraft* (grueso) de Estados Unidos bajo la administración Nixon contribuyó en gran medida a que Canadá buscara alternativas a su cada vez más estrecha relación con su vecino del Sur, lo que a su vez llevó a Washington a tomar nuevas acciones en el frente de la política económica exterior.

El periodo que simbólicamente inaugura el "Nixon Shock" (y también la entrada del Reino Unido a la CCE por lo que vino a representar para las relaciones entre Londres y Ottawa) termina, para los propósitos de este libro, con el final de la administración Obama (la cual, de manera incidental, coincide con la decisión del Reino Unido de abandonar la Unión Europea); como ya he señalado, divido este largo tramo del estudio de las fluctuaciones de la hegemonía estadounidense en tres subperiodos (1971–1989, 1990–2000, 2001–2016). Estas tres fases, definidas en función del debate sobre la posición internacional del poder político de Washington, están "superpuestas" tanto en la cambiante identidad de Estados Unidos como, en última instancia, en su concomitante —e incluso más fluida— política económica exterior; esto resulta claro al comparar la primera y la última administración del período de estudio (la de Nixon y la de Obama), pero también al observar las presidencias de cada subperiodo (por ejemplo, la de Carter y la de Reagan).

Esta observación se vuelve más pertinente al reflexionar sobre el carácter y la política económica exterior de los países objetivo —Canadá en el caso de este capítulo—; pensemos en el contraste entre el gobierno de Pierre Elliot Trudeau y el de Stephen Harper (aunque la disparidad es ciertamente menos pronunciada al comparar el gobierno de Pierre Trudeau con el de su hijo Justin). No obstante, se puede hablar de cierta continuidad tanto en la identidad como en el *economic statecraft* de los países en cuestión; tomemos como ejemplo el enfoque canadiense, más estatista y pro-regulación económica que el de Washington, el cual fue

2. Herdes 1971.
3. Gecelovsky y Kukucha 2011: 40.

operacionalizado por el discurso y las políticas llevadas a cabo por las sucesivas administraciones durante el periodo de 46 años aquí revisado.

A pesar del carácter en su mayoría benevolente de los estrechos vínculos económicos, políticos y sociales entre Canadá y Estados Unidos, los cuales vino a resumir su ya mencionada "relación especial", Ottawa era muy consciente de los riesgos de esa conexión tan cercana. Ciertamente, la relación especial, basada en la cultura diplomática desarrollada por ambos países y encapsulada en el término "alianza" [*partnership*], constituyó un genuino activo, en especial para Ottawa. Algo particularmente significativo para Canadá fue el hecho de que la mencionada alianza no incluía la vinculación de temas, lo que implicaba que no debía temer represalias de parte de su poderoso vecino en asuntos no relacionados cuando adoptara políticas contrarias a las preferencias de Washington en un área temática distinta.[4] Esta actitud mesurada fue fundamental para que Washington estableciera una buena relación con su vecino del Norte. Así, por ejemplo, a mediados de los años 60 el presidente Johnson le dejó claro al Congreso que, en la negociación del Acuerdo Automotriz entre Canadá y Estados Unidos, valoraba más el hecho de mantener a Ottawa como un socio (menor), que la obtención de beneficios económicos para la industria automotriz de su país.[5]

A pesar de la munificencia de Washington, Ottawa, como he sugerido, consideraba su posición vulnerable. De hecho, más de una década antes de las inesperadas medidas económicas de Nixon, el primer ministro John Diefenbaker, preocupado por la estrecha relación económica con su vecino del Sur, expresó su deseo de redirigir una parte importante de su comercio exterior, de Estados Unidos al Reino Unido.[6] De manera similar, un año antes de que la administración Nixon anunciara su Nueva Política Económica, el gobierno de Trudeau publicó una revisión de su política exterior donde notaba los peligros que la cercana asociación comercial con Estados Unidos implicaba para Canadá, e hizo un llamado a la diversificación de sus relaciones económicas y políticas; este fue el contexto en el que se dio el "Nixon Shock".

Para ese entonces, la relación especial entre Canadá y Estados Unidos estaba viviendo sus últimos días. Además de la poco habitual conducta del presidente, la red transgubernamental que había estado a cargo de los asuntos bilaterales fue desplazada por otros actores, principalmente al sur de la frontera.[7] De manera

4. Keohane y Nye 2012: 148; Bow 2009: 164, 168.
5. Holsti 1971: 383, nota al pie 9.
6. Kinsman 2001: 66; Hart 2002–2003: 35.
7. Bow 2009: 169.

significativa, algo que siguió caracterizando a la relación fue la negativa de Washington a utilizar abiertamente la vinculación de temas.[8] Asimismo, a lo largo de todo el periodo bajo revisión (1971–2016), y más allá de algunas salvedades momentáneas, Washington por lo general mantuvo una política económica exterior liberal, particularmente, como vimos en el capítulo anterior, en lo relativo al comercio. Por su parte, Ottawa también sostuvo los estrechos vínculos económicos con su vecino del Sur durante las cinco décadas en cuestión, a pesar de los constantes intentos por hacer lo contrario.[9] Como observan Paul Gecelovsky y Christopher J. Kukucha, desde finales de los años 60 hasta la primera década del siglo XXI "la política comercial canadiense se caracteriza por un alto grado de continuidad".[10]

Con lo anterior no quiero sugerir que la política comercial de Ottawa se haya mantenido estática a lo largo del periodo cubierto en este trabajo; esta evolucionó —como atestiguan la Tercera Vía en los años 70 y la firma del acuerdo de libre comercio con Estados Unidos a finales de los 80—. No obstante, vale la pena recordar que el estrecho vínculo de Canadá con la economía internacional ha sido una constante;[11] no en vano se le ha llamado una "nación comercial".[12] Ahora bien, al igual que en cualquier país del mundo, la política económica exterior en general y la política comercial en particular siempre han estado incrustadas en la política doméstica. Múltiples agencias gubernamentales, individuos, grupos de interés y funcionarios públicos de alto nivel compiten para que se sigan las políticas públicas que consideran adecuadas. Además, el caso canadiense tiene un elemento de complejidad adicional: su peculiar sistema federal, uno en el cual las provincias poseen amplios recursos económicos y políticos —una característica que ha convertido a los gobiernos provinciales en importantes actores en el debate sobre la política comercial—. Así, el gobierno federal ha tenido que pilotar —y utilizar— la inserción del país en la economía internacional, y de manera particular su relación económica con su vecino del Sur, para dar cabida a distintas demandas económicas y políticas emanadas de sus provincias; esto es lo que ha vuelto a la política comercial un tema político tan particularmente complejo en Canadá.[13]

8. Keohane Nye 2012: 148; Bow 2009: 171.
9. Clark 2016: 238, 241; Finlayson y Bertasi 1992: 29, 32.
10. Gecelovsky y Kukucha 2011: 40.
11. Barbee 2015: 393.
12. Hart 2002–2003: 25.
13. *Ibid.*; Gecelovsky y Kukucha 2011: 40; Barbee 2015: 394; Lusztig 2006.

Pero a pesar de la contenciosa naturaleza de su política comercial, los funcionarios públicos canadienses han sido conscientes de que el comercio internacional es fundamental para el bienestar de su país; así, por ejemplo, fue una canadiense, Dana Wilgress, quien presidió (1946–1948) las negociaciones del GATT.[14] La importancia del libre comercio internacional, no solo para la economía de Canadá, sino también para su política exterior, fue señalada décadas después por un funcionario canadiense en un tono que recuerda a la observación de Schelling sobre el comercio citada en el capítulo cuatro ("de esto trata la mayor parte de las relaciones internacionales") cuando observó: "la política exterior canadiense y sus actividades en el extranjero deben tener relación directa con nuestro interés nacional, y ese interés está orientado en un 90 por ciento a la industria y al comercio".[15] La fusión de la cartera de comercio al interior del Ministerio de Asuntos Exteriores en 1982, y que dio como resultado el Ministerio de Asuntos Exteriores y Comercio Internacional (DFAIT por sus siglas en inglés), volvió explícita esa conexión.

Dada la naturaleza de la relación bilateral y la mencionada continuidad de ambos países en el ámbito de la política económica exterior durante el periodo de 1970–2016, no sorprende que las relaciones económicas armoniosas fueran la norma. Ciertamente, ha habido algunos temas espinosos persistentes en la relación económica, como los relacionados con los productos lácteos, el pescado o la madera, pero, por mucho, son la excepción más que la regla (y probablemente son un reflejo de las profundas diferencias en las concepciones sobre el rol del Estado en la economía de cada país).[16] Los patrones señalados dicen mucho sobre el *economic statecraft* grueso de Washington hacia su vecino del Norte.

Sin embargo, hubo momentos en los que, por distintas razones, las cosas se salieron de su curso normal y ambos países tuvieron que hacer ajustes a su relación económica. Dichas situaciones no constituyeron necesariamente periodos de crisis; más bien fueron ventanas de oportunidad para reforzar la relación bilateral. En el transcurso de este capítulo, y debido a que este es un trabajo dedicado a las relaciones de poder de Washington con sus vecinos hemisféricos instanciadas en su *economic statecraft*, y no a las relaciones de poder de otros países, haré una revisión de varias de estas circunstancias centrándome en las acciones y/o respuestas de Estados Unidos. En las siguientes tres secciones repaso las tranquilas, regulares y apacibles relaciones económicas, así como los momentos más contenciosos, críticos o

14. Hudec 1998: 104.
15. En Cooper, higgott y Nossal 1994: 40.
16. Anderson 2003: 101; Austen 2018.

inusuales en la economía política de la relación económica entre Canadá y Estados Unidos. Entre los ejemplos que reviso se encuentran la reacción estadounidense a las políticas económicas nacionalistas de Canadá en los años 70, la negociación del acuerdo bilateral de libre comercio en los 80, la normalidad de la relación económica durante los 90 y los más polémicos casos de la madera blanda y el oleoducto Keystone. Estos casos sirven para ilustrar no solo la fluida naturaleza del poder estadounidense sobre su vecino del Norte, sino también para mostrar la forma en la que operan su naturaleza relacional y sus componentes autoritativos.

1) 1971–1989

La insinuación hecha por el presidente Nixon en julio de 1971 de que "el poder económico será la clave para otros tipos de poder [...] en el último tercio de este siglo", así como las medidas que anunció posteriormente, revitalizaron el nacionalismo económico canadiense.[17] Aunque no fue resultado directo de las políticas del presidente estadounidense, es revelador que ese mismo año Ottawa creara la Corporación para el Desarrollo de Canadá, cuyo propósito era la compra de activos extranjeros en firmas canadienses, particularmente en la minería y en el sector industrial. Dos años después, el gobierno de Pierre Elliott Trudeau formó la Agencia de Revisión de la Inversión Extranjera (FIRA por sus siglas en inglés), que tenía como tarea evaluar nueva inversión foránea (con el objetivo declarado de asegurar que tendría beneficios para el país). En 1975 el Parlamento fundó otra corporación de la corona canadiense, Petro-Canadá, para que el gobierno pudiera tener un pie no solo en uno de los sectores económicos clave del país, sino en uno donde el control estadounidense rebasaba el 60 por ciento.[18] En 1980 el gobierno anunció su Programa Nacional de Energía (NEP por sus siglas en inglés), el cual abarcaba el triple objetivo del gobierno de Trudeau: incrementar la seguridad energética, la canadización y una distribución más justa de los recursos del país.[19] Como después observara un alto funcionario de Petro-Canadá:

> El gobierno canadiense, reflejando un sentir del pueblo canadiense, el cual ha mostrado durante mucho tiempo preocupación por la propiedad extranjera,

17. Herdes 1971; Thompson y Randall 2008: 238.
18. *Ibid.*: 240.
19. Laxer 1983: 74.

ha traducido esta preocupación en medidas como la Agencia de Revisión de la Inversión Extranjera y la creación de Petro-Canadá.[20]

Estas iniciativas deben ser vistas en el contexto de la "Tercera Vía" del primer ministro Trudeau mencionada en el capítulo dos. Con el libro blanco de 1970, *Foreign Policy for Canadians* (Política exterior para los canadienses), como preludio, el gobierno de Canadá anunció en el otoño de 1972 sus "opciones para el futuro"—entre las cuales estaba la famosa tercera vía: "el desarrollo y fortalecimiento de la economía canadiense y de otros aspectos de su vida nacional, para, en el proceso, reducir la actual vulnerabilidad canadiense"—; esta fue la alternativa que el documento recomendó seguir. El gobierno de Trudeau acogió con entusiasmo la sugerencia.[21]

En términos generales, la tercera vía, así como las iniciativas mencionadas anteriormente —la Corporación para el Desarrollo de Canadá, el Programa Nacional de Energía, la FIRA y Petro-Canadá— estaban claramente en conflicto con la tradicional política económica favorita de Washington: la de dejarlo todo al mercado.[22] Lo que planteo a continuación ilustra la reacción de Estados Unidos ante el acrecentado nacionalismo económico de su vecino del Norte —un fenómeno al que las mismas acciones de Washington contribuyeron.

En una audiencia en el Senado sobre "las relaciones económicas de Estados Unidos con Canadá" llevada a cabo en marzo de 1982, funcionarios estadounidenses expresaron su "preocupación por las prácticas canadienses"[23] porque van "en contra de nuestra filosofía básica", particularmente la que señala que, "por lo general, la inversión extranjera es buena para ambas partes".[24] De manera más específica, según un alto funcionario del Departamento de Comercio de Estados Unidos, las políticas intervencionistas de Canadá se contraponen a la "defensa de las políticas orientadas al libre mercado" de su gobierno.[25] Asimismo, para este último las "nuevas medidas representan un importante cambio en la forma en la que nuestros dos países han conducido sus negocios".[26] La adopción de estas políticas por parte de Ottawa generaron decepción en Estados Unidos, y no solo

20. En James y Michelin 1989: 61.
21. Sharp 1972.
22. Kinsman 2001: 68.
23. U.S. Senate 1982: 4.
24. *Ibid.* 17.
25. *Ibid.*: 22.
26. *Ibid*: 15.

en un sentido económico; al parecer, también fue por motivos sentimentales —su pueblo se sentía "muy cercano" a su vecino del Norte no solo en términos geográficos—.[27] Para Washington, "Canadá es un país que esperamos establezca un estándar más alto";[28] era visto por su vecino como "un país desarrollado económicamente y como un jugador clave en el sistema económico internacional",[29] y también como un verdadero socio (menor).

Washington también se opuso a las políticas intervencionistas de Ottawa porque "habían dejado de ser consistentes con los compromisos internacionales de Canadá".[30] De acuerdo con un funcionario estadounidense, las medidas canadienses "socavaron las normas internacionales"; también fue motivo de preocupación el "impacto" que esto podía tener en "otros países".[31] El efecto de demostración resultó particularmente preocupante para Washington. Como observó el secretario adjunto para asuntos internacionales del Departamento del Tesoro, Marc E. Leland:

> Si bien estas medidas son en principio objetables, resultan aún más desconcertantes en el sentido de que son indicativas de una tendencia general de los gobiernos por intervenir en los flujos comerciales y de inversión. La proliferación de estas medidas debilita nuestro esfuerzo por conseguir la liberalización de la economía mundial.[32]

Como señaló Robert D. Hormats, secretario adjunto para asuntos económicos y comerciales del Departamento de Estado, "esperamos que Canadá dé un buen ejemplo".[33]

No obstante, el plan de acción de Washington no consistía únicamente en tomar represalias contra Canadá, sino más bien en colaborar y "presionar para que se den los cambios".[34] No es que esa táctica (las represalias) no fuera considerada, pero al final terminó por no ser utilizada.[35] Como explicó Raymond

27. *Ibid.*: 35.
28. *Ibid.*: 4.
29. *Ibid*: 26.
30. *Ibid*: 15.
31. *Ibid*: 4.
32. *Ibid*: 19.
33. *Ibid.*: 36.
34. *Ibid.*: 5.
35. Thompson y Randall 2008: 255.

J. Waldmann, secretario adjunto para política económica internacional del Departamento de Comercio:

> No los hemos estado sometiendo a un estándar de reciprocidad ni ejercemos represalias en un sentido estricto [...] en lugar de eso, estamos buscando que Canadá respete sus obligaciones internacionales y [...] en un estándar más alto.[36]

En consecuencia, la presión estadounidense debía ejercerse principalmente a través de los canales multilaterales con el objetivo de "conseguir el apoyo de otros" actores.[37]

Así, en la ya mencionada audiencia en el Senado, un funcionario del Departamento de Estado lamentó que, a pesar de que el gobierno canadiense era "consciente de nuestros puntos de vista", había "mostrado poca disposición a realizar modificaciones significativas para hacer frente a nuestras preocupaciones específicas"; por consiguiente, "hemos concluido de mala gana que debemos llevar nuestro caso al GATT".[38] A pesar del descontento expresado y de las acciones, planeadas o ejecutadas, de Washington para hacer que Ottawa modificara lo que consideraba una política económica desacertada, había confianza en que prevalecería la razón porque este era "todavía un tema entre amigos".[39] Por su parte, Canadá le había hecho saber a su vecino que acataría la resolución del órgano comercial internacional.[40]

Pero independientemente de la decisión del GATT (un panel encontró que las políticas canadienses eran inconsistentes con el Artículo III, párrafo 4 del Acuerdo),[41] Ottawa sabía que mantener o escalar su confrontación con Washington (al igual que con los actores domésticos que se oponían a sus políticas intervencionistas) no era lo más conveniente. Así, el ministro de Finanzas, Allan MacEachen, anunció a finales de 1981 que no aumentarían las medidas para la canadización y que la FIRA no iría más lejos; de hecho, las regulaciones a la inversión fueron interpretadas de manera más laxa.[42] Para 1983 la Tercera vía ya era cosa del pasado.

36. U.S. Senate 1982: 39.
37. *Ibid*: 5.
38. *Ibid*: 11.
39. *Ibid.*: 16.
40. *Ibid.*: 37, 40.
41. GATT 1984.
42. Thompson y Randall 2008: 256.

Significativamente, esto sucedió todavía durante los años de Trudeau —una señal de las cosas que estaban por venir.

Bajo el gobierno conservador progresista de Brian Mulroney, quien llegó al poder en septiembre de 1984, el desmantelamiento de la Tercera Vía de Trudeau ganó impulso. Así, el criterio de la FIRA se diluyó todavía más; en junio de 1985 entró en vigor una nueva ley, el Acta de Inversión de Canadá (InCan) —que derogaría la FIRA—, y cambió el nombre de la agencia a "Inversión de Canadá". Como señaló el ministro que presentó el InCan ante el Parlamento, el gobierno buscaba enviar "un mensaje al mundo de que, una vez más, Canadá le da la bienvenida a la inversión".[43] En la misma línea, en 1986 el gobierno privatizó la Corporación para el Desarrollo de Canadá y, cuatro años después, anunció sus planes para privatizar Petro-Canadá —aunque lo hizo de manera gradual—. En 1991 vendió el 30 por ciento de las acciones de la compañía y otro porcentaje más durante el año siguiente (una señal de los [nuevos] tiempos se dio cuando el gobierno liberal de Jean Chrétien colocó a Petro-Canadá en la Bolsa de Valores de Nueva York en 1995 —en un punto en el que el gobierno poseía solo el 19 por ciento de las acciones—. El gobierno, también liberal, de Paul Martin terminaría por vender el resto de las acciones en poder del gobierno).[44] Para finales de los años 80, el gobierno conservador progresista ya había eliminado el Programa Nacional de Energía.

Pero el gobierno de Mulroney no solo se embarcó en la anulación de los programas insignia de su predecesor (aunque estrictamente hablando, su predecesor en el cargo fue John Turner, cuya legislatura duró menos de tres meses); asimismo, el primer ministro inició una cruzada contra las empresas estatales —había más de trescientas, las cuales, cuando llegó al poder, tenían un valor conjunto superior a los CAN$57,000 millones—.[45] Resulta claro que, tanto en el ámbito político como en el ideacional de Canadá, las fuerzas promercado habían ganado la partida. Esto tendría consecuencias significativas en la relación con su vecino en los años por venir.

***

La afinidad ideológica, conservadora y promercado, entre el primer ministro Mulroney y el presidente Reagan le dio un curso prometedor a la relación entre ambos países. De hecho, el primer ministro había hecho campaña señalando la necesidad

43. En Glover et al. 1985: 83–84.
44. Cohen et al. 1995; Yusufali y Pratt 2013; Boardman y Vining 2012: 4.
45. Whittington 1985.

de "restaurar las relaciones con Estados Unidos".[46] Y poco después de su triunfo, Mulroney le dijo al *Wall Street Journal* que "las buenas relaciones, las súper relaciones con Estados Unidos serán la piedra angular de nuestra política exterior".[47] Por lo tanto, no sorprendió el optimismo presente en la cumbre bilateral de marzo de 1985 en Quebec —con ambos líderes rindiendo tributo a su origen común irlandés; el presidente y el primer ministro se comprometieron a explorar el tema de un comercio más libre entre los dos países. La promesa era consistente con la propuesta que hizo Reagan en su campaña de 1979 de crear un acuerdo norteamericano entre su país y sus dos vecinos (lo que en su momento fue descartado por el presidente López Portillo y por el primer ministro Trudeau).[48] La elección de 1984 en Canadá fue un importante punto de inflexión para las relaciones entre Ottawa y Washington, pero también para la economía política de Norteamérica y, por supuesto, para la de Canadá.

No obstante, Mulroney ya había descartado de manera explícita la posibilidad de suscribir un acuerdo de libre comercio con su vecino; durante la campaña por el liderazgo de su partido en 1983, declaró que Canadá "no sobreviviría" a una sociedad con Estados Unidos, postura que reiteró durante la campaña electoral de 1984.[49] Ahora bien, como sugerí anteriormente, la posición de Mulroney no era ideológica, sino política: la historia de Canadá ha mostrado que defender el libre comercio con la potencia económica al otro lado de la frontera equivale a un fracaso electoral. Mulroney —como cualquier aspirante político canadiense— seguramente tenía muy presente el fallido intento por reelegirse, sobre la propuesta de un tratado de libre comercio con Estados Unidos, del primer ministro Laurier en 1911. Así, la política se interpuso en el camino para poder lanzar de manera abierta la idea del libre comercio a inicios del gobierno de Mulroney.

Pero a mediados de los años 80 la mesa estaba puesta para lo que anteriormente resultaba inconcebible. Además del creciente humor proteccionista en el Congreso desde principios de la década, el cual inquietaba a los exportadores canadienses,[50] para ese entonces ya era evidente entre la clase política y empresarial que las políticas económicas de Trudeau no habían funcionado. Así, en 1982 el primer ministro Trudeau creó la Comisión Real sobre la Unión Económica y los Prospectos de Desarrollo para Canadá, mejor conocida como la Comisión

46. Rowen 1984: 2/3.
47. En Barton 2012: 38–39.
48. Barry 1995: 5.
49. Burns 1988a: A7; Burns 1987: D1, D4.
50. Tomlin 1989: 263, 270; Doern y Tomlin 1991: 25.

Macdonald (por su presidente Donald Macdonald). Esta generó su reporte en agosto de 1985: entre otras cosas, recomendó la negociación de un acuerdo de libre comercio con Estados Unidos.

En el contexto previamente señalado de un creciente proteccionismo en Estados Unidos y de una afinidad ideológica entre Sussex 24 y la Casa Blanca, Mulroney anunció tres semanas después su decisión de seguir la recomendación —anuncio que no sorprendió a nadie (en enero de 1985 el gobierno de Mulroney había publicado el informe *How to Secure and Enhance Access to Export Markets*, que establecía la necesidad de mejorar las relaciones comerciales con Washington;[51] como escribió el presidente de la comisión, "el Sr. Mulroney y sus colegas habían tomado una decisión los meses previos a que se publicara el reporte final").[52] Posteriormente, el primer ministro hizo una llamada al presidente de Estados Unidos para sugerirle que sus países entablaran negociaciones para el libre comercio. Aunque no fue algo inesperado, esto representó, como señalé antes, un pronunciado viraje del sentido común canadiense con respecto a las relaciones con su vecino. Pero también representó un notable alejamiento de su tradición multilateral, centrada en el GATT en asuntos relativos al comercio; es por ello por lo que Ottawa había evitado acuerdos bilaterales integrales con Washington (tenían solo dos: uno sobre bienes de defensa y otros sobre automóviles).[53] A mediados de los años 80, habían confluido distintos factores para hacer posible este cambio de época —para dar, como señaló el reporte Macdonald, un "salto de fe" y participar en un acuerdo integral de libre comercio con Estados Unidos.[54]

Reagan respondió de manera favorable a la iniciativa canadiense. No obstante, consciente del ambiente que prevalecía en el Capitolio, el presidente notificó al Congreso sus intenciones de seguir adelante unos meses después de recibir la propuesta (diciembre). En abril del año siguiente, el presidente Reagan tuvo que solicitar personalmente a los líderes del Comité de Finanzas del Senado que dieran luz verde al inicio de las negociaciones;[55] la votación en el comité no pudo ser más cerrada: 10–10 (aunque este resultado garantizó la aplicación de la autoridad *fast-track*). Las negociaciones comenzaron en mayo y concluyeron en octubre de 1987.[56]

51. Gecelovsky y Kukucha 2011: 43.
52. Macdonald 2005: 10.
53. Hart 1994: 49.
54. Gotlieb 2004: 19.
55. Doern y Tomlin 1991: 39.
56. Tomlin 1989: 272–273; Gherson 1988: 5.

El objetivo de Ottawa en la negociación era bastante claro: garantizar el acceso al enorme mercado estadounidense. No obstante, este sencillo propósito era complicado por el hecho de que su obtención implicaba un cambio en las medidas comerciales correctivas de Estados Unidos; así, las disputas relacionadas con las leyes de comercio justo no serían resueltas por las cortes estadounidenses, como la Corte de Comercio Internacional o la Corte de Apelaciones, sino por un panel bilateral. Para muchos en Washington, esto representaba una injerencia en la soberanía estadounidense —algo que volvió el esfuerzo canadiense una tarea monumental—. Sin embargo, los objetivos de Washington también atentaban contra la soberanía canadiense; uno de ellos —si no es que el más importante de todos— era abordar algo que consideraban como una práctica comercial injusta de parte de su vecino del Norte: los subsidios y el apoyo a la industria.[57] Más allá de esto, el foco de Washington se encontraba en la reducción de aranceles.[58]

Mientras que los canadienses tenían claro que el meollo del proceso de negociación era político (sobra decir que el debate político sobre el libre comercio al interior de Canadá fue muy intenso, girando en gran medida en torno a la amenaza que representaba para la identidad del país),[59] por lo que lo manejaron desde ese enfoque, para los negociadores estadounidenses era un tema más técnico y comercial —y de menor importancia—.[60] Con esto no quiero sugerir que la economía del vasto intercambio y la agenda de inversión fueran algo sencillo —después de todo, les llevó más de veinte rondas de negociación discutir asuntos como la inversión, los contratos públicos, las reglas de origen y las barreras no arancelarias;[61] asimismo, muchos de los asuntos económicos que estaban siendo negociados tocaban temas culturales, sociales y políticos.

No obstante, el componente técnico de las conversaciones no era donde estaba el verdadero desafío. Los dos equipos negociadores parecían no estar en la misma página al respecto. Como declaró el Representante de Comercio de Estados Unidos Clayton K. Yeutter después de concluidas las negociaciones: "Para los negociadores canadienses [...] las prioridades más fuertes eran políticas; para nosotros las prioridades eran económicas".[62] Para los canadienses —no solo para su clase política, sino para el público en general— las negociaciones eran un asunto

57. Tomlin 1989: 274; Gherson 1988: 14.
58. Mulroney 2007: 570.
59. Wilkinson 1986/1987: 215.
60. Silk 1987: D2.
61. Hart 1994: 422.
62. Silk 1987: D2.

de la mayor importancia en la agenda política, en claro contraste con la escasa atención que los estadounidenses les prestaron.[63]

A pesar de ello, los altos funcionarios estadounidenses eran conscientes de que para su país el pacto bilateral también contenía un importante componente político. El lograr un acuerdo con Canadá tenía la intención de mandar al mundo un mensaje sobre el liderazgo de Estados Unidos, especialmente en el ámbito del libre comercio —algo de particular importancia en el contexto de la incipiente Ronda de Uruguay del GATT—. Asimismo, los funcionarios canadienses se habían asegurado de expresar a sus contrapartes estadounidenses que la estrecha relación de sus países en asuntos no económicos, como en la seguridad energética, podían ponerse en peligro en caso de que su histórico "salto de fe" fracasara.[64] Así, además de las afinidades ideológicas, de las difíciles circunstancias económicas y de los obstáculos políticos, hubo también una convergencia en los intereses políticos que hizo viable la propuesta.

Después de casi un año y medio de negociaciones formales, las conversaciones concluyeron en octubre de 1987. De manera más precisa, el 3 de octubre por la noche —es decir, momentos antes de que se cumpliera el plazo para la autoridad *fast-track* del Congreso—. Las negociaciones fueron llevadas a buen término gracias a la intervención de actores políticos del más alto nivel. Como ya había señalado, las mayores dificultades no estaban relacionadas con el comercio; como observó el *New York Times* cuando las negociaciones estaban por culminar, "cerca del 80 por ciento de todos los bienes comerciados entre los dos países ya están libres de aranceles, y el resto está sujeto a modestos gravámenes que promedian entre un 5 y 10 por ciento en el lado canadiense y la mitad en Estados Unidos".[65] En una apuesta política arriesgada, los canadienses se bajaron de la mesa justo unos días antes de la fecha límite porque Estados Unidos se negaba a discutir el mecanismo de solución de controversias que habían solicitado. Su estrategia funcionó. El secretario del Tesoro James Baker intervino, haciéndoles una tentadora propuesta; les dijo a los negociadores canadienses después de que se había trabajado en los detalles finales alrededor de las 10pm: "muy bien, pueden tener su maldito mecanismo de solución de controversias. Ahora podemos enviar el informe al Congreso".[66] Las disputas que involucraban leyes para ejercer el comercio serían ahora evaluadas por un panel de cinco miembros.[67]

63. Rasky 1987a: D1.
64. Rasky 1987b: D5.
65. Burns 1987.
66. Mulroney 2007: 572.
67. Famsworth 1987: 41, 53.

Los canadienses se mostraron muy satisfechos con el resultado (como en cualquier negociación, ambas partes tuvieron que hacer importantes concesiones). El primer ministro Mulroney confesó un día después a su gabinete que llegó a pensar que su equipo le había "ganado la partida" a Estados Unidos, pero los exhortó a no hacer alarde de ello.[68] No obstante, el negociador en jefe de Canadá, Simon Riesman, después declararía que su país "les bajó los pantalones a las contrapartes de su equipo".[69] Haciendo de lado las metáforas, en el Capitolio muchos se sentían incómodos con los términos del acuerdo. Algunos miembros del Comité de Finanzas de Estados Unidos no estaban contentos porque el tratado había sido cerrado por políticos en lugar de por negociadores comerciales profesionales ya que, desde su óptica, eso había debilitado la posición de su país; para ellos, esto había sido resultado de las tácticas de manipulación de Ottawa.[70]

Ciertamente, los canadienses jugaron bien sus cartas. En las horas finales del proceso de negociación, Mulroney le hizo saber a Baker que llamaría al presidente Reagan a Campo David para hablarle sobre la incredulidad que le generaba el hecho de que Estados Unidos pudiera cerrar un trato de armas con su "peor enemigo, la URSS, y que no pudiera generar un acuerdo comercial con sus mejores amigos, los canadienses".[71] De manera similar, el embajador de Canadá en Washington, Allan Gotlieb, planteó a Baker que el acuerdo comercial encajaba con los intereses de Washington en el largo plazo, algo con lo que el secretario estuvo de acuerdo.[72] Asimismo, el sentido histórico de la sociedad entre ambos países, y no solo en asuntos económicos, también contribuyó a que las cúpulas políticas decidieran seguir adelante con el acuerdo.[73] Para la administración Reagan, el Tratado de Libre Comercio entre Canadá y Estados Unidos (CUSFTA por sus siglas en inglés) fue, de hecho, un importante hito.

A pesar de que en Canadá no hubo un apoyo popular mayoritario al acuerdo comercial (las encuestas por lo general mostraban una opinión dividida),[74] las elecciones de 1988, por lo menos para el Parlamento, dejaron claro el mandato. El gobierno conservador progresista de Mulroney obtuvo 169 de los 295 escaños en la Cámara de los Comunes (aunque el partido gobernante contó únicamente

68. Mulroney 2007: 577.
69. Famsworth 1987: 41, 53.
70. Rasky 1987b: D5.
71. Mulroney 2007: 572.
72. Glotlieb 1998: 529.
73. Famsworth 1988: E4.
74. Martin 1988: 12; Burns 1987: D1, D4; Hart 1994: 88.

con el 43 por ciento de los votos emitidos, contra 53 por ciento de los liberales y de los nuevos demócratas).[75]

En un verdadero leitmotiv de la política económica exterior canadiense, en 1989, el mismo año que entró en vigor el CUSFTA, el gobierno de Mulroney presentó "Going Global" (Volviéndonos globales), su estrategia para la próxima década; su objetivo de reducir la dependencia canadiense del mercado estadounidense resultó familiar.[76] Pero solo cuatro años más tarde, cuando el Partido Liberal, el mismo que se había opuesto de manera tan vehemente al CUSFTA, llegó al poder, aprobó una versión ampliada del pacto: El Tratado de Libre Comercio de América del Norte (TLCAN) —tema que reviso en el siguiente capítulo.

2) 1990–2000

El radical viraje de los liberales con respecto al TLCAN dice mucho sobre el orden de las cosas en la relación entre Canadá y Estados Unidos durante el "interregno". La década de 1990, que en su mayoría estuvo liderada por los liberales en Ottawa (Chrétien desde noviembre de 1993) y por los demócratas en Washington (Clinton desde enero de 1993), fue una época pragmática, tranquila y de cooperación para la relación bilateral —particularmente en asuntos económicos.

Como ya he sugerido, los liberales se habían opuesto al CUSFTA en particular y, de manera más general, a la cercana relación de Mulroney con Washington —postura que contaba con un fuerte respaldo popular porque la mayoría de los canadienses consideraba que el Partido Conservador Progresista estaba demasiado cerca de Estados Unidos—. En consecuencia, Chrétien prometió que "Canadá no se convertiría en el estado número cincuenta y uno de Estados Unidos" y que su gobierno sería "menos acogedor" con Washington;[77] el triunfo del partido Liberal en las elecciones de 1993 se dio en gran medida gracias al manejo de este tema. A pesar de que formalmente desarrolló y creó una sensación de mayor desapego en su política exterior vis-à-vis su vecino del Sur —no fue sino hasta febrero de 1995 que Chrétien tuvo su primera reunión por separado con Clinton—,[78] el primer ministro liberal se las arregló para mantener una relación en su mayor parte de cooperación en la gran cantidad de temas de la agenda bilateral—así como

75. Burns 1988b: 10.
76. Gecelovsky y Kukucha 2011: 43.
77. En Jones 2001; en James y Doran 2006: 397.
78. Doran 1997: 172–173.

para reunirse de manera frecuente con el presidente de Estados Unidos en foros multilaterales que llamaran menos la atención.[79]

Tanto el final de los intensos debates comerciales de finales de los años 80 —con el CUSFTA— y de principios de los 90 —con el TLCAN—, como el fin de la Guerra Fría, ciertamente contribuyeron, desde la perspectiva de Ottawa, a la por lo general más cordial y profesional relación que se dio durante la década. Pero también se presentó el hecho de que, en muchos aspectos, los dos países se habían vuelto más cercanos. Para mediados de la década de 1990, no solo había disminuido de manera sustancial el antiamericanismo canadiense,[80] sino también, y de manera más relevante para mi argumento, el *economic statecraft* grueso de Canadá, y en particular su política comercial, había experimentado profundos cambios. En principio, Ottawa se adhirió fervientemente al Consenso de Washington.[81] Asimismo, junto con su vecino, Canadá se convirtió en un activo promotor de la integración económica hemisférica al negociar acuerdos con Chile y Costa Rica y al promover el ALCA.[82] De forma reveladora, en 1998 Canadá fue reubicado por el Departamento de Estado de Estados Unidos, pasándolo de la sección "Asuntos Europeos y Euroasiáticos" a la del "Hemisferio Occidental".[83]

El por lo general cordial estado de las relaciones entre Estados Unidos y Canadá durante la década de 1990 no impidió ni la persistencia ni el surgimiento de algunas disputas. Los problemas que se mantuvieron estaban relacionados con el comercio. No obstante, como señaló un exdiplomático estadounidense con respecto a su ocurrencia en esos años, esas disputas "son similares a las condiciones dermatológicas: no te matan, pero son irritantes y nunca desaparecen".[84] En cuanto a los problemas que surgieron, algunos de ellos tuvieron que ver con la fase transicional de la política mundial posterior a la Guerra Fría, donde Estados Unidos era el indiscutible líder global. Ottawa fue consciente de las tendencias unilateralistas de Washington y estuvo dispuesto a gastar algo de su capital político como potencia media para contrarrestarlas.[85] Así, por ejemplo, en el frente de las relaciones exteriores, el liderazgo de Canadá —orquestado por el inquebrantable crítico de Estados Unidos, el ministro de Relaciones Exteriores (1996–2000)

79. Kirton 1994: 462; Roussel 2000: 146; Lusztig 2006.
80. Granatstein 1996: 285.
81. Anderson 2003: 95.
82. Morici 1996: 496; Roussel 2000: 146; Lusztig 2006.
83. Thompson y Randall 2008: 339.
84. Jones 2001.
85. Nossal 1997: 180.

Lloyd Axworthy— en algunos temas como las minas antipersonales, la Corte Penal Internacional y la seguridad humana, representaron la mayoría de las veces un punto de fricción con Estados Unidos. Otras diferencias diplomáticas tuvieron que ver con sus relaciones con terceros países, como Bosnia y Cuba.

El caso de Cuba fue especialmente significativo debido a que durante este tiempo surgió un tema relacionado con la política económica exterior estadounidense que afectó a Canadá: la Ley para la Libertad y la Solidaridad Democrática Cubana, mejor conocida como la "Ley Helms-Burton". Algunos analistas consideran esta fisura como la "mayor evidencia" del grado en el que la relación de Canadá con Estados Unidos no fue tan positiva durante la década.[86] El propósito de la ley era intensificar las sanciones estadounidenses contra la isla, castigando a las empresas extranjeras que hicieran negocios con Cuba, particularmente si involucraban propiedades que fueron confiscadas a ciudadanos estadounidenses durante el régimen revolucionario (así como de ciudadanos cubanos que se nacionalizaron estadounidenses). La ley era evidentemente extraterritorial —hecho que fue rechazado por la comunidad internacional en general y por Canadá en particular—. La ley también generó controversia al interior de Estados Unidos, donde versiones previas habían sido rechazadas por el Congreso y donde el presidente Clinton había amenazado con vetarla. No obstante, debido al derribo de dos aviones del exilio cubano por aviones cubanos en febrero de 1996, la iniciativa de nuevo cobró fuerza, fue aprobada por el Congreso y el presidente Clinton terminó por firmarla el 12 de marzo del mismo año. Después de su aprobación, Axworthy cuestionó "si era apropiado que cualquier país tome medidas de forma unilateral con la intención de obligar a otros países a estar de acuerdo con su política exterior".[87] De manera similar, el ministro de comercio exterior canadiense calificó la ley como "particularmente ofensiva" y se quejó directamente del liderazgo estadounidense: "como líder del movimiento para tener un comercio más libre, Estados Unidos no puede decir 'el mundo debe seguir este camino, excepto cuando le digamos que no lo haga' ".[88] A finales de 1996, el Parlamento canadiense aprobó enmiendas a previas leyes anti extraterritoriales ("una Ley para corregir la Ley de Medidas Extraterritoriales Extranjeras") y el gobierno canadiense se unió a la Unión Europea para desafiar la medida estadounidense en la Organización Mundial de Comercio. No obstante, vale la pena notar que la Ley Helms-Burton no se implementó en su totalidad, en parte gracias a la intervención del presidente

86. Thompson 2003: 6.
87. En Nossal 1997: 189.
88. En *Ibid.*: 190.

Clinton a través de derogaciones y posteriormente debido a su enmienda ("La Ley de Reforma de Sanciones Comerciales y Fomento de las Exportaciones").[89]

Así, el solo hecho de que la Ley Helms-Burton se considere la cúspide del conflicto entre Canadá y Estados Unidos durante los años 90 nos ayuda a establecer el punto de que la relación durante esos años fue más bien tersa. Por supuesto hubo otros problemas en la relación económica bilateral (los "irritantes") en temas como la agricultura, las industrias culturales y el sector maderero; como he señalado, éstos fueron de una magnitud relativamente modesta, se trataron en un nivel burocrático transgubernamental y, por lo tanto, no imposibilitaron en lo general una relación positiva entre Ottawa y Washington a lo largo de la década. Así, por ejemplo, pocos meses después de la aprobación de la Ley Helms-Burton, ambos países firmaron el "Acuerdo de Frontera Compartida" con la intención de volver más eficiente la frontera y, tres años más tarde, redoblaron la cooperación fronteriza a través del Acuerdo entre Estados Unidos y Canadá.

Así, ya en 1994, John Kirton escribió que durante el periodo posterior a la Guerra Fría la interacción entre Canadá y Estados Unidos se había "convertido en una sociedad incluso más intensa, cooperativa y cercana".[90] También en 1994, David Layton-Brown y Joseph T. Jockel observaron que la relación entre ambos países podía ser "descrita como serena [...] confortable e imperturbable".[91] Con respecto a temas económicos, Sidney Weintraub notó por ese entonces que "quizá no haya otra relación bilateral más mutuamente beneficiosa que la de Canadá con Estados Unidos".[92] Al final de la década, Stéphane Roussel escribió que la relación bilateral "en general se mantuvo serena".[93] En un tono similar, para David T. Jones, un diplomático estadounidense con sede en Ottawa, durante esos años la relación fue "esencialmente colegiada".[94] En términos generales, como señaló un exembajador de Estados Unidos en Canadá, la relación entre Ottawa y Washington se ajustó a lo que denominó la teoría de "la rueda que no hizo ruido", refiriéndose a la tersa integración entre los mercados de ambos países.[95]

El estado positivo de la relación en su conjunto se consiguió no solo gracias a la calificada diplomacia y a los valores compartidos entre los liderazgos de ambos

89. Roussel 2000.
90. Kirton 1994: 454.
91. Leyton-Brown y Jocket 1994: 449.
92. Weintraub 1994: 473.
93. Roussel 2000: 143.
94. Jones 2001.
95. En Clarkson y Banda 2004: 320.

países; también tuvo mucho que ver con el auge económico de Estados Unidos durante la década. La prosperidad de Estados Unidos hizo que los años posteriores al CUSFTA y al TLCAN fueran más gratificantes para la relación bilateral. En este sentido, es importante recordar que, como ya he observado, a pesar de haberse opuesto tanto al CUSFTA como al TLCAN, los liberales llegaron a aceptar el libre comercio. El cambio de ideas funcionó.[96] Durante la década de 1990, los intercambios bilaterales de bienes y servicios y la inversión estadounidense en Canadá crecieron drásticamente;[97] de manera significativa, el mecanismo para la solución de controversias impulsado por Canadá en el CUSFTA y posteriormente incorporado al TLCAN demostró ser un valioso instrumento para Ottawa.[98] Incluso en el eterno conflicto maderero, ambos países llegaron a un acuerdo (temporal) en 1996.[99] Asimismo, el TLCAN (con base en el modelo del CUSFTA) se volvió referencia en la escena del comercio internacional —con Ottawa siendo uno de sus orgullosos promotores—.[100] Para ello, las legislaturas de Chrétien estuvieron en sincronía con las dos administraciones de Clinton. Esto a su vez reforzó la convicción (y los incentivos) de Ottawa de que el camino a seguir era la integración regional. Obviamente, el carácter colegiado de la relación durante la década de 1990 no niega el hecho de que, en el fondo, fue una relación de poder —una en la cual Washington siguió jugando el rol central.

3) 2001–2016

El entorno de poder en el que se encuentra inmersa la relación económica bilateral se volvió más prominente durante el periodo 2001–2016 —aunque solo sea porque la discordia vuelve al poder más conspicuo—. No es que el poder se haya convertido en la característica central de la relación entre Ottawa y Washington, pero durante estos años salieron a la superficie disputas en temas muy importantes. La invasión a Irak liderada por Estados Unidos fue quizá la desavenencia más visible, pero la realidad es que también hubo otras en los ámbitos políticos, económicos y de seguridad (por ejemplo, Canadá en un principio rechazó la idea de Estados Unidos de establecer un perímetro de seguridad, y, unos años después, reprendió

96. Roussel 2000: 145.
97. Clausing 2001: 678.
98. Haggart 2001; Molot 2003: 48.
99. Thompson y Randall 2008: 286.
100. Kukucha 2003: 60; Mulroney 2018: 2.

a su vecino por el tema de la defensa antimisiles; revivió la disputa por la madera blanda y surgió el conflicto por la enfermedad de las vacas locas).[101]

Un factor que sin duda contribuyó al distanciamiento entre Canadá y Estados Unidos fue la llegada al poder del Partido Republicano bajo el liderazgo de George W. Bush. El unilateralismo de la nueva administración (como lo evidencian, por ejemplo, la retirada de su país del Protocolo de Kioto y la guerra en Irak), así como la importante influencia ejercida en ella tanto por la derecha cristiana como por el movimiento neoconservador, no encajó bien con el gobierno liberal de Chrétien. Asimismo, la "gran recesión" ocasionada por la crisis financiera que tuvo lugar en el ocaso de la administración Bush, además del daño infligido (en diferentes grados) a la economía de ambos países, también generó dificultades a la relación bilateral (más de esto a continuación).

Pero más allá de las discrepancias provocadas por los eventos internacionales o por la alternancia de los partidos en el poder, la política económica exterior de Canadá se mantuvo en sincronía con la de Estados Unidos. Como he señalado, ambos países habían formado parte del (para entonces ya desaparecido) Consenso de Washington, y ahora se encontraban en la búsqueda de la "liberalización competitiva", basada en gran medida en el éxito del CUSFTA y del TLCAN. Esta convergencia se incrementó con la llegada al poder del Partido Conservador de Canadá (formado por la fusión del Partido Conservador Progresista y de la Alianza Canadiense), comandado por Stephen Harper, en febrero de 2006. Así, por ejemplo, en el ámbito económico extranjero, el gobierno de Harper lanzó su estrategia comercial "Seizing global advantage", en la cual reiteraba su compromiso con "una ambiciosa agenda bilateral".[102] Vale la pena señalar que, para ese entonces (2006), Ottawa y Washington todavía sostenían la más grande relación comercial bilateral del mundo, aunque el año siguiente China desplazó a Canadá como el principal exportador a Estados Unidos.[103]

Este cambio de curso tuvo que ver con el surgimiento de China como potencia comercial, aunque también estuvo parcialmente relacionado con el "impuesto a la seguridad" que la fijación estadounidense por la seguridad después del 11-S vino a representar para el comercio norteamericano.[104] Como señaló en 2003 el exembajador de Estados Unidos en Canadá, Paul Cellucci, "la seguridad triunfa

101. Moens 2010: 7, 25.
102. Government of Canada 2009: 5.
103. Ferguson 2011.
104. Hufbauer y Schott 2004.

sobre el comercio" en la relación bilateral.[105] La fricción comercial que implicaba la postura de Estados Unidos fue en parte resuelta con el establecimiento de la ya mencionada (capítulo dos) Alianza para la Seguridad y la Prosperidad de América del Norte (ASPAN) en 2005. Aunque fue impulsada por Washington en beneficio de su agenda de seguridad, la ASPAN también incluía elementos destinados a facilitar el intercambio económico; en este sentido, era un acuerdo más que nada técnico, que lidiaba con asuntos regulatorios y arreglos de procedimiento destinados a complementar el TLCAN.[106]

Fue en este contexto de limitada mejoría en la relación económica bilateral (y trilateral, ya que México también formaba parte de la ASPAN) en el que se removió (de manera temporal) una de las principales espinas de la misma: el comercio de maderas blandas (a pesar de su naturaleza recurrente, vale la pena señalar que el conflicto maderero no es un caso representativo de la relación comercial entre Canadá y Estados Unidos; es más bien un caso extremo, como lo muestra el hecho de que el 95 por ciento del comercio bilateral no es contencioso).[107] Después de que en 2001 expiró el acuerdo de 1996 (el tercero desde 1982) que establecía cuotas para las exportaciones canadienses, resurgió el tema de si las provincias estaban o no subsidiando a su sector maderero. El mismo año, a petición del sector maderero estadounidense, el Departamento de Comercio lanzó una investigación que llegó a la conclusión, un año después, de que las empresas canadienses no solo estaban recibiendo subsidios, sino que también estaban envueltas en la fijación de precios (es decir, dumping). Las disputas fueron a parar a paneles del TLCAN y de la OMC, con la mayoría de los fallos, aunque no finales, a favor de Canadá. Fue durante la Cumbre de Líderes de Norteamérica en Cancún de marzo de 2006 donde el presidente Bush y el primer ministro Harper llegaron a un acuerdo sobre los lineamientos de un trato; se trabajó en el acuerdo y fue presentado en julio. Entre otras cosas, establecía que Canadá recibiría aproximadamente el 80 por ciento de los aranceles pagados a Estados Unidos y que no se impondrían tarifas adicionales.

Aunque era un asunto menor al interior de la relación bilateral, resultó muy simbólico para la clase política canadiense, específicamente por su componente económico. El liderazgo del Partido Liberal y la mayoría de sus miembros se oponían a ella. Como advirtió uno de ellos, "si cedes ante un acosador en el tema de la madera blanda, ¿qué sector canadiense será el siguiente?".[108] Pero el liderazgo

105. En Ferguson 2011: 22.
106. Moen y Cust 2008: 1, 5.
107. Duchesne 2007: 40.
108. Canadian Press 2006.

liberal no tuvo éxito en su intento por frustrar el acuerdo maderero: el 12 de septiembre, las autoridades comerciales de ambos países firmaron el acuerdo en Ottawa y posteriormente fue aprobado por la Cámara de los Comunes. A pesar de que se reconoció ampliamente que era el mejor acuerdo que Canadá podía lograr en la materia —y que representaba una mejoría con relación al de 1996—,[109] también se aceptó que estuvo sesgado para beneficiar a Washington.[110] La duración del acuerdo era de seis años, con la posibilidad de extenderlo dos más si las partes estaban de acuerdo; de hecho, el acuerdo fue renovado y, gracias a una cláusula que impide a los productores estadounidenses presentar demandas antidumping o compensatorias contra empresas canadienses durante un año después de la finalización del acuerdo, se evitaron batallas legales en el frente maderero hasta octubre de 2016.[111]

A pesar de que se logró un acuerdo en este tema, la relación se vio afectada por otras disputas económicas. Una de ellas fue la controversial extensión del oleoducto Keystone, mejor conocido como Keystone XL. El plan para extenderlo, con el propósito de enviar petróleo desde Alberta a Texas, fue anunciado en la víspera de la crisis financiera de 2008 (en julio de ese año). El proyecto enfrentó múltiples protestas de grupos ambientalistas debido al potencial daño a los territorios por los que pasaría, pero también porque iba en contra de las políticas energéticas y referentes al calentamiento global de la administración Obama. Después de un prolongado debate legal y político, en diciembre de 2011 el Congreso aprobó una propuesta señalando que Obama debía tomar una decisión dentro de los siguientes sesenta días; el 18 de enero de 2012 el presidente rechazó el oleoducto Keystone. Cuatro meses después, TransCanada presentó una nueva solicitud para llevar a cabo la parte norte del proyecto; en enero de 2015 el Senado aprobó un proyecto de ley donde aceptaba la construcción de la extensión del oleoducto, pero Obama lo vetó el mes siguiente. La batalla legal se prolongó: después de que la administración Obama anunciara en noviembre de 2015 su decisión de desechar la nueva solicitud de TransCanada, la compañía canadiense hizo pública en enero de 2016 su decisión de presentar una demanda amparada en el Capítulo 11 del TLCAN (el 24 de enero de 2017, el presidente Trump firmó un memorando instruyendo a su administración reconsiderar Keystone XL; dos meses después expidió el permiso).[112]

109. Duchesne 2007: 39.
110. Hoover y Ferguson 2017. 8; CTV Canadá 2006.
111. *Ibid.*: 2.
112. Baker y Davenport 2017; Krauss 2017.

Hubo muchos factores en juego durante la prolongada batalla por Keystone. Uno era, por supuesto, la divergencia en temas de política económica y energética entre los gobiernos de Ottawa y Washington; un segundo era la distante relación entre Harper y Obama, y el tercero la política interna de Estados Unidos.[113] Pero el entendimiento que Washington tenía sobre su liderazgo en los asuntos internacionales, particularmente en lo relacionado al cambio climático, pesó mucho en su decisión de finalmente desairar a su tradicional aliado. Y vaya que fue un desaire. Harper había declarado públicamente en 2011 que la decisión de aprobar Keystone XL era una "completa obviedad", y dos años más tarde, en septiembre de 2013, el primer ministro señaló que no "aceptaría un no por respuesta" de parte del gobierno estadounidense.[114] La decisión de Obama ciertamente hizo daño a la "relación especial" bilateral, algo que su administración tuvo en cuenta antes de anunciarla.[115] Pero el liderazgo mundial de Estados Unidos en asuntos ambientales tenía mayor importancia, en especial cuando la decisión iba a ser anunciada poco antes de la Conferencia de París sobre el Cambio Climático de 2015. Como observó el "Record of Decision and National Interest Determination" del Departamento de Estado de noviembre de 2015, la "credibilidad" de Estados Unidos fue "un importante factor para determinar el éxito de la política exterior de Estados Unidos"; es decir, debido a que otros países estaban observando a Estados Unidos, se podía esperar que la forma en la que era "visto" por ellos tuviera un efecto "a lo largo de una gama de prioridades de política exterior".[116]

Como ya he sugerido, en paralelo a la evolución del caso Keystone XL, la "gran recesión" se extendió por el mundo. Con el objetivo de contener sus efectos, a principios de 2009 la administración Obama impulsó en el Congreso la "Ley de Reinversión y Recuperación de Estados Unidos". El paquete de estímulos por US$787,000 millones incluía una disposición llamada "Buy American" (compra cosas estadounidenses), la cual prohibía el uso de productos canadienses tales como el hierro y el acero en adquisiciones para proyectos municipales y estatales por valor de aproximadamente US$280,000 millones. Los canadienses no estaban contentos y, además de expresar su preocupación, empezaron a tomar represalias.[117] Las negociaciones para exentar a las compañías canadienses empezaron en agosto y finalizaron exitosamente en febrero de 2010, con Estados Unidos

113. Garossino 2015; Bakx 2015.
114. McCarthy 2012; Wyld 2013.
115. Bloomsberg News 2015; Department of State 2015. 25.
116. Department of State 2015: 26–27.
117. Faiola y Montgomery 2009; Schott 2009: 151.

excluyendo a las empresas canadienses de la mayoría de las provisiones de *Buy American*, y con las provincias canadienses aceptando una cláusula de la OMC de 1996 sobre el libre comercio en el nivel sub federal a la que se habían opuesto anteriormente.[118] Un año después de alcanzado el acuerdo sobre *Buy American*, Ottawa y Washington anunciaron, para enfatizar que los tiempos de las agrias disputas eran cosa del pasado, la ya mencionada (capítulo dos) iniciativa "Más allá de la frontera", cuyo propósito era el de abordar asuntos de seguridad, comercio y movilidad de forma colaborativa; asimismo, en febrero de 2011 ambos países crearon también el "Consejo de Cooperación Regulatoria" con el objetivo de alinear sus enfoques regulatorios a la vez que apoyaban la apertura de los mercados. Una apertura que, como noté en el párrafo anterior, estaba subordinada a preocupaciones de política exterior más amplias. Como después comentaría el secretario de Estado John Kerry: "hoy en día, la política exterior es política económica"— una clara afirmación sobre el ejercicio del poder a través del *economic statecraft*.[119]

4) Conclusiones

Como demuestra la narrativa anterior, el supuesto declive del poder estadounidense instanciado en el ámbito económico —por lo menos en lo que tiene que ver con su vecino del Norte— no ha sido un fenómeno directo. A lo largo de todo el periodo de estudio (1971–2016), la relación de capacidades materiales de los dos países, medidas en términos de su PIB, se mantuvo bastante constante: la economía estadounidense era alrededor de doce veces más grande que la canadiense.[120] De manera similar, la dependencia de Canadá del mercado estadounidense durante ese tiempo tampoco cambió mucho: el porcentaje de exportaciones a Estados Unidos pasó de 66 a 74 por ciento.[121] Así, los datos duros no parecen arrojar mucha luz sobre la economía política de la relación entre Canadá y Estados Unidos; es decir, por sí mismos, los indicadores no dicen mucho sobre la relación de poder que Washington ha sido capaz de ejercer sobre Ottawa en las últimas cinco décadas.

El observar la práctica del *economic statecraft* de Washington en los tres subperiodos arroja luz sobre las fluctuaciones de las relaciones de poder entre Estados

118. Moens 2010: 9; McKinney 2010: 241.
119. En Heyman 2013: 2.
120. BEA 2019; World Bank 2019.
121. OEC 2019.

Unidos y Canadá. Así, resulta claro que a principios del primero (1971–1989), debido a que la "relación especial" estaba llegando a su fin y a que Ottawa fue más consciente de los riesgos de su asimétrica relación comercial, se propuso hacer algo al respecto, a saber, canadizar su economía. Como era de esperarse, Washington no lo tomó nada bien. No obstante, de manera significativa, la cuestión no tenía que ver únicamente —o principalmente— con asuntos económicos. Washington consideraba el comportamiento de Ottawa no solo como un distanciamiento de su práctica en un área que afectaba sus intereses, y en ese sentido como algo cercano a la deslealtad, sino también como un mal ejemplo para otros países. En consecuencia, Estados Unidos no solo intentó revertir las medidas económicas de Canadá o al menos aminorar sus efectos en la economía estadounidense, sino también mandar un mensaje, tanto a Canadá como a la comunidad internacional, de que no se iba a quedar con los brazos cruzados mientras su principal socio, no solo en asuntos económicos, se ponía en contra de lo que Washington consideraba las mejores prácticas en asuntos económicos domésticos e internacionales. Así, el objetivo del *economic statecraft* de Estados Unidos en la materia fue la política económica canadiense, particularmente lo relacionado con la energía y la inversión extranjera. Los costos en los que incurrió Washington en su intento por influir en el comportamiento de Ottawa fueron en gran parte políticos: pudo haber sido percibido como un acosador no solo por su vecino, sino también por la comunidad internacional. A ello se debe que Estados Unidos recurriera a medios multilaterales y no coercitivos.

Como se ha demostrado, los esfuerzos de Trudeau por distanciar a su país del vecino del Sur mediante políticas de nacionalismo económico fueron abandonados a mediados de los años 80 —en parte como resultado de los intentos de Estados Unidos por influir, pero también, más fundamentalmente, debido al carácter de la relación económica estructural y al cambiante clima político y económico en Canadá—. Asimismo, durante la segunda mitad de esa década dio inicio un ambicioso esfuerzo en la dirección opuesta (a aquellos de los años 70): el establecimiento de un acuerdo de libre comercio con Estados Unidos. Como era de esperarse, la reacción de Washington a esta audaz iniciativa de Ottawa fue distinta a la que tuvo la década anterior: la recibió con beneplácito. Podría decirse que Canadá hizo suyo lo que en realidad era un añejo intento de Estados Unidos por influir —el libre comercio entre ambos países había estado durante mucho tiempo en la agenda de Estados Unidos, como lo ejemplifica el todavía reciente llamado de Reagan a establecer un Acuerdo Norteamericano—. Ahora bien, al no ser el ejercicio del poder necesariamente un juego de suma cero, el hecho de que Washington fuera capaz de lograr que Ottawa adoptara las políticas que deseaba no significó que Canadá "perdiera"; para finales de los años 80, los valores e intereses de ambos países con respecto al libre comercio habían convergido.

Como ya hemos visto, esta convergencia no hizo más que incrementar durante el segundo subperiodo (1990–2000). Haciendo a un lado el descontento que le causaron a Ottawa las medidas unilaterales de Washington durante el interregno (la Ley Helms-Burton), así como las disputas económicas que se dieron en el subperiodo, es evidente que Canadá estuvo en sincronía con su vecino en lo que respecta al amplio espectro de los asuntos económicos—y en cierta medida políticos—del Consenso de Washington. De hecho, la hegemonía de Washington vis-à-vis su vecino del Norte, en la práctica y en la doctrina económica, aparentemente encajó bien con la imagen del momento unipolar.

Para finalizar, durante el último subperiodo (2001–2016) retornó la contenciosa naturaleza de la relación que ambos países experimentaron a principios de los años 70. Sin embargo, en esta ocasión el asunto fue quizá más político que económico debido al regreso del unilateralismo con la administración Bush. Más allá de las disputas económicas habituales, principalmente en la relación comercial, la más importante querella económica, a saber, el oleoducto Keystone, se presentó (en mayor medida) bajo un gobierno conservador en Canadá. No obstante, en el asunto en cuestión lo que le importaba a Washington no era solo el aspecto económico de la inversión canadiense prevista, sino el aspecto político subyacente; Estados Unidos quería mostrar liderazgo mundial en asuntos ambientales. Así, al menos hasta el final de las administraciones de Obama —el periodo que cae dentro del alcance de este trabajo—, el *economic statecraft* de Estados Unidos hacia Canadá denota la profunda interconexión de la economía política de los dos países, pero también la ascendencia que Washington tuvo sobre Ottawa en la relación bilateral en su conjunto.

Referencias

Anderson, G. (2003). The compromise of embedded liberalism, American trade remedy law, and Canadian softwood lumber: Can't we all just get along? *Canadian Foreign Policy Journal, 10*(2), 87–108.

Austen, I. (2018, Junio 11). Trudeau's challenge: Managing Trump and domestic politics. *New York Times*.

Baker, P., & Davenport, C. (2017, Enero 24). Trump revives keystone pipeline rejected by Obama. *New York Times*.

Bakx, K. (2015, Noviembre 13). Keystone XL denial all about politics, says former ambassador. *CBC News*.

Barbee, I. (2015). Canada's trade policy: In search of a roadmap. *American Review of Canadian Studies, 45*(4), 392–412.

Barry, D. (1995). The road to NAFTA. En D. Barry, M. O. Dickerson & J. D. Gaisford (Eds.), *Toward a North American community? Canada, the United States, and Mexico* (pp. 3–15). Boulder, CO: Westview Press.

Barton, R. (2012). *Ties that blind in Canadian/American relations: Politics of news discourse.* Nueva York: Routledge.

BEA (2019). Gross Domestic Product [GDPA]. FRED. Recuperado de: https://fred.stlouisfed.org/series/GDPA

Bloomsberg News (2015, Enero 25). How keystone XL soured the 'special relationship' between Stephen Harper and Barrack Obama. *National Post.*

Boardman, A., & Vining, A. (2012). A review and assessment of privatization in Canada. *SPP Research Papers, 5*(4), 1–31.

Bow, B. (2009). *The politics of linkage: Power, interdependence, and ideas in Canada-US relations.* Vancouver, BC: UBC Press.

Burns, J. F. (1987, Septiembre 14). U.S. and Canada split as end of talks nears. *New York Times.*

Burns, J. F. (1988a, Octubre 3). Canada faces national vote On U.S. Trade. *New York Times.*

Burns, J. F. (1988b, Diciembre 18). Canada begins final battle over trade pact. *New York Times,* p. 10.

Canadian Press (2006, Septiembre 8). Liberals confirm they'll reject softwood deal. *CTV News.*

Clark, S. (2016). Steady march toward greatness? Tracing the evolution of Canada´s international position. *Canadian Foreign Policy Journal, 22*(3), 228–248.

Clarkson, S., & Banda, M. (2004). Congruence, conflict, and continental governance: Canada's and Mexico's responses to paradigm shift in the United States. *American Review of Canadian Studies, 34*(2), 313–347.

Clausing, K. A. (2001). Trade creating and trade diversion in the Canada-United States free trade agreement. *Canadian Journal of Economics, 34*(3), 677–696.

Cohen, M. G., Morrison, J., & Smith, D. (1995). Dismantling social welfare: Chronology of federal govt. cutbacks, 1985–1995. *CCPA Monitor, 3*(4), 9–12.

Cooper, A., Higgott, R., & Nossal, K. (1994). *Relocating middle powers: Australia and Canada in a changing world order.* Vancouver, BC: UBC Press.

CTV Canada (2006, Septiembre 12). Emerson and U.S. counterpart ink softwood deal. *CTV News.*

Department of State (2015). *Trans Canada keystone pipeline, L-P-application for presidential permit: Record of decision and national interest determination.* Washington, DC: U.S. GOP.

Doern, G. B., & Tomlin, B. W. (1991). *Faith & fear: The free trade story.* Toronto, ON: Stoddart Publishing.

Doran, C. F. (1997). Style as a substitute for issue articulation in Canada-U.S. relations. *American Review of Canadian Studies, 27*(2), 167–178.

Doran, C. F. (2006). Canada-U.S. relations: Personality, pattern, and domestic politics. En P. James, N. Michaud & M. O'Reilly (Eds.), *Handbook of Canadian foreign policy* (pp. 389–410). Lanham, MD: Lexington Books.

Duchesne, É. (2007). Lumbering on: The state of the Canada-U.S. trade relationship. *American Review of Canadian Studies, 37*(1), 35–55.

Faiola, A., & Montgomery, L. (2009, Mayo 15). Trade wars brewing in economic malaise. *Washington Post.*

Famsworth, C. H. (1987, Diciembre 12). U.S.-Canada trade pact's details listed. *New York Times*, pp. 41, 53.

Famsworth, C. H. (1988, Junio 5). How congress came to love the Canada free-trade bill. *New York Times*, p. E4.

Fergusson, I. F. (2011). *United States-Canada trade and economic relationship: Prospects and challenges* (Report No. RL33087). Washington, DC: Congressional Research Service.

Finlayson, J. A., & Bertasi, S. (1992). Evolution of Canadian postwar international trade policy. En A. C. Cutler, & M. W. Zacher. (Eds.), *Canadian foreign policy and international economic regimes* (pp. 19–46). Vancouver, BC: UBC Press.

Garossino, S. (2015, Febrero 25). How Harper's disastrous diplomacy crushed Keystone XL. *National Observer.*

GATT (1984). *Canada – Administration of the foreign investment review act.* Report of the Panel, adopted on 7 February (L/5504-30S/140).

Gecelovsky P., & Kukucha C. J. (2011). Foreign policy reviews and Canada's trade policy: 1968–2009. *American Review of Canadian Studies, 41*(1), 37–52.

Gherson, G. (1988). Washington's agenda. En D. Cameron (Ed.), *The Free trade deal* (pp. 1–15). Toronto, ON: James Lorimer & Company.

Glover, G., New, D., & Lacourcière, M. (1985). The investment Canada Act: A new approach to the regulation of foreign investment in Canada. *The Business Lawyer, 41*(1), 83–98.

Gotlieb, A. (1998). Negotiating the Canada-U.S. free trade agreement. *International Journal, 53*(3), 522–538.

Gotlieb, A. (2004). *Romanticism and realism in Canada's foreign policy.* Artículo presentado en Benefactors Lecture, Toronto, ON: C.D. Howe Institute.

Government of Canada (2009). *Seizing global advantage: A global commerce strategy for securing Canada's growth & prosperity.* Ottawa, ON: Minister of Public Works and Government Services Canada.

Granatstein, J. L. (1996). *Yankee go home?: Canadians and anti-Americanism.* Toronto, ON: HarperCollins Publishers.

Haggart, B. (2001). *Canada and the United States: Trade, investment, integration and the future* (No. PRB 01-3E). Ottawa, ON: Government of Canada Economics Division.

Hart, M. (1994). *Decision at midnight: Inside the Canada-US free-trade negotiations.* Vancouver, BC: UBC Press.

Hart, M. (2002–2003). Lessons from Canada's history as a trading nation. *International Journal, 58*(1), 25–42.

Herdes, J. (1971, Julio 7). Nixon sees strong rivalry from 4 other 'Economic Superpowers'. *New York Times.*

Heyman, B. (2013). *Testimony before the senate committee on foreign relations.* Washington, DC: U.S. GPO.

Hilliker, J., & Donaghy, G. (2005). Canadian relations with the United Kingdom at the end of empire, 1956–73. En P. Buckner (Ed.), *Canada and the end of the empire.* Vancouver, BC: UBC Press.

Holsti, K. J. (1971). Canada and the United States. En S. L. Spiegel & K. N. Waltz (Eds.), *Conflict in world politics* (pp. 375–396). Cambridge, MA: Winthrop Publishers.

Hoover, K., & Fergusson, I. F. (2017). *The 2006 U.S.-Canada Softwood Lumber Trade Agreement (SLA): In Brief* (Report No. R44851). Washington, DC: Congressional Research Service.

Hudec, R. (1998). The role of the GATT secretariat in the evolution of the WTO dispute settlement procedure. En A. Dunkel, J. Bhagwati, & M. Hirsch (Eds.), *Uruguay round and beyond: Essays in honour of Arthur Dunkel* (pp. 101–120). Ann Arbor, MI: Michigan University Press.

Hufbauer, G. C., & Schott, J. J. (2004). The prospects for deeper North American economic integration: A U.S. perspective. En *C.D. Howe Institute Commentary 195*. Toronto, ON: C.D. Howe Institute.

James, P., & Michelin, R. (1989). The Canadian national energy program and its aftermath: Perspectives on an era of confrontation. *American Review of Canadian Studies, 19*(1), 59–81.

Jones, D. T. (2001, Noviembre 01). Canada and the US in the Chrétien years: Edging towards confrontation. *Policy Options Politiques*.

Keohane, R. O., & Nye, J. S. (2012). *Power and Interdependence* (4th ed.). Boston, MA: Longman.

Kinsman, J. (2001). Who is my neighbour? Trudeau and foreign policy. *International Journal, 57*(1), 57–77.

Kirton, J. (1994). Promoting plurilateral partnership: Managing United States-Canada relations in the post-cold war period. *American Review of Canadian Studies, 24*(4), 453–472.

Krauss, C. (2017, Marzo 24). U.S., in reversal, issues permit for keystone oil pipeline. *New York Times*.

Kukucha, C. (2003). Domestic politics and Canadian foreign trade policy: Intrusive interdependence, the WTO and the NAFTA. *Canadian Foreign Policy Journal, 10*(2), 59–85.

Laxer, J. (1983). *Oil and Gas: Ottawa, the provinces and the petroleum industry*. Toronto, ON: James Lorimer & Co.

Leyton-Brown, D., & Jockel, J. T. (1994). Introduction: Weathering the calm: The state of the Canada-U.S. relationship, 1995. *American Review of Canadian Studies, 24*(4), 449–451.

Lusztig, M. (2006). The evolution of liberalization in Canada's trade policy. En P. James, N. Michaud & M. J. O'Reilly (Eds.), *Handbook of Canadian foreign policy* (pp. 245–268). Oxford: Lexington Books.

Macdonald, D. (2005). The commission's work and report: A personal perspective. En D. Laidler & W. Robson (Eds.), *Prospects for Canada: Progress and challenges 20 years after the Macdonald commission* (pp. 5–12). Ottawa, ON: C.D. Howe Institute.

Martin, D. (1988, Enero 17). Free trade pact spurs debate in Canada. *New York Times*, p. 12

McCarthy, S. (2012, September 06). Keystone pipeline approval 'complete no-brainer,' Harper Says. *Globe and Mail.*

McKinney, J. (2010). US-Canadian economic relations, twenty years after the USA-Canada free trade agreement. *British Journal of Canadian Studies, 23*(2), 233–246.

Moens, A. (2010). Skating on thin ice: American-Canadian relations in 2010 and 2011. *Fraser Institute Digital Publications* (Abril).

Moens, A. with Cust, M. (2008). Saving the North American security and prosperity partnership: The case for a North American standards and regulatory area. *Fraser Institute Digital Publications* (Marzo).

Molot, M. A. (2003). The trade-security nexus: The new reality in Canada-U.S. economic integration. *American Review of Canadian Studies, 33*(1), 27–62.

Morici, P. (1996). Editorial: Assessing the Canada-U.S. free trade agreement. *American Review of Canadian Studies, 26*(4), 491–497.

Mulroney, B. (2007). *Memoirs: 1939–1993.* Toronto, ON: Douglas Gibson Books.

Mulroney, B. (2018). *Notes for testimony before the United States senate committee on foreign relations hearing.* Washington, DC: U.S. GPO.

Nossal, K. R. (1997). "Without regard to the interests of others": Canada and American unilateralism in the post-cold war era. *American Review of Canadian Studies, 27*(2), 179–197.

OEC (2019). Visualizations: Export destinations. *The Observatory of Economic Complexity* (Consulta: Mayo 13, 2019).

Rasky, S. F. (1987a, Septiembre 24). Canadians walk out at U.S. trade talks. *New York Times*, p. D1.

Rasky, S. F. (1987b, Octubre 5). Broad terms of pact reflect American goal of free trade. *New York Times*, p. D5.

Roussel, S. (2000). Canadian-American relations: Time for Cassandra? *American Review of Canadian Studies, 30*(2), 135–157.

Rowen, H. (1984, Diciembre 9). Canada in transition. *Washington Post.*

Schott, J. (2009). Trade policy and the Obama administration. *Business Economics, 44*(3), 150–153.

Sharp, M. (1972). Canada-U.S. relations: Options for the future. *International Perspectives,* Special Issue, Autumn.

Silk, L. (1987, Octubre 7). Economic scene: Trade benefits for both sides. *New York Times.*

Thompson, J. H. (2003). Playing by the new Washington rules: The U.S.-Canada relationship, 1994–2003. *American Review of Canadian Studies, 33*(1), 5–26.

Thompson, J. H., & Randall, S. J. (2008). *Canada and the United States: Ambivalent Allies.* Athens, GA: The University of Georgia Press.

Tomlin, B. (1989). The stages of prenegotiation: The decision to negotiate North American free trade. *International Journal, 44*(2), 254–279.

U.S. Senate (1982). *U.S. economic relations with Canada.* Hearing before the Subcommittee on International Economic Policy of the Committee on Foreign Relations, March 10. Washington, DC: U.S. Government Printing Office.

Weintraub, S. (1994). Current state of US-Canada economic relations. *American Review of Canadian Studies, 24*(4), 473–488.

Whittington, L. (1985, Agosto 30). Despite Mulroney's Pledge, Canada's business ownership thrives. *Washington Post.*

Wilkinson, B. W. (1986/1987). Canada-United States free trade: The current debate. *International Journal, 42*(1), 199–218.

World Bank (2019). Gross domestic product for Canada [MKTGDPCAA646NWDB]. FRED. Recuperado de: https://fred.stlouisfed.org/series/MKTGDPCAA646NWDB

Wyld, A. (2013, Septiembre 28). Stephen Haprer "won't take 'No' for an answer" on Keystone XL pipeline. *Common Sense Canadian.*

Yusufali, S., & Pratt, L. (2013). Petro-Canada. *The Canadian Encyclopedia.* Recuperado de: http://www.thecanadianencyclopedia.ca/en/article/petro-canada/

6

El economic statecraft *de Estados Unidos hacia México*

La relación económica entre México y Estados Unidos ha sido quizá igual de compleja que la revisada en el capítulo anterior, aunque en este caso la naturaleza de la interacción es muy distinta.[1] Esta diferencia se debe en parte al carácter del contexto más amplio en el que se encuentra; la ya mencionada "gran dicotomía americana" de O'Gorman comienza precisamente en la frontera sur de Estados Unidos. Asimismo, el legado histórico (por ejemplo, la pérdida de más de la mitad del territorio mexicano a manos de Estados Unidos y la intervención armada de este último a principios del siglo XX) ha vuelto la relación económica con el Coloso del Norte un tema más sensible en México que en Canadá.

Pero al igual que en la relación de Ottawa con Washington, el inicio del periodo que aborda este libro también arrojó sucesos interesantes en la relación bilateral —especialmente a causa del "Nixon Shock" que ambos experimentaron—. Así, de la misma forma que Canadá, México estableció controles a la inversión extranjera (también en 1973) como respuesta a esa medida. En el caso mexicano, el cambio abrupto que supuso el "Nixon Shock" vino a contradecir lo que el secretario de Estado William Rogers había afirmado sobre la relación bilateral: que esta se basaba en la "comunicación y el intercambio" y en "el respeto mutuo de la

1. En este capítulo me baso en Santa Cruz 2012.

identidad y la dignidad nacional".[2] Pero como en el caso canadiense, la decisión de México no fue una respuesta directa a la inesperada acción del presidente estadounidense. Dos años antes, en septiembre de 1969, Nixon ordenó intempestivamente la "Operación Intercepción", una estrategia cuyo objetivo era detener el tráfico de drogas a través de la frontera a partir de la revisión de cada vehículo que intentara cruzar al lado norte. En consecuencia, las exportaciones mexicanas se vieron seriamente afectadas; la drástica medida duró aproximadamente diez días, y fue cancelada después de los reclamos del presidente de México y de una entrevista entre Nixon y el embajador mexicano en Washington.[3] Así, al igual que Ottawa, México era consciente de los riesgos y las potenciales sorpresas de su relación con Estados Unidos.

También de la misma forma que en el caso previo, la modalidad de la relación económica entre ambos países cambió sustancialmente durante el periodo, aunque la desigualdad subyacente a la interacción económica no lo haya hecho. Al igual que el anterior, divido este capítulo en tres secciones, cada una correspondiente a los subperiodos señalados en la introducción (1971–1989, 1990–2000, 2001–2016), y una conclusión. Los intervalos cubren interacciones económicas cotidianas y críticas; así, hago una revisión de la reacción de Washington ante el primer intento de México por ingresar al GATT a finales de los años 70, de las negociaciones que llevaron al Tratado de Libre Comercio de América del Norte a principios de los 90 y de las discusiones relacionadas con la apertura fronteriza al transporte de carga durante la primera década y media de este siglo. Como en el capítulo previo, mi propósito es el de ilustrar la fluida naturaleza del poder estadounidense, así como su naturaleza relacional y sus componentes autoritativos.

1) 1971–1989

En febrero de 1973, el Congreso mexicano aprobó la Ley para Promover la Inversión Mexicana y Regular la Inversión Extranjera. La nueva legislación especificaba los sectores económicos reservados para el Estado —como el de comunicaciones y el energético— y promovía la mexicanización de la economía limitando la propiedad extranjera en todo tipo de industrias (aunque la recién creada Comisión Nacional de Inversiones Extranjeras podía hacer excepciones).[4] Washington estaba al

2. En *Comercio Exterior* 1970: 387.
3. Doyle 2003a: 47.
4. Whiting 1992: 98–99.

tanto de la ley restrictiva. Cuando su embajador en México, Robert H. McBride, preguntó sobre el tema a un alto funcionario mexicano cuatro meses antes de que fuera aprobada la ley, recibió como respuesta que, de hecho, México estaba cambiando las reglas, y afirmó que "no sólo en México, sino en todo el mundo, debería plantearse el tema de la inversión extranjera";[5] asimismo, agregó que de la misma forma en la que las regulaciones laborales "se aplican como un principio indiscutible de la justicia social en la política interna de cada país", el principio de las regulaciones a la inversión extranjera "también aplica en las relaciones internacionales".[6] De hecho, el presidente Luis Echeverría ya había llevado el tema a la comunidad internacional con su Carta de Derechos y Deberes Económicos de los Estados durante la Conferencia de las Naciones Unidas sobre Comercio y Desarrollo en abril de 1972.[7] Sobra decir que ni las políticas propuestas por México ni su activismo en la materia fueron del agrado de Washington.

Paradójicamente, había un reconocimiento implícito, tanto en la ley como en el discurso del presidente, de que el modelo económico relativamente cerrado aplicado por México unas décadas atrás estaba llegando a su fin—y de que, en el cambio por venir, iba a ser fundamental tener una buena relación económica con el vecino del Norte—.[8] Como el presidente mexicano advirtió a su contraparte estadounidense en junio de 1972, el capital estadounidense sería necesario para prevenir "una gran dosis de desorden social" en su país y en el resto de América Latina.[9] Así, a pesar de la ley restrictiva, la inversión estadounidense siguió fluyendo en México; con la llegada del nuevo modelo económico unos diez años después (abundo en esto más adelante), en 1989 se relajarían sustancialmente las normas para la inversión —y cuatro años después, una nueva Ley de Inversión Extranjera haría de lado prácticamente todas las restricciones establecidas en 1973.[10]

En el frente comercial, aunque por lo general se mantuvo bastante tranquila, la relación bilateral también presentó algunos momentos contenciosos. El gobierno de México era consciente de que el acceso al mercado estadounidense resultaba esencial para cumplir sus propósitos de desarrollo y de que las políticas económicas seguidas por su vecino del Norte habían sido benignas, un "acto de gracia", como reconoció el presidente Gustavo Díaz Ordaz ante el presidente Lyndon

5. *Ibid.*: 97.
6. *Ibid.*: 98.
7. ONU 2012.
8. Whiting 1992: 93; Urquidi 1987: 190.
9. Doyle 2003b.
10. Águila et al 2012: 94; Lustig 2002: 173; Vega Cánovas 2003: 199.

B. Johnson a finales de los años 60.[11] Durante este periodo, México envió un promedio de 69 por ciento de sus exportaciones a Estados Unidos (66 por ciento en 1971, 74 por ciento en 1989).[12] Pero al igual que en el frente de la inversión, se presentaron algunos episodios pendencieros; el más importante fue quizás el que involucró la venta de gas mexicano a Estados Unidos. En agosto de 1977 el gobierno mexicano firmó un acuerdo para suministrar gas natural a seis compañías estadounidenses; en consecuencia, México inició la construcción de un gasoducto. El problema estuvo en que el acuerdo iba en contra de las políticas energéticas de Estados Unidos (según las cuales, el precio del petróleo mexicano no debía exceder el que se le estaba pagando a Canadá); por consiguiente, la administración Carter pidió al gobierno mexicano que no firmara el acuerdo. Hacia finales de ese año, surgió el conflicto con respecto al precio y la construcción del gasoducto fue cancelada. El presidente López Portillo declaró que Estados Unidos lo había dejado "colgado de la brocha".[13] Mientras tanto, el secretario de Energía James Schlesinger declaró que México eventualmente vendería gas a su país, pero al precio que ellos sugirieran. El director de PEMEX, Jorge Díaz Serrano, replicó diciendo que México podía esperar dos o tres años antes de que eso sucediera. Esta disputa dañó severamente la relación bilateral.[14] De todas formas, antes de que se cumpliera el periodo proclamado por el director de PEMEX, México empezó a vender gas natural a Estados Unidos —en los términos demandados por Washington—.[15] No obstante, lo importante es que el comercio y la colaboración bilateral en asuntos energéticos siguieron su curso después de la desafortunada operación.[16]

Además de los conflictos sobre los recursos energéticos, a lo largo de la administración López Portillo se presentaron constantes problemas relacionados con los subsidios a productos de exportación, con las medidas compensatorias, con la ausencia del beneficio de las pruebas de daño en las leyes arancelarias de Estados Unidos y con el funcionamiento del Sistema Generalizado de Preferencias.[17] Washington consideraba que estos constantes inconvenientes eran en gran medida culpa de México. Como señaló un memorando del Departamento de Estado en febrero de 1977:

11. Department of State 2004: 745.
12. OEC 2019.
13. En Castañeda y Pastor 1989: 470 y 471.
14. Purcell 1981: 382; tory 1982: 775.
15. Aguayo 1998: 180; Cowan 1979.
16. Grayson 1979: 452.
17. Rico 2000: 165; Bennett 1989: 136.

> La activa participación y el rol de liderazgo del GDM [Gobierno de México] en los esfuerzos internacionales del Tercer Mundo por generar posturas grupales en las negociaciones con los países desarrollados en cuestiones económicas, ha limitado la flexibilidad de México para buscar soluciones a los asuntos comerciales bilaterales.[18]

No obstante, a Estados Unidos no le preocupaba que la postura de México pudiese afectar la relación en su conjunto. Como observó un documento de la CIA unos meses después, "debido a que la mayoría de las administraciones mexicanas han creído que la salud económica de México depende de mantener buenas relaciones con Estados Unidos, la política exterior hacia Estados Unidos ha sido conscientemente pragmática, no ha sido ideológica en su contenido ni contenciosa en su estilo".[19]

Como ya he señalado, para ese entonces era evidente que la economía cerrada de México había dejado de ser sustentable; así, a principios de la administración López Portillo el país dio los primeros pasos hacia la liberalización de su comercio, en particular con su vecino del Norte. En 1977, México firmó el primer pacto comercial bilateral de relevancia de las últimas décadas: el Acuerdo en Asuntos Relacionados con el Comercio.[20] Ese mismo año, los permisos de importación fueron reemplazados por aranceles en la mayoría de los códigos aduaneros. De manera adicional, en 1978 México empezó a negociar con la Secretaría del GATT un protocolo preliminar para su incorporación al acuerdo.[21] La intención de México de unirse al régimen de comercio internacional era consistente con declaraciones previas del presidente López Portillo; incluso antes de asumir el cargo, se refirió a Estados Unidos como el mejor y más lógico socio comercial para México. En su primer encuentro con Carter, López Portillo destacó la complementariedad de las economías de ambas naciones y, en privado, llegó incluso a sugerir la posibilidad de que México se uniera al GATT.[22] Obviamente, hubo una convergencia de posturas al respecto, ya que Estados Unidos había estado tratando de convencer desde mediados de los años 70 a su vecino del Sur para que se uniera al régimen de comercio internacional;[23] a Washington le complacía la nueva postura de México.[24]

18. Department of State 1977.
19. Central Intelligence Agency 1977b.
20. Vega Cánovas 2009: 53.
21. Tello 2007: 684; Bennett 1989: 126.
22. Central Intelligence Agency 1976a; Central Intelligence Agency 1976b; Central Intelligence Agency 1977a
23. Purcell 1981: 382; Greene 1994. 125.
24. Story 1982: 775.

El anuncio oficial se hizo a finales de 1978 y el proceso de negociación empezó el año siguiente. Las posibilidades de éxito y de que se diera una decisión positiva de parte de México parecían amplias. Además del apoyo del presidente para que se hicieran cambios en la política comercial, el nuevo enfoque fue secundado por importantes grupos empresariales y por varios miembros del gabinete —incluyendo al Secretario de Hacienda y futuro sucesor en el cargo, Miguel de la Madrid—.[25] A pesar del apoyo, el 18 de marzo de 1979 —durante la celebración del 41 aniversario de la expropiación petrolera— el presidente López Portillo anunció que México no se uniría al GATT. El subsecretario de Comercio Exterior, Héctor Hernández, confesó a algunos funcionarios de la embajada de Estados Unidos la confusión y desesperación que le generó la decisión de su presidente.[26] El cambio de postura tomó por sorpresa a Washington, por lo que se movió rápidamente para desactivar la percepción generalizada de que había ejercido, de manera inapropiada, demasiada presión sobre su vecino —presión que, presuntamente le había resultado contraproducente—. Así, el embajador estadounidense Julian Nava declaró dos meses después del giro radical de López Portillo que "la decisión de México de no unirse al GATT debe ser respetada por ser algo que únicamente les corresponde a ellos. Nadie —y lo repito—, nadie está presionando a México para que reconsidere su decisión".[27]

Si bien la decisión de México fue una decepción para Washington, este último trató de acomodarse a la preferencia que su vecino mostraba por los tratos bilaterales. Así, por ejemplo, en junio de 1980 el coordinador de asuntos mexicanos en el Departamento de Estado, Robert Krueger, señaló: "si bien hubiéramos preferido manejar nuestro importante comercio con México en un contexto técnico y multilateral a través del GATT, con mucho interés estamos a la espera de propuestas mexicanas para llevar a cabo negociaciones comerciales bilaterales".[28] De hecho, México estaba más interesado en negociar con su vecino del Norte de manera recíproca —pero aun así, prefería negociar acuerdos sectoriales y no uno general—. Por lo tanto, como señalé en el capítulo sobre Canadá, cuando el todavía candidato presidencial Ronald Reagan lanzó la idea de un Acuerdo Norteamericano, México la rechazó; para el presidente López Portillo, dicho acuerdo limitaría la "capacidad soberana" de su país "para decidir sobre la aplicación de

25. *Ibid.*: 775, 780; Castañeda y Pastor 1989: 291.
26. Brzezinski 1980.
27. Story 1982: 776.
28. Krueger 1980: 75.

sus políticas económicas".[29] Así, Washington se ajustó a la más circunscrita preferencia de México por dar pasos incrementales hacia la integración económica.[30]

Pero más allá del cauteloso enfoque de México hacia su poderoso vecino, resulta importante entender el contexto económico en el que López Portillo decidió cancelar la entrada de México al GATT. Para 1980 el boom petrolero estaba en su apogeo, por lo que las recién descubiertas reservas de México se volvieron un factor importante en el mercado mundial de energéticos. Así, poco después de anunciar la decisión de no unirse al GATT, la administración López Portillo sugirió que utilizaría el petróleo como arma de negociación en sus transacciones comerciales. A finales de 1980, Washington propuso un nuevo acuerdo de notificación y consulta, el cual sugería que ambos países informaran al otro antes de tomar medidas que pudiesen afectar negativamente sus intereses comerciales. El acuerdo no tuvo éxito, pero el año siguiente, como resultado de la cumbre presidencial llevada a cabo en Campo David, fueron creadas la Comisión Conjunta para el Comercio y las Transacciones (CCCT) y la Comisión Binacional.[31] Mientras que la CCCT fue poco productiva y, en consecuencia, efímera (dejó de existir dos años después de su creación), la Comisión Binacional se convirtió en un foro institucionalizado que sirvió como mecanismo para consultar temas prioritarios de la agenda bilateral en los más altos niveles. Independientemente de su eficacia, la creación de ambas comisiones dejó en claro que México estaba poniendo sobre la mesa su recién descubierto poder de negociación. La forma en la que Washington se ajustó al comportamiento de su vecino del Sur fue notable dado que, a principios de la década de 1980, su política comercial seguía siendo bastante inequívoca: la promoción de un sistema global de comercio.

Desafortunadamente para México, el auge petrolero y el reforzado poder de negociación duraron poco. En 1981 el precio internacional del petróleo cayó drásticamente, ocasionando una severa crisis en la petrolizada economía mexicana (los hidrocarburos representaron el 67 por ciento de sus exportaciones en 1980).[32] Debido a esta perturbación externa, así como a otros problemas económicos estructurales, México se vio en la necesidad de devaluar su moneda en febrero de 1982 —y una vez más seis meses después—. Mientras que en lo fundamental las causas de la crisis tuvieron un origen interno, el gobierno mexicano consideraba que Washington compartía la responsabilidad porque, a pesar de tener evidencia

29. Barry 1995: 6.
30. Brzezinski 1979.
31. Bennett 1989: 135–137.
32. Lustig 2002: 64–65; NAFINSA 1990.

de los problemas que se avecinaban en las finanzas mexicanas, las autoridades económicas de Estados Unidos se vieron lentas en generar una respuesta.[33] En febrero de 1982, el Secretario de Hacienda, Jesús Silva Herzog, y el presidente del Banco de México, Miguel Mancera Aguayo, comenzaron a hacer visitas mensuales a Washington. México quería mantener informados sobre las medidas financieras del país a ciertos personajes clave para que, en caso de ser necesario, estos pudieran brindar asistencia oportuna. Entre ellos se encontraban: Donald Regan, jefe del Departamento del Tesoro; Paul Volcker, presidente de la Reserva General; Alden W. Clausen, presidente del Banco Mundial y Jacques de Larosière, director del Fondo Monetario Internacional (FMI).

Sin embargo, Washington determinó desde un principio que México tendría que iniciar pláticas con el FMI para obtener un préstamo, y además que debía llevar a cabo reformas económicas. Según Volcker, Silva Herzog prometió que "tan pronto como el nuevo presidente esté en control de la situación, México buscaría llegar a un arreglo con el FMI" porque López Portillo se oponía a cualquier acuerdo con la organización internacional (seis años antes, Washington había brindado su apoyo a México cuando, debido a sus problemas de cuenta corriente, tuvo que devaluar su moneda [el dólar pasó a costar $19 pesos después de haber estado en los $12.5 pesos durante veintidós años]; Estados Unidos brindó apoyo financiero a México a través del Tesoro y de la Reserva Federal, y también arregló que el FMI le facilitara una importante ayuda [aproximadamente US$1,200 millones], la cual fue contingente a un paquete de medidas de austeridad que tenían que ser implementadas por el gobierno mexicano —de ahí la negativa de López Portillo a recurrir nuevamente a la institución financiera intergubernamental—.[34] Para él, el FMI—y Washington a través del mismo—había logrado "injerencia en nuestras decisiones económicas").[35] El problema estaba en que el próximo presidente asumiría el cargo hasta diciembre de ese año.

Asimismo, la administración Reagan tenía la expectativa de que la crisis económica que estaba golpeando a México lo llevaría a adoptar políticas económicas más alineadas con su gobierno. Un documento aparentemente aprobado por el subsecretario de Estado, Thomas Enders, y filtrado a la prensa, señalaba que el hecho de encontrarse México "sin viento en sus velas" hacía esperar que adoptara una política externa "menos aventurera", así como una posición "menos crítica" de la estadounidense.[36]

33. Lustig 1997: 34.
34. Fagen 1977: 695.
35. En Marín 1982: 6.
36. Riding 1982a; Buendía 1982.

El 6 de agosto el gobierno mexicano estableció el sistema cambiario dual y consideró declararse en moratoria. En ese momento, México contaba con menos de US$100 millones en sus reservas internacionales, y debía hacer pagos de deuda por el orden de los US$700 millones una semana después.[37] El secretario de Hacienda tuvo que encarar a sus homólogos en Washington con un ultimátum: ayuda financiera o moratoria. Paradójicamente, México se encontraba en una posición de negociación relativamente fuerte porque su amenaza era creíble y las repercusiones de suspender su servicio de deuda podían desencadenar desastrosos resultados para el sistema financiero internacional—y para el de Estados Unidos en particular.

El jueves 12 de agosto, Silva Herzog habló con Donald Regan y con Volcker para ponerlos al tanto de la dramática situación de las finanzas mexicanas. La respuesta que obtuvo fue una invitación a ir a Washington de inmediato.[38] Una vez en la capital estadounidense, al ser advertido por el secretario del Tesoro de que México tenía un "serio" problema, Silva Herzog le respondió: "No, [...] *nosotros* (Estados Unidos y México) tenemos un serio problema". De hecho, los bancos estadounidenses eran los acreedores de más de la mitad de la deuda mexicana, y para ese entonces la amenaza de moratoria no era simple retórica de las autoridades financieras mexicanas.[39] Como observó el *New York Times*: la crisis de México "tiene dimensiones globales", con "implicaciones particularmente importantes para Estados Unidos".[40]

Ese fin de semana, México recibió US$2,000 millones del Tesoro de Estados Unidos. Se firmaron dos acuerdos bilaterales: uno por US$1,000 millones para el financiamiento a las importaciones de granos (lo que dejó claro que la crisis financiera tuvo implicaciones en otros ámbitos), y otro por el mismo monto como adelanto de un pago por la venta de petróleo mexicano para las reservas estratégicas de Estados Unidos. Este último acuerdo es el que volvió más tensa la economía política de las relaciones bilaterales. Los problemas que surgieron tuvieron poco que ver con las características normales de las transacciones de este tipo (precio o tiempos de entrega), y mucho con cuestiones políticas. El equipo de negociadores estadounidenses insistía en obtener un precio por barril inferior al del mercado, a lo que el equipo mexicano se opuso rotundamente. En última instancia, en vez de seguir discutiendo sobre el precio del barril, se llegó a un acuerdo según el cual

37. Gurría 1993: 29; Taylor 1985: 162.
38. Smith 2000: 62.
39. Riding 1982b; Astié-Burgos 2007: 262–263.
40. *New York Times* 1982.

México pagaría un recargo en la tasa de interés por el pago anticipado. A pesar de que este giro simbólico ayudó a romper el impasse, la extremadamente alta tasa de interés propuesta por el equipo de Estados Unidos casi genera el rompimiento de las negociaciones. México terminó pagando una tasa de interés de casi el doble: 38 por ciento.[41] Como posteriormente admitió el presidente de la Reserva Federal:

> [El] interés implícito era notoriamente alto, lo que reflejaba la necesidad de satisfacer los instintos comerciales yanquis de los funcionarios de la Oficina de Presupuesto y del Departamento de Energía, quienes estaban muy alejados del sentido de los asuntos más importantes que estaban en juego y que eran prácticamente insensibles a la subsecuente crítica política. Los funcionarios petroleros mexicanos, que eran quienes tendrían que pagar, se encontraban comprensiblemente furiosos.[42]

No obstante, el rescate financiero no se limitó a los US$2,000 millones que fueron negociados; el tamaño de la crisis mexicana requeriría mucho más. Así, la Reserva Federal facilitó un préstamo por US$1,8000 millones tomados de sus reservas y del Fondo de Estabilización Cambiaria, de los bancos centrales de otros países desarrollados y del Banco de Pagos Internacionales de Basilea, Suiza.[43] Como observó un banquero, resultó claro "cuánto peso tiene todavía México" en Washington;[44] México recibiría una moratoria de tres meses en sus pagos.

Asimismo, a finales de 1982 —con López Portillo todavía en el cargo, pero con de la Madrid como presidente electo— México alcanzó un acuerdo con el FMI que le facilitó una línea de crédito por US$3,700 millones. El pacto con el FMI, que incluía un programa económico para México aprobado por la institución financiera, había sido una condición impuesta por Washington durante la negociación de su apoyo.[45] Poco después de asumir el puesto —como había anticipado Silva Herzog— la administración de la Madrid llegó a un acuerdo con Washington y con el FMI a partir del cual distintos organismos públicos y privados de los países acreedores adelantarían fondos a México para asegurar el cumplimiento del servicio de la deuda. Dos paquetes de restructuración de la deuda, también con la asistencia de Washington, fueron conseguidos en los siguientes dos años.[46]

41. Gurría 1993: 31.
42. Volcker en Lustig 1997: 41.
43. Bennet 1982.
44. Riding 1982b.
45. Bennet 1982.
46. Gurría 1993: 53–56.

El presidente de la Madrid agradeció la ayuda brindada por la administración Reagan, pero a la vez sentía que Washington no había entendido la magnitud del problema que su gobierno estaba experimentando.[47] México necesitaría más acuerdos para hacer frente a su problema de la deuda en los años siguientes, como el Plan Brady (por el secretario del Tesoro de Estados Unidos, Nicholas Brady), un acuerdo destinado principalmente a Latinoamérica y en el que México fue uno de los primeros participantes.[48] Obviamente, el apoyo estadounidense en las múltiples etapas de la crisis de la deuda no fue gratuito ni desinteresado, y las negociaciones con su vecino del Sur en la materia siempre se tornaron tensas; no obstante, en comparación con otros aspectos de la relación bilateral, la interacción económica general se desarrolló sin mayores inconvenientes. Asimismo, al comparar el trato que otros países del hemisferio recibieron de Washington en este y otros asuntos, da la impresión de que, en los hechos, México había desarrollado una especie de "relación especial" con su vecino del Norte.[49]

La crisis de la deuda volvió evidente que encontrarle una salida a la situación económica en la que se encontraba México implicaría la transición a un nuevo modelo de crecimiento. El éxito del nuevo paradigma económico conllevaba la inserción más prominente de México en la economía internacional, una arena donde Estados Unidos seguía siendo el jugador dominante. Para poder pagar su servicio de deuda externa y recuperar el crecimiento económico, México necesitaba adoptar un modelo económico abierto que le permitiera alcanzar un superávit en su balanza comercial. El tantas veces pospuesto cambio de curso en materia económica, tanto interna como externa, se daría de manera simultánea con el desarrollo de la crisis de la deuda, principalmente durante la administración de la Madrid de 1982 a 1988. Algo que ilustra, en el ámbito doméstico, el giro radical que se dio en el modelo económico durante esos años, es la privatización de los activos del gobierno, una medida que fue muy bien vista por Washington; así, de 1,155 empresas paraestatales que había al principio de la administración de la Madrid, quedaron únicamente 412 al final de su gobierno.[50] En el frente externo, y particularmente con respecto a la nueva apertura para la inversión extranjera, un caso, también para el beneplácito de Washington, resulta esclarecedor: el permiso otorgado a la compañía estadounidense IBM para que tuviera todos los derechos

47. Bush 1987.
48. Marichal 2003: 475.
49. Santa Cruz 2010.
50. Tello 2007: 678.679; Werner et al. 2006: 87.

de propiedad —en lugar del acostumbrado 49 por ciento— de una nueva planta en México.[51]

Gracias a que México reconsideró su lugar en la economía internacional, la política económica exterior de Estados Unidos hacia el país azteca evolucionó rápidamente. Para finales de 1984, ambos gobiernos anunciaron la "Declaración de Intenciones de Negociar un Acuerdo Marco de Principios y Procedimientos Respecto del Comercio y la Inversión". La declaración proyectaba futuras reducciones a las barreras comerciales (arancelarias y no arancelarias) y un nuevo manejo de la inversión extranjera.[52] En abril de 1985, a través del "Entendimiento entre México y Estados Unidos en Materia de Subsidios e Impuestos Compensatorios", México obtuvo el beneficio de la prueba de daño (es decir, antes de tomar represalias, las firmas estadounidenses tenían la obligación de demostrar que las prácticas mexicanas causaron o podrían causar daño a sus industrias), y a cambio accedió a modificar los subsidios a las exportaciones.[53]

Así, no fue una sorpresa cuando la administración de la Madrid anunció en noviembre de 1985 que consideraría unirse al GATT.[54] Para ese entonces, México ya había dado por terminados de manera unilateral los permisos de importación para la gran mayoría de los códigos aduaneros.[55] Como he señalado, desde sus tiempos como secretario de Hacienda en 1980, de la Madrid se había mostrado a favor de la entrada de México a la organización internacional. El acuerdo de ingreso obtenido fue en realidad una continuación de las conversaciones comerciales ya sostenidas con Washington, ya que el GATT estipulaba que los protocolos de adhesión debían ser negociados por los países candidatos y por sus principales socios comerciales.[56] La liberalización comercial de México fue rápida: durante el periodo 1985–1986, en relación con el total, el valor de las importaciones que requerían aranceles pasó de 83 a 28 por ciento.[57] Washington respondió de manera positiva a las nuevas prácticas comerciales de México.[58] Un año después de unirse al GATT, México firmó con Estados Unidos el "Entendimiento sobre Consultas en Materia de Comercio e Inversión", el cual dio mayor seguridad a la entrada de

51. Meislin 1985.
52. Erb y Greenwald 1989: 176–177.
53. Greene 1994: 128; Rico 2000: 165
54. Reuters 1985.
55. Zabludovsky 2005: 60.
56. Romero 2003: 195; Bennett 1989: 139.
57. Werner et al. 2006: 90.
58. Rico 2000: 164.

productos mexicanos al mercado del Norte. El acuerdo serviría como una especie de mapa para futuras negociaciones, e incluía un mecanismo de consulta con una duración perentoria de treinta días, al final de los cuales las partes tenían permitido llevar el asunto a foros internacionales. Después del Acuerdo Marco señalado anteriormente, se lograron acuerdos sectoriales, como el de la industria textil de 1988. Asimismo, el año siguiente, ya bajo las administraciones de George H. W. Bush y de Carlos Salinas, México y Estados Unidos celebraron el "Acuerdo para Facilitar Pláticas sobre Comercio e Inversión".[59] El colapso de la Unión Soviética proporcionó más incentivos a México para poner en sintonía no solo su relación económica, sino su relación en general con el indiscutible vencedor de la Guerra Fría.[60]

2) 1990–2000

El fin de la Guerra Fría tuvo un efecto directo en las relaciones de México con Washington: incitó al primero a firmar un acuerdo de libre comercio con el segundo. A pesar de ser congruente con el nuevo camino económico de México, la medida sin duda resultó revolucionaria para su política exterior nacionalista. También fue sorpresiva. Carlos Salinas había rechazado la posibilidad de iniciar una asociación de ese tipo durante su campaña electoral y durante los primeros meses de su gobierno. Pero entonces, durante un viaje a Europa para asistir a la edición de 1990 del Foro Económico Mundial en Davos, cayó en cuenta de que los cambios que se estaban dando en Europa Central y del Este estaban captando la atención de los inversores extranjeros, lo que, sumado al surgimiento de nuevos bloques comerciales, representaba una amenaza para el flujo de capital internacional hacia México —algo de lo que dependía su nuevo modelo de desarrollo.[61]

Aparentemente, el objetivo del tratado era asegurar el acceso de los productos mexicanos al mercado estadounidense a partir de reglas preestablecidas. De esta manera, de acuerdo con los líderes mexicanos, las exportaciones del país dejarían de ser rehenes de los vaivenes políticos de su vecino. El cambio de postura de Salinas generó cierto revuelo en México, principalmente entre la clase política

59. Lustig 2002: 179.
60. Purcell 1997: 140.
61. Salinas de Gortari 2000: 9.

(de manera sorpresiva, el apoyo popular a la medida rondaba el 67 por ciento).[62] Irónicamente, la imagen que las administraciones nacionalistas mexicanas habían promovido de Washington como la principal amenaza a su soberanía se convirtió, en cierta medida, en un obstáculo para el proyecto de integración.[63] Un memorando confidencial de 1991, del embajador John Dimitri Negroponte al subsecretario Bernard Aronson, no fue de mucha ayuda. Allí, Negroponte afirmó que "un TLC [Tratado de Libre Comercio] institucionalizaría la aceptación de una orientación norteamericana [sic] de la política exterior de México."[64] En el frente exterior, el presidente Salinas se sentía bastante optimista. Sabía que su propuesta, a pesar de lo sorpresiva que resultó, sería del agrado de su contraparte estadounidense. Después de todo, durante su primer encuentro —antes de asumir el cargo— con el presidente Bush en Houston, este último ya había propuesto la creación de un área de libre comercio entre los dos países. En ese momento, el presidente electo rechazó la idea.

Pero para 1990 las cosas habían cambiado. El año anterior, México había reestructurado su deuda bajo el ya mencionado Plan Brady, y para principios de la nueva década el Consenso de Washington, del cual México era un ejemplo modélico, ya se había articulado canónicamente.[65] Por lo tanto, no sorprendió que Bush aceptara la atrevida propuesta de Salinas. El 10 de junio se anunció el arranque de las negociaciones en un encuentro presidencial llevado a cabo en Washington. El alcance y las limitaciones de este tratado ya habían quedado claras; debido a lo sensible que resultaban en cada país, se decidió excluir de la interdependencia económica entre México y Estados Unidos dos elementos clave: la migración (para Estados Unidos) y el petróleo (para México). Tres meses después, Canadá se unió a las conversaciones.

Dada la naturaleza autoritaria del régimen político mexicano, la verdadera batalla por el TLCAN tendría lugar en Estados Unidos. La decisión de Canadá era de importancia secundaria tanto para Estados Unidos —con quien ya tenía un TLC— como para México—cuya relación económica con Ottawa era bastante limitada—. De manera significativa, el debate que se estaba dando en el Norte giró, en gran medida, en torno a cuestiones relacionadas con la soberanía —principalmente debido a la amenaza que representaba una mayor integración económica

62. Heredia 1994: 20; Nevitte y Basáñez 1998: 158; González 2010: 241. Cf. Salinas de Gortari 2000: 65; Astié-Burgos 2007: 326.
63. Aguayo y Reyes Heroles 1991: 21.
64. *Proceso* 1991: 7.
65. Williamson 1990.

con México—. Por ejemplo, el republicano Patrick Buchanan señaló que el TLCAN significaba "una pérdida de la soberanía estadounidense".[66] El excandidato presidencial afirmaría después que "sin importar las prestaciones económicas, nosotros no queremos fusionar nuestra economía con México, y no queremos fusionar nuestro país con México".[67] Esta postura política estaba por supuesto impregnada de connotaciones racistas y xenofóbicas.[68] Pero también había algo de ansiedad económica en juego; en 1990–1991 la economía estadounidense estaba pasando por una recesión, por lo que no sorprendió que los sindicatos de trabajadores se mostraran firmes en su posición contra el TLCAN. El candidato presidencial independiente de 1992, Ross Perot, lanzó una campaña en contra del acuerdo, advirtiendo sobre el "sonido de succión gigante" que el tratado comercial generaría cuando todos los trabajos de Estados Unidos fueran "succionados" por México. Según una encuesta levantada en ese entonces, el 63 por ciento de los estadounidenses creía lo que decía el empresario texano.[69] Por otro lado, las asociaciones empresariales más importantes se mostraron a favor de formalizar la integración económica de ambos países, y cabildearon de manera intensa a favor del acuerdo en el Congreso.[70]

Las negociaciones culminaron el 12 de agosto de 1992, y el acuerdo fue iniciado dos meses después por los tres principales negociadores—con la presencia de los líderes de los tres países —en San Antonio, Texas. No obstante, la proximidad de las elecciones presidenciales en Estados Unidos complicó la ratificación del acuerdo. Un mes antes de las elecciones, el candidato demócrata Bill Clinton dio un importante discurso apoyando el acuerdo comercial —si se atendían tres asuntos que preocupaban a sus seguidores: medio ambiente, normas laborales y medidas compensatorias para los trabajadores que resultaran desplazados por el aumento repentino de las importaciones mexicanas.[71]

Tras la victoria de los demócratas en noviembre de ese año, el proceso de negociación fue relanzado en enero de 1993. Esta parte del proceso no tuvo que ver con el tratado en sí, sino con los acuerdos paralelos que debían hacerse en temas ambientales y laborales, y con la inclusión de ciertas concesiones mexicanas (por ejemplo, para los productores de azúcar y cítricos). Con la firma de los

66. En Weintraub 1996: 135.
67. Buchanan 1993: C1.
68. Wiarda 1994: 117.
69. Destler 2005: 200.
70. Mills 1993: 1; Montaño 2004: 54.
71. Destler 2005: 198.

Acuerdos Paralelos de Cooperación Laboral y Ambiental para América del Norte en septiembre de 1993, el TLCAN por fin estaba listo para su voto en el Congreso tanto en Ciudad de México como en Washington —aunque para México el voto decisivo iba a darse en Washington: como señalé anteriormente, su aprobación se daba por sentada (el de Ottawa había tenido lugar en junio)—.[72] No obstante, solo unas semanas antes de la decisión del Congreso, parecía que el TLCAN se convertiría en una aventura fallida: la administración no contaba con los votos necesarios para aprobarlo.[73] Pero tras una intensa presión y la persuasión de la Casa Blanca, cuando se votó en la Cámara —el 17 de noviembre— el TLCAN salió avante: 234 legisladores votaron a favor y 200 en contra. De los votos a "favor", 132 eran republicanos y 102 demócratas.[74] Tres días después, el Senado aprobó el acuerdo con un mayor margen: 61 votos contra 38.[75] Una semana después del voto decisivo en Washington, el Senado de México aprobó el TLCAN con 56 votos a favor (del partido en el gobierno, el PRI [Partido Revolucionario Institucional], y del partido opositor de centro-derecha, el PAN [Partido Acción Nacional]) y 2 votos en contra (del partido de izquierda, el PRD [Partido de la Revolución Democrática]).

Como ya he señalado, el CUSFTA sirvió de modelo para el nuevo acuerdo. Con el TLCAN, los tres países se comprometieron a la remoción general e inmediata de todas las restricciones cuantitativas al comercio y a tratar como nacionales los bienes y servicios originarios de los países miembro. El tratado estableció un cronograma de diez años a partir del cual Canadá eliminaría el 99 por ciento de sus aranceles, Estados Unidos el 98.7 por ciento y México el 98.5 por ciento. Asimismo, Estados Unidos le permitiría a México mantener los beneficios del Sistema Generalizado de Preferencias, y los recortes a los aranceles mexicanos serían graduales. Así, fueron reducidos los aranceles en aproximadamente el 80 por ciento de las exportaciones mexicanas a Estados Unidos y México solo tuvo que hacer lo mismo con el 41.1 por ciento de los bienes importados desde Estados Unidos.[76] A los productos agrícolas mexicanos especialmente sensibles (frijol, maíz y leche) se les otorgó un periodo de protección de 15 años. Un componente muy significativo del Tratado es el Capítulo 11, relativo a la inversión. Dicha

72. El Senado canadiense puso el TLCAN a votación el 23 de junio; tuvo 47 votos a favor y 30 en contra; Fagan 1993.
73. Blumenthal 1993.
74. Rosenbaum 1993a: A-1.
75. Rosenbaum 1993b: 22.
76. Puyana y Romero 2004: 403; Von Bertrab 1996: 113; Astié-Burgos 2007: 339.

sección no solo incluye un innovador régimen de inversión entre los tres socios, sino también la creación de un mecanismo de resolución de controversias con un tribunal compuesto por tres árbitros seleccionados por las partes en disputa. Asimismo, considerando las normas creadas para temas como el tratamiento nacional, las expropiaciones y las transferencias, el Capítulo 11 representa un cambio significativo en la tradicional postura mexicana sobre la inversión extranjera (en virtud del Acuerdo de Cooperación Ambiental de América del Norte, fue creada la Comisión para la Cooperación Ambiental. También se estableció el Banco de Desarrollo de América del Norte, una institución binacional para México y Estados Unidos. De la misma manera, por mandato del Acuerdo de Cooperación Laboral de América del Norte, se creó la Comisión para la Cooperación Laboral). El atesorado (por Canadá) Capítulo 19 sobre mecanismos de resolución de controversias se convirtió en el Capítulo 19… del TLCAN. El acuerdo entró en vigor el 1 de enero de 1994. El TLCAN se convirtió en el modelo a seguir para los siguientes acuerdos comerciales de Estados Unidos.[77]

En términos generales, de la misma forma en la que el CUSFTA funcionó para Canadá, el TLCAN funcionó para México (en la medida en la que un acuerdo comercial —y de inversión— puede funcionar; es decir, no está para resolver los problemas de desarrollo de un país, sino para incrementar sus exportaciones y atraer capital extranjero). Así, el comercio creció de manera notable a partir de que el tratado entró en vigor: pasó de US$102,800 millones en 1994 a US$256,200 millones en el 2000. En el mismo periodo, las importaciones mexicanas aumentaron de valor, pasando de US$50,800 millones a US$108,800 millones, y las exportaciones mexicanas pasaron de US$51,940 millones a US$147,400 millones.[78] De manera similar, la inversión de Estados Unidos en México creció sustancialmente a partir del TLCAN; por ejemplo, pasó de US$3,500 millones en 1993 a US$7,300 millones en 1999.[79]

También como en el CUSFTA, el TLCAN volvió posible el incremento del comercio, pero no pudo poner fin a las disputas que surgen en todas las áreas. Persistieron los problemas relacionados con el azúcar, el tomate y los camiones de carga transfronterizos, por nombrar algunos. Pero a pesar de estas fricciones, el TLCAN ha posibilitado el debate para que se den resoluciones al interior de normas previamente convenidas. Como observó Antonio Ortiz Mena, con el TLCAN se le garantizó a México que habría “límites importantes para la acción unilateral

77. Cox 2008: 1530.
78. DOTS: International Monetary Fund. Direction of Trade Statistics Online Database.
79. Secretaría de Economía 2019.

estadounidense."[80] Para Gustavo Vega Cánovas, el saldo del acuerdo comercial es positivo, pues "ha servido para los propósitos para los que fue negociado."[81] Así, por lo tanto, no sorprendió que, en los últimos días de su administración, el 21 de noviembre de 2000 y con el TLCAN ya en su séptimo año, el presidente Ernesto Zedillo otorgara la Orden Mexicana del Águila Azteca (Grado Insignia) a cinco promotores estadounidenses del TLCAN.[82]

***

No había pasado ni un año desde que el TLCAN había entrado en vigor, cuando la economía política de México y Estados Unidos se volvió a vincular de manera profunda —esta vez, como ya he señalado, en una situación mucho más desafiante—. El proceso de reforma económica iniciado en 1982 se dio en el contexto de una profunda crisis, no solo relacionada con la deuda externa, sino también con las tasas de inflación y el valor del peso. Aunque algunos de estos problemas habían disminuido durante la administración Salinas, la cuenta corriente hizo que se prendieran los focos rojos; los factores externos, como el incremento en las tasas de interés en Estados Unidos, fueron sin duda un factor, pero tener un peso sobrevaluado resultó crucial. Asimismo, los graves problemas políticos de 1994, como el levantamiento armado del movimiento zapatista del 1 de enero en Chiapas, el asesinato de Luis Donaldo Colosio —el candidato favorito en el proceso electoral presidencial que iba a tener lugar en agosto— y el homicidio del secretario general de su partido unos meses después, complicaron aún más los problemas del país con su cuenta corriente: la confianza de los inversionistas extranjeros comenzó a evaporarse.

Así, luego del asesinato de Colosio, Washington puso a disposición de México una línea de crédito (swap) por US$6,000 millones. El mes siguiente, los socios del recién inaugurado TLCAN firmaron el Acuerdo Financiero de América del Norte (NAFA, por sus siglas en inglés), el cual volvió al swap permanente (Canadá también aportó alrededor de US$750 millones como parte del acuerdo). Un día después del primer magnicidio, el subsecretario del Tesoro Larry Summers envió un memorando al secretario del Tesoro, Lloyd Bentsen, informándole que México "se encuentra a la espera de algunas palabras del secretario del Tesoro que ayuden a tranquilizar a la prensa". El secretario sacó un comunicado señalando: "tenemos toda la confianza de que México se encuentra en el camino económico correcto".[83]

80. Ortiz Mena 2008: 158.
81. Vega Cánovas 2009: 84.
82. Los Pinos 2000.
83. Bentsen en D'Amato 1995: S9349.

Incluso un mes después, el 26 de abril, Summers declaró que la moneda mexicana estaba a salvo; pero en una nota interna le informó a Bentsen que "la dependencia de México en las inversiones volátiles para el financiamiento de su enorme déficit de cuenta [sic—debería leerse 'cuenta corriente'] sigue siendo un serio problema".[84]

De manera similar, dos semanas después un funcionario del Departamento del Tesoro visitó México para reunirse con Pedro Aspe, el secretario de Hacienda, y con Miguel Mancera, el todavía presidente del Banco de México; tras estas reuniones, reportó que la volatilidad de la cartera de inversiones se había convertido en un grave problema para México.[85] Incluso el presidente de la Reserva Federal, Alan Greenspan, informó a los funcionarios mexicanos sobre la "necesidad" de que su país ajustara su tipo de cambio en caso de que continuaran las presiones sobre el peso. De acuerdo con otro funcionario de la Reserva Federal que sostuvo conversaciones con un funcionario del Banco de México, este último le dijo que el banco central realizaría ajustes si las presiones sobre el peso persistían después de las elecciones de agosto, probablemente a finales de septiembre del mismo año.[86] En agosto, después de lograr un acuerdo en esta dirección (es decir, México modificaría su política cambiaria si las presiones sobre el peso continuaban después de las elecciones presidenciales), el gobierno de Estados Unidos y el Banco de Pagos Internacionales llegaron a otro acuerdo de permuta financiera (swap) con México. Las presiones se redujeron, pero el capital extranjero no volvió a fluir como antes.[87]

Las preocupaciones sobre la sustentabilidad de la política cambiaria de México siguieron presentes en Washington. A finales de septiembre, un memorando interno de Summers cuestionó la decisión de oponerse a un cambio de política. El mes siguiente, un documento preparado para Greenspan, que estaba a la espera de una reunión con funcionarios mexicanos, sugería que les advirtiera que "no contaran con Estados Unidos para brindarles apoyo financiero a través de la Reserva Federal y del Tesoro si éste era para sostener un tipo de cambio inapropiado".[88] Para ese entonces, tanto la Reserva Federal como el Departamento del Tesoro se mostraban bastante preocupados por la insistencia de las autoridades mexicanas en defender su política cambiaria.[89] Incluso más tarde, el 18 de noviembre, otro

84. Summers en D'Amato 1995: S9349.
85. GAO 1996: 84.
86. *Ibid.*: 87.
87. *Ibid.*: 13.
88. En Lustig 1997: 50.
89. GAO 1996: 90.

reporte del Departamento del Tesoro cuestionó el uso de las decrecientes reservas internacionales y advirtió al Secretario del Tesoro Bentsen sobre la debilidad del peso.[90]

Precisamente durante el fin de semana del 19–20 de noviembre se llevó a cabo en México una reunión entre la administración saliente y entrante para discutir la conveniencia de ajustar la política cambiaria. Durante ese tiempo, fueron consultados algunos altos funcionarios del Departamento del Tesoro, los cuales indicaron que ni ellos ni el presidente de la Reserva Federal veían ninguna otra alternativa más que un cambio en dicha política—aunque el secretario del Tesoro Lloyd Bentsen dejó en claro a su contraparte que la decisión final recaía en México—.[91] La decisión que se tomó en la reunión fue que el peso no sería devaluado. Pero un mes después, la situación se volvió insostenible. Las reservas internacionales de México se encontraban en los US$6,500 millones, en contraste con los US$26,000 millones de nueve meses antes.[92] Con solo diecinueve días en el poder, la administración Zedillo, a través de su secretario de Hacienda Jaime Serra Puche, anunció una ampliación de 15 por ciento en la banda de flotación. Los intentos del gobierno por administrar la depreciación del peso sin el apoyo de otras medidas complementarias carecieron de credibilidad en los mercados, y durante los siguientes dos días el dólar no solo alcanzó su valor máximo permitido, sino que las reservas en dólares se redujeron en US$5,000 millones. El mismo día que se anunció la medida, el 19 de diciembre, un memorando del Departamento del Tesoro observó que la decisión de México de cambiar su política cambiaria antes de navidad sin consultarlo con ellos era una mala señal.[93] Tres días después se adoptó una política cambiara de libre flotación.

Serra Puche se reunió con inversionistas en Nueva York el mismo día que fue anunciado el tipo de cambio flotante. El secretario de Hacienda intentó explicar las nuevas medidas evitando a toda costa el término "devaluación". Los inversionistas se sintieron engañados y la reunión acabó siendo un fracaso.[94] El mismo día, el gobierno mexicano también recurrió a sus líneas de crédito swap del NAFA mencionadas anteriormente. Con su moneda todavía desplomándose, la administración Zedillo suspendió la venta de "tesobonos" (Bonos de la Tesorería de la Federación) el 27 de diciembre de 1994. México fue incapaz de financiar el nuevo

90. En D'Amato 1995: S9349; Weintraub 2000: 117.
91. GAO 1996: 95.
92. Gamez 1994.
93. Weintraub 2000: 104–105; GAO 1996: 71–72, 98.
94. De Palma 1994.

déficit interno.[95] Dos días después, Serra Puche fue sustituido por Guillermo Ortiz. El nuevo secretario de Hacienda anunció una mayor apertura para la participación de la banca extranjera —una medida a la que México se había resistido durante las negociaciones del TLCAN, pero que ahora resultaba inevitable—.[96] México necesitaba atraer capital y convencer a los inversionistas extranjeros para que mantuvieran su dinero en el país. Como después observaría el subsecretario Summers: "a principios de enero, México estaba al borde de la suspensión de pagos".[97]

El 2 de enero de 1995 el gobierno estadounidense anunció un rescate por US$18,000 millones, de los cuales US$9,000 millones provendrían de la contribución de Estados Unidos al NAFA (incluyendo US$3,000 millones adicionales); 1,000 millones de dólares canadienses vendrían de Ottawa, también dentro del marco del NAFA; US$5,000 millones del Banco de Pagos Internacionales y US$3,000 millones más de la banca internacional. Estos fondos cubrían el valor de los tesobonos, pero no el de los certificados de depósito en posesión de los bancos locales. Incluso tomando en cuenta sus reservas internacionales, México solo podía cubrir más o menos la mitad de las obligaciones que tenían que ser pagadas en 1995. Es por esto por lo que México decidió buscar otras fuentes de financiamiento en Washington y recurrir una vez más al FMI.

Dada la terrible situación desatada por la crisis financiera mexicana, el presidente Clinton se reunió con su nuevo secretario del Tesoro Robert Rubin, con el subsecretario Summers y con algunos asesores en la Oficina Oval el 11 de enero de 1995. A pesar de que no todos respaldaron la decisión, Clinton siguió el consejo de los dos principales funcionarios del Departamento del Tesoro y optó por preparar un programa de rescate financiero.[98] Señaló que "Estados Unidos está comprometido a hacer lo que esté en nuestras manos para ayudar a México a superar lo que creo debería ser una crisis de corta duración".[99] El 12 de enero, el presidente estadounidense se reunió con los líderes de ambas Cámaras —los dos republicanos— y con las cabezas de las facciones demócratas con el objetivo de llegar a un acuerdo sobre el rescate a México por un máximo de US$40,000 millones. Esta cifra no fue arbitraria: se calculó que era el doble de lo que México podría necesitar; el mensaje que se pretendía dar era que México contaba con todo

95. *Ibid.*; GAO 1996: 73.
96. Weintraub 2000: 107, 110.
97. U.S. Senate 1995: 363.
98. Clinton 2004: 641–642.
99. Chandler y Robberson 1995.

el apoyo de Estados Unidos.[100] Los mercados mexicanos respondieron de manera favorable al anuncio. No obstante, a pesar del apoyo del liderazgo republicano y demócrata que obtuvo Clinton, una revuelta llevada a cabo por legisladores de ambos partidos pronto reveló el camino cuesta arriba que la propuesta del presidente enfrentaría —y los mercados mexicanos volvieron a caer.

El 19 de enero Clinton señaló que la crisis mexicana era "claramente también un peligro para el futuro económico de Estados Unidos".[101] De manera similar, el secretario del Tesoro Rubin (quien había reemplazado a Bentsen el 23 de diciembre) sugeriría unos días después, en caso de que el paquete no fuera aprobado, un posible escenario donde aumentaba en 30 por ciento el número de inmigrantes mexicanos en Estados Unidos.[102] La crisis mexicana cruzó el Río Bravo una vez más—tal como Silva Herzog le dejó en claro a Donald Regan trece años antes.

El 26 de enero se anunció que México había solicitado un crédito contingente a dieciocho meses por la cantidad de US$7,800 millones (que representaba el 300 por ciento de la cuota del país) al FMI. A pesar de esto, para finales de mes ni la promesa de Clinton ni el acuerdo con el FMI pudieron calmar los mercados; los inversionistas internacionales todavía no se mostraban convencidos por las políticas propuestas por el gobierno mexicano para acompañar el apoyo financiero. El 31 de enero, cuando resultó claro que el paquete de rescate no sería aprobado a tiempo por el Congreso, Clinton anunció que recurriría al Fondo de Estabilización Cambiaria para ofrecer hasta US$20,000 millones en crédito. Ese mismo día se puso en contacto con el presidente Zedillo para informarle sobre el plan que había puesto en marcha.[103] El presidente mexicano hizo un anuncio en cadena nacional donde prometió que, con la ayuda de Washington, "el problema de liquidez de la economía mexicana quedará plenamente superado," y reconocía al mandatario estadounidense "por la solidaridad y por el absoluto respeto que ha mostrado por el pueblo y gobierno de México".[104]

Después de un intenso cabildeo del subsecretario Summers, el director gerente del FMI, Michel Camdessus, anunció que el fondo incrementaría sus líneas de créditos contingentes para México a US$17,800 millones, un monto sin precedentes en la historia de la institución.[105] Asimismo, México recibiría US$10,000

100. Weintraub 2000: 139.
101. Sanger 1995.
102. Weintraub 2000: 139.
103. Beltrán del Río 1995a: 12.
104. En Ortega Pizarro 1995b: 9.
105. GAO 1996: 127–128; Beltrán del Río 1995a: 8; De Palma 1995.

millones del Banco de Pagos Internacionales, US$1,000 millones de Canadá, así como líneas de crédito del Banco Mundial y del Banco Interamericano de Desarrollo, que en conjunto sumaron US$3,000 millones de dólares más. Los líderes europeos no se mostraron totalmente de acuerdo con los recursos que se estaban comprometiendo a un país que, desde su perspectiva, era un problema de Estados Unidos. Así, seis miembros europeos de la Junta de Gobernadores del FMI se abstuvieron de votar el paquete de rescate.

México firmó cuatro acuerdos financieros para obtener la ayuda de Estados Unidos: el acuerdo marco, el acuerdo petrolero, el acuerdo de estabilización a mediano plazo y el acuerdo de garantías.[106] El acuerdo marco establecía que México se comprometía a presentar un plan financiero al Departamento del Tesoro de Estados Unidos (así como actualizaciones anuales) tan pronto como estuvieran disponibles los recursos del Fondo de Estabilización. De manera adicional, este acuerdo señalaba que el Departamento del Tesoro podría retener las provisiones de los fondos si México no cumplía su parte del trato, ya sea por incumplimiento del pacto hecho con el FMI por la línea de crédito que proporcionaría la institución, o por no cumplir con las medidas económicas anunciadas por el gobierno mexicano cuando se hicieron los acuerdos.[107] También se establecía que México no utilizaría las reservas internacionales para estabilizar el mercado cambiario, y que el gobierno volvería la información financiera más transparente.[108] Algo que resultó particularmente delicado fue el préstamo obtenido a través del Fondo de Estabilización Cambiaria porque requería un pago garantizado; se acordó que México depositaría en el Banco de la Reserva Federal de Nueva York los recursos obtenidos por las ventas de petróleo de PEMEX y de sus dos subsidiarias. Esto significaba que Washington podría tener acceso automático a estos recursos si México no completaba los pagos acordados.[109]

Como señaló el secretario del Tesoro Rubin, México tenía que "cumplir objetivos estrictos […] y brindar transparencia oportuna".[110] El secretario de Estado Christopher fue más allá y describió el paquete como uno que contenía "condiciones fuertes y duras para apoyar la integridad de los préstamos", aunque reconoció que tanto él como el secretario del Tesoro "hemos dicho frecuentemente que a esta transacción en particular no había que cargarla con condiciones no

106. Woods 1998: 153–154.
107. GAO 1996: 122.
108. *La Jornada*, 1 de febrero de 1995.
109. El Universal, 22 de febrero de 1995.
110. En U.S. Senate 1995: 358.

económicas".[111] Pero era obvio que sí estaban en juego factores no económicos. El expresidente de la Reserva Federal, Paul Volcker, observó que:

> Una de las razones por las que es importante intentar facilitar este ajuste y brindar algo de apoyo, es que el sistema político se ha vuelto más abierto, más confiable y menos corrupto, y a nosotros nos interesa mucho impulsar ese desarrollo.[112]

Para su sucesor, Alan Greenspan, el rescate era la opción "menos peor" que su país tenía para hacer frente al sombrío horizonte económico creado por la crisis mexicana.[113] Según sus propias palabras, "si esto fuera estrictamente sobre México, yo diría que no hay razón en absoluto para crear un programa de rescate".[114] Pero el presidente de la Reserva Federal aceptó que, "políticamente, era importante para Estados Unidos" ayudar a su vecino del Sur ya que México representaba el "modelo" de una transición de un sistema rígido de intervención estatal a uno de libre mercado.[115]

Como observó un reporte de la Oficina General de Cuentas de Estados Unidos (GAO por sus siglas en inglés), en virtud de los acuerdos Estados Unidos y el FMI poseían "un grado de influencia sobre la política económica mexicana que no existía antes del inicio de la crisis financiera".[116] Incluso si en el contexto del Consenso de Washington hubo un acuerdo amplio y tácito entre los negociadores mexicanos y estadounidenses sobre el tipo de política económica a seguir por México, las propuestas de Estados Unidos ciertamente eran más radicales; en última instancia, los negociadores mexicanos terminaron por ceder.[117] Pero de la misma forma que con la crisis de la deuda de 1982, las negociaciones resultaron exitosas en el corto plazo: México obtuvo los recursos financieros que requería. Así, durante el último año de su administración, el 10 de julio de 2000, el presidente Zedillo condecoró con la Orden Mexicana del Águila Azteca (en Grado de Banda, superior al Grado Insignia otorgado a los promotores del TLCAN) al exdirector del FMI, Michel Camdessus, "por su apoyo a México en materia financiera".[118]

111. En Beltrán del Río 1995a: 14–15; *La Jornada* 1995.
112. En U.S. Senate 1995: 345.
113. *Ibid.*: 354.
114. Beltrán del Río 1995b: 8.
115. En U.S. Senate: 76–77.
116. GAO 1996: 126.
117. Lustig 1997: 62.
118. Los Pinos, comunicado de prensa número 2295, 10 de julio de 2000.

3) 2001–2016

En contraste con la relación de Ottawa-Washington, la cual se volvió más distante con la llegada de George W. Bush a la Casa Blanca, el efecto inmediato de este factor en la relación entre Ciudad de México y Washington fue justo lo contrario. Asimismo, el arribo al poder en México de una administración que por primera vez en setenta años no surgió del partido que resultó victorioso de la Revolución Mexicana de 1910, que además estaba liderada por el conservador Partido Acción Nacional (PAN), le dio a México un "bono democrático" en el exterior que el nuevo gobierno estaba ansioso por cobrar en su relación con su vecino del Norte. Así, por ejemplo, antes de asumir el cargo, Vicente Fox fue recibido en la Casa Blanca por el presidente Clinton (en agosto de 2000), y la primera gira internacional hecha por su sucesor, George W. Bush, fue a México (en febrero de 2001). Asimismo, Fox fue el primer jefe de Estado recibido por Bush en una visita oficial (en septiembre de 2001); el presidente estadounidense declaró por ese entonces que la relación más importante de su país era con México.[119] Fue en este cordial contexto de la relación bilateral en el que ambos países empezaron a negociar lo que vino a conocerse como "la enchilada completa", un ambicioso plan para hacer frente al persistente problema migratorio, uno que, como ya he señalado, había sido dejado fuera de las negociaciones del TLCAN.

Pero los ataques terroristas del 11-S cambiaron las prioridades de la agenda bilateral—al menos desde la perspectiva de Washington —y enfriaron la relación sustancialmente. Al igual que Ottawa, Ciudad de México se abstuvo de apoyar a su vecino en la invasión a Irak, aunque el presidente Fox fue más lejos y presumió el distanciamiento de su gobierno con el de Estados Unidos en el tema en televisión nacional cuando dieron inicio las hostilidades. En el escenario económico internacional, el ser desplazado por China como el segundo exportador a Estados Unidos en 2004[120] generó inquietud en México; no obstante, con Washington concentrado en la agenda de seguridad, el progreso alcanzado en lo que desde la perspectiva mexicana debía haberse convertido en el TLCAN plus, pero que terminó siendo la Alianza para la Seguridad y la Prosperidad América del Norte (ASPAN) de 2005, fue, como sugerí en el capítulo anterior, bastante modesto. La crisis financiera de 2008 no solo impactó de manera importante la relación comercial, con el comercio desplomándose un 17 por ciento (en 2009 pasó de

119. White House 2001.
120. Chávez y Marín 2007: 931.

US$367,000 millones a US$305,000 millones), sino también la economía mexicana, a la cual, en contraste con la de Canadá, le fue peor que a la de Estados Unidos cayendo en un 6.5 por ciento.[121] Para complicar aún más las cosas, fue en este contexto en el que el candidato presidencial demócrata Barack Obama prometió renegociar el TLCAN —una promesa que, afortunadamente para México, olvidó rápidamente una vez que asumió el cargo (aunque el ASPAN, asociado con la era de Bush, también fue quedando al margen después de 2009)—.[122] A pesar de la permanencia del acuerdo comercial, a lo largo del periodo persistieron los problemas localizados de la relación comercial (profundizo en esto más adelante).

Pero más allá de la falta de progreso en la integración económica y de la persistencia de los litigios comerciales, los vínculos económicos bilaterales siguieron creciendo; entre 2000 y 2010, las exportaciones mexicanas se incrementaron en un 69 por ciento, mientras que las importaciones desde Estados Unidos lo hicieron en un 47 por ciento.[123] Asimismo, como verdadero creyente del entonces agonizante Consenso de Washington, México fue uno de los más activos promotores de los tratados de libre comercio alrededor del mundo: para 2016 ya había firmado doce acuerdos de este tipo que cubrían relaciones comerciales con cuarenta y seis países —convirtiéndose en el país con más acuerdos solo detrás de… Chile—. Algo que resulta relevante para este trabajo, es que México fue un entusiasta impulsor de la ya mencionada Área de Libre Comercio de las Américas (ALCA) desde su lanzamiento formal en la Cumbre de las Américas de 1998 en Santiago de Chile, hasta su rompimiento en 2005 en Mar del Plata, Argentina; a lo largo de este periodo, México estuvo consistentemente alineado con Washington. Tiempo después (en 2012), México se unió a Estados Unidos en el (fallido) Acuerdo Transpacífico de Cooperación Económica (TPP por sus siglas en inglés) con la esperanza, como también noté en el capítulo anterior, de modernizar el TLCAN por la puerta trasera.

Los esfuerzos del presidente Enrique Peña Nieto (2012–2018) se enfocaron en "desecuritizar" la agenda bilateral (durante la administración de Felipe Calderón [2006–2012] la relación bilateral estuvo dominada por la colaboración en la lucha contra el narcotráfico, como ejemplificó la Iniciativa Mérida lanzada por los presidentes Calderón y Bush en octubre de 2007) a través del impulso de una cooperación más cercana en asuntos económicos. Así, en mayo de 2013, los presidentes Peña Nieto y Barack Obama anunciaron el establecimiento del Diálogo

121. https://www.census.gov/foreign-trade/balance/c2010.html
122. Ward 2008.
123. https://www.census.gov/foreign-trade/balance/c2010.html

Económico de Alto Nivel (DEAN), el cual tenía la intención de lidiar con las prioridades económicas y comerciales estratégicas. Establecía reuniones anuales a nivel de gabinete que serían presididas por el secretario de Hacienda (del lado mexicano) y por el vicepresidente Joseph Biden (del lado estadounidense).[124] El DEAN celebró tres encuentros (además de una videoconferencia) entre 2013 y 2016, focalizándose en temas como el desarrollo fronterizo, las comunicaciones, la energía, el transporte y el fortalecimiento del Banco de Desarrollo de América del Norte. Entre sus logros más importantes se encuentran los mecanismos de facilitación del comercio, la construcción de instalaciones fronterizas y un notable incremento en los programas de intercambio estudiantil. No obstante, en términos generales, el desempeño del DEAN fue más bien modesto.

Al igual que en el caso canadiense, la institucionalización de la relación económica no impidió que siguieran surgiendo disputas. Entre las que persistieron durante el periodo 2001–2016 se encuentran aquellas relacionadas con el servicio de transporte transfronterizo y con el tomate. Hago una breve revisión de ambos casos con fines ilustrativos.

Uno de los más persistentes litigios del TLCAN, el problema del transporte de carga transfronterizo, dio inicio mucho tiempo antes de que naciera el acuerdo comercial. En 1982 Washington implementó una moratoria en la concesión de licencias tanto para Canadá como para México aduciendo preocupaciones relacionadas con la seguridad y la falta de un trato equitativo; mientras que el tema se zanjó rápidamente con Canadá, con México subsistió hasta las negociaciones del TLCAN. El acuerdo permitió a las empresas transportistas mexicanas recibir licencias para operar en los cuatro estados fronterizos a partir del 18 de diciembre de 1995 (tres años después de la firma del TLCAN) y en el resto del país desde el 1 de junio de 2000.[125]

Pero justo tres días antes de entrar en vigor la primera parte del acuerdo, el presidente Clinton, presionado por el sindicato Tronquista, pospuso su inicio; a pesar de que el presidente señaló motivos relacionados con la seguridad, resultó claro que había tomado la decisión por razones políticas. Luis de la Calle, un antiguo negociador del TLCAN y funcionario de alto rango en la administración Zedillo (1994–2000), recuerda que ese mismo día concluía la moratoria para el transporte mexicano, y "recibimos una llamada de Mickey Kantor (el representante de Comercio de Estados Unidos) diciéndonos que Estados Unidos había

124. Shear y Archibold 2013.
125. Medina 2012: 9; Edson 2010: 324.

cedido a las presiones de los Tronquistas".[126] Así, de 1995 a 2001 a los transportistas mexicanos se les permitió la entrada hasta veinticinco millas de distancia de la frontera (desde ese punto, la carga tenía que ser transferida a un camión operado por el sindicado tronquero; en el ínterin, México cerró su mercado al transporte terrestre estadounidense y dio inicio a un procedimiento de arbitraje.[127]

No obstante señalar que Washington podía imponer distintos requerimientos operativos a los camiones mexicanos que los aplicados a las unidades estadounidenses y canadienses, el reporte del panel arbitral de febrero de 2001 encontró que Estados Unidos estaba incumpliendo el acuerdo.[128] A pesar de que la administración Bush declaró su intención de "cumplir con nuestras obligaciones del TLCAN"[129] y acatar la autoridad del panel, entre ese año y 2006 el Congreso aprobó varias medidas que le impidieron honrar sus obligaciones.[130] En noviembre de 2002, la administración Bush comenzó a otorgar acceso a los camiones mexicanos, pero el caso fue llevado a la corte por organizaciones laborales y ambientales; a pesar de que el recurso legal de la oposición fue sostenido en primera instancia, la Suprema Corte revirtió la decisión en junio de 2004.[131]

Pero no fue sino hasta 2007 que se lograron avances significativos. Ese año, la administración Bush inició el Programa Demostrativo del Servicio de Autotransporte Transfronterizo. De acuerdo con este programa piloto (fue establecido para durar un año, aunque terminó durando dieciocho meses), iban a emitirse hasta cien permisos para empresas transportistas de ambos países, permitiéndoles ir más allá del límite de las veinticinco millas; veintisiete empresas mexicanas y diez estadounidenses formaron parte del proyecto. El programa piloto era más bien un compromiso, ya que no permitía a los camiones mexicanos operar en el interior de Estados Unidos (es decir, no podían recoger carga en el país).[132] En febrero de 2009, la Administración Federal de Seguridad de Autotransportes (FMCSA por sus siglas en inglés) publicó un reporte donde evaluaba el Programa Demostrativo; a pesar de que resultó favorable, notando por ejemplo que los conductores mexicanos tuvieron iguales o mejores calificaciones que sus contrapartes estadounidenses, el presidente Obama firmó la Ley de Gastos Generales del año 2009,

126. Dibble 2014.
127. Alexander y Soukup 2010: 318; Carbaugh 2011: 3.
128. Frittelly 2010: 1.
129. En Alexander y Soukup 2010: 320.
130. Carbaugh 2011: 5.
131. Villareal 2018: 25.
132. Medina 2012: 9; Frittelli 2010: 3; Villarreal 2018: 25; Carbaugh 2011: 5.

terminando en la práctica con el programa de demostración.[133] La administración argumentó que su intención era la de crear un nuevo acuerdo que tomara en consideración las "legítimas preocupaciones" del Congreso, así como sus obligaciones con el TLCAN; pero el gobierno mexicano no se lo creyó.[134] El embajador mexicano en Washington vio intenciones proteccionistas detrás de ese movimiento, el cual vino a ser conocido como la "primera guerra comercial de Obama".[135]

Y así fue. México anunció de manera inmediata que, haciendo uso del derecho a tomar las medidas de represalia que el panel de arbitraje le había otorgado, impondría aranceles (que oscilaban entre el 10 y el 45 por ciento) a noventa productos agrícolas e industriales, los cuales representaban exportaciones con un valor de US$2,400 millones. En 2010, México sumó veintiséis productos a la lista, generando un daño considerable a algunos productores estadounidenses; un grupo bipartidista conformado por cincuenta y seis representantes contactaron a la administración Obama, pidiéndole que pusiera fin a la disputa. En la misma línea, ciento cincuenta empresas —incluyendo algunas de las más importantes como General Electric y Walmart— enviaron una carta al presidente Obama señalando que las "represalias [mexicanas] ya están impactando la habilidad de una amplia gama de bienes estadounidenses para competir en el mercado mexicano".[136] La estrategia punitiva mexicana funcionó. En marzo de 2011, los presidentes Calderón y Obama anunciaron un nuevo acuerdo en la materia. Seis meses después, los camiones mexicanos estaban de nuevo cruzando la frontera y México quitó los aranceles compensatorios a los productos estadounidenses.[137] El programa expiró en octubre de 2014, pero el siguiente FMCSA expandió aún más los derechos que las empresas transportistas mexicanas tenían en Estados Unidos —una medida que fue desafiada nuevamente por los Tronquistas, quienes, a finales de 2016, todavía no habían tenido éxito.[138]

Las disputas relacionadas con el tomate se remontan incluso a antes que las relacionadas con el autotransporte. En 1968 ya había surgido un conflicto cuando autoridades de Florida intentaron establecer especificaciones para el tamaño de la fruta; una década después, se dio otra batalla relacionada con las exportaciones mexicanas, en esta ocasión con los productores de Florida acusando a sus

133. Carbaugh 2011: 6.
134. En Alexander y Soukup 2010: 324.
135. *Ibid.* 2010: 326.
136. En *Ibid.*: 325.
137. Villarreal 2018: 26.
138. *Ibid.*; Cassidy 2017.

contrapartes mexicanas de practicar dumping durante la temporada invernal.[139] El asunto siguió repitiéndose durante los años 80 y principios de los 90, pero no hizo más que empeorar cuando el TLCAN liberalizó las importaciones de tomate mexicano. Así, por ejemplo, para finales de la década las importaciones habían aumentado casi en un 50 por ciento.[140] Se llegó a un acuerdo en 1996. El Departamento de Comercio de Estados Unidos suspendió una investigación sobre el dumping mexicano a cambio de que México estableciera un precio de referencia base para sus tomates de invierno.[141] La suspensión fue reevaluada en 2002, cuando los precios base fueron establecidos también para los tomates de verano; México renovó esta limitación a las exportaciones seis años después.

Debido a que este último acuerdo iba a expirar el 31 de diciembre de 2012 —un año electoral—, la administración Obama, bajo presión de los agricultores de Florida, aceptó revisarlo en junio (2012). Como observó el *Wall Street Journal*, "el presidente Obama dejó en claro que utilizará las leyes comerciales como armas de campaña".[142] Debido a que Florida era un estado fluctuante, para la administración tenía sentido electoral complacer a sus productores tomateros, pero, como sugirió en ese entonces Gary Clyde Hufbauer del Departamento del Tesoro, no tenía tanto sentido a la luz de la relación más amplia con su vecino del Sur; como el mismo personaje señaló, "todavía tenemos mucho pescado por freír con México".[143] El embajador mexicano, Arturo Sarukhan, también advirtió que una guerra comercial dañaría la relación bilateral.[144] Asimismo, haciendo referencia al caso del transporte de carga transfronterizo recién revisado, el diplomático lanzó una advertencia: "cuando México apunta, da en el blanco".[145]

En septiembre, Washington decidió finalizar de manera preliminar el acuerdo, con la mirada puesta en un periodo de 270 días para llegar a una decisión final. Pero México no se mantuvo quieto. Amenazó con replicar las medidas proteccionistas de Estados Unidos; asimismo, reclutó a poderosos aliados en Estados Unidos, como Walmart y más de trescientos agronegocios que temían los daños colaterales que una guerra comercial con México generaría.[146] Cuatro meses

139. Johnecheck, Wilde y Caswell 2010: 504.
140. *Ibid.*: 505.
141. Rosenzweig 2012.
142. Wall Street Journal 2012.
143. En Strom y Malkinp 2012.
144. En Villarreal 2018: 28.
145. En Hotakainen 2012.
146. Strom 2013.

después de las elecciones intermedias, en febrero de 2013, México y Estados Unidos llegaron a un acuerdo. A cambio de un precio de referencia más alto en las categorías de tomate establecidas y de la incorporación de algunas otras, también con precios de referencia, los productores mexicanos nuevamente podrían vender tomates en Estados Unidos.[147]

4) Conclusiones

El recuento anterior sugiere que, al igual que en el caso cubierto en el capítulo anterior, el supuesto declive económico de Estados Unidos desde principios de la década de 1970 no se manifiesta, al menos no de una manera lineal, en la relación con su vecino del Sur. Aunque en el periodo 1971–2016 la proporción de capacidades materiales entre los dos países cambió un poco, con la economía mexicana pasando de representar un 3.4 por ciento de la economía estadounidense en 1971 a un 5.8 por ciento en 2016, su dependencia comercial (medida en términos del porcentaje de sus exportaciones totales enviadas a Estados Unidos) del mercado estadounidense aumentó, pasando de 66 por ciento en el primer año a 81 por ciento en el último.[148] Los datos duros por sí solos, de la misma forma que en la relación bilateral revisada anteriormente, no logran iluminar las dinámicas de la economía política de la relación entre México y Estados Unidos. Es por ello que necesitamos echar un vistazo a la práctica del *economic statecraft* grueso de Estados Unidos durante las últimas cinco décadas.

La política económica exterior de Estados Unidos hacia México durante el primer subperiodo (1971–1989) reflejó que, a diferencia de Canadá, México no era considerado como un socio (menor) y que, al final del día, resultaba del interés de Washington apoyar la economía de su vecino del Sur —aunque fuera con mano pesada—. Así, a la vez que daba a conocer sus puntos de vista, Estados Unidos reaccionaba con moderación ante las políticas nacionalistas de su vecino del Sur de principios de los años 70, como la Ley de Inversión Extranjera. De manera similar, el *economic statecraft* de Estados Unidos ante la frustrada entrada de México al GATT fue en la misma dirección. Pero en otros asuntos de un interés más inmediato para Washington, como la fallida negociación del gas a

147. *Reforma* 2013; Villarreal 2018: 28.
148. Fuentes para el PIB: World Bank 2019; BEA 2019. Fuente para el dato comercial: OEC 2019.

finales de los años 70, Estados Unidos jugó con dureza. Washington era muy consciente de que sus intentos por influir no funcionarían necesariamente en el corto plazo, y se mostró dispuesto a pagar el precio de llevar a cabo una política económica exterior coercitiva —como lo hizo en el caso del gas—, pero se sentía confiado, dado el desproporcionado carácter de la relación, de salir victorioso la mayoría de las ocasiones. El episodio de la crisis de la deuda de 1982 sirve para ilustrar bastante bien tanto la mano dura de Estados Unidos como su interés en un México política y económicamente estable. El sucesivo trato que le brindó a México en la materia, especialmente a través del Plan Brady, mostró que quizá, como ya he señalado, México tenía una especie de "relación especial" tropicalizada con Washington.

Que Estados Unidos estaba jugando una partida de largo plazo en lo que respecta a los aspectos fundamentales de la naturaleza de la relación bilateral, como se refería a su componente económico, resultó claro en los años 90, la década del Consenso de Washington. Tanto en las negociaciones del TLCAN como en el rescate financiero de 1995, Estados Unidos mostró una vez más que buscaba atraer a México a su redil económico. En el primer caso, debido a lo complicado que los tratados comerciales pueden resultar en el ámbito interno, fue claro que Washington apostó a ganar en lo económico y en lo político al firmar un acuerdo con su vecino del Sur. El segundo caso fue incluso más difícil de vender internamente, pero le permitió a Estados Unidos no solamente salvaguardar sus intereses y la estabilidad del sistema financiero internacional del cual era custodio, sino también mostrarse como un socio comercial responsable y confiable. No obstante, los intentos de Estados Unidos por influir en ambas instancias tenían el objetivo de preservar una economía de mercado funcional, una que se asemejaba cada vez más a la suya, al sur de la frontera.

El último subperiodo (2001–2016), ya con amplios lineamientos sobre cómo debería ser la política económica interna y externa, y sin una crisis (hecha en casa) importante en México (la de 2008 es una historia diferente), Estados Unidos y México gozaron de una relación económica más estable. Con la política interna inmiscuyéndose de manera cada vez más prominente en la relación bilateral, la política económica exterior de Washington fue más bien pasiva, rechazando el interés de su vecino del Sur por profundizar la asociación económica. Pero con México siendo tan económicamente dependiente de su vecino del Norte como lo era al principio del periodo (alrededor de 1971), y con una economía política mucho más orientada al mercado, resulta claro que su ascendencia sobre México difícilmente disminuyó durante este lapso.

Referencias

Aguayo, S., & Reyes Heroles, F. (1991). TLC Responde Serra. *Este País* (2), 15–30.

Aguayo Quezada, S. (1998). *Myths and [Mis]Perceptions: Changing U.S. elite visions of México*. San Diego, CA: University of California/COLMEX.

Aguila, E. (2012). *United States and México: Ties that bind, issues that divide*. Santa Monica, CA: RAND.

Alexander, K., & Soukup, B., (2010). Obama's first trade war: The US-Mexico crossborder trucking dispute and the implications of strategic cross-sector retaliation on U.S. compliance under NAFTA. *Berkeley Journal of International Law, 28*(2), 313–342.

Astié-Burgos, W. (2007). *Encuentros y desencuentros entre México y Estados Unidos en el siglo XX. Del porfiriato a la posguerra fría*. México: Miguel Ángel Porrúa

Barry, D. (1995). The road to NAFTA. En D. Barry, M. O. Dickerson & J. D. Gaisford (Eds.), *Toward a North American Community? Canada, the United States, and Mexico* (pp. 3–15). Boulder, CO: Westview Press.

BEA (2019). Gross Domestic Product [GDPA].

Beltrán del Río, P. (1995a). Washington impone su precio: Rígido control de la economía, y revisión, asuntos no financieros. *Proceso* (953), 7–15

Beltrán del Río, P. (1995b). A debate, en Washington, lo que debe hacer el gobierno mexicano en materia de petróleo, política exterior, impuestas, migración y justicia. *Proceso* (952), 6–11.

Bennet, R. (1982, Agosto 21). Bankers pressured to assist Mexico. *New York Times*.

Bennett, B. T. (1989). Las relaciones comerciales recientes de México y Estados Unidos: Resultados positivos y mayor cooperación. En R. Roett (Ed.), *México y Estados Unidos. El manejo de la relación* (pp. 125–150). México: Siglo XXI.

Blumenthal, S. (1993, Noviembre 29). The making of a machine. *New Yorker*, pp. 80–93.

Brzezinski, Z. (1979, Enero 18). Memorandum from the White House (Brzezinski) for the special trade representative. Washington, DC, (Carter Center Archives).

Brzezinski, Z. (1980). Memorandum for the president, from Zbigniew Brzezinski. Subject: Daily Report, 22 March (Carter Center Archives).

Buchanan, P. J. (1993, Noviembre 7). America first, NAFTA never. It's not about free trade, It's about our way of life. *Washington Post*, p. C1.

Buendía, M. (1982, Agosto 11). Red Privada. *Excélcior*

Bush, G. H. W. (1987). Memorandum for the president from the vice president. "My Conversation with President De la Madrid of Mexico." Loreto, México, 27 December 1986, dated 15 June 1987, 3 (State Department Archives).

Carbaugh, R. (2011). NAFTA and the U.S.-Mexican trucking dispute. *Journal of International and Global Economic Studies, 4*(1), 1–10.

Cassidy, W. (2017, Febrero 13). Mexican trucking past US border in crosshairs. *JOC*.

Castañeda G. J., & Pastor, R. (1989). *Límites en la amistad México y Estados Unidos*. México: Joaquín Mortiz/Planeta.

Central Intelligence Agency (1976a). Policy guidelines for the incoming administration of president-Elect Jose Lopez-Portillo. CIA-FOIA, 7 October (State Department Archives).

Central Intelligence Agency (1976b). Mexico under Jose Lopez-Portillo: Problems and prospects for US-Mexican relations. CIA, 16 December (State Department Archives).

Central Intelligence Agency (1977a). Summary of conversations between Carter and López Portillo. 14 February, 1 and 2 (Carter Center Archives).

Central Intelligence Agency (1977b). The forces for change in Mexican foreign policy. 2 June (State Department Archives).

Chandler, C., & Robberson, T. (1995, Enero 12). Clinton Pledges more financial help for México; Markets recover after offer to raise country's $9 billion credit line with treasury. *Washington Post*, p. A-19.

Chávez, F. J., & Marín, L. L. (2007). México y China: Competencia en el mercado de Estados Unidos. *Comercio Exterior*, *57*(11), 931–944.

Clinton, B. (2004). *My Life*. Nueva York: Alfred A. Knopf.

Comercio Exterior (1970). Desarrollo y resultados de la X junta Interparlamentaria México-Estados Unidos. *Comercio Exterior*, *20*(5), 387–388.

Cowan, E. (1979, Diciembre 30). Importation of Mexican natural gas is given final approval by U.S. *New York Times*.

Cox, R. (2008). Transnational capital, the US State and Latin American trade agreements. *Third World Quarterly*, *29*(8), 1527–1544.

D'Amato, A. (1995). *Mexico crisis report and chronology* (pp. S9349). Washington, DC: U.S. Senate.

De Palma, A. (1994, Diciembre 23). Crisis in Mexico: The overview; with Peso Freed, Mexican currency drops 20% more. *New York Times*.

De Palma, A. (1995, Febrero 3). Mexican report details brush with insolvency. *New York Times*.

Department of State (1977). Department of State Briefing Paper. "U.S.-Mexico trade problems," 3 February (Carter Center Archives).

Department of State (2004). *Relations of the United States, 1964–1968: South and Central America; Mexico* (Vol. XXXI). Washington, DC: U.S. Government Printing Office.

Destler, I. M. (2005). *American trade politics*. Washington, DC: Institute for International Economics.

Dibble, S. (2014, Mayo 10). Nafta trucking vision unfulfilled. *San Diego Union Tribune*.

Doyle, K. (2003a). La operación intercepción: Los peligros del unilateralismo. *Proceso* (1380), 44–48.

Doyle, K. (2003b). *The Nixon tapes: Secret recordings from the Nixon White House on Luis Echeverría and much much more*. Transcript 27 (No. 735-1). National Security Archive: George Washington University.

Edson, A. (2010). Road block: The U.S.-Mexican trucking dispute. *Law and Business Review of the Americas*, *16*(2), 323–332.

El Universal (1995, Febrero 22). Al margen de condiciones políticas, los US20,000 millones. Dispondrá EU de los ingresos petroleros si México no cumple. *El Universal*.

Erb, G., & Greenwald, J. (1989). Aspectos del comercio bilateral entre México y Estados Unidos. En W. E. Glade & C. Luiselli (Eds.), *La economía de la interdependencia: México y Estados Unidos* (pp. 157–202). México: FCE.

Fagan, D. (1993, Junio 24). Report on Business Index, Summary Trade. *Globe and Mail*, p. B-1.

Fagen, R. (1977). The realities of U.S.-Mexican relations. *Foreign Affairs*, *55*(4), 685–700.

Frittelli, J. (2010). *North American Free Trade Agreement (NAFTA) implementation: The future of commercial trucking across the Mexican Border* (Report No. RL31738). Washington, DC: Congressional Research Service.

Gamez, C. (1994, Diciembre 23). Caen las reservas al nivel de 1988. *Reforma.*

GAO. (1996). *Mexico's financial crisis: Origins, awareness, assistance, and initial efforts to recover.* Washington, DC: United States General Accounting Office.

González, G. (2010). Un siglo de política exterior Mexicana (1910–2010). Del nacionalismo revolucionario a la intemperie global. En M. A. Casar & G. González (Eds.), *México 2010, el juicio del siglo* (pp. 231–274). México: Taurus.

Grayson, G. (1979). Oil and U.S.-Mexican Relations. *Journal of Interamerican Studies and World Affairs, 21*(4), 427–456.

Greene, M. (1994). *The political economy of trade liberalization in Mexico: The de la Madrid Administration, 1982–1988.* (PhD thesis), London School of Economics and Political Science, Londres, Reino Unido.

Gurría, J. Á. (1993). *La política de la deuda externa.* México: FCE.

Heredia, C. (1994). NAFTA and democratization in Mexico. *Journal of International Affairs, 48*(1), 13–38.

Hotakainen, R. (2012, Septiembre 27). Risking trade war, administration sides with Florida tomato growers in dispute with Mexico. *McClatchy Newspapers.*

Johnecheck, W. A,. Wilde, P. E., & Caswell, J. A. (2010) Market and welfare impacts of COOL on the U.S.-Mexican tomato trade. *Journal of Agricultural and Resource Economics, 35*(3), 503–521.

Krueger, R. (1980). U.S.-Mexican relations. *Department of State Bulletin, 80*(2042), 74–77.

La Jornada (1995, Febrero 1) Impondrá Washington medidas fuertes para garantizar el préstamo, advierte Christopher. *La Jornada.*

Los Pinos (2000, Noviembre 21). Comunicado de prensa 2540.

Lustig, N. (1997). Mexico in crisis, the U.S. to the rescue: The financial assistance packages of 1982 and 1995. *UCLA Journal of International Law and Foreign Affairs*, Spring/Summer, 25–67.

Lustig, N. (2002). *México: Hacia la reconstrucción de una economía.* México: COLMEX/FCE.

Marichal, C. (2003). La deuda externa. En I. Bizberg & L. Meyer (Eds.), *Una historia contemporánea de México. Tomo I: Transformaciones y permanencias* (pp. 451–491). México: Océano.

Marín, C. (1982, Agosto 23). Los convenios con el FMI son hipotecas de la soberanía contra los que JLP previno con frecuencia. *Proceso*, pp. 6–7.

Medina Ramírez, S. (2012). Apertura fronteriza al transporte de carga Mexicano: ¿fin del problema? *Comercio Exterior, 62*(1), 9–11.

Meislin, R. (1985, Julio 24). Mexico, in reversal, to let I.B.M. build and own a computer plant. *New York TImes.*

Mills, J. (1993, Noviembre 12). Business lobbying for trade pact appears to sway few in congress. *New York Times.*

Montaño, J. (2004*). Misión en Washington: 1993–1995: De la Aprobación del TLCAN al Préstamo de Rescate.* México: Editorial Planeta.

Nafinsa (1990*). La Economía Mexicana en Cifras* (Vol. 11). México: Nacional Financiera.

Nevitte, N., & Basáñez, M. (1998). Trinational perceptions. En R. Pastor & R. Fernández de Castro (Eds.), *The controversial pivot: The U.S. congress and North America* (pp. 147–179). Washington, DC: Brookings Institution Press.

New York Times (1982, Agosto 25). In the shadow of the dollar; Bridging gaps in Mexico. *New York Times.*

OEC (2019). Visualizations: Export destinations. *The Observatory of Economic Complexity* (Consultado: Mayo 13, 2019).

Ortega Pizarro, F. (1995, Febrero 6). Agradecimientos a Clinton, encabezados por Zedillo y Televisa. *Proceso*, p. 9.

Ortiz Mena, A. (2008). El Tratado de Libre Comercio de América del Norte y la Política Exterior de México: Lo esperado y lo acontecido. En A. Covarrubias (Ed.), *Temas de Política Exterior* (pp. 125–159). México: COLMEX.

Proceso (1991, Mayo 13). Memorándum del embajador Negroponte al Secretario de Estado. *Proceso*, (758), p. 7.

Purcell, S. (1997). The changing nature of US-Mexican relations. *Journal of Interamerican Studies and World Affairs*, *39*(1), 137–152.

Purcell, S. K. (1981). Mexico-U.S. relations: Big initiatives can cause big problems. *Foreign Affairs*, *60*(2), 379–392.

Puyana, A., & Romero, J. (2004). La estrategia comercial Mexicana ¿superando la fuerza centripeta estadounidense? *Foro Internacional*, *44*(3), 392–429.

Reforma (2013, Febrero 4). Reabre puertas EU a tomate nacional. *Reforma.*

Reuters (1985, Noviembre 26). Mexico and GATT. *New York Times.*

Rico, C. (2000). *México y el mundo: Historia de sus relaciones exteriores. Tomo 8: Hacia la globalización.* México: Senado de la República.

Riding, A. (1982a, Agosto 14). U.S. and Mexico: Major rift emerges. *New York Times.*

Riding, A. (1982b, Agosto 19). Mexico sets talks on its debt. *New York Times.*

Romero, J. (2003). Crecimiento y comercio. En I. Bizberg & L. Meyer (Eds.), *Una historia contemporánea de México. Tomo I: Transformaciones y permanencias* (pp. 155–221). México: Océano.

Rosenbaum, D. E. (1993a, Noviembre 18). House backs free trade pact in major victory for Clinton after a long hunt for votes. *New York Times*, p. A-1.

Rosenbaum, D. E. (1993b, Noviembre 21), Without earlier drama, trade accord is passed. *New York Times*, p. 22.

Rosenzweig, F. (2012, Diciembre 17). Versión estenográfica de la Conferencia de Prensa ofrecida a fin de detallar la situación de las exportaciones de tomate. Discurso: Sala de Prensa Secretaría de Economía.

Salinas de Gortari, C. (2000). *México. Un paso difícil a la modernidad.* México: Plaza and Janés.

Sanger, D. (1995, Enero 19). With opposition rising, Clinton pleads for Mexico rescue package. *New York Times.*

Santa-Cruz, A. (2010). *It depends upon what the meaning of the word 'Is' is: México-United States relations as a special relationship.* Artículo preparado para 2010 ISA conference, Febrero 17–20, NuevaOrleans.

Santa-Cruz, A. (2012). *Mexico-United States relations: The semantics of sovereignty.* Nueva York: Routledge.

Secretaría de Economía (2019). Inversión Extranjera Directa en México y en el Mundo: Carpeta de Información Estadística. DGIE, 29 de Mayo.

Shear, M. D., & Archibold, R. C. (2013, Mayo 2). Obama arrives in Mexican capital to meet with new leader. *New York Times.*

Smith, C. E. (2000). *Inevitable partnership: Understanding Mexico-U.S. relations.* Boulder, CO: Lynne Rienner.

Story, D. (1982). Trade politics in the third world: A case study of the Mexican GATT decision. *International Organization, 36*(4), 767–794.

Strom, S. (2013, Febrero 3). United States and Mexico reach tomato deal, averting a trade war. *New York Times.*

Strom, S., & Malkinp, E. (2012, Septiembre 27). Ammunition for a trade war between U.S. and Mexico. *New York Times.*

Taylor, L. (1985). The crisis and thereafter: Macroeconomic policy problems in Mexico. En P. B. Musgrave (Ed.), *Mexico and the United States: Studies in economic interaction* (pp. 147–170). Boulder, CO: Westview Press.

Tello, C. (2007). *Estado y desarrollo económico: México 1920–2006.* México: UNAM.

UN (2012). *Charter of economic rights and duties of states.* General Assembly Resolution 3281 (XXIX). United Nations Audiovisual Library of International Law.

Urquidi, V. L. (1987). ¿Sería viable un área de libre comercio en América del Norte? Notas acerca de la perspectiva Mexicana. En G. M. Bueno (Ed.), *México-Estados Unidos, 1986* (pp. 189–193). México: COLMEX.

U.S. Senate (1995). *The Mexican peso crisis.* Hearings before the Committee on Banking, Housing, and Urban Affairs, First Session on the Mexican Peso Crisis and the Administration's Proposed Loan Guarantee Package to Mexico, January 31, March 9, March 10, May 24, and July 14. Washington, DC: U.S. Government Printing Office.

Vega Cánovas, G. (2003). ¿Inversión contra soberanía? México y Canadá y el capítulo 11 del TLCAN. En B. Mabire (Ed.), *México-Estados Unidos-Canadá, 1999–2000* (pp. 197–242). México: COLMEX.

Vega Cánovas, G. (2009). De la protección a la apertura comercial. En I. Bizberg & L. Meyer (Eds.), *Una historia contemporánea de México. Tomo 4: Las políticas* (pp. 51–96). México: Océano COLMEX.

Villarreal, M. A. (2018). *U.S.-Mexico economic relations: Trends, issues, and implications* (Report No. RL 32934). Washington, DC: Congressional Research Service.

Von Bertrab, H. (1996). El redescubrimiento de América. Historia del TLC. México: FCE.

Wall Street Journal (2012, October 1). Rotten tomato fight: Obama again uses trade protection to help his re-election campaign. *Wall Street Journal,* p. A14.

Ward, A. (2008, Marzo 3). Obama under fire over Nafta memo. *Financial Times.*

Weintraub, S. (1996). NAFTA and U.S. economic sovereignty. En J. Hoebing, S. Weintraub & M. D. Baer (Eds.), *NAFTA and sovereignty. Trade offs for Canada, Mexico, and the United States* (pp. 135–153). Washington, DC: The Center for Strategic & International Studies.

Weintraub, S. (2000). *Financial decision-making in Mexico. To bet a Nation.* Londres: Macmillan Press.

Werner, A., Barros, R., & Ursúa, J. (2006). Economía Mexicana: La transformación y desafíos. En L. Randall (Ed.), *Reinventar México: Estructuras en proceso de cambio* (pp. 81– 104). México: Siglo XXI.

White House (2001). Remarks by president George Bush and president Vicente Fox of Mexico at Arrival ceremony. Recuperado de: https://georgewbush-whitehouse.archives.gov/news/releases/2001/09/print/20010905-2.ht ml

Whiting, V. R. (1992). *The political economy of foreign investment in Mexico: Nationalism, liberalism, and constraints on choice.* Baltimore, MD: The Johns Hopkins University Press.

Wiarda, H. J. (1994). The U.S. domestic politics of the U.S.-Mexico free trade agreement. En M. D. Baer & S. Weintraub (Eds.), *The NAFTA debate: Grappling with unconventional trade issues* (pp. 117–143). Boulder, CO: Lynne Rienner.

Williamson, J. (1990). What Washington means by policy reform. En J. Williamson (Ed.), *Latin American adjustment: How much has happened?* Washington, DC: Peterson Institute for International Economics.

Woods, N. (1998). International financial institutions and the Mexican crisis. En C. Wise (Ed.), *The Post-NAFTA political economy* (pp. 148–167). University Park, PA: Pennsylvania State University Press.

World Bank (2019). Gross domestic product [NY.GDP.MKTP.CD].

Zabludovsky, J. (2005). El TLCAN y la política de comercio exterior en México: Una agenda inconclusa. *ICE* (821), 59–70.

7

El economic statecraft *de Estados Unidos hacia Centroamérica*

Históricamente, es decir, desde los movimientos independentistas latinoamericanos de principios del siglo XIX, los países de América Central suelen ser considerados como una entidad única. De hecho, entre 1823 y 1839 Costa Rica, Guatemala, El Salvador, Honduras y Nicaragua formaron parte de un mismo Estado: las Provincias Unidas del Centro de América (después conocida como la República Federal de Centro América). Pese al advenimiento de los cinco países centroamericanos (excluyendo a dos que también forman parte del istmo: Belice, que se independizó del Reino Unido apenas en 1981, y Panamá, que se separó de Colombia en 1903) y a pesar de sus evidentes diferencias culturales, económicas, políticas y sociales, estas naciones todavía siguen siendo contempladas —y tratadas— como una región.[1] Así, en 1908 las cinco repúblicas establecieron la Corte Centroamericana de Justicia (que operó durante diez años), en 1951 crearon la Organización de Estados Centroamericanos y, en el ámbito económico, a principios de la década de 1960 instituyeron el Mercado Común Centroamericano buscando una mayor integración (Guatemala, El Salvador, Honduras y Nicaragua se unieron en 1960 y Costa Rica en 1962; Panamá se integraría en 2012).

1. Granados 1986: 75, 80; Spalding 2014: 246.

Estados Unidos también ha pensado la región como una entidad única, como un sistema de Estados clientelares que de manera constante necesita la orientación de su patrón.[2] Para Washington, el istmo forma parte de su "tercera frontera"; como tal, le ha resultado muy valiosa especialmente en temas estratégicos.[3] La construcción y el control del Canal de Panamá a principios del siglo XX evidenció la fusión de los intereses económicos y geopolíticos de Washington en el subcontinente (la firma de los acuerdos a partir de los cuales comprometió el regreso del mando del canal a Panamá se dio en 1977, cuando su valor económico y militar había disminuido considerablemente y bajo una administración que estaba haciendo importantes esfuerzos por mejorar su relación con América Latina).[4] Para ese entonces, las compañías estadounidenses ya habían iniciado su emblemático negocio del banano en la zona, aunque no cabe duda que los intereses puramente económicos fueron, y siguieron siendo, secundarios al hablar del involucramiento del Coloso del Norte en la región.

El valor geopolítico de Centroamérica aumentó considerablemente durante la Guerra Fría. Así, el derrocamiento en 1954 del gobierno nacionalista de Jacobo Arbenz en Guatemala tuvo más que ver con la guerra ideológica entre Washington y Moscú en el emergente contexto de la teoría del dominó, que con el programa de reforma agraria que amenazaba a la estadounidense United Fruit Company.[5] Una vez instaurados gobiernos amigos, entre los que se volvió emblemático el controlado por la dinastía Somoza en Nicaragua, el istmo volvió a ser marginal para los intereses de la política exterior global estadounidense. En términos de ayuda e inversión extranjera, el área apenas figuraba en su radar.[6] De hecho, Centroamérica fue etiquetada como de "baja prioridad" por el Departamento de Estado a finales de la década de los 60 y a principios de los 70.[7]

Con el temor de que el rezago pudiera convertirse en caldo de cultivo para el radicalismo político, la administración Nixon intentó mejorar la suerte de los centroamericanos por medio de la ayuda internacional, aunque, en palabras del presidente, bajo un "enfoque bancario".[8] Los nuevos métodos difícilmente surtirían efecto en el desarrollo de la zona. Por suerte, el "Nixon Shock" de 1971 —en

2. Coatsworth 1994: 4–8; Cottam 1994: 23; Van Tassell 1997: 240–241.
3. Zorn y Mayerson 1983: 544.
4. Ford 1976; 387; LaFeber 1989: 219–220; Lowenthal 1983: 312.
5. Bulmer-Thomas 1988: 210.
6. Cruz 1995; Granados 1986: 93.
7. En Morley 1994: 65.
8. Brands 2008: 247.

particular la sobretasa del 10 por ciento a las importaciones— no tuvo gran impacto en el subcontinente; sus principales envíos como la carne, el café, la fruta y el azúcar quedaron exentos de la medida punitiva. Según estimaciones de la época realizadas por el Departamento de Estado, solo el 8.3 por ciento de las exportaciones de los cinco países fue afectado por la sobretasa (en contraste con el 50.2 por ciento de los productos mexicanos).[9] Aun más, las limitadas consecuencias de las medidas proteccionistas de Nixon fueron efímeras, puesto que un incremento en los precios de algunas materias primas sobrepasó sus efectos.[10] Sin embargo, a pesar de la relativa prosperidad económica en algunos países del istmo se empezó a vivir agitación política a finales de los años 70.

Fue en este punto en el que la región volvió a ocupar un lugar central en el radar estadounidense.[11] Perturbaciones externas como la escalada en los precios del petróleo de 1979, la caída en el precio de materias primas y el incremento en las tasas de interés, empeoraron —aunque en distintos grados— la frágil situación económica de los países centroamericanos, materializando así el temor que la administración Nixon había manifestado a principios de la década: la inestabilidad política. La mayor preocupación de Washington se encontraba en Nicaragua, donde los Sandinistas pusieron fin a la dinastía Somoza en julio de 1979 —pero al ser la región, como la describió el exvicepresidente nicaragüense Sergio Ramírez, un sistema de "vasos comunicantes", la inestabilidad política estaba destinada a esparcirse por el istmo—.[12] La administración Carter, fiel a su (relativa) política de no intervención y promoción de los derechos humanos, intentó avenirse al gobierno sandinista, aunque sin éxito.[13] Lo que siguió no fue únicamente un sostenido acoso económico y político de parte de la administración Reagan al gobierno nicaragüense, sino también un creciente intervencionismo en toda la región. Así, como notó en 1981 la embajadora de Estados Unidos en las Naciones Unidas, Jeane Kirkpatrick, "hoy en día, América Central es el lugar más importante para Estados Unidos en el mundo".[14] Consecuentemente, la ayuda con tintes políticos se incrementó sustancialmente durante los años 80 —en términos reales, se cuatriplicó en relación a la década anterior—.[15] La asistencia económica a Costa Rica

9. CEPAL 1971: 8.
10. Brands 2008: 253; Bulmer-Thomas 2003: 335.
11. Hakim 2011: 67.
12. Ramírez 1999: 274.
13. Coatsworth 1994: 157; Leogrande 1996: 330; LaFeber 1984: 7.
14. En Levin 1981: 34.
15. Hakim 1991: 4.

pasó de representar un 0.3 por ciento de su PIB en 1980, a un 2 por ciento en 1988; en el mismo periodo, en El Salvador pasó de 1.6 a 7.5 por ciento, mientras que en Nicaragua —país excluido de la ayuda— bajó de 1.8 a 0.0 por ciento (cero punto cero).[16] El incremento y la direccionalidad del apoyo hacía sentido con lo señalado por el secretario de Estado Alexander Haig: "en el diseño de la política económica, en la asignación de nuestros recursos, en la discusión sobre asuntos económicos internacionales, un factor determinante será la necesidad de proteger y promover nuestra seguridad".[17]

Con respecto a Nicaragua, el presidente Reagan sostuvo, al asumir el cargo, que recurriría a la coerción económica para deponer al régimen sandinista. Así, dos días después de su toma de posesión, reafirmó la cancelación de la asistencia económica, la cual había sido suspendida por el presidente Carter, cuando fue evidente que los sandinistas seguían enviando armas a los rebeldes salvadoreños; posteriormente, a pesar de las pruebas de que el tráfico había cesado, la administración Reagan interrumpió de manera permanente la ayuda económica a Nicaragua. En el frente comercial, también poco después de la inauguración de su primer mandato, Reagan dificultó la compra de bienes estadounidenses al gobierno sandinista, exigiendo efectivo en lugar de, como dictaba la costumbre, facilitar créditos a través del Banco de Exportaciones e Importaciones (EXIM Bank). Asimismo, la administración republicana redujo en un 90 por ciento la cuota de azúcar nicaragüense —incluso a pesar de que la sanción iba en contra de las obligaciones que Estados Unidos tenía con el GATT—. Nicaragua apeló la medida y un panel del GATT dictó sentencia a su favor, pero la administración Reagan ignoró la decisión del organismo multilateral.[18]

Intensificando la severidad de las medidas económicas contra el país centroamericano, Reagan emprendió un embargo económico. A pesar de los reparos del Departamento de Justicia —sobre la base de que las sanciones iban en contra de las Cartas de la OEA y de la ONU— el gobierno invocó la Ley de Facultades Económicas para Casos de Emergencia Internacional, y el 1 de mayo de 1985 Reagan declaró una emergencia nacional prohibiendo todo intercambio comercial con Nicaragua. Como señala la Orden Ejecutiva, de acuerdo con el presidente estadounidense "las políticas y acciones del gobierno de Nicaragua constituyen una amenaza inusual y extraordinaria a la seguridad nacional y a la política exterior de Estados Unidos"; además, como afirmó en su mensaje al Congreso sobre el

16. Spalding 2014: 36.
17. U.S. House of Representatives 1981.
18. Leogrande 1996.

mismo tema, "las actividades de Nicaragua, con el apoyo de la Unión Soviética y sus aliados, son incompatibles con relaciones comerciales normales".[19] La condena internacional a las medidas estadounidenses se generalizó. Fueron censuradas por sus aliados europeos y México se refirió a ellas como "coerción económica".[20] Mientras que en el hemisferio occidental la OEA y la Comunidad del Caribe (CARICOM) exhortaron a Washington a levantar el bloqueo, a nivel global el Consejo de Seguridad de la ONU aprobó una resolución denunciándola (11–1, con 3 abstenciones), tal como lo hizo la Asamblea General (84–4, 37 abstenciones). Sobra decir que el embargo tuvo serias consecuencias para la economía nicaragüense.[21]

La política de coerción económica de Washington fue complementaria a su más agresivo, si no es que flagrante, ataque al régimen sandinista: la guerra económica —algo que, como señalé en el capítulo cuatro, suele ser considerado fuera de los márgenes del *economic statecraft*—. Así, Washington brindó su apoyo (con dinero y entrenamiento) al ejército contrarrevolucionario, mejor conocido como los "Contra", el cual participaba en una guerra de baja intensidad, principalmente contra rancherías y pequeñas poblaciones. Adicionalmente, la Agencia Central de Inteligencia (CIA) instruyó a sus agentes a minar los puertos nicaragüenses.[22]

Mientras tanto, como ya he puntualizado, la administración Reagan también había estado utilizando su política económica exterior en el resto de la región de forma opuesta a como lo hacía en Nicaragua, con particular énfasis en un país: El Salvador. Desde la perspectiva de Washington, el apoyo al régimen salvadoreño resultaba crítico para evitar otro gobierno de izquierda en el istmo ya que el más pequeño de los países centroamericanos parecía ser el candidato más viable para continuar el patrón revolucionario —en 1980 se fundó el Frente Farabundo Martí de Liberación Nacional (FMLN), mismo que llevó a cabo su primer ataque armado en enero del año siguiente—. Así, Estados Unidos recurrió no solo a sus herramientas económicas, sino también a la asistencia militar para apoyar al gobierno derechista. A pesar de ser el principal receptor de fondos en la región durante la década, la intervención estadounidense no solucionó los problemas económicos y solo vino a empeorar la situación política en El Salvador; el ingreso per cápita cayó

19. Reagan 1985: 809–810.
20. En Leogrande 1996: 339.
21. *Ibid.*; GATT 1986.
22. Ramnarine 1993: 15; Leogrande 1996: 340.

alrededor de un 15 por ciento en los años 80, mientras que el 2 por ciento de su población falleció durante la guerra civil que se produjo en esos años.[23]

Pero debido a que Centroamérica es un sistema de vasos comunicantes, la administración Reagan fue consciente desde un principio que tenía que lidiar con las condiciones de retraso a un nivel regional. En consecuencia, desplegó lo que, por lo menos en un inicio, parecía un ambicioso proyecto para aliviar los problemas endémicos de desarrollo del istmo y sus inmediaciones: la Iniciativa de la Cuenca del Caribe (ICC); este ejercicio de *economic statecraft* será revisado en la siguiente sección.

Por distintas razones, entre las que destacan los conflictos políticos, el empeoramiento de las relaciones comerciales, la ruptura del Mercado Común Centroamericano y la crisis de la deuda, la década de 1980 fue desastrosa para América Central: una "década perdida"—después de todo, la región forma parte integral de América Latina, la cual corrió con la misma suerte—.[24] Un país del istmo, Costa Rica, fue el primero que entró en moratoria en 1981 —un año después lo haría México— y uno de los primeros en participar en el programa de reducción de deuda del Secretario del Tesoro Nicholas (el Plan Brady ya mencionado en el capítulo seis).[25] Fueron precisamente las dificultades económicas padecidas durante estos años lo que llevó a los países centroamericanos —con la decisiva instigación de Estados Unidos— al abandono de las políticas económicas que venían siguiendo durante décadas y a la adopción del Consenso de Washington en los años 90.[26] Con la Guerra Fría ya terminada y con los sandinistas derrotados en las elecciones de febrero de 1990 —donde, con apoyo estadounidense, resultó victoriosa Violeta Barrios, viuda de Chamorro—, la administración de George H. W. Bush podía centrarse en asuntos de política económica exterior más convencionales.[27] Así, Washington desplegó distintos instrumentos con un enfoque de mercado y proveyó asesoría en políticas públicas para impulsar la transición a un entorno económico más liberalizado en la región. La apertura de las economías centroamericanas consolidó su dependencia del mercado estadounidense, la cual a principios de la década de los 90 rondaba el 50 por ciento.[28] Debido a que el proceso de liberalización económica iba ganando terreno, Washington optó por

23. Hakim 1991: 4; Spalding 2014: 43.
24. Cardemill et al. 2000: 34; Spalding 2014: 34–35; Hakim 1991: 4.
25. Sullivan 1993: XVIII.
26. Williamson 1988; Cardemill et al. 2000: 34; Cruz 2015: 45.
27. Spalding 2014: 56.
28. Lederman et al. 2002: 3; Weintraub 1991: 11.

reducir de manera drástica la ayuda en la región; Centroamérica no fue prioridad para la política exterior ni de Bush ni de Clinton.[29] Los años del Consenso de Washington fueron de abandono benigno por parte del Coloso del Norte; como veremos en la segunda sección de este capítulo, el *economic statecraft* estadounidense hacia la región no estuvo muy activo durante la década de los 90.

En los albores del siglo XXI, toda América Central estaba en sincronía con Washington—y no solo en términos de su doctrina económica—. Cuando la administración de George W. Bush decidió invadir Irak en 2003, el istmo contribuyó con cinco de los siete países de América Latina (de 33 en total) que apoyaron la medida.[30] Parecía que para estas fechas las naciones de la región estaban brindando a Estados Unidos el "agradecimiento" que, según un oficial del Departamento de Estado argumentó en 1926, el país merecía por su rol de "maestro", "doctor" y "policía" en la zona.[31] No obstante, el apoyo centroamericano a la aventura militar de Bush Jr. no fue solo una cuestión de principios; por esas fechas se estaba negociando el Tratado de Libre Comercio Estados Unidos-Centroamérica, un asunto que revisaré en la tercera sección de este capítulo.

1) 1971–1989

Alrededor de la época del "Nixon Shock", la política económica exterior de Estados Unidos hecha a modo para América Latina en lo general y para Centroamérica en lo particular, se estaba convirtiendo en algo del pasado. El programa insignia de la posguerra, la *Alianza para el Progreso*, independientemente de sus virtudes y defectos, ya no resultaba efectivo. No fue únicamente el componente relativamente alto de ayuda —más allá de si lo que subyacía era interés o altruismo— lo que se suprimió, lo mismo sucedió con cualquier consideración de un *economic statecraft* distintivo hacia la región.[32] Para la segunda mitad de la década de los 70, la política económica hemisférica *tout court* había llegado a su fin. Como señaló en 1978 el secretario adjunto para Asuntos Internacionales del Departamento del Tesoro, C. Fred Bergsten: "Estados Unidos no tiene nada que específicamente pueda denominarse como una política económica latinoamericana";[33] de manera similar,

29. Cruz 1995; Hakim 1991: 6; Leogrande 1990: 621.
30. Lowenthal y Mostajo 2010: 573.
31. En Lafeber 1984: 25.
32. Weintraub 1997: 66.
33. U.S. Senate 1978: 121.

cuatro años después el secretario de Estado, George Shultz, señaló en la OEA que "todos nosotros somos miembros de la economía mundial, y no dependemos del sistema interamericano para el manejo de nuestras economías como sí lo hacemos para la preservación de la paz".[34] Por su parte, América Latina mostraba un creciente interés en tratar sus asuntos económicos en una escala global, como lo evidenciaron las propuestas para el Nuevo Orden Económico Internacional de los años 70 y el Encuentro Internacional sobre la Cooperación para el Desarrollo (Cumbre Norte-Sur) de 1981.

Fue este contexto en el que se dio una serie de eventos inesperados. En un giro de 180 grados, la administración Reagan lanzó una iniciativa de gran escala otorgando un trato comercial preferencial a los países centroamericanos. A la luz de la inestabilidad política que azotaba la región —no solo era Nicaragua, también Guatemala y El Salvador estaban inmersos en guerras civiles— y debido al creciente aislamiento al que estaba sometido Washington por su apoyo a ciertas dictaduras, en mayo de 1981 el Departamento de Estado se acercó a Canadá, México y Venezuela con la finalidad de establecer un plan de ayuda para el istmo. No obstante, los tres países se negaron a participar al no estar de acuerdo con la postura de Washington con respecto a los orígenes y las soluciones a los problemas de la región.[35]

Así, el 24 de febrero de 1982 en un discurso en la OEA, el presidente Reagan anunció la Iniciativa para la Cuenca del Caribe (ICC). Durante su ponencia, el mandatario reconoció que "en ocasiones nos hemos comportado de manera arrogante y hemos sido impacientes con nuestros vecinos", y que a veces, "sin importar lo buenas que hayan sido nuestras intenciones, quizá nuestro propio tamaño haya hecho parecer que estábamos ejerciendo una especie de paternalismo".[36] Haciendo eco de los pensamientos de Nixon sobre el bienestar material y la estabilidad política, Reagan remarcó que el "desastre económico [en la región] ha abierto un frente para los enemigos de la libertad, de la independencia nacional y del desarrollo pacífico";[37] de ahí la importancia de la petición de Estados Unidos a los países de Centroamérica y del Caribe para que los ayudaran "a hacer uso de la magia del mercado, el mercado del continente americano, para procurar el labrado de su propio camino hacia un crecimiento auto sustentable".[38] De manera más

34. Shultz 1982: 30140.
35. Riding 1982: 641–643; Pastor 1982: 1043–1044.
36. Reagan 1982.
37. *Ibid.*
38. *Ibid.*

específica, la "pieza central" del nuevo programa era el libre comercio unilateral con ciertos países.[39] Al promover la "magia del mercado", el presidente Reagan dejaba claro que, para él, no había distinción entre los principios de la economía exterior y los de la interior; como señaló ante su Consejo de Asesores Económicos:

> El enfoque de la administración con respecto a temas de economía internacional tiene como base los mismos principios que subyacen a los programas domésticos: una creencia en la superioridad de las soluciones de mercado a los problemas económicos y un énfasis en la actividad económica privada como el motor de un crecimiento no inflacionario.[40]

Pero de la misma forma en la que el secretario de Estado tenía claro que no había algo parecido a un sistema económico interamericano, el presidente Reagan sabía que la estabilidad política del istmo era fundamental para su país; tal como afirmó: "no nos equivoquemos: el bienestar y la seguridad de nuestros vecinos en esta región son parte de nuestros intereses vitales".[41]

Washington tenía una concepción bastante peculiar sobre la nueva región que estaba impulsando. En términos culturales, económicos y geográficos no resultaba claro qué era la "Cuenca del Caribe". Esto recuerda la sugerencia que el Departamento de Estado hizo durante la administración Roosevelt para darle a Islandia un trato de país perteneciente al hemisferio occidental; el presidente del New Deal se opuso sobre la base de que "el perjuicio a la idea que compartimos sobre la geografía sería demasiado severo".[42] Incluso si la geografía, como ha señalado Tom Farer, "es una percepción, no un hecho",[43] existen límites a lo que puede ser aceptado socialmente. En la década de los 80, el recién inaugurado concepto de Cuenca del Caribe apenas se ajustó a "la idea que compartimos sobre la geografía": a pesar de que en términos topográficos los países incluidos colindan con el Mar Caribe, se excluyó a Colombia y Venezuela, se incluyó a El Salvador —con salida solo al Pacífico— y, por razones políticas, se dejó fuera a Nicaragua.[44]

La ICC fue también peculiar en el sentido de que, como señalé previamente, rompía una larga tradición del *economic statecraft* de Washington: su inclinación

39. *Ibid.*
40. En Bitar 1984: 28.
41. Reagan 1982.
42. En Whitaker 1954: 160.
43. Farer 1993: 339
44. Van Tassell 1997: 256.

a generar políticas de comercio de una forma global. Como notó Robert Pastor, la medida representó

> una ruptura brusca en la política económica exterior estadounidense —comparable en principio, aunque no en términos de impacto, con el giro que se dio en 1934 con el Acta de Acuerdos Comerciales Recíprocos, la cual ataba a Estados Unidos al principio de reciprocidad, a un trato de nación más favorecida y a un decremento en las tarifas, y con el viraje en 1947 al multilateralismo y al Acuerdo General sobre Aranceles Aduaneros y Comercio (GATT).[45]

Independientemente de los tortuosos contornos de la geografía cubierta por la iniciativa, en los hechos, como señaló el subsecretario de Estado Kenneth Dam, era "la primera ocasión que Estados Unidos otorgaba un trato económico especial a una región geográfica entera".[46] Seguramente hubo algo que la administración Reagan consideró lo suficientemente importante como para garantizar la creación de una región desde una perspectiva idiosincrática y para romper con su ya establecido manejo del orden económico internacional en la posguerra.

Ese algo fue la geopolítica, lo que no significa que haya sido ajena al ejercicio previo del *economic statecraft* estadounidense —como hemos visto, no lo fue—. Pero la abierta politización de sus políticas comerciales en particular, en oposición a la de su política económica exterior en lo general —o a algunos aspectos de ésta, como la ayuda—, resultó una apuesta audaz y arriesgada.[47] El mismo Reagan señaló en un discurso en la OEA que "Estados Unidos nunca había ofrecido un acuerdo comercial preferencial a ninguna región".[48] En cualquier caso, la amenaza geopolítica que su administración detectó fue la incursión del posteriormente señalado como "imperio del mal": la Unión Soviética. A principios de los años 80, la URSS brindaba apoyo al régimen sandinista, quien por su parte asistía a la guerrilla del FMLN en El Salvador; pero afirmar que ese respaldo suponía una amenaza a la seguridad nacional requería un empuje de corte misionero e ideológico. Así, a pesar de indicar que "la naturaleza de las amenazas, los enemigos y las soluciones han cambiado significativamente en 160 años", el senador republicano Bob Dole comparó la iniciativa con la Doctrina Monroe en el sentido de que ambas compartían la idea de que "las nuevas tierras del hemisferio debían permanecer libres

45. Pastor 1982: 1044–1045.
46. En Polanyi-Levitt 1985: 236.
47. Feinberg y Newfarmer 1982: 133–134.
48. Reagan 1982.

de la intervención exterior, con el fin de alcanzar sus propios destinos en paz".[49] Según el congresista, la ICC consistía en mostrar, "de manera simple y llana, que nos preocupan los países que se encuentran al sur".[50]

Como ya he notado, en el discurso ante la organización hemisférica anunciando la creación del programa, el presidente Reagan apuntó al libre comercio unilateral como la "pieza central" de la ICC. De manera más específica, la idea consistía en brindar una entrada libre de impuestos a los productos de la (nueva) región, exceptuando los textiles y las prendas de vestir, durante un periodo de doce años. Pero la iniciativa incluía otros cinco componentes. El primero estribaba en incentivos fiscales para la inversión en países beneficiarios; el segundo suponía una ayuda económica por US$350 millones; el tercero proponía asistencia técnica y capacitación para el sector privado en asuntos como la promoción de las exportaciones; el cuarto residía en el establecimiento de alianzas con otros países como Canadá y Venezuela —a pesar de que, como he apuntado, ya habían rechazado la oferta— para coordinar los esfuerzos; el quinto comprometía algún tipo de ayuda especial para Puerto Rico y las Islas Vírgenes.

La iniciativa fue bien recibida por los empobrecidos países que esperaban beneficiarse de ella, en particular los centroamericanos.[51] No obstante, la razón del optimismo parecía residir más en la ayuda prometida —un elemento tradicional de la política económica exterior estadounidense— que en el libre comercio unilateral, esto debido a que el 87 por ciento de los productos que la región exportaba a Estados Unidos ya se encontraba libre de impuestos bajo el Sistema de Preferencias Generalizadas —algo reconocido por el mismo presidente Reagan durante su comparecencia ante la OEA—. Pero en comparación con la iniciativa previa de Washington para el hemisferio occidental, la *Alianza para el Progreso*, la ICC no funcionó de manera adecuada —careció de recursos financieros y de una visión transformadora—.[52] La filosofía y eventual instanciación de la nueva iniciativa parecían tener más que ver con un curso de capacitación que con una estrategia de desarrollo; en palabras de Peter McPherson, administrador del USAID, "lo que hemos intentado crear es un programa basado en el desarrollo del sector privado local [...] de manera que puedan desarrollar los medios institucionales que les permitan preservar su pluralismo político".[53] Para el senador Dole, la ICC tenía

49. En Ramnerine 1993: 28.
50. En Potoker y Borgman 2007: 86.
51. Whittingham 1989: 88; Polanyi-Levitt 1985: 233–234.
52. Weintraub 1982: 128.
53. En Sanford 1983: 2.

"poco que ver con la creación de nuevas industrias en el Caribe, o con su mantenimiento, o con cualquier otra cosa";[54] tenía que ver, como ya mencioné, con mostrar que Estados Unidos se preocupaba por sus vecinos.

La Ley de Recuperación Económica de la Cuenca del Caribe, proyecto aprobado por el Congreso en agosto de 1983 que oficializó el nacimiento de la Iniciativa para la Cuenca del Caribe, resultó decepcionante. De entrada, la llamada "pieza central"—el libre comercio unilateral— tenía limitaciones en el sentido de que las barreras arancelarias y no arancelarias susceptibles de ser eliminadas (de nuevo, el 87 por ciento de las exportaciones de la región entraban a Estados Unidos libres de impuestos) no lo fueron. Asimismo, Washington terminó por establecer cuotas a las importaciones de azúcar.[55] Los estímulos fiscales para invertir en la Cuenca no fueron aprobados por el Congreso, creando en su lugar un extraño incentivo: deducciones a quienes celebraran convenciones de negocios en el área.[56] Al componente de ayuda de la ICC le fue mejor ya que el Congreso asignó US$350 millones para asistencia en casos de emergencia en septiembre de 1982, así como recursos de ayuda adicional durante los siguientes meses.[57] No fue una sorpresa que El Salvador fuera el principal beneficiario de lo que, según estándares históricos, resultara un generoso programa de ayuda para las naciones de Centroamérica y el Caribe; la petición que hizo el presidente para el país no caribeño fue de US$128 millones —de los 350 ya señalados—, pero los legisladores lo redujeron a US$75 millones manteniendo a San Salvador como el principal beneficiario.[58]

Unas semanas antes de que se aprobara la ley que habilitaba la ICC, probablemente siendo consciente de que resultaría insuficiente para lograr los objetivos que se planteó y también con la intención de poner distancia con el embrollo centroamericano que suscitarían los procesos electorales de los años siguientes, el presidente Reagan creó la Comisión Nacional Bipartidista para América Central, poniendo a cargo al antiguo secretario de Estado y Asesor de Seguridad Nacional, Henry Kissinger.[59] La Comisión Kissinger, como fue conocido el grupo, entregó su reporte en enero de 1984. En éste sugería un incremento substancial a la ayuda económica y militar que se daba a la región, así como una ampliación de las ventajas comerciales. A la vez que reconoció que "de la misma manera que Nicaragua

54. Potoker y Borgman 2007: 86.
55. Whittingham 1989: 88–89; Lafeber 1984: 9.
56. Potoker y Borgman 2007: 86.
57. Hellinger y Hellinger 1983: 1.
58. Ramnerine 1993: 36; Polanyi-Levitt 1985: 232–233.
59. Lowenthal y Mostajo 2010: 584.

estaba lista para una revolución, las condiciones que propician una revolución están presentes en toda la región", aclaró también que la "revolución local" no constituía necesariamente una amenaza de seguridad para Estados Unidos. De forma significativa, la Comisión sugirió que Washington se comprometiera con un "Acuerdo regional integral" basado en las propuestas del Grupo Contadora (formado en 1983 por Colombia, México, Panamá y Venezuela para contrarrestar las políticas intervencionistas de Washington y traer paz a Centroamérica) y a un diálogo permanente con el mismo.[60] Conforme pasó el tiempo y Reagan fue reelecto en noviembre de 1984, las recomendaciones de la Comisión Kissinger cayeron en saco roto.[61]

No sorprende que —tal como la ley aprobada en el Congreso— los resultados de la ICC hayan sido decepcionantes. Su "pieza central", el libre comercio unilateral, se volvió marginal y nunca se materializó el esperado incremento en las exportaciones de la región; en su lugar, el más conspicuo, tradicional y políticamente sesgado elemento de ayuda vino a ocupar el centro de la iniciativa.[62] Después de una evaluación crítica y de quejas internas y externas, la ICC fue modificada en 1986 con la introducción del Programa de Acceso Especial que garantizaba un trato más favorable a las prendas de vestir y a los textiles.[63] Tres años después, la ICC se sometió a un proceso de expansión. Una vez más, el Congreso limitó de forma drástica los beneficios que la recién inaugurada administración de George H. W. Bush solicitó para los países de la cuenca; así, la petición de reducir en un 50 por ciento las tarifas a productos como calzado de piel o atún enlatado y la eliminación de aranceles para algunos productos textiles fueron rechazadas. Por otro lado, en el Congreso se acordó volver permanentes los beneficios concedidos a los países caribeños y centroamericanos. La ICC II, como el programa (sutilmente mejorado) vino a conocerse, fue aprobada en agosto de 1990.[64] Para estas fechas, la situación en la región, o al menos en la zona que catalizó el surgimiento de la ICC —Centroamérica— era muy distinta a la de 1982. Por ejemplo, Nicaragua, ya sin el régimen sandinista, se convirtió en beneficiario —cabe señalar que la guerra civil continuaba en Guatemala y en El Salvador, aunque los acuerdos de paz se firmarían en diciembre de 1996 y en enero de 1992, respectivamente—. En lo que ciertamente fue una exageración, el senador republicano Graham se

60. Kissinger Commission 1984.
61. Lowenthal y Mostajo 2010: 585.
62. Newfarmer 1985: 67; Whittingham 1989: 87.
63. Bakan et al. 1993: 6.
64. *Ibid.*: 7–8; Whittingham 1989: 91.

refirió a lo que estaba pasando en los países de la región como un "florecimiento de la democracia", el cual necesitaba de "asistencia económica" y el "apoyo" de Estados Unidos. Con lo peor de la crisis ya superado, como veremos en la siguiente sección, la ayuda económica y el apoyo se quedaron cortos durante los años 90.[65]

2) 1990–2000

A principios de la década de los 90, con la Guerra Fría prácticamente terminada y ya sin la "amenaza soviética", Estados Unidos perdió el interés en la región. Si durante los años 80 Washington desembolsó alrededor de US$9,000 millones para "contener al comunismo" —ciertamente mucho de ese dinero en actividades no productivas—, los niveles de gasto durante la siguiente década cayeron de forma drástica.[66] Así, por ejemplo, la asistencia económica a Costa Rica pasó de US$95.5 millones en 1990 a US$2.1 en 2000, en El Salvador de US$246.9 a US$44.4 millones y en Nicaragua de US$224.4 a US$33.9 millones.[67] El "momento unipolar" volvió a Washington inconsciente de su "tercera frontera".

Por su parte, los países centroamericanos percibieron el comienzo de las negociaciones comerciales entre México y sus dos vecinos del Norte en 1990 como una amenaza porque su acceso preferencial al mercado estadounidense podría desaparecer; en consecuencia, cabildearon en Washington para también iniciar conversaciones comerciales.[68] En lo que parecía un esfuerzo sincero para dar cabida a las peticiones centroamericanas, en la Cumbre de 1994 Bill Clinton se comprometió a brindarles los mismos privilegios comerciales que México había conseguido con el TLCAN, pero su administración no cumplió.[69] De acuerdo con un negociador comercial costarricense de alto nivel, "durante más de siete años la región expuso sus intenciones de negociar un acuerdo, pero un acuerdo no era prioridad para la administración de Bill Clinton".[70]

A pesar de la indiferencia de Washington, América Central fue capaz de recuperar algo del terreno malogrado en la "década perdida", creciendo en promedio 4.3 por ciento anual durante los años 90.[71] La mejora en su desempeño

65. U.S. Senate 1990.
66. Sweeney 1998.
67. Spalding 2014: 36.
68. Pregelj 2003: 1; González 2006: 4.
69. Sweeney 1998.
70. En Condo et al. 2005: 8.
71. World Bank 2019a.

económico tuvo que ver, más que cualquier otra cosa, con la pacificación de la región, aunque también con las reformas económicas de la década anterior y con el incremento en las exportaciones a Estados Unidos.[72] El Consenso de Washington había permeado en el istmo no solo a nivel tecnocrático y político; las políticas públicas orientadas al mercado fueron populares incluso entre los votantes de la región durante estos años.[73]

Pero no fue sino hasta finales de los años 90, cuando Clinton estaba por terminar su segundo periodo presidencial, que Washington tomó acciones efectivas con respecto a su *economic statecraft* hacia Centroamérica. En mayo de 2000, la Ley de Asociación Comercial de la Cuenca del Caribe (CBTPA por sus siglas en inglés), que ampliaba los beneficios comerciales a los textiles e igualaba algunas de las concesiones obtenidas por México en el TLCAN, fue aprobada por el Congreso; dichos privilegios estarían vigentes hasta el 2008, que es cuando el (fallido) ALCA entraría en vigor, o hasta que se promulgara un acuerdo de libre comercio entre los países beneficiarios y Estados Unidos.[74] Este modesto pero incremental programa (CBTPA) resultó ser la iniciativa económica más destacable de Estados Unidos hacia la región durante la década.

3) 2001–2016

Cuando resurgió el debate sobre el declive global del poder hegemónico estadounidense, en cierta medida la administración Bush remendó el abandono benigno al que Clinton sometió a la región. Y no es que Washington haya recobrado de manera repentina el interés en Centroamérica. La razón tuvo más que ver con el hecho de que, bajo el *economic statecraft* de Bush, la ya mencionada, en el capítulo cuatro, política de "liberalización competitiva" adquirió relevancia —y un tratado de libre comercio con el istmo encajaba muy bien con esa estrategia—. Así, a pesar de que los líderes centroamericanos le habían propuesto a Clinton la negociación desde mayo de 1997,[75] no fue sino hasta que la idea fue sacada a flote una vez más en abril de 2001 que Washington se comprometió con ella.[76]

72. Lederman et al. 2002: 3, 9.
73. Spalding 2014: 53.
74. González 2006: 4; Potoker y Borgman 2007: 81.
75. Molina 2017: 218.
76. González 2006: 4.

Como ya he sugerido, el viraje en la política económica exterior de Washington hacia la región no se dio únicamente por buena voluntad. China estaba por unirse a la Organización Mundial de Comercio (OMC; lo hizo en diciembre de 2001) y el déficit comercial con la emergente potencia asiática iba en aumento.[77] El libre comercio con el istmo resultaba funcional en términos del enfoque pragmático de liberalización competitiva o gradual del representante comercial estadounidense Robert Zoellick —particularmente en una época en la que la antigua idea de un Área de Libre Comercio de las Américas (incluida en la Iniciativa de las Américas del presidente Bush en 1990 y relanzada durante la Cumbre de las Américas de Clinton en 1994) estaba perdiendo fuerza—. Consecuentemente, como señala un reporte de la Oficina del Representante de Comercio de Estados Unidos (USTR por sus siglas en inglés), un "acuerdo de libre comercio entre Estados Unidos y América Central promoverá una mayor convergencia de posturas en la mesa de negociación del ALCA".[78] La geopolítica también jugó en el acuerdo propuesto. El ya señalado (en el capítulo uno) surgimiento de la izquierda en América Latina significó que el istmo se podría volver otra vez una arena para la confrontación ideológica. El representante Dan Burton, presidente del Subcomité para el Hemisferio Occidental, estableció su postura a favor del comercio con la región advirtiendo sobre las incursiones que el presidente venezolano Hugo Chávez estaba realizando en la zona: "nos preocupan los tiranos que están asumiendo el poder [...] Este es nuestro patio trasero [...] América Central es nuestro patio trasero".[79]

Pero no todo era un cálculo maquiavélico. En Washington existía la convicción de que la política económica exterior (liberalizadora y a favor del mercado) que venía promoviendo desde los tiempos de la ICC estaba dando resultados positivos en Centroamérica.[80] En un viraje sardónico, el Representante de Comercio de Estados Unidos, Robert Zoellick, acusó a los críticos del acuerdo en su país... de ¡imperialismo! Tal como señaló: "Ustedes me perdonarán si muestro una pequeña sonrisa irónica sobre todo cuando personas de Estados Unidos optan por decirle a las democracias en América Central lo que es bueno para ellas. Solíamos llamarle a eso imperialismo".[81]

77. Morrison 2018: 9–10.
78. USTR 2003: 2.
79. En Finley-Brook 2012: 633.
80. Andrews 2005; Potoker y Borgman 2007: 110–111; Spalding 2014: 157.
81. En Blustein 2004.

Por su parte, los líderes centroamericanos también tenían importantes alicientes para asegurar un tratado comercial con su principal mercado exportador —uno del que, además, la región era altamente dependiente—. Entre los incentivos se encontraban el surgimiento de China como puntal de las exportaciones (particularmente para el sector textil y en especial para el mercado estadounidense), la terminación en 2005 del Acuerdo sobre los Textiles y el Vestido y la finalización en 2008 de algunas concesiones comerciales obtenidas con el CBTPA. Así, las cabezas de la región no solo querían el acuerdo comercial, sino que lo querían a la brevedad. La popularidad del libre comercio no se limitaba a las altas esferas —había permeado también entre la población de la región, aunque con importante oposición en distintos sectores—.[82] Tomemos el caso de Nicaragua, donde cualquiera que sea la razón (la coerción económica estadounidense, los errores de los sandinistas en el manejo de su economía, o ambos), durante tres lustros, empezando en 1990, fueron elegidos gobiernos con una orientación de mercado; lo mismo sucedió en El Salvador.[83] Esta actitud favorable hacia lo que vino a conocerse como neoliberalismo parecía estar asociada a una percepción positiva de Estados Unidos entre la población. A principios del siglo XXI, Centroamérica era la región del hemisferio con la opinión más favorable sobre el Coloso del Norte: superior al 70 por ciento, de acuerdo con la casa encuestadora más respetada de toda América Latina: *Latinobarómetro*.[84]

El inicio de las negociaciones del Acuerdo de Libre Comercio Centroamericano (CAFTA por sus siglas en inglés, y que posteriormente se convertiría en CAFTA-DR con la incorporación de República Dominicana) fue anunciado de forma oficial en 2002, justo después de que el Congreso otorgara a la administración Bush la Autoridad para la Promoción del Comercio —mencionada en el capítulo cuatro—. Las posturas políticas ante el tratado eran muy distintas en Estados Unidos y en el istmo. Aunque para la mayoría de la población estadounidense el acuerdo era irrelevante, sí enfrentó una fuerte oposición en algunas áreas focalizadas; entre los sectores económicos que se resistieron estaban el azucarero, el textil y el de confecciones.[85] La naturaleza de las industrias opositoras (rudimentarias y de mano de obra intensiva) resultó indicativa del trivial impacto que el acuerdo tendría en la economía estadounidense, dominada por industrias basadas en el conocimiento y en la sofisticación tecnológica. Pero también había una oposición

82. Spalding 2014.
83. *Ibid.*: 53.
84. Latinobarómetro 2017: 90.
85. Condo et al. 2005: 10.

que no tenía ese tipo de interés (económico), relacionada principalmente con grupos sindicales, ambientalistas y de derechos humanos —aunque no necesariamente ajenos a los grupos que objetaban el acuerdo por motivos pecuniarios—. La administración Bush y el Congreso dominado por los Republicanos lidiaron con este amplio grupo abogando tanto por el libre comercio como por la solidaridad con Centroamérica, a la vez que tuvieron que otorgar algunas concesiones.[86]

Los compromisos que la administración Bush tuvo que hacer para aplacar a la oposición interna fueron, la mayoría de las ocasiones, a expensas de sus contrapartes centroamericanos (y dominicanos). Pero esto no significa que por lo demás Washington haya asumido una postura débil en la mesa de negociación (internacional). Como ya he señalado, el CAFTA-DR tenía la intención de ser un escalón para el proceso de liberalización competitiva y la idea era convertirlo en un modelo para acuerdos posteriores, por lo que había necesidad de poner la vara alta para futuros socios comerciales. Esta lógica dual fue aplicada por los negociadores estadounidenses. Así, por ejemplo, en lugar de utilizar el CBTPA como referencia, como los centroamericanos habían asumido (de manera equivocada debido a que, como ya he notado, cuando el CBTPA fue aprobado se estableció que sus términos estarían vigentes hasta el 2008, hasta que el ALCA fuera promulgado —hipotéticamente en 2005— o, como se esperaba, hasta que un acuerdo de libre comercio entre los beneficiarios y Estados Unidos entrara en efecto), se arrancó desde un escenario de tarifas convencionales; el comercio unilateral reaganiano parecía cosa del pasado.

Asimismo, el equipo estadounidense sugirió tomar como base el recién concluido (diciembre de 2002) Tratado de Libre Comercio Chile-Estados Unidos, que por su parte estaba basado en el TLCAN. Así, la agenda incluyó asuntos no comerciales como los derechos de propiedad, la protección a las inversiones y regulaciones internas para negocios y servicios.[87] Como ya he notado, los negociadores también llevaron a la mesa temas laborales y sindicales a petición de opositores internos. Los representantes estadounidenses utilizaron el CAFTA-DR para superar las regulaciones del régimen global de comercio —lo que vino a conocerse como OMC Plus—.[88] Así, bajo el CAFTA-DR la propiedad intelectual en lo general, y la industria farmacéutica en particular, recibieron una protección más allá de lo establecido por la OMC.[89] Como ya he señalado, las demandas impuestas a República Dominicana y a Centroamérica formaban parte integral de la

86. Andrews 2005.
87. Cox 2008; 1530; Spalding 2014: 82, 84; Ricker y Stansbury 2006: Phillips 2005: 18.
88. Cox 2008: 1536.
89. *Ibid.*: 1538; El País 2011; Spalding 2014: 82–83.

estrategia de "liberalización competitiva"; aunque todavía estaba por verse si otros países y foros se adaptarían de la misma forma en la que estos pequeños países lo hicieron—Washington los utilizó como conejillos de indias.

No es que Centroamérica y República Dominicana no hayan presentado resistencia o que no obtuvieran algunas concesiones; estos países no fueron forzados a firmar el acuerdo —después de todo, fueron ellos quienes lo solicitaron a Washington—. Durante el proceso de negociación estuvieron lejos de ser agentes pasivos. Pero en los hechos, Estados Unidos recurrió a innumerables presiones para lograr lo que buscaba de sus potenciales socios—y no solo en asuntos económicos—. Así, la administración Bush presionó a Centroamérica para unirse o para que aprobara su "Coalición de la Voluntad" en la guerra contra Irak; todos los países del istmo —con excepción de Guatemala— y República Dominicana apoyaron de alguna manera la alianza liderada por Estados Unidos (Costa Rica solicitó a Washington su remoción de la lista de partidarios cuando su Corte Constitucional señaló que ello iba en contra de los principios pacifistas del país).[90]

Por su parte, Estados Unidos también otorgó algunas concesiones a sus futuros socios. Así, por ejemplo, concedió periodos de retirada progresiva más amplios (de hasta veinte años) de los que había concedido a Chile o a México (doce y quince, respectivamente); asimismo, confirió un trato especial a las confecciones (a pesar de que los privilegios no eran iguales para todos los países). De manera adicional, Washington aceptó restablecer un nivel de acceso para los productos de la región similar al del CBTPA.[91] Algo que revela la disparidad entre las partes involucradas, es que Washington proveyó financiamiento y, de manera indirecta, capacitación a los equipos negociadores centroamericanos.[92] El acuerdo fue pactado de manera rápida, en nueve rondas que se dieron en 2003 (Costa Rica se retiró hacia el final de las negociaciones, pero regresó y finalizó el acuerdo pocos meses después) y firmado el año siguiente.

El CAFTA-DR se volvió importante para la administración Bush como un instrumento para mantener el enfoque de "liberalización competitiva"; querían mostrarle al mundo, como señaló el Representante de Comercio de Estados Unidos, Zoellick, "nuestra posición como el líder mundial en comercio".[93] Pero el debate sobre el acuerdo se politizó al llegar al Congreso: al igual que el TLCAN días antes de ser votado en noviembre de 1993, el CAFTA-DR parecía destinado

90. Valenzuela 2005: 60; Associated Press 2004.
91. Taconne y Nogueira 2004: ii, 31; Spalding 2014: 84.
92. Spalding 2014: 71.
93. En Finley-Brook 2012: 640.

al fracaso. Finalmente, gracias al viraje de último minuto de un representante republicano de Carolina del Norte cuyo distrito había perdido trabajos en la industria textil, el acuerdo fue aprobado por la Cámara de Representantes en julio de 2005; el conteo final fue de 217 contra 215 (ya había pasado por el Senado en junio con un margen más amplio de 54–45).[94] El acuerdo fue promulgado entre 2006 y 2009 en los siete países firmantes (Costa Rica fue el último en ratificarlo a partir de un referendo nacional en octubre de 2007).[95] Las exportaciones de la región a Estados Unidos se incrementaron de manera considerable como resultado del CAFTA-DR; pasaron de US$19,452 millones en 2006 a US$24,465 millones en 2016, es decir, un incremento de 26 por ciento (el país que más se benefició durante este periodo fue Nicaragua, cuyas exportaciones se duplicaron).[96]

También en 2007, Panamá y Estados Unidos firmaron su acuerdo de libre comercio tras dos años y medio de negociaciones; el país canalero prefirió pactar de manera individual con el fin de enfatizar su relación especial con Washington.[97] Al igual que el CAFTA-DR, el Acuerdo de Promoción Comercial Panamá-Estados Unidos se considera como "OMC Plus".[98] Las exportaciones panameñas a Estados Unidos pasaron de US$718,958 en 2006 a US$2,307 millones en 2016, es decir, se incrementaron en un 321 por ciento.[99] Todo parecía indicar que Washington consolidaría el libre comercio en la región. De manera interesante, al mismo tiempo algunos países de la zona apostaron por un esquema de integración económica (y política) alterno: la Alianza Bolivariana para los Pueblos de Nuestra América (ALBA). Como señalé en el capítulo dos, Fidel Castro y Hugo Chávez firmaron el acuerdo constitutivo en diciembre de 2004. Desde 2001, en el marco de la tercera Cumbre de jefes de Estado y Gobierno de la Asociación de Estados del Caribe, Chávez había dejado claras sus intenciones de lanzar una alternativa tanto al Consenso de Washington como al tratado comercial hemisférico.[100] Nicaragua se unió a la organización en 2007 y Honduras en 2008 (el año siguiente Venezuela suspendió el suministro de petróleo a este país en respuesta al golpe de Estado contra el presidente José Manuel Zelaya, lo que dio inició al proceso de expulsión de Tegucigalpa del ALBA; el Parlamento hondureño denunció el

94. Andrews 2005.
95. Spalding 2014: 61, 65–66, 128.
96. World Bank 2018.
97. Hornbeck 2012: 13.
98. *Ibid.*
99. World Bank 2018.
100. Lamrani 2012: 347.

incumplimiento del acuerdo en enero de 2010). En cualquier caso, la integración económica de Centroamérica al interior del ALBA no prosperó: para el año 2016, solo Nicaragua seguía siendo parte del mecanismo.

Pero la creciente relación comercial de la región con Estados Unidos no se tradujo en mejoras sustanciales en las condiciones de vida de la mayoría de la población (solo Costa Rica y Panamá fueron capaces de moverse al nivel "medio" en el Índice de Desarrollo Humano a finales de los años 90).[101] Para empeorar las cosas, la violencia se disparó en el istmo. Así, la administración Bush incluyó a la región en la Iniciativa Mérida de 2007 (ya mencionada en el capítulo anterior), mientras que la administración Obama renombró esa parte del programa como Iniciativa Regional de Seguridad para América Central. En otro caso de un programa asistencial quedándose más corto de lo esperado, Washington lanzó en 2014 una propuesta más integral: la Estrategia de Relacionamiento de Estados Unidos para Centroamérica, focalizada en El Salvador, Guatemala y Honduras: su principio rector es que los asuntos económicos, políticos y de seguridad "están interrelacionados y tienen la misma importancia".[102] Tal como sucedió con anteriores programas de ayuda, la condicionalidad formó parte de la Estrategia.[103] Así, ya entrados en la segunda década del siglo XXI, Estados Unidos seguía jugando el rol de patrón para la mayoría de los países de la región.

4) Conclusiones

Las páginas previas muestran que, a diferencia de los casos de *economic statecraft* hacia Canadá y México, donde el primero fue considerado un socio menor y el segundo un subordinado cuya posición estratégica ameritaba una consideración especial, Estados Unidos percibía a los países centroamericanos como menores necesitados de orientación. Durante todo el periodo de estudio (1971–2016), tanto las capacidades materiales de las naciones del istmo (medidas a partir de su PIB conjunto como porcentaje del estadounidense —0.5 por ciento en el primer año; 0.99 en el último), como la dependencia en el mercado del norte creció considerablemente (pasó de 32 por ciento en 1971 a 45 por ciento en 2015).[104] Pero

101. PNUD 2018.
102. En CRS 2019: 4.
103. *Ibid.*: 1.
104. Los países incluidos son: Costa Rica, El Salvador, Guatemala, Honduras y Nicaragua. Se utilizó la información disponible más reciente: 2015 para los casos de Guatemala y Nicaragua; 2014 para Honduras. Fuente para el PIB: World Bank (2019b). Fuente para los datos de comercio: OEC (2019).

no fueron estas variaciones lo que motivó la dinámica del *statecraft* estadounidense hacia la región (ambas minúsculas desde la perspectiva de Washington, pero más relevantes desde la visión del istmo —lograron consolidar economías más fuertes, potencialmente menos dependientes de Estados Unidos, aunque a la vez un sector exportador más supeditado a su mercado). Así, una vez más, los datos duros no resultan buenos indicadores para comprender el *economic statecraft* de Washington hacia la región. Los cambios que se dieron en su accionar tienen que ver con preocupaciones de orden económico, político y de seguridad más amplias.

De este modo, durante el primer subperiodo (1971–1989) el viraje en la forma de proveer ayuda a la región (el "enfoque bancario" de Nixon) no funcionó como se esperaba, y para finales de los años 80 Estados Unidos propuso una medida de política comercial sin precedente con la intención de que la "magia del mercado" funcionara en el istmo (y en el Caribe): el libre comercio unilateral. Ahora bien, la motivación no solo era económica: estaba en juego la estabilidad política de la región. Un factor determinante en la decisión de generar un programa especial de comercio, la Iniciativa para la Cuenca del Caribe (ICC), fue mostrar la determinación de Washington para resolver los problemas relacionados con su "tercera frontera". El intento por influir en la región tuvo varios componentes, entre ellos demostrar la vigencia de la Doctrina Monroe fortaleciendo a gobiernos amigos (como El Salvador) y castigando a regímenes hostiles (como la Nicaragua sandinista). Los esfuerzos no estaban dirigidos al recién acuñado término "Cuenca del Caribe" que daba nombre al programa, sino a los pocos Estados en los cuales se concentraban los beneficios de la iniciativa. Debido a la enorme diferencia entre el conjunto de las economías beneficiarias y la estadounidense, el costo económico en el que incurrió Washington fue mínimo.

Del mismo modo, la política económica exterior desplegada por Estados Unidos en Nicaragua tampoco resultó muy económicamente onerosa —aunque tuvo que pagar bastante en términos reputacionales dentro y fuera del hemisferio (la negativa de Canadá, México y Venezuela a participar en la ICC dan cuenta de ello)—. Con su extremadamente coercitivo *economic statecraft* hacia Managua, que en ocasiones incluyó la guerra económica, Washington buscó derrocar al régimen sandinista. Aunque en apariencia el acoso económico no funcionó en un principio, podemos argumentar que terminó por imponerse cuando la candidata apoyada por Estados Unidos ganó las elecciones presidenciales de 1990.

A pesar de la adhesión de Centroamérica al Consenso de Washington, durante el segundo subperiodo (1990–2000) la región fue relegada por Estados Unidos. Ya no había motivaciones políticas urgentes para brindar apoyo —tampoco necesidad de mostrar resolución o cuidado contra amenazas de seguridad durante el momento unipolar—. De esta manera, no fue sino hasta finales de este periodo que Washington se preocupó por traer a los países centroamericanos al redil del libre comercio mediante un acuerdo comercial —a pesar de que, como hemos visto, eran ellos quienes lo habían estado solicitando—. Así, tanto los intentos de Estados Unidos por influir, como el capital que estaba dispuesto a gastar en la región fueron mínimos durante la década de los 90.

La situación cambió poco durante el último subperiodo (2001–2016). Contemplando al istmo a través del prisma de su política comercial más amplia, la "liberalización competitiva", Washington decidió vincular a estos países con la promesa de un acuerdo de libre comercio, al mismo tiempo que utilizó el proceso de negociación como plataforma para su apuesta librecambista en un plano más amplio (independientemente de si la estrategia resultaba adecuada o no). Así, al negociar el CAFTA-DR no solo pretendía influir en la economía política (interna y externa) del subcontinente, sino también en la de otros países, particularmente los del hemisferio occidental contemplados en el ALCA. Pero, debido a que la situación económica y política siguió deteriorándose y a que la "ola rosa" adquirió presencia en el área, Washington tuvo que salir de nuevo al rescate de algunas naciones centroamericanas, reconociendo, como ya he señalado, que los asuntos económicos, políticos y de seguridad van de la mano. Estados Unidos siguió percibiendo a la región como una que necesita orientación.

Referencias

Andrews, E. (2005, Julio 29). How Cafta passed house by 2 votes. *New York Times.*

Associated Press (2004, Septiembre 10). Costa Rica asks to be taken off U.S. list of Iraq coalition partners. *Los Angeles Times.*

Bakan, A., Cox, D., & Leys, C. (1993). *Imperial power and regional trade: The Caribbean basin initiative.* Waterloo, ON: Wilfrid Laurier University Press.

Bitar, S. (1984). United States-Latin American relations: Shift in economic power and implications for the future. *Journal for Interamerican Studies and World Affairs, 26*(1), 3–31.

Blustein, P. (2004, Mayo 28). Trade vote won't be held before election: Central American agreement could have been big campaign issue. *Washington Post,* p. E04.

Brands, H. (2008). Economic development and the contours of U.S. foreign policy: The Nixon administration's approach to Latin America, 1969–1974. *Peace & Change, 33*(2), 243–273.

Bulmer-Thomas, V. (1988). *Studies in the economies of Central America.* Londres: Macmillan Press.

Bulmer-Thomas, V. (2003). *The economic history of Latin America since independence* (2nd ed.). Cambridge: Cambridge University Press.

Cardemill, L., Di Tata, J., & Frantischek, F. (2000). Central America: Adjustment and reforms in the 1990s. *Finance and Development, 37*(1), 34–37.

CEPAL (1971). *Las Probables Repercusiones Sobre América Latina de la Nueva Política Económica de los Estados Unidos. XII Reunión de CECLA*. Lima: CEPAL.

Coatsworth, J. (1994). *Central America and the United States: The clients and the colossus*. Nueva York: Twayne Publishers.

Condo, A., Colburn, F., & River, L. (2005). *The United States Central America Free Trade Agreement (CAFTA): Negotiations and expected outcomes*. Costa Rica: INCAE Business School.

Cottam, M. L. (1994). *Images and intervention: Policies in Latin America*. Pittsburgh, PA: University of Pittsburgh Press.

Cox, R. (2008). Transaction capital, the US state and Latin American trade agreement. *Third World Quarterly, 29*(8), 1527–1544.

CRS (2019). *U.S. strategy for engagement in Central America: Policy issues for congress* (Report No. R44812). Washington, DC: Congressional Research Service.

Cruz, A. (1995). Estados Unidos y Centroamérica: La Era del Comercio. *INCAE Business Review, 8*(2), 9–22.

Cruz, J. (2015). The root causes of the Central American crisis. *Current History, 114*(769), 43–48.

El País (2011, Febrero 5). Cable en el que se recoge las presiones de EEUU para que Guatemala vete una ley que planea impulsar los medicamentos genericos. *El País*.

Farer, T. (1993). A paradign of legitimate intervention. En L. F. Damrosch (Ed.), *Enforcing restraint: Collective intervention in internal conflicts* (pp. 316–348). Nueva York: Council on Foreign Relations Press.

Feinberg, R., & Newfarmer, R. (1982). A bilateralist gamble. *Foreign Policy*, (47), 133–138.

Finley-Brook, M. (2012). Geoeconomic assumptions, insecurity, and 'Free' trade in Central America. *Geopolitics, 17*, 629–657.

Ford, G. R. (1976). *Public papers of the presidents of the United States: Gerald R. Ford, 1976– 1977*. Washington, DC: U.S. Government Printing Office.

GATT (1986). United States-trade measures affecting Nicaragua GATT Panel Report L/6053.

González, A. (2006). Estados Unidos: La experiencia del tratado de libre comercio entre Centroamérica, Estados Unidos y República Dominicana. *INTAL-ITD: Documento de Divulgación*, 42.

Granados, C. (1986). Geopolítica En Centroamérica. *Cuadernos Políticos*, (46), 74–89.

Hakim, P. (1991). From cold war to cold shoulder? The US in Central America. *Harvard International Review, 13*(3), 4–6.

Hakim, P. (2011). The United States and Latin America: The neighbourhood has changed. *The International Spectator: Italian Journal of International Affairs, 46*(4), 63–78.

Hellinger, D., & Hellinger, S. (1983). *Supporting Central American and Caribbean development: A critique of the Caribbean basin initiative and an alternative regional assistance plan*. Washington, DC: The Development Group for Alternative Policies.

Hornbeck, J. F. (2012). *The U.S.-Panama free trade agreement* (Report No. RL32540). Washington, DC: Congressional Research Service.

Kissinger Commission (1984). *Report of the National Bipartisan Commission on Central America*. Washington, DC: U.S. Government Printing Office.

Lafeber, W. (1984). The Reagan administration and revolutions in Central America. *Political Science Quarterly, 99*(1), 1–25.

LaFeber, W. (1989). *The Panama Canal: The crisis in historical perspective.* Nueva York: Oxford University Press.
Lamrani, S. (2012). The Bolivarian alliance for the peoples of our America: The challenges of social integration. *International Journal of Cuban Studies, 4*(3/4), 347–365.
Latinobarómetro (2017). *La era de Trump Imagen de Estados Unidos en América Latina.* Santiago: Corporación Latinobarómetro.
Lederman, D., Perry, G., & Suescún, R. (2002). *Trade structure, trade policy and economic policy options in Central America.* The World Bank, Latin America and the Caribbean Region.
Leogrande, W. (1990). From Reagan to Bush: The transition in US policy towards Central America. *Journal of Latin American Studies, 22*(3), 595–621.
Leogrande, W. (1996). Making the economy scream: US economic sanctions against Sandinista Nicaragua. *Third World Quarterly, 17*(2), 329–348.
Levin, B. (1981, Marzo 16). Storm Over El Salvador. *Newsweek*, p. 34.
Lowenthal, A. (1983). Ronald Reagan and Latin America: Coping with hegemony in decline. En K. Oye, R. Lieber & D. Rothchild (Eds.), *Eagle defiant: United States foreign policy in the 1980s.* Boston, MA: Little Brown and Company.
Lowenthal, A., & Mostajo, F. (2010). Estados Unidos y América Latina, 1960–2010: De la pretensión hegemónica a las relaciones diversas y complejas. *Foro Internacional, 50*(3/4), 552–626.
Molina, E. (2017). Costa Rica y el Proceso de Producción del TLC: Estrategias de Socialización Profesional y Nuevas Élites Estatales. *Anuario de Estudios Centroamericanos, 43*, 189–223.
Morley, M. (1994). *Washington, Somoza, and the Sandinistas: State and regime in U.S. policy towards Nicaragua, 1969–1981.* Washington, DC: Cambridge University Press.
Morrison, W. (2018). *China-U.S. trade issues* (Report No. RL 33536). Washington, DC: Congressional Research Service.
Newfarmer, R. (1985). Economic policy toward the Caribbean Basin: The balance sheet. *Journal of Interamerican Studies and World Affairs, 27*(1), 63–89.
OEC (2019). Visualizations: Export destinations. The Observatory of Economic Complexity (Consultado Mayo 13, 2019).
Pastor, R. (1982). Sinking in the Caribbean Basin. *Foreign Affairs, 60*(5), 1038–1058.
Phillips, N. (2005). U.S. power and the politics of economic governance in the Americas. *Latin American Politics & Society, 47*(4), 1–25.
Polanyi-Levitt, K. (1985). The origins and implications of the Caribbean Basin initiative: Mortgaging sovereignty? *International Journal, 40*(2), 229–281.
Potoker, E., & Borgman, R. (2007). The economic impact of the Caribbean Basin Initiative: Has it delivered its promise? *Canadian Journal of Latin American and Caribbean Studies, 32*(64), 79–119.
Pregelj, V. (2003). *Caribbean Basin Interim Trade Program: CBI/NAFTA Parity* (Report No. IB95050). Washington, DC: Congressional Research Service.
Ramírez, S. (1999). *Adiós Muchachos: Una memoria de la revolución sandinista.* México D.F.: Aguilar.
Ramnarine, D. (1993). The political logic of the CBI. En A. Bakan, D. Cox, C. Leys (Eds.), *Imperial power and regional trade: The Caribbean Basin initiative* (pp. 11–44). Waterloo, ON: Wilfrid Laurier University Press

Reagan, R. (1982). Remarks to the permanent council of the organization of American states on the Caribbean Basin initiative. Ronald Reagan Presidential Library and Museum. Recuperado de: https://www.reaganlibrary.gov/research/speeches/22482a

Reagan (1985). United States: Economic sanctions against Nicaragua. *International Legal Materials, 24(*3), 809–822.

Ricker, T., & Stansbury, B. (2006). The CAFTA chronicles: Strong-arming Central America, mocking democracy. *Multinational Monitor, 27*(1), 21–25.

Riding, A. (1982). The Central American quagmire. *Foreign Affairs, 61*(3), 641–659.

Sanford, J. (1983). *Caribbean Basin initiative* (Report No. IB82074). Washington, DC: Congressional Research Service.

Shultz, G. (1982). *Secretary of State Shultz OAS address. In congressional record – Senate*, Diciembre 13, 1982. Washington, DC: U.S. Government Printing Office.

Spalding, R. (2014). *Contesting trade in Central America: Market, reform and resistance.* Austin, TX: Texas University Press.

Sullivan, M. (1993). *The Caribbean Basin: Economic and security issues. Study Papers submitted to the Joint Economic Committee Congress of the United States.* Washington, DC: U.S. Government Printing Office.

Sweeney, J. (1998). Clinton's Latin America policy: A legacy of missed opportunities. *The Heritage Foundation.*

Taccone, J. J., & Nogueira, U. (2004). *Central American report* (Report No. 2). Buenos Aires: Institute for Integration of Latin America and the Caribbean.

UNDP (2018). Human Development Data (1990–2017). *Human development reports.* Recuperado de: http://hdr.undp.org/en/data#

U.S. House of Representatives (1981). *Foreign assistance legislation for fiscal year 1982.* Hearing before the Committee on Foreign Affairs, March 13, 18, 19 and 23. Washington, DC: U.S. Government Printing Office.

U.S. Senate (1978). *Latin America.* Hearing before the Subcommittee on Western Hemisphere Affairs of the Committee on Foreign Relations, October 4, 5 and 6. Washington, DC: U.S. Government Printing Office.

U.S. Senate (1990). *Caribbean Basin initiative.* Hearing before the Subcommittee on International Trade of the Committee of Finance, February 9. Washington, DC: U.S. Government Printing Office.

USTR (2003). Trade with Central America: Strengthening democracy, promoting prosperity. Fact Sheets: January 08.

Valenzuela, A. (2005). Beyond benign neglect: Washington and Latin America. *Current History, 104*, 58–63.

Van Tassell, D. H. (1997). Operational code evolution: How Central America came to be "Our Backyard" in U.S. culture. En V. M. Hudson (Ed.), *Culture & Foreign Policy* (pp. 231–261). Boulder, CO: Lynne Riener.

Weintraub, S. (1982). A flawed model. *Foreign Policy*, (47), 128–133.

Weintraub, S. (1991). The new US economic initiative toward Latin America. *Journal for Interamerican Studies and World Affairs, 33*(1), 1–18.

Weintraub, S. (1997). US-Latin American economic relations. *Journal for Interamerican Studies and World Affairs*, *39*(1), 59–69.

Whitaker, A. P. (1954). *The Western Hemisphere idea: Its rise and decline*. Ithaca, NY: Cornell University Press.

Whittingham, W. (1989). The United States government's Caribbean Basin initiative. *CEPAL Review*, (39), 73–92.

Williamson, R. (1988). Policies for the Americas in the 1990s. Bureau of Public Affairs. *Current Policy*, (1071).

World Bank (2018). Trade stats [export $US thousand]. World Integrated Trade Solutions. Recuperado de: https://wits.worldbank.org/

World Bank (2019a). GDP [NY.GDP.MKTP.KD.ZG]. Recuperado de: https://data.worldbank.org/indicator/ny.gdp.mktp.kd.zg

World Bank (2019b). Gross domestic product [NY.GDP.MKTP.CD]. Recuperado de: https://data.worldbank.org/indicator/NY.GDP.M KTP.CD

Zorn, J., & Mayerson, H. (1983). The Caribbean Basin initiative: A windfall for the private sector. *University of Miami Inter-American Law Review*, *14*(3), 523–556.

8

El economic statecraft *de Estados Unidos hacia Sudamérica*

A diferencia de como hizo con sus vecinos norteamericanos y con Centroamérica, Estados Unidos nunca ha puesto en el centro del radar a Sudamérica. Históricamente, en asuntos políticos y económicos la región ha ocupado un distante tercer lugar en las preocupaciones hemisféricas de Washington. Así, por ejemplo, el coautor de la Doctrina Monroe (si no es que su verdadero creador), el Secretario de Estado John Quincy Adams, señaló que lo que más le interesaba era la parte septentrional del hemisferio; como notó, "una cosa era decirle a Europa que mantuviera sus manos fuera del hemisferio occidental [...] pero otra muy distinta era mancomunarnos con esos débiles gobiernos latinos bajo un espíritu de igualdad y fraternidad".[1] Para él, "el mundo deberá familiarizarse con la idea de que el continente de Norteamérica es nuestro dominio propio".[2]

En contraposición a los latinoamericanos, quienes consideraban el hemisferio occidental como un continente, Adams —al igual que sus compatriotas— lo veía como constituido por más de una masa de tierra. Así, en una carta previa a la enunciación de la Doctrina Monroe escribió que "los continentes americanos ya no están disponibles para el asentamiento de nuevas colonias europeas".[3] De

1. En Dent 1999: 2.
2. En LaFeber 1965: 37.
3. En McDougall 1997: 62.

manera significativa, para Adams México no parecía formar parte de Norteamérica; como afirmó:

> Todo el continente de Norteamérica parece estar *destinado por la Divina Providencia* a ser poblado por una sola *nación*, hablando una lengua, profesando un sistema general de principios políticos y religiosos, y habituada a un tenor general de usos y costumbres.[4]

Así, durante los siglos XIX y XX, la intervención de Estados Unidos en Sudamérica fue menor que en México y Centroamérica.[5] Christian Deblock y Sylvain F. Turcotte han señalado que en el siglo XXI América del Sur puede ser considerada el "tercer círculo" de los intereses estadounidenses en el hemisferio (Norteamérica es el primero, Centroamérica y el Caribe el segundo).[6] Como el presidente de la Comisión de Asuntos Exteriores de la Cámara de Representantes, Tom Lantos, notó con desilusión en 2007, "la administración ha colocado a Sudamérica ligeramente por delante de la Antártida en su lista de prioridades".[7]

Sudamérica no puede ser considerada un bloque único —a diferencia de Centroamérica, como vimos en el capítulo anterior—. De hecho, se reconocen dos regiones políticas en su interior: la Andina (Bolivia, Colombia, Ecuador, Perú y Venezuela) y el Cono Sur (Argentina, Brasil, Chile, Paraguay y Uruguay). Asimismo, Brasil—el país más grande del área en términos económicos y geográficos, que no fue colonia española pero sí la sede del imperio portugués durante algunos años—en cierta medida juega aquí un rol análogo al de Washington en el hemisferio. No obstante, el país carioca y sus vecinos comparten algunos valores e intereses.[8] En consecuencia, la integración económica y política, así como el desarrollo de una identidad sudamericana, han sido temas recurrentes en la historia y en la economía política de la región.[9]

El que Sudamérica no haya sido prioridad para Washington no significa que ha estado exenta de lo que Abraham Lowenthal denominó como la "presunción hegemónica" de Estados Unidos: "la creencia en este país de que el hemisferio entero es una esfera legítima de la influencia estadounidense".[10] La premisa

4. En McCaffrey 1992: 66; el énfasis es de McCaffrey.
5. Dent 1999: 12–13.
6. Deblock y Turcotte 2005: 17.
7. U.S. House of Representatives 2007: 1.
8. U.S. House of Representatives 2000.
9. Riggirozzi y Grugel 2015: 786.
10. Lowenthal 1976: 201.

hemisférica y las políticas coyunturales sirvieron para reforzar un sentido de solidaridad *vis-à-vis* el Coloso del Norte entre los vecinos sureños. Por ejemplo, dos años antes del "Nixon Shock" de 1971, los países latinoamericanos emitieron el Consenso de Viña del Mar (Chile), una declaración que contenía una "posición común para elaborar conjuntamente con Estados Unidos de América nuevas bases para la cooperación económica y social interamericana".[11] Cuando se dio el inesperado anuncio del presidente Nixon, América Latina lanzó una declaración oponiéndose a la medida.[12]

Pero más allá de la camaradería política latinoamericana, lo que prevaleció fue la presunción hegemónica estadounidense —al menos durante el primer subperiodo que abarca este trabajo (1970–1989)—. El primer caso que reviso, la política económica exterior de Washington hacia Chile durante el gobierno izquierdista de Salvador Allende (1970–1973), deja claro que la suposición de dominio funcionaba a plenitud. El secretario de Estado, Henry Kissinger, declaró abiertamente: "no veo por qué debemos pararnos a ver cómo un país se vuelve comunista debido a la falta de responsabilidad de su población".[13] El *economic statecraft* de Washington hacia Chile después daría un giro de 180 grados con la llegada al poder —mediante un golpe de Estado— del dictador militar Augusto Pinochet en 1973.

La falta de solidaridad hemisférica de Estados Unidos, y de manera más precisa la desestimación del Tratado Interamericano de Asistencia Recíproca (TIAR) de 1947 y su apoyo al Reino Unido durante la guerra de las Malvinas en 1982 (Chile y Colombia tampoco apoyaron a Argentina), redujeron considerablemente su popularidad en la región.[14] Más adelante, en la misma década, la atención de Estados Unidos fue más sostenida. La razón: la crisis de la deuda. Durante este período, el foco de Washington estuvo principalmente en el reto lanzado por el gobierno del presidente peruano Alan García, coyuntura que reviso más adelante.

Durante la década de 1990 —segundo subperiodo de análisis—, las relaciones hemisféricas mejoraron sustancialmente. Con la Guerra Fría ya finalizada (en el entorno global) y en el contexto político del Consenso de Washington (en el hemisferio), Estados Unidos se embarcó en una relación más amigable con los países sudamericanos. Así, por ejemplo, la Ley de Preferencias Arancelarias Andinas (ATPA, por sus siglas en inglés), propuesta durante la época de la caída del

11. Viña del Mar 1969: 403.
12. Lowenthal 1976: 208.
13. Hersh 1974: 14.
14. Malamud 2002: 3; Sennes et al. 2006: 2.

Muro de Berlín, entró en vigor a finales de 1991. La nueva ley eliminó las tarifas a muchos productos originarios de Bolivia, Colombia, Ecuador y Perú. Al igual que la Iniciativa para la Cuenca del Caribe (ICC), medida promulgada por el exvicepresidente de Reagan, George H. W. Bush, el ATPA era un programa de libre comercio unilateral. Pero su objetivo no se reducía a lo económico, su intención declarada era reducir la producción de coca —la mayoría de la cual terminaba en Estados Unidos— en la región.

Unos meses después de entrado en funciones el ATPA y con las negociaciones del TLCAN todavía en marcha, comenzó a darse el efecto de demostración de este último. El acuerdo norteamericano se convirtió en el nuevo modelo de integración económica con Estados Unidos y muchos países mostraron interés ya sea en negociar un tratado bilateral o en unirse al TLCAN. En su rol de ejemplo modélico en la implementación de la economía política del Consenso de Washington, Chile solicitó rápidamente el inicio de conversaciones; sobra decir que Estados Unidos aceptó con gusto la petición. Así, durante la visita del presidente chileno Patricio Aylwin a Washington en mayo de 1992, Bush declaró que pronto iniciarían las discusiones comerciales con Santiago.[15] En noviembre del mismo año, en un viaje a Sudamérica el mandatario estadounidense insinuó que Chile era un buen candidato para firmar un tratado de libre comercio con su país.[16] No obstante, el acuerdo no se materializó sino hasta una década después —algo que reviso más adelante.

Las reformas económicas, en particular la liberalización del comercio, se convirtieron en el leitmotiv del *economic statecraft* de Washington hacia América Latina en general y hacia Sudamérica en particular. En este asunto parecía no haber diferencias entre la administración de Bush (padre) y la de Clinton. La Cumbre de las Américas de 1994, donde surgió el Área de Libre Comercio de las Américas (ALCA), es sintomática del humor que prevalecía en el hemisferio. Como observó en 1997 Jeffrey Davidow, secretario de Estado adjunto a cargo de la generación de políticas públicas en el hemisferio occidental, al momento de exponer el caso a favor de la autoridad *fast-track* (vía rápida) de la que carecía la administración Clinton: debido a que el ALCA se había vuelto la "piedra angular" de las relaciones hemisféricas:

> Resulta claro que para que Estados Unidos mantenga su tradicional liderazgo en las políticas económicas globales, requerirá la aprobación expedita de

15. Wilson 1992.
16. Jordan 1994: 367.

> procedimientos *fast-track* de parte del Congreso [...] Si perdemos nuestra habilidad para liderar en la arena del comercio, iremos perdiendo cada vez más nuestra influencia en términos estratégicos, políticos, así como en otras esferas de las relaciones internacionales.[17]

Una de las esferas que llamaba fuertemente la atención de Washington durante la década de 1990 fue la seguridad, particularmente en lo concerniente al tráfico de drogas. Retomando las preocupaciones que se materializaron en el ATPA de 1991, pero ahora con un énfasis mucho más evidente en la asistencia militar, la administración Clinton logró que el Congreso aprobara el Plan Colombia, que en un inició comprometió un monto de US$1,700 millones.

La llegada de George W. Bush a la Casa Blanca, que coincide con el inicio del tercer subperiodo de estudio (2001–2016) en los que se divide este trabajo, trajo consigo una renovada esperanza para la cooperación interamericana, particularmente en el Cono Sur. En ese momento, el gobierno argentino de Fernando de la Rúa estaba iniciando su segundo año bajo serias dificultades económicas. Durante su campaña, Bush criticó repetidamente a la administración Clinton por no haber cumplido su promesa de entablar una relación económica más cercana con América Latina (Clinton no obtuvo la autoridad *fast-track* para llevar a cabo negociaciones comerciales) y prometió que la región se volvería una prioridad para él. Debido a que la situación económica en Argentina empeoró durante los primeros meses de la presidencia de Bush, particularmente en lo relativo al doble déficit (en gasto público y en cuenta corriente), la esperanza tanto de de la Rúa como de su sucesor (Eduardo Duhalde) de que Estados Unidos los apoyara se desvaneció.[18] A pesar de que la nueva administración quería que el Congreso se implicara más con el fin de cumplir la promesa del padre del presidente (en la Iniciativa para las Américas de 1991) de crear un área de libre comercio "desde Alaska hasta Tierra de Fuego", también resultaba claro que en el ámbito financiero el pensamiento había cambiado. Así, a pesar de que la administración Clinton fue al rescate de México en 1995 (como lo vimos en el capítulo seis), seis años después Bush se rehusó a hacer lo mismo con Argentina, caso que veremos más adelante.

En consonancia con su "credo" de libre comercio (Zoellick del USTR *ipse dixit*)[19] y con su enfoque de "liberalización competitiva", la administración de George W. Bush obtuvo en 2002 la Autoridad de Promoción Comercial ("Trade

17. Davidow 1997.
18. Russell y Tokatlian 2004: 18.
19. Zoellick 2003a.

Promotion Authority", como pasó a llamarse la antigua autoridad *fast-track*; TPA por sus siglas en inglés) y firmó, por fin, el acuerdo comercial con Chile en 2003. Pero Washington fue más allá en la promoción del libre comercio. El mismo año de su arribo a la Casa Blanca, Bush decidió renovar y expandir el ATPA. La iniciativa para facilitar el comercio unilateral resultó ser más amplia, pero no solo en asuntos comerciales —incluyó de manera explícita el combate a la producción de narcóticos, tal como su nuevo nombre lo dejaría claro: Ley de Preferencias Arancelarias Andinas y Erradicación de la Droga (ATPDEA)—. El Congreso aprobó la propuesta extendiendo los beneficios del comercio unilateral hasta 2005 —fecha en la que supuestamente entraría en vigor el ALCA.

Pero la presunción de que el ALCA reemplazaría al ATPDEA resultó demasiado optimista. Washington y Brasilia, como copresidentes en lo que se suponía era el último tramo de las negociaciones que llevarían al pacto hemisférico, no llegaron a un convenio y el acuerdo colapsó en 2005 en Mar del Plata (Argentina). A pesar de que eran treinta y cuatro países los involucrados, solo dos de ellos, Estados Unidos y Brasil, lideraron el proceso —este es el último caso que reviso en el capítulo—. No obstante, es importante notar que el fracaso del ALCA no se debió únicamente a la oposición de Brasilia —al menos a los términos en que Washington quería negociarlo—. La imposibilidad de alcanzar un acuerdo también tuvo que ver con el ascenso de gobiernos de izquierda en Sudamérica; Hugo Chávez llegó al poder en 1998 en Venezuela, Néstor Kirchner en Argentina en 2003 (Luiz Inácio Lula da Silva también asumió el cargo en Brasil ese mismo año) y Tabaré Vázquez el mismo año que las negociaciones comerciales hemisféricas se detuvieron (Bolivia y Ecuador girarían a la izquierda en los dos años posteriores a la muerte del ALCA). Por las fechas de la cumbre en Mar del Plata, como ha señalado William Leogrande, "el agradable consenso elogiado por Bill Clinton durante la primera cumbre había sido reemplazado por visiones marcadamente divergentes con respecto al futuro del hemisferio".[20] Fue en estos tiempos en los que surgieron las discusiones sobre el "Consenso post Washington" y el orden "poshegemónico",[21] y en que empezó a percibirse cierto pánico en algunos círculos en Washington. Como señaló el ya mencionado Tom Lantos: "nuestros vecinos están montando una mini rebelión en nuestras propias narices [...] Hemos ignorado a Sudamérica como nuestro socio durante demasiado tiempo. Hemos permitido que Chávez defina lo que somos para nuestros vecinos".[22] Venezuela,

20. Leogrande 2007: 385.
21. Biegon 2017: 82.
22. U.S. House of Representatives 2007: 1–2.

bajo "el socialismo del siglo XXI" de Hugo Chávez y su financiamiento de la naciente Alianza Bolivariana para los Pueblos de Nuestra América (ALBA, establecida en 2004 como señalé en el capítulo dos), se había convertido en un problema mayor para Washington.

No obstante, la estrategia de liberalización competitiva siguió su curso. Después de la consecución de los TLC con Chile y Centroamérica, Estados Unidos firmó otros acuerdos comerciales en los siguientes años. Después de todo, veintinueve de treinta y cuatro países presentes en Mar del Plata estaban a favor del ALCA —y muchos de ellos eran sudamericanos—.[23] Así, Colombia y Perú firmaron acuerdos de promoción comercial en 2006 (el primero entró en vigor hasta 2012, mientras el segundo se hizo efectivo en 2009). Además, estos tratados ya eran de segunda generación, OMC Plus; incluían nuevos temas como el comercio electrónico y áreas extra comerciales como la propiedad intelectual, regulaciones gubernamentales y protecciones laborales y ambientales. La inclusión de estos asuntos, en particular los correspondientes a las normas laborales, generaron un intenso debate en el Congreso y entre las partes negociadoras en Estados Unidos. Pero los gobiernos de Colombia (Álvaro Uribe [2002–2010] y Juan Manuel Santos [2010–2018]) y de Perú (Alejandro Toledo [2001–2006] y Alan García [una vez más en el periodo 2006–2011]) buscaban consolidar el acceso al mercado de Estados Unidos, por lo que estaban dispuestos a brindar las concesiones que les demandaran.

A pesar de que el ALCA había fracasado, para la administración Bush los acuerdos con Colombia y Perú servían como escalones para el anhelado libre comercio hemisférico—ahora bajo un modelo de red radial ("hub and spoke"), donde, obviamente, Washington ocupaba el lugar central—. Pero incluso este desbalanceado esquema fue concebido como una forma de instanciar su credo de libre comercio. Como señaló el presidente Bush al exponer el acuerdo con Perú:

> Podemos mandar a nuestro vecindario la clara señal de que deseamos que sean prósperos; de que queremos ayudarlos a alcanzar su potencial a través del comercio con Estados Unidos. Los acuerdos comerciales son benéficos para ambas partes —son buenos para los trabajadores estadounidenses y son buenos para los peruanos.[24]

23. Hornbeck 2006: 13.
24. Department of State 2007.

Asimismo, el Departamento de Estado argumentó que "la aprobación e implementación del TLC demostrará un fuerte apoyo de Estados Unidos a un país y a una población que comparten nuestros valores de libertad económica y democracia".[25]

1) 1971–1989

El mismo día que el presidente estadounidense pronunció lo que vino a conocerse como el "Nixon Shock", el *New York Times* informó que para el secretario del Tesoro John B. Connally Jr. —quien jugó un rol decisivo en la creación de la aún no revelada medida—, su país debería "ponerse duro" con los países en América Latina que expropiaron compañías estadounidenses, ya que "de todos modos no tenemos ningún amigo allí".[26] Posteriormente vino el anuncio del presidente, el cual, como ya he señalado, causó conmoción en todo el hemisferio. Tanto la opinión del secretario como la nueva política del presidente denotaron no solo frialdad en su entendimiento de la política internacional, sino también una clara (aunque no necesariamente correcta en su diagnóstico) conciencia del existente continuum entre la economía política internacional y la doméstica. De hecho, pocos meses antes, Nixon había creado el Consejo de Política Económica Internacional —mencionado en el capítulo cuatro— con la finalidad de:

> Lograr una consistencia entre las políticas económicas internas y externas [y] dar un enfoque de alto nivel a todos los temas de política económica internacional; lidiar con las políticas económicas internacionales —incluyendo el comercio, la inversión, la balanza de pagos, las finanzas— como un todo; y considerar los aspectos económicos de asuntos que en esencia son de política exterior, como la ayuda y la defensa, bajo la guía general del Consejo de Seguridad Nacional.[27]

El racional bajo el cual se fundó la nueva oficina es que "los intereses económicos influyen directamente en las consideraciones de política exterior y, por lo tanto, tienen que ver con los compromisos militares y diplomáticos que tenemos allá afuera".[28]

25. *Ibid.*
26. New York Times 1971.
27. Nixon 1971a.
28. En Petras y Morley 1975: 83.

Asimismo, relacionado con el tema que probablemente tenía en mente el secretario del Tesoro Connally al manifestar su opinión sobre la percepción de Estados Unidos en el hemisferio, es decir, la reciente captura de las compañías mineras estadounidenses por parte del gobierno socialista de Chile, se estaba desarrollando una batalla burocrática trascendental al interior de la administración Nixon para decidir quién debería estar a cargo de la política económica exterior hacia el continente: si el Departamento del Tesoro o el Departamento de Estado. El primero resultó victorioso, con nefastas consecuencias para la administración Allende.[29] Así, sugiriendo que se pudo haber dado una especie de profecía autocumplida en la apreciación del secretario, el *New York Times* advirtió que "el pronunciamiento del Sr. Connally sobre el hecho de que 'no tenemos amigos en América Latina', podría adquirir un nuevo y enriquecido significado".[30]

Pero el enfoque confrontativo hacia los países que no eran promercado no estaba únicamente sustentado por un análisis económico técnico. Más bien, se basó en una mentalidad que consideraba que cualquier decisión de política pública de un gobierno extranjero que no se ajustara al canon de Washington no solo era una señal de pérdida de rumbo, sino también una amenaza existencial para Estados Unidos. En el asunto en cuestión (Chile bajo Allende), lo que se dio fue la continuación de la teoría del dominó aplicada dos décadas antes, como señalé en el capítulo anterior, a la administración de Arbenz en Guatemala. De hecho, esta conjetura se esparció por todo el aparato gubernamental estadounidense. El otrora moderado diplomático Edward Korry, quien había sido nombrado embajador en Chile por Lyndon B. Johnson, envió un telegrama a Washington el 5 de septiembre de 1970 advirtiendo los efectos de la elección de Allende:

> Tendrá un impacto profundo en América Latina y más allá; hemos sufrido una dolorosa derrota; las consecuencias se darán en el plano doméstico y en el internacional; las repercusiones tendrán un impacto inmediato en algunos países y efectos retardados en otros (*sic* [por los signos de puntuación]).[31]

Como posteriormente notaría el asesor de seguridad nacional de Nixon, Henry Kissinger: "en nuestro gobierno no había discrepancias con respecto a lo que Allende representaba. Nadie cuestionó el primer cable de Korry anticipando las consecuencias de la elección".[32]

29. Fagen 1975: 305; Petras y Morley 1975: 104–105.
30. New York Times 1971.
31. Department of State 2014.
32. Kissinger 1979: 657.

Como sugiere la persistencia de la creencia en la reacción en cadena, el miedo a los socialistas que llegaron al poder en Chile y después en otros países —incluso por vías democráticas— no era nuevo en Washington. Al menos durante la década anterior, Estados Unidos se involucró activamente en prevenir la llegada de un socialista —el mismo Allende, quien había competido en 1964 (y también en 1958 y 1952)— al Palacio de la Moneda. Las administraciones demócratas y republicanas habían gastado más de US$3 millones para evitar su triunfo en las contiendas anteriores.[33] Pero en el cuarto intento los esfuerzos estadounidenses no sirvieron de nada:[34] Allende ganó, en una votación plural (obtuvo el 36.2 por ciento), las elecciones de septiembre de 1970.[35] La administración Nixon no se dio por vencida después de los resultados adversos: junto con algunas empresas estadounidenses con intereses en el país austral, operó para evitar que Allende asumiera el cargo.[36] De acuerdo con Kissinger, el razonamiento fue que "la elección de Allende representaba un desafío a nuestro interés nacional".[37] Pero no era el único que pensaba así: "cuando Nixon asumió el cargo, la idea de que el gobierno de Allende representaba una amenaza para nuestros intereses nacionales era una creencia generalizada".[38]

Poco después de que Allende tomara posesión (el 3 de noviembre de 1970), el presidente Nixon estableció la que sería su postura hacia el régimen socialista: "correcta pero fría, para evitar darle al gobierno de Allende una base sobre la cual alentar el apoyo doméstico e internacional a la consolidación de su régimen".[39] No obstante, el presidente ordenó a su administración adoptar una serie de políticas económicas con el fin de ejercer presión sobre el nuevo gobierno chileno.[40] Como señala el informe del Comité Restringido del Senado sobre Chile de 1975, "la política económica exterior de Estados Unidos hacia el gobierno de Allende se articuló en las más altas esferas del gobierno estadounidense"; las indicaciones del presidente Nixon fueron las de "hacer gritar a la economía [chilena]".[41]

33. Winn 1976; Kissinger 1979: 659; Sigmund 1982: 24.
34. Sigmund 1982: 24.
35. Scully y Valenzuela 1993: 208.
36. Kissinger 1979: 673; Sigmund 1982: 24–25.
37. *Ibid.*: 654.
38. *Ibid.*: 661.
39. En *Ibid.*: 681.
40. *Ibid.*: 681.
41. U.S. Senate 1975: 33.

La coerción económica contra la administración Allende dio inicio incluso antes de que tomara posesión. Así, por ejemplo, en octubre (1970) el Banco de Exportaciones e Importaciones de Estados Unidos le rebajó su calificación de crédito.[42] Por su parte, Allende se movió rápido contra las compañías estadounidenses: en noviembre (1970), el mismo mes que asumió el cargo, ordenó la confiscación de dos empresas anunciando que su gobierno expropiaría más activos estadounidenses (y también de otros países, o incluso chilenos).[43] En efecto, el año siguiente fueron absorbidas dos compañías mineras, prácticamente sin indemnización alguna.[44] Washington optó por presionar al gobierno chileno, condicionando futuros apoyos del Banco de Exportaciones e Importaciones, para llegar a un acuerdo satisfactorio con respecto a las recientes nacionalizaciones.[45] Para ese entonces (agosto de 1971) Estados Unidos confiaba en que las dificultades económicas a las que hacía frente la administración chilena solo empeorarían y, en consecuencia, disminuirían sus índices de aprobación, tendencia que la administración Nixon consideraba favorable a sus objetivos.[46] De hecho, la situación económica continuó deteriorándose, y en noviembre (1971) Santiago se declaró en moratoria.[47] En enero de 1972, Nixon hizo una fuerte declaración contra las expropiaciones dejando claro que su administración no prestaría más dinero a la de Allende.[48]

Además del evidente uso de herramientas de política económica exterior para debilitar al gobierno socialista, Washington también recurrió a operaciones encubiertas. Así, por ejemplo, la Agencia Central de Inteligencia (CIA) financió partidos de oposición, asociaciones empresariales y el periódico conservador *El Mercurio*; además, promovió huelgas nacionales: una a finales de 1972 y otra en los meses previos al golpe de Estado de septiembre de 1973 que terminó con la administración Allende. La CIA gastó alrededor de US$6 millones en sus operaciones de 1970 a 1973.[49] A pesar de que no se involucró directamente, Estados Unidos contribuyó de manera decisiva con el golpe militar y nunca mostró descontento con su materialización.[50]

42. Petras y Morley 1975: 195, nota al pie 36.
43. Kissinger 1979: 682.
44. Sigmund 1982: 26.
45. Petras y Morley 1975: 93.
46. Streeter 2004: 10.
47. Sigmund 1974: 325.
48. Sigmund 1982: 26; Petras y Morley 1975: 98; Sigmund 1974: 333.
49. Sigmund 1982: 26–27.
50. U.S. Senate 1975: 2.

No sorprendió que, poco después del derrocamiento del presidente Allende, Washington cambiara su *economic statecraft* hacia el país sudamericano. Así, fueron restablecidas las líneas de crédito y se activó la ayuda económica.[51] La renuncia del presidente Nixon no fue un inconveniente para la dictadura militar instalada en Santiago por el general Augusto Pinochet; el sucesor de Nixon, Gerald Ford, mantuvo a Kissinger como secretario de Estado (había sido promovido a esa posición por Nixon dos semanas después del golpe de Pinochet y conservó su puesto como Asesor de Seguridad Nacional hasta noviembre de 1975). Kissinger estaba tan preocupado por el "peligro" que Allende implicaba para los intereses de Estados Unidos que, al iniciar la planeación para evitar que asumiera el cargo en el otoño de 1970 —cuando un grupo interinstitucional fue creado en Chile—, se había convertido, en palabras de un empleado del Departamento de Estado, en "un funcionario chileno".[52] En contraste, la administración Carter con su ya mencionado énfasis en la promoción de los derechos humanos —los cuales eran violados de manera flagrante por el régimen militar— se volvió un problema para Pinochet.

Pero la cordialidad entre Washington y Santiago se restableció en 1981 con la llegada de Ronald Reagan a la Casa Blanca. La persona que designó como embajadora ante las Naciones Unidas, Jeane Kirkpatrick, quien en 1979 hizo una distinción entre regímenes amigos y regímenes dictatoriales hostiles según la ideología que manejaran (y por lo tanto a partir de su postura hacia Estados Unidos), criticó la política de promoción de derechos humanos de Carter porque la consideraba un objetivo "abstracto" y desvinculado del "interés nacional" estadounidense.[53] Así, para el general Pinochet no resultó complicado señalar por ese entonces que:

> Hace siete años nos encontrábamos solos en el mundo, en nuestra firme postura anticomunista contra el imperialismo soviético, y con nuestra firme decisión a favor de un sistema socioeconómico de libre empresa [...] Hoy formamos parte de una pronunciada tendencia mundial—y déjenme decirles, damas y caballeros, no es Chile quien ha modificado su postura.[54]

Sin embargo, en un contexto en el que Washington acusaba de manera constante a la Nicaragua sandinista de violaciones a los derechos humanos, para la

51. Sigmund 1982: 29.
52. Fagen 1975: 300.
53. Kirkpatrick 1979; Kirkpatrick 1981: 31.
54. En Sigmund 1982: 36.

administración Reagan se volvió cada vez más difícil ser parcial con el régimen de Pinochet en temas económicos. Así, a mediados de los años 80 Estados Unidos, bajo el argumento de que Chile violaba los derechos humanos, dejó de brindar su apoyo al país austral en su intento por conseguir nuevas líneas de crédito tanto en el Banco Interamericano de Desarrollo (BID) como en el Banco Mundial. [55] Santiago estaba cada vez más aislado, no solo por las dificultades que Washington tenía para justificar su régimen militar, sino también porque el resto del continente y una buena parte de los países europeos lo estaban condenando al ostracismo. Pero Chile no era el único que se estaba quedando solo en el hemisferio; a Estados Unidos también se le estaba marginando de manera progresiva en los asuntos del continente. Así, la premonición hecha por el *New York Times* en 1971 de que lo señalado por el exsecretario del Tesoro Connelly —que su país no tenía amigos en la región— adquiriría "un nuevo y enriquecido significado",[56] se volvió realidad.

Independientemente de su aislamiento político, y gracias al fundamentalismo de libre mercado promovido por los "Chicago boys" —economistas chilenos educados en Estados Unidos destinados a tomar las riendas de la economía política del país durante el régimen de Pinochet—, Santiago se convirtió para la administración Reagan en el epítome de una economía bien gestionada. Así, por ejemplo, el secretario de Estado adjunto para asuntos interamericanos, Elliot Abrams, señaló en julio de 1987 ante el Congreso de su país que "si nuestras decisiones en las instituciones financieras internacionales tuvieran como base únicamente los aspectos económicos, los préstamos a Chile normalmente contarían con nuestro decisivo apoyo y con nuestros votos a favor".[57] Asimismo, la administración Reagan elogió a la de Pinochet por la rápida renegociación de su deuda externa ese mismo año (1987) —un tema que atormentaba a Latinoamérica en general, y en el que otros países sudamericanos como Argentina o Brasil se encontraban sumergidos por completo, presentando constantes demoras en sus pagos—. Pasemos ahora a la crisis de la deuda de los años 80.[58]

***

Como ya he señalado, la crisis de la deuda estalló en Latinoamérica a principios de la década de los 80, primero en Costa Rica (1981) y después en México (1982). El repentino incremento en los adeudos no se limitó a esos dos países, fue un

55. Bridges 1987.
56. New York Times 1971.
57. En Bridges 1987.
58. *Ibid.*

fenómeno regional. La deuda pasó de US$12,800 millones a principios de la década de 1970 a US$315,300 millones en el año que afloró la crisis.[59] Así, no sorprendió que Brasil (en 1983) y Argentina (en 1984) se vieran en serias dificultades para cumplir con sus obligaciones.

Irónicamente, fue un país sin protagonismo —al menos en términos políticos— en el conflicto financiero, el que en 1985 contribuyó de manera considerable a solucionar la floreciente crisis, adquiriendo de paso una relevancia política que no tenía: Perú. El país andino no era un deudor importante para la banca privada, quienes eran los principales acreedores. Durante el primer lustro de la década, bajo la administración de Fernando Belaunde Terry, Lima presentó retrasos en los pagos de su deuda, destinando no más del 10 por ciento de sus ingresos por exportaciones[60] —situación que no generó grandes preocupaciones en los círculos financieros internacionales.

Pero Alan García, un político de izquierda de 36 años, llegó al poder en julio de 1985 y el día de su toma de posesión anunció con bombo y platillo que su país no pagaría más del 10 por ciento de las ganancias de sus exportaciones para hacer frente a su deuda exterior.[61] Asimismo, en su primer discurso presidencial, García se refirió a Estados Unidos como el "más rico e imperialista país de la tierra", y exhortó a otros países latinoamericanos a llevar la relación con Washington en unidad.[62] Un par de meses después, el presidente peruano declaró ante la Asamblea General de las Naciones Unidas que la deuda "es un conflicto del Sur pobre, del que forma parte nuestra América y el Norte industrial, imperialista y financiero" y reiteró el llamado a que otros países latinoamericanos siguieran el ejemplo de su país.[63] Como notó un antiguo banquero estadounidense en los tiempos de la toma de posesión de García, su postura con respecto al servicio de la deuda no resultaba particularmente amenazadora: "por sí mismo, Perú no es capaz de hundir a ningún banco extranjero"; en su opinión, el anuncio del presidente era un golpe más político que económico.[64]

Obviamente, a Washington no le gustó el enfoque de Perú.[65] Un mes después del discurso de García en la ONU, la administración Reagan anunció que

59. O'Brien 1993: 88–89.
60. Neff 1986.
61. Riding 1985a.
62. García 1985a: 28.
63. García 1985b: 9.
64. En Riding 1985a.
65. McClintock 2000: 5.

consideraba que la deuda peruana había "perdido valor", lo que redujo de manera drástica las posibilidades de la república andina de obtener nuevos préstamos, impactando de manera negativa los ingresos de los bancos (ya que tuvieron que reservar más capital); para ese entonces, el FMI ya había catalogado al país como inelegible para futuros empréstitos de parte de las instituciones financieras intergubernamentales.[66] Asimismo, Washington suspendió la ayuda económica y militar a Lima. También en octubre, el secretario de Estado, George Shultz, lamentó la retórica "antiamericana" utilizada por el presidente García en la ONU[67] y el secretario del Tesoro, James Baker, puso en la mira la postura del gobierno peruano sobre el servicio de la deuda.[68]

La verdadera preocupación de Estados Unidos no era Perú, sino los efectos de sus acciones en otros países de la región. Como señaló Henry Kissinger cuando la crisis de la deuda ya se había alargado varios años, "el populismo latinoamericano es el último refugio del marxismo tradicional[...] si desde el liderazgo creativo estadounidense no surge un nuevo enfoque para enfrentar el problema de la deuda, este vendrá determinado por el crisol de la confrontación".[69]

Asimismo, la actitud y el liderazgo al que aspiraba Perú podían poner en peligro al sistema financiero internacional, el cual, en última instancia, era responsabilidad de Washington.[70] Incluso si la crisis de la deuda era un asunto principalmente entre bancos privados y países en vías de desarrollo, el deber de Washington era el de intervenir con el fin de superarla. Para finales de 1985 resultaba obvio que la situación no estaba mejorando. El secretario Baker lo reconoció en una reunión con ejecutivos del FMI y del Banco Mundial, y anunció una iniciativa que vino a ser nombrada con su apellido. El Plan Baker hacía un llamado a los países endeudados para que reformaran sus economías, a la vez que solicitaba a los bancos privados y a las instituciones financieras internacionales que prestaran en conjunto alrededor de US$29,000 millones en los próximos tres años (US$20,000 millones los bancos y US$9,000 millones las instituciones) a los diecisiete principales deudores, la mayoría de ellos en Latinoamérica.[71]

A pesar de que la propuesta resultaba insuficiente, ciertamente le quitó brío al llamado a la unidad latinoamericana de García, y la mayor parte de la región

66. Neff 1986; Riding 1985a.
67. En Riding 1985b.
68. Roett 1985: 283.
69. En Makin 1989: 11.
70. Katz y Mahler 1992: 197.
71. Hayes 1988/1989: 191–192; Féliz 1990: 740–741.

abrazó la iniciativa de Estados Unidos.[72] Entre los países desarrollados, principalmente los del G7, el Plan Baker no fue bien recibido al considerar que Washington estaba pasando la pelota para resolver un problema que correspondía principalmente a su esfera de influencia. En última instancia, mientras una buena parte de los países deudores llevaron a cabo las reformas económicas, ni los bancos privados ni el FMI ni el Banco Mundial siguieron los exhortos del secretario del Tesoro.[73] Hacia finales del período de tres años señalado en el plan, al menos cinco países sudamericanos estaban en moratoria (Argentina, Bolivia, Brasil, Ecuador y Perú).[74]

Las limitaciones del Plan Baker para armonizar la atmósfera financiera internacional se volvieron evidentes al poco tiempo de ser anunciado. Pero el Congreso estadounidense también mostró preocupación por el impacto que la desalentadora situación de los países latinoamericanos podía tener en la economía real de Estados Unidos, es decir, un decremento en sus exportaciones a la región. Así, por ejemplo, en 1987 el senador Bill Bradley propuso lo que para entonces representaba un anatema para Washington: un plan de reducción de deuda con la esperanza de tener un efecto en las deprimidas economías de la región.[75] El Plan Bradley tenía sentido desde lo económico, pero no llegó a materializarse. Así, un par de años después cristalizó otro plan que también incluía una reducción de la deuda: el Plan Brady (llamado así en honor al secretario del Tesoro Nicholas Brady). Anunciada en marzo de 1989, la nueva y radical propuesta —según los estándares de Washington— condicionaba a sus beneficiarios a liberalizar sus mercados, e involucraba a las instituciones financieras internacionales para que garantizaran los bonos emitidos por los países deudores y para que facilitaran recursos a las economías insolventes de manera que pudieran comprar sus deudas a buenos precios a los bancos comerciales.[76] Aunque dubitativos, muchos países latinoamericanos mostraron su apoyo a la nueva propuesta —el respaldo de Brasilia y Ciudad de México, los dos más grandes deudores, resultó muy importante para Washington—.[77] Cinco de los siete países que participaron en la primera ronda del Plan Brady eran sudamericanos: Argentina, Brasil, Ecuador, Uruguay y Venezuela; Perú se mantuvo al margen —pero sus relaciones económicas y políticas

72. O'Brien 1993: 99; McClintock 2000: 5–6.
73. U.S. Senate 1987; Hayes 1988/1989: 192; Félix 1990: 741.
74. Sachs 1989: 8; Whitehead 1989: 145.
75. New York Times 1987.
76. Félix 1990: 744.
77. O'Brien 1993: 86–87.

con Estados Unidos mejoraron de manera sustancial durante la década del Consenso de Washington, tema que trato con mayor detalle en la siguiente sección.[78]

2) 1990–2000

Como señalé en la sección anterior, Chile fue capaz de negociar sus adeudos sin mayores inconvenientes —algo que sorprendió de manera positiva a Estados Unidos—. El enfoque de Santiago sin duda tuvo que ver con su modelo económico, muy valorado por el Coloso del Norte porque llevaba su impronta (después de todo, fue creación de los profesores de los Chicago boys); en cierto sentido, el sistema económico chileno fue el precursor del Consenso de Washington que, en distintos grados, prevaleció en el continente durante la década de 1990. A pesar de que el sistema fue diseñado e implementado durante el régimen dictatorial de Pinochet, el retorno a la democracia de Chile en 1990 después del proceso electoral de 1989 no se tradujo en su abandono—se conservó el mismo enfoque de apertura económica, especialmente en el comercio.[79]

Así, cuando la administración de George H. W. Bush lanzó la Iniciativa para las Américas en junio de 1990 (como vimos en el capítulo dos, el presidente estadounidense estaba reaccionando a una petición latinoamericana), la cual tenía que ver principalmente con la promoción del comercio y la inversión, el Chile democrático (Patricio Aylwin había asumido la presidencia en mayo de ese año) fue uno de sus primeros e incondicionales partidarios.[80] Por lo tanto, no sorprendió que en un posterior encuentro entre los dos presidentes en diciembre de 1990 en Santiago, el líder estadounidense le dijera al chileno que su país sería el primero en Sudamérica con el que Washington negociaría un acuerdo de libre comercio.[81] Fue durante ese viaje que Bush (padre) expresó su objetivo de crear un área de libre comercio "desde las regiones más septentrionales de Canadá hasta el Cabo de Hornos".[82] Once meses después, en noviembre de 1991, Washington informó a Santiago su disposición a iniciar negociaciones en febrero de 1992.[83] Los esfuerzos

78. McClintock 2000:1.
79. Solervicens 2003: 3.
80. Rosales 2003.
81. Wilson 1992.
82. Bush 1991 [1990]: 1738.
83. Jordan 1994:367.

para honrar la promesa que se le hizo a Chile, el modelo promercado en la región, parecían ir bien aunque no necesariamente en las tiempos previstos.

Con la carrera electoral tanto para la presidencia como para el Congreso tomando fuerza en Estados Unidos, el libre comercio se volvió un tema delicado —como suele suceder en esas coyunturas—. Más aún, Washington prefirió enfocarse en las negociaciones del TLCAN que estaban por concluir. Así, tres meses después de que las negociaciones con Chile debieron haber comenzado y mientras fungía de anfitrión para su contraparte chilena, el presidente estadounidense declaró que los dos países iniciarían conversaciones comerciales hasta que las del TLCAN hubieran finalizado (algo que sucedería en agosto).[84] A partir de ese momento, la administración Bush guardó silencio sobre el acuerdo comercial con Chile.[85]

Para complicar más las cosas, la victoria del candidato demócrata (y crítico del TLCAN), Bill Clinton, supuso que el episodio del TLCAN se alargara —y que las negociaciones entre Chile y Estados Unidos se pospusieran nuevamente (como ya señalé, el Congreso aprobó el TLCAN en noviembre de 1993)—. Chile siguió insistiendo y, en una visita a Washington en mayo de 1993, el presidente Aylwin trajo de nuevo el tema a colación —esta vez con Clinton, cuya administración no era tan entusiasta del libre comercio como la anterior—. El exgobernador de Arkansas se mostró más renuente a comprometerse que su antecesor.[86]

A pesar del disenso al interior de su gobierno, Clinton decidió incluir, apenas unas semanas antes, el tema del libre comercio en la agenda de la Cumbre de las Américas de 1994 (otros temas fueron la promoción de la democracia, el desarrollo sustentable y la protección del medio ambiente). Fue durante la reunión de los treinta y cuatro Estados en Miami que se lanzó la idea del Área de Libre Comercio de las Américas. Para Chile, la Cumbre fue más que significativa porque allí iniciaron de manera formal las conversaciones para ser admitido en el TLCAN —que ya llevaba alrededor de un año funcionando—.[87] Como señaló el primer ministro canadiense Jean Chrétien, "hemos sido los tres amigos [...] ahora seremos los cuatro amigos".[88] Aunque vacilando y sin ajustarse al plan original, la administración Clinton estaba haciendo válida la promesa de su antecesor de crear una zona de libre comercio, como ya había citado, "desde las regiones más septentrionales de Canadá hasta el Cabo de Hornos".

84. Wilson 1992.
85. Tulchin 1993: 73.
86. Nelson 2015: 76.
87. *Ibid.*: 79; Poggio 2011: 193.
88. En Sanger 1994.

Sin embargo, en ese entonces Clinton no contaba con la autoridad *fast-track* para negociar (esta había vencido en junio de 1993). La carencia de ese poder ejecutivo tuvo un fuerte impacto en las potenciales negociaciones con Chile. Así, a pesar del carácter alegre y amistoso con el que se anunció la adhesión de Chile al TLCAN, la administración del presidente Eduardo Frei se negó el año siguiente a negociar con Washington —criticando precisamente el hecho de que la administración Clinton no contaba con la autoridad señalada.[89]

Mientras tanto, Santiago siguió —y seguiría— dando continuidad a sus esfuerzos de liberalización comercial con los países definidos por el representante comercial Zoellick como "factibles" —empezando por los socios de Estados Unidos en el TLCAN—.[90] Así, en 1991 firmó un acuerdo con México y en 1996 otro con Canadá. Debido a que el sentimiento proteccionista se generalizó en el ambiente político estadounidense, para Clinton se volvió más difícil lograr la autoridad *fast-track*; de hecho, perdió la batalla en el Congreso en 1997 —con miembros de su propio partido votando en contra—.[91] Este fracaso fue señalado diligentemente por el presidente Frei durante la segunda Cumbre de las Américas llevada a cabo en Santiago en 1998. "Ténganos paciencia", pidió Clinton a sus anfitriones; "manténganse con nosotros, lo vamos a conseguir", les reiteró.[92] Ese mismo año, su administración falló de nuevo en su intento por conseguir la autoridad para negociar tratados comerciales.[93]

Con las negociaciones de la OMC paralizadas —como lo demostró la "batalla de Seattle" de 1999— y con Washington proponiendo libre comercio a Jordania y Singapur, el gobierno chileno volvió a ejercer presión para retomar las conversaciones pendientes con Estados Unidos[94] Así, durante las últimas semanas de la presidencia de Clinton, Chile recibió lo que vendría a ser la última —y definitiva— invitación para iniciar las negociaciones de un acuerdo de libre comercio. Como señaló después el director general de relaciones económicas internacionales del Ministerio de Relaciones Exteriores, Osvaldo Rosales:

> El presidente Lagos inmediatamente dio la bienvenida a la invitación, y una semana después del anuncio ya estábamos en Washington con una propuesta

89. Miller 1996: 155.
90. Zoellick 2003b.
91. CQ Almanac 1997.
92. En CNN 1998.
93. Nelson 2015: 92; Hughes 2003: 2; Apple 1998.
94. Arashiro 2011: 99.

> escrita para diecisiete de los diecinueve capítulos, y además traíamos un diskette con un análisis comparativo de las posturas chilenas y estadounidenses en cada uno de los temas cubiertos por el TLC.[95]

Como observó, "incurrimos en el riesgo de empezar negociaciones con una administración que estaba por finalizar, y las iniciamos sin la autoridad *fast-track* convencidos de que la agenda comercial terminaría por imponerse muy pronto".[96]

[Las conversaciones continuaron durante los primeros cinco meses de la administración de George W. Bush. En ese punto, los negociadores estaban a la espera de la aprobación de la Autoridad de Promoción Comercial (TPA) para entrar a la última fase que incluía asuntos delicados como los laborales, los ambientales y algunos procedimientos de arbitraje.[97] Bush cumplió la promesa de obtener la TPA, donde resultó fundamental su equipo (homogéneo y pro libre comercio). Así, en diciembre de 2002 se logró un acuerdo que fue firmado seis meses después (junio de 2003) en Miami —la misma ciudad donde, casi una década antes, se dio la primera invitación formal para que Chile se convirtiera en socio comercial de Estados Unidos (aunque haya sido a través del TLCAN como el "cuarto amigo"). *Pongo este párrafo entre corchetes porque lo aquí narrado no corresponde al periodo que hace referencia esta sección*].

El 17 de junio de 1971, un par de meses antes del "Nixon Shock", el presidente hizo un anuncio cuyas consecuencias —particularmente para la región andina— serían trascendentales: la "guerra contra las drogas". Como señaló el mandatario:

> En Estados Unidos nuestro enemigo público número uno es el abuso de las drogas. Con la intención de combatir y derrotar a este adversario, necesitamos lanzar una nueva ofensiva frontal… esta debe ser una acometida en todo el mundo para lidiar con las fuentes de suministro.[98]

Desde entonces, el involucramiento de Washington en los Andes —especialmente en Bolivia, Colombia y Perú— en su intento por limitar las fuentes de suministro de narcóticos a Estados Unidos ha continuado.[99] La intervención estadounidense se incrementó a mediados de los años 80 cuando el presidente Reagan declaró el

95. Rosales 2003.
96. *Ibid.*
97. *Ibid.*
98. Nixon 1971b.
99. GAO 2002: 1.

tráfico de drogas como una amenaza a la seguridad nacional; debido a la ya mencionada tensa relación comercial con Washington, llamó la atención el entusiasmo del presidente peruano —García— por cooperar con el Coloso del Norte en este asunto.[100]

Meses después de la llegada de George H. W. Bush, la Casa Blanca envió un reporte al Congreso solicitando "asistencia económica" para los países productores de cocaína en los Andes. Operando todavía bajo la idea de que el problema de las drogas era una amenaza a la seguridad nacional, el documento también justificaba el apoyo desde una perspectiva económica; sostenía que: "pocas amenazas externas resultan tan costosas para la economía de Estados Unidos".[101] Asimismo, notaba que el requerimiento de certificación que vinculaba la asistencia económica estadounidense con la colaboración para el control de las drogas con los países objetivo (introducida en 1986) podía ser "una importante herramienta para motivar a los gobiernos extranjeros a que ataquen el tráfico de drogas".[102] Actuando sobre el amplio esquema contenido en el reporte, el presidente Bush se reunió en febrero de 1990 con los líderes de Bolivia, Colombia y Perú en Cartagena. En la declaración surgida de la reunión, la administración estadounidense manifestó su compromiso de facilitar un mayor acceso a los productos andinos a su país.

En este sentido, el 23 de julio de 1990—apenas unas semanas después de revelar su Iniciativa para las Américas—el presidente Bush señaló su intención de poner en funcionamiento un paquete comercial a través de la Iniciativa de Preferencias Arancelarias Andinas, una medida de comercio unilateral que beneficiaría a los países de la región—. En línea con el reporte enviado al Congreso, su propuesta de reducción de aranceles para algunos de los bienes que más exportaba el área (entre ellos flores, productos de piel y vegetales) tenía como objetivo evitar que los agricultores se embarcaran en la producción de la hoja de coca. La propuesta para la Ley de Preferencias Arancelarias Andinas (ATPA) fue enviada al Congreso el 5 de octubre de 1990; en su mensaje, el presidente señaló que el nuevo programa "tendría como base el modelo de la Iniciativa para la Cuenca del Caribe (ICC)", con la expectativa de que "también elevaría las posibilidades de prosperidad y crecimiento económico en los países andinos, así como a lo largo y ancho del hemisferio"; el trato comercial preferente tendría una duración de diez años.[103]

100. McClintock 2000: 39–40.
101. Casa Blanca 1989: 59, 61.
102. *Ibid.*: 69.
103. En ATPA 1990.

Debido a las políticas económicas del gobierno de Alan García, durante las audiencias en el Congreso algunas corporaciones privadas cuestionaron la conveniencia de proveer ayuda económica a Perú; por su parte, los abogados del American International Group (AIG), que había sido expropiado poco después de la llegada de García al cargo, declararon que Lima no debería ser beneficiario del ATPA.[104] La Ley, con todo y Perú, fue aprobada en noviembre de 1991, firmada por el presidente en diciembre y entró en vigor en julio de 1992; Colombia y Bolivia fueron los primeros beneficiados.[105] Durante el resto de la década (1990), el comercio bilateral entre Estados Unidos y los países andinos—Bolivia, Colombia, Ecuador y Perú—casi se duplicó; las exportaciones andinas crecieron un 98 por ciento, mientras que las de Estados Unidos subieron un 65 por ciento.[106]

[Al momento de solicitar la renovación y expansión del programa el 31 de enero de 2001, ya bajo la administración Bush (hijo), la USTR señaló que el "ATPA funciona como una herramienta de política comercial que contribuye con nuestra lucha contra la producción y el tráfico de drogas, y ha empezado a mostrar importantes logros en la consecución de uno de sus principales objetivos: ayudar a la diversificación de las exportaciones en los países beneficiarios".[107] Asimismo, también apuntó que los cuatro países favorecidos "están trabajando de manera cooperativa con Estados Unidos" en los temas establecidos por el ATPA.[108] No obstante, el programa tuvo efectos mucho más modestos en otro de sus propósitos fundamentales: la reducción en la producción de narcóticos en la región, en particular de la hoja de coca. Sin duda, como consecuencia de lo anterior, la administración Clinton lanzó en el 2000 el ya mencionado Plan Colombia. *Pongo este párrafo entre corchetes porque lo aquí narrado no corresponde al periodo que hace referencia esta sección*].

3) 2001–2016

La relación entre Estados Unidos y Argentina experimentó un cambio drástico en los años 90. Para el país sudamericano, desde el final de la Segunda Guerra Mundial y hasta los años previos al Consenso de Washington, el Coloso del Norte

104. U.S. House of Representatives 1991: 140.
105. USITC 1995: 1.
106. USTR 2001: 3.
107. *Ibid.*: 3.
108. *Ibid.*: 4.

nunca jugó un papel relevante, particularmente en el ámbito económico. Como señaló quien fuera ministro tanto de Relaciones Exteriores (julio de 1989-enero de 1991) como de Economía (febrero de 1991-agosto de 1996), Domingo Cavallo: "desde mediados de la década de 1940, cuando llegó al poder Juan Domingo Peron, y hasta finales de los años 80, la historia económica de Argentina puede ser narrada sin hacer ninguna referencia significativa al rol del gobierno de Estados Unidos".[109] El presidente Carlos Menem llevó a cabo una verdadera transformación en las relaciones de su país con Washington; el ministro de Relaciones Exteriores durante casi todo su mandato (enero de 1991-diciembre 1999), Guido di Tella, se refirió al tipo de vínculo que Buenos Aires quería tener con Washington como "relaciones carnales".[110] Aunque no llegó a ser tan íntima, la relación bilateral se volvió más cercana; así, por ejemplo, Argentina envió tropas a la Guerra del Golfo en 1991 y, a petición de Estados Unidos, en 1998 se convirtió en el único país aliado no perteneciente a la OTAN en el continente.

Para mi argumento, el acercamiento más relevante es el que se dio en el frente económico, particularmente en el dominio de la política monetaria. Después de la traumática hiperinflación de los años 80 (la tasa fue de 3,079 por ciento en 1989), la administración Menem decidió establecer una Junta Monetaria que fijaría la paridad cambiaria entre el peso y el dólar. A pesar de que la estrategia funcionó en un principio, las verdaderas consecuencias se verían años después. Por ejemplo, con sus exportaciones volviéndose cada vez menos competitivas, a finales de la década Argentina presentó un fuerte déficit en su cuenta corriente; para esas fechas también había dejado de crecer.[111] No obstante, la renuncia a su política monetaria fue una decisión interna; en todo caso, como argumentó Cavallo, la influencia de Washington fue indirecta: no tuvo nada que ver con la decisión argentina de seguir, particularmente después de la Guerra Fría, el liderazgo de la Casa Blanca —tampoco estuvo relacionada con el proyecto de generar un nuevo orden mundial en lo general ni con el de establecer una nueva era hemisférica en lo particular—. El ambicioso programa de reformas económicas de Buenos Aires, del cual la Junta Monetaria era un componente, no solo fue bien recibido en Washington, también se le apoyó fuertemente. De hecho, el respaldo moral y material en asuntos económicos sobrevivió a la administración Bush y continuó durante toda la presidencia de Bill Clinton.[112]

109. Cavallo 2004: 137.
110. Página/12 2001.
111. U.S. House of Representatives 2002: 2
112. Cavallo 2004: 138, 141–142, 144.

Pero las cosas cambiarían de manera abrupta con la llegada de Bush (hijo) a la Casa Blanca. El equipo financiero del nuevo presidente, liderado por el secretario del Tesoro Paul O'Neill, tenía una visión muy distinta sobre la forma en la que debían operar las finanzas internacionales; O'Neill estaba en contra de los rescates a países con dificultades en sus cuentas de capital (como México y Brasil en los años 90). El FMI, sobre el cual Washington tenía gran influencia —como señaló en 2002 el presidente del subcomité de Política Monetaria Internacional y Comercio, Estados Unidos ha jugado "un rol muy importante en influir las políticas y decisiones del FMI"—,[113] en gran medida compartía la misma visión.[114] Asimismo, por razones políticas, la administración Bush buscaba deslindarse del enfoque de la administración Clinton en asuntos de economía internacional.[115] Buenos Aires pronto resentiría los ajustes económicos y políticos de Washington.

Argentina empezó a mostrar severos síntomas de una crisis económica poco después del arribo a la presidencia de Fernando de la Rúa el 10 de diciembre de 1999. Con la confianza en la economía argentina evaporándose, el FMI accedió a brindarle un préstamo condicionado por el orden de los US$7,200 millones y de la Rúa anunció un recorte presupuestal de US$1,000 millones. Debido a que su posición en los mercados internacionales no mejoró, Buenos Aires consiguió en diciembre de 2000 que el FMI le aprobara un programa de ayuda internacional por US$40,000 millones. La situación económica siguió empeorando, y en marzo de 2001 de la Rúa nombró al arquitecto de la Junta Monetaria, Domingo Cavallo, ministro de Economía. A finales de julio, con la intención de quedar bien con el FMI y con el Departamento del Tesoro de Estados Unidos, Buenos Aires tomó otra medida drástica: su Congreso aprobó la "ley de déficit cero".[116] Complacido por las fuertes medidas de austeridad, el FMI duplicó el financiamiento previo de US$7,200 millones, aunque otra vez en vano. El derrumbe del sistema bancario inició en noviembre, el gobierno impuso límites al retiro de efectivo y las protestas en la calle estallaron. Argentina se declaró en default —el más grande de la historia— el 7 de diciembre. En el transcurso de las siguientes dos semanas renunciaron Cavallo y de la Rúa. El 2 de enero de 2002 se instaló una administración interina liderada por Eduardo Duhalde; cuatro días después, previa aprobación del Congreso, el nuevo gobierno declaró el fin de la Junta Monetaria. Debido a que las protestas populares se intensificaron, a finales de enero

113. U.S. House of Representatives 2002: 35.
114. Corrales 2002: 36; Scoffield 2001; Gerstenzang 2001.
115. Helleiner 2005: 960.
116. U.S. Senate 2002: 40.

el ministro de Relaciones Exteriores, Carlos Ruckauf, se dirigió a Washington para solicitar apoyo económico y político; el ministro de Economía, Jorge Remes, hizo el peregrinaje dos semanas después.[117]

Pero con la administración Bush ya con más de un año en el cargo, las apuestas estaban en contra de las peticiones del país sudamericano. De hecho, en los meses previos al clímax de la crisis —por las mismas fechas en que el Congreso argentino aprobó la draconiana ley de déficit cero— Paul O'Neill dijo a *The Economist*: "han estado en constantes problemas durante setenta años o más [...] No tienen ningún sector exportador del cual hablar. Y les gusta vivir de esa manera. Nadie los obligó a ser lo que son".[118] Usando el mismo tono, también declaró a CNN:

> Estamos trabajando para encontrar la manera de construir una Argentina sustentable, no solamente una que sigue consumiendo el dinero de los plomeros y carpinteros en Estados Unidos, que ganan US$50,000 al año y que se preguntan qué demonios estamos haciendo con su dinero.[119]

A pesar de que en la Cumbre de las Américas de 2001 en Quebec el presidente estadounidense expresó algo de apoyo a la difícil situación argentina, nada concreto salió de allí.[120] Tres meses después, la Asesora de Seguridad Nacional, Condoleezza Rice, hizo una contundente declaración en la Casa Blanca: "el mejor camino que puede seguir Argentina es el de ser capaz de dar los pasos necesarios para estabilizar la situación financiera en casa" —es decir, Buenos Aires estaba solo.[121]

Argentina no era una prioridad para Estados Unidos; de hecho, no obtuvo ningún tipo de apoyo político o financiero de parte del Coloso del Norte.[122] Como notó un analista en Washington: "la administración de Bush II y el FMI se sienten cómodos con su fuerte rechazo al abrazo carnal de Argentina porque están convencidos que las repercusiones globales inmediatas del default argentino serán mínimas".[123] Ciertamente, el secretario O'Neill señaló que "no todas las ovejas se están yendo al precipicio" debido a la crisis argentina.[124] Como después explicaría el subsecretario para Asuntos Internacionales, John Taylor, gracias a lo que

117. *Ibid.*: 6; Helleiner 2005: 951.
118. *The Economist* 2001.
119. En Kahn 2001.
120. Bush 2001; BBC 2001.
121. En Gerstenzang 2001.
122. Rusell y Tokatlian 2004: 20.
123. Félix 2001.
124. *The Economist* 2001.

los mercados internacionales han aprendido y a que no vieron riesgo alguno de contagio, "esta administración ha intentado mantener esa postura"[125] —es decir, que Estados Unidos no vio ninguna razón para ir al rescate de Buenos Aires—. En 2002, la economía argentina se contrajo 11 por ciento, la inflación aumentó en más de 40 por ciento y el desempleo alcanzó 24 por ciento.[126]

Irónicamente, el amor rudo de Washington terminó por fortalecer el poder de negociación de Buenos Aires *vis-à-vis* los poseedores de bonos internacionales.[127] En diciembre de 2001, Allan Meltzer, jefe de la Comisión Asesora sobre las Instituciones Financieras Internacionales, sugirió abiertamente a Duhalde incumplir con las obligaciones de la deuda de su país; el presidente estuvo de acuerdo.[128] Así, durante 2002 y 2003 tanto Estados Unidos como el FMI trabajaron de la mano con el gobierno argentino, incluso después de que Néstor Kirchner llegara al poder en mayo de 2003.[129] De hecho, en marzo de 2004 Roger Noriega, secretario de Estado adjunto para asuntos del hemisferio occidental, reveló que Bush se reunió dos meses antes con su contraparte argentina pidiéndole tomar algunas medidas que "me ayuden a ayudarte", haciendo referencia a las negociaciones financieras en las que Argentina estaba involucrada.[130] Después de las duras negociaciones de Buenos Aires con los poseedores de bonos —que redujeron su valor nominal en aproximadamente 75 por ciento, alrededor del doble de lo que se acostumbraba descontar en la década previa; Michael Mussa del Instituto de Economía Internacional no describió el ajuste con el término de moda ("corte de pelo"), sino con uno más letal: "decapitación"[131]—, Bush declaró con orgullo: "Kirchner y su gobierno llevaron a cabo una buena negociación en nombre del pueblo de Argentina. Así que tenemos historial de participación".[132] En efecto, el país austral estaba agradecido con Washington por su apoyo durante el proceso de reestructuración de la deuda.[133]

No obstante, la gratitud no permeó la visión que la mayoría de los argentinos, incluyendo su gobierno de izquierda, tenía sobre su relación con Estados Unidos

125. U.S. Senate 2002: 23.
126. U.S. Senate 2004: 7.
127. Helleiner 2005.
128. Cavallo 2004: 147.
129. U.S. Senate 2004: 7.
130. *Ibid.*: 18.
131. *Ibid.*: 25; Helleiner 2005: 951.
132. En Setser 2005.
133. Helleiner 2005: 956.

(presentaba la opinión favorable sobre el hegemón más baja de todo el hemisferio, alcanzando apenas un 31 por ciento en 2005).[134] Para la opinión pública, el responsable del colapso económico de los años previos seguía siendo Washington.[135] Desde la perspectiva estadounidense, apoyar a Buenos Aires en su proceso de renegociación de la deuda fue en parte un movimiento estratégico; si al Coloso del Norte no le inquietaba el contagio económico de la crisis argentina, sí le preocupaba lo que un analista político estadounidense definió como el "contagio político" que se estaba dando en América Latina.[136] Con la "ola rosa" elevándose en la región, la propagación del sentimiento antiamericano se volvió un factor a considerar (de hecho, la opinión favorable sobre Washington en Brasil disminuyó de un 65 por ciento en 2000 a un 53 por ciento en 2005; en Venezuela pasó de 68 a 39 por ciento en el mismo periodo).[137] La percepción negativa del papel de Estados Unidos no se esfumó durante la administración Bush; el ya mencionado Roger F. Noriega lo reconoció a principios de 2004.[138] Asimismo, con la conclusión del proceso de negociación del ALCA acercándose —estaba programado para 2005—, y debido a su delicada situación en la región, Washington necesitaba sembrar algo de buena voluntad en Sudamérica. El acuerdo hemisférico estaba en juego. Como señaló un analista del *New York Times*: "al parecer, el principal beneficiario de cualquier reorientación de la política exterior [argentina] será su vecino, Brasil".[139] Como ya he señalado, la idea de establecer el libre comercio continental fue revelada por George H. W. Bush en la Iniciativa para las Américas de 1991. A diferencia de la mayoría de los países latinoamericanos, Brasil no mostró emoción por la propuesta.[140] Lo significativo de la postura brasileña no fue únicamente su peculiaridad, sino el presagio que representó para el futuro del proyecto hemisférico. Después de todo, Brasil ha sido un jugador importante en la economía política latinoamericana.

No obstante, la iniciativa de Bush se quedó corta en algunos detalles y también en la disposición de su administración para gastar capital político. En cuanto al comercio hemisférico, su gobierno se enfocó en el TLCAN. Lo mismo pasó con Clinton. De hecho, la administración del exgobernador de Arkansas decidió

134. Latinobarómetro 2017: 10.
135. Cavallo 2004: 148.
136. En Helleiner 2005: 960.
137. Latinobarómetro 2017: 7.
138. U.S. Senate 2004: 10.
139. Rohter 2002.
140. Van Rompay 2004: 120.

incluir el tema comercial —y así darle seguimiento a la iniciativa de Bush— en la Cumbre de las Américas de 1994 en Miami justo unos días antes de que esta se llevara a cabo.[141] Fue allí donde la idea del proyecto del ALCA se cristalizó, teniendo como plazo límite el 2005. Con el TLCAN ya en marcha, Clinton buscaba consolidar el comercio hemisférico a través de una especie de ampliación del tratado norteamericano. Sin embargo, en Miami no se llegó a un acuerdo sobre ese modelo centro-periferia y fue relegado durante la segunda Cumbre de las Américas en Santiago en 1998; en Chile se optó por un enfoque más descentralizado.[142]

La Cumbre de 1994 dejó claro que la administración Clinton tenía la intención de negociar los términos del emprendimiento continental con otros países, particularmente con Brasil.[143] Aunque la opción de ampliar el TLCAN no se adoptó como hoja de ruta, el acuerdo norteamericano sí funcionó como base para el proyecto hemisférico. Así, en la incipiente iniciativa se incluyeron asuntos extracomerciales como los laborales y los ambientales—lo que ocasionó descontento especialmente en Brasil.[144] Ahora bien, el humor conciliatorio de Estados Unidos no tuvo que ver únicamente con el poder de veto que el país carioca tenía sobre el acuerdo, sino también con el desaliento que la falta de autoridad *fast-track* generaba en los países que deseaban comprometerse de manera seria con Washington en temas comerciales. En consecuencia, las partes negociadoras llegaron a distintos acuerdos en 1998: las decisiones se tomarían en consenso, los tratados regionales vigentes al interior del hemisferio no se modificarían y el ALCA sería una especie de "compromiso individual" en donde las partes tenían que coincidir en todos los temas antes de ser aprobado. El mismo año, Estados Unidos y Brasil fueron elegidos por el resto de los países para copresidir la etapa final del proceso de negociación.[145]

No obstante, quedaron pendientes algunos temas polémicos, entre ellos el agrícola. Estados Unidos no quiso negociarlo. En su lugar, prefirió reservarlo para la venidera ronda de negociaciones de la OMC en el año 2000. Su argumento fue que podía acomodarse mejor a las peticiones de otros países en el foro global y de esa manera lograr importantes concesiones de los países europeos y de Japón, avanzando así en su causa de conseguir la liberalización global de la agricultura.[146]

141. Arashiro 2011: 33.
142. Nelson 2015: 74, 82.
143. Cardoso 2015: 1504; Arashiro 2011: 100; Nelson 2015: 77.
144. Arashiro 2011: 34–35; Nelson 2015: 85–86.
145. Nelson 2015: 92.
146. Arashiro 2011: 39–40.

La postura no resultó del agrado de los países latinoamericanos (otra vez, principalmente de Brasil), los cuales buscaban asegurar el acceso al mercado estadounidense lo antes posible; al final, Washington aceptó la creación de un grupo centrado en el tema agrícola al interior del proceso de negociación del ALCA.[147]

Brasilia fue capaz de sumar el apoyo de distintos países para ejercer presión con su postura sobre la agricultura en el encuentro ministerial de la OMC a llevarse a cabo en Seattle en 1999 —donde se darían importantes pláticas sobre el tema—. El hecho de liderar una coalición fortaleció la posición de Brasil en la OMC y le fue muy útil para la consecución de sus objetivos políticos y económicos en el proyecto hemisférico. Como ya he señalado, desde el inicio el país carioca no mostró un particular entusiasmo por la iniciativa continental. Ello porque sentía que el proyecto de Washington amenazaba no solo su posición económica, sino también su liderazgo político en Sudamérica. Así, la estrategia brasileña desde el arranque fue la de ir retrasando el proceso integrador.[148] Como señaló Richard Feinberg, uno de los arquitectos del proceso nacido en Miami en 1994, los brasileños querían "volver el plan de acción más modesto en sus ambiciones, menos exacto en sus objetivos, menos específico en sus tiempos y con una menor rendición de cuentas en su implementación.[149]

La postura de Brasil *vis-à-vis* el ALCA tenía sentido. Como ya he señalado, su rol en Sudamérica en particular y en Latinoamérica en general es análogo al de Estados Unidos en el hemisferio: un país enorme que no comparte el idioma de la gran mayoría de sus vecinos. La identidad de Brasil en el concierto internacional es la de una potencia regional o potencia media;[150] en consecuencia, busca recibir un trato acorde, distinto al que Washington brinda al resto de los Estados latinoamericanos. Así, Brasilia había trabajado durante décadas para la consolidación de su propio bloque regional.[151] Dos años después de lanzada la Iniciativa para las Américas, el entonces canciller Fernando Henrique Cardoso se refirió a la región de su país como "una plataforma sudamericana"; posteriormente, ya como presidente (1995–2002), indicó que el Mercosur es "un polo desde el cual organizaremos el espacio sudamericano".[152] Y no es que los esfuerzos de integración

147. Nelson 2015: 90.
148. Hirst 2005: 33; Van Rompay 2004: 122.
149. Feinberg 1997: 146.
150. Lafer 2000: 65; Merke 2015: 181.
151. Arashiro 2011: 110; Carranza 2004: 321–322.
152. Ambos en Poggio 2011: 192.

hayan sido particularmente exitosos, pero como ha señalado Tanja Börzel, en estos asuntos "*¡no es sólo la economía, estúpido!*".[153]

La audaz estrategia brasileña de no rechazar el ALCA, sino de influirlo desde dentro, no pasó desapercibida en Estados Unidos. Durante las audiencias sobre el acuerdo llevadas a cabo en julio de 1997, el representante de Arizona en el Congreso, Jim Kolbe, lamentó la falta de liderazgo de su país: "mientras nosotros esperamos, Brasil dicta los tiempos y la estructura de las negociaciones para el ALCA".[154] Con Washington y Brasilia compitiendo por el liderazgo, las negociaciones formales fueron lanzadas en la Cumbre de las Américas de Santiago en abril de 1998. Dos años después, con el apoyo argentino y estadounidense, Chile propuso acelerar el ritmo de las negociaciones para finalizarlas en 2003 y no en 2005 como se tenía previsto; Brasil no cedió.[155] La administración Cardoso sabía que su distante relación económica con Estados Unidos le daba un margen de maniobra; como señaló su embajador en Washington, Rubens Barbosa:

> Al considerar la posición de Brasil en relación con la integración regional, tanto en Sudamérica como en el hemisferio, es importante entender que en lo que concierne a Brasil el principal socio comercial no es Estados Unidos [...] esto tiene que verse en perspectiva al tratar de entender nuestra postura sobre las negociaciones comerciales.[156]

Así, en consonancia con su tradicional política de consolidación regional, en el año 2000 Brasil fue el anfitrión de la primera Cumbre Sudamericana. Para el presidente Cardoso, esta serviría como "un momento de reafirmación de la identidad sudamericana en la región".[157]

La reforzada posición brasileña fue notoria en el trato que le brindó Washington durante los últimos años del proceso de negociación.[158] Cardoso dejó claro que el acuerdo hemisférico era una de tantas posibilidades para su país. Como asentó en abril de 2001 durante la tercera Cumbre de las Américas llevada a cabo en Quebec, "el ALCA es una opción, el Mercosur un destino".[159] Unas semanas después de la Conferencia Ministerial de la OMC celebrada en Doha

153. Börzel et al. 2012: 258; cursivas en el original.
154. U.S. House of Representatives 1997: 10.
155. Van Rompay 2004: 125.
156. U.S. House of Representatives 2000.
157. En Poggio 2011: 203.
158. Corrales 2015: 217.
159. En Briceño 2007: 7.

en noviembre de 2001, donde su país derrotó a Estados Unidos en el tema de las patentes farmacéuticas, el canciller brasileño Celso Lafer señaló con franqueza que para que el acuerdo regional progresara "tenía que haber un entendimiento entre Brasil y Estados Unidos".[160]

Y eso fue lo que sucedió —el entendimiento, porque el avance del proyecto seguía sin ser claro—. En la reunión ministerial llevada a cabo en Miami en noviembre de 2003, Washington cedió ante el principio del "compromiso único" y suscribió la preferencia de Brasilia por lograr un ALCA a la carta. Bajo este esquema, los países serían capaces de firmar acuerdos subregionales con crecientes beneficios y compromisos. El giro no satisfizo a países como Canadá, Chile y México, pero fue un evidente triunfo para Brasil.[161] El representante comercial Zoellick explicó las concesiones de su país en términos de un proceso:

> Que se estaba moviendo de conceptos generales y un diálogo de sordos, a uno que presentaba positivas realidades y oportunidades. Para seguir avanzando, nos estamos moviendo a una rigurosa etapa práctica; y nos encontramos en un punto en el que estamos negociando el ALCA, no solamente buscándolo.[162]

En los tiempos del encuentro ministerial de Miami, el gobierno de Brasil experimentó un cambio significativo: Luiz Inácio Lula da Silva, antiguo líder sindical y candidato del izquierdista Partido de los Trabajadores, reemplazó a Cardoso en enero de 2003. A pesar de haber sido un feroz crítico del libre comercio, Lula mantuvo la postura de su predecesor en temas de comercio internacional y de políticas macroeconómicas.[163] Así, por ejemplo, en su discurso inaugural hizo referencia a la importancia que el libre comercio tenía para su país, y de manera explícita reiteró su intención de seguir en el proceso del ALCA; la copresidencia de Estados Unidos y Brasil en la negociación del pacto hemisférico coincidió con su arribo al poder.[164]

Como los resultados del encuentro ministerial dejaron claro, el refrendo del compromiso de Brasil con el proceso del ALCA no significó que bajara la guardia en las negociaciones. Ciertamente, Estados Unidos contribuyó al endurecimiento

160. En Rohter con Rich 2001; Rich 2001.
161. Hornbeck 2005: 1; Nelson 2015: 107; Deblock y Turcotte 2005: 29; Poggio 2011: 205.
162. Zoellick 2003c.
163. Williamson 2002: 110; Fishlow 2003: 288, 290.
164. Barbosa 2003: 1018.

de la postura de la nueva administración. A finales de 2002, en su intento por conseguir la Autoridad de Promoción Comercial, Bush tuvo que hacer algunas concesiones a miembros del ala proteccionista del Congreso; algunas de ellas tenían que ver con la inclusión de temas laborales y ambientales en los futuros acuerdos, algo a lo que Brasil y otros países latinoamericanos se oponían. Pero es otra concesión la que resultó chocante para Brasil: el incremento a los subsidios a la agricultura. Asimismo, el proyecto de ley para la autorización del comercio requería la aprobación del Congreso para que Estados Unidos pudiera bajar las tarifas a numerosos productos agrícolas, entre ellos algunas de las principales exportaciones de Brasil.[165] Para empeorar las cosas, la administración Bush anunció en febrero de 2003 que ofrecería un acceso diferenciado a su mercado según el bloque hemisférico al que pertenecieran las partes negociadoras. El Mercosur tuvo el trato menos favorable, por lo que no sorprendió que Brasil se tomara a mal la propuesta.[166]

Adicionalmente, como si buscara compensar el ajuste que hizo para Brasil durante la reunión ministerial de Miami (el ALCA a la carta), Washington anunció una serie de acuerdos bilaterales con países de la región, entre ellos Colombia y Perú; asimismo, reveló que iniciaría negociaciones para lograr un pacto de inversión con Uruguay. No es que este movimiento fuera sorpresivo o que estuviera proscrito de la arquitectura del ALCA, pero ciertamente sugería una estrategia de "divide y vencerás" de parte de Washington. Zoellick defendió el enfoque de su país argumentando que, "desde un principio, Estados Unidos ha trabajado en dos vías para crear el libre comercio en el hemisferio".[167]

Independientemente de las intenciones de Washington, el aceptar un tratado en dos niveles, descafeinado o a la carta, terminó por condenar al ALCA. De entrada, la poca claridad (desde los tiempos de Miami) en cuanto a la definición de lo que implicarían los compromisos diferenciados volvieron las posteriores discusiones estériles. Así, por ejemplo, en una reunión subsecuente en Puebla (México), las partes, empezando por los copresidentes, fueron incapaces de alcanzar un acuerdo con respecto a los "derechos y obligaciones" comunes y la forma en que estos diferían de los crecientes compromisos adquiridos por algunos países en el plano plurilateral.[168] Por otro lado,

165. Poggio 2011: 205; Rohter con Rich 2001.
166. Hirst 2009: 36; Nelson 2015: 106.
167. En Nelson 2015: 108.
168. Hornbeck 2005: 1.

la paralización o estancamiento del ALCA era la mejor de las opciones para Brasil.[169]

Así, no sorprendió que al llegar el 2005, cuando se reunieron treinta y cuatro líderes del hemisferio en la cuarta Cumbre de las Américas en Mar del Plata (Argentina), el ALCA fracasara. La declaración de la Cumbre incluyó dos visiones opuestas: una que integraba a veintinueve países, asentando que "mantenían el compromiso de lograr un ALCA equilibrado y comprehensivo", y otra que incluía a cinco Estados que "sostienen que no están dadas las condiciones necesarias para lograr un acuerdo de libre comercio equilibrado y equitativo".[170] Todos los países disidentes eran sudamericanos: Argentina, Brasil, Paraguay, Uruguay y Venezuela. La "ola rosa" instalada en los países del Mercosur, así como la más radical postura de Venezuela —y no únicamente Brasil—, jugaron un papel instrumental en el derrumbe final del ALCA.[171] No cabe duda de que Brasil fue una fuerza mayor en el destino del proyecto hemisférico. De manera notoria, el día posterior a la muerte del ALCA los presidentes Bush y Lula se reunieron en Brasilia y expresaron su interés en buscar una agenda de cooperación bilateral más amplia.[172]

4) Conclusiones

El anterior análisis del *economic statecraft* de Estados Unidos hacia Sudamérica deja claro que, a pesar de la enorme distancia económica y política que separa a Washington de los países de la región, el Coloso del Norte ha operado bajo la lógica de la "presunción hegemónica". No obstante, en este caso podría argumentarse que hubo algunas señales que indicaron la disminución del poderío estadounidense en el ámbito económico a lo largo de todo el periodo que abarca este trabajo (1971–2016). Pero este declive no tuvo que ver solo con capacidades materiales; la proporción del PIB de la región como porcentaje del PIB de Estados Unidos permaneció en gran medida constante (9.4 por ciento en 1971, 14.44 por ciento en 2016); aunque se redujo un poco, la dependencia comercial de Sudamérica con Estados Unidos tampoco cambió mucho (pasó de 18 por ciento en 1971 a 17 por

169. Hornbeck 2006: 14.
170. OEA 2005.
171. *New York Times* 2005; Rohter y Bumiller 2005.
172. Hirst 2009: 38.

ciento en 2016).[173] Por lo tanto, hay algo más que meras capacidades materiales en las relaciones de poder entre Estados Unidos y los países sudamericanos.

Durante el primer subperiodo (1971–1989), a pesar de que Washington manejó su *economic statecraft* hacia Sudamérica en consonancia con la presunción hegemónica, hubo un debate sobre el declive de su hegemonía. Esto se pudo ver en la reacción ante al viraje socialista en Chile con Salvador Allende; entre otras estrategias, la administración Nixon recurrió a una flagrante coerción económica. Esta no fue la mejor manera de llevar sus relaciones políticas y económicas con Santiago y con la región, pero concordaba con la paranoica mentalidad de la teoría del dominó prevaleciente en Washington. Los intentos estadounidenses por influir en la región tenían dos finalidades: 1) evitar que Allende asumiera el cargo, o derrocarlo; 2) mandar un fuerte mensaje al resto del hemisferio y a la Unión Soviética. El objetivo de Washington era la administración de Allende; a pesar de que los costos financieros para lograr su cometido no resultaron muy altos —para los estándares de Estados Unidos—, los costos reputacionales tanto en el hemisferio como en otras partes del mundo sí lo fueron, y Estados Unidos estuvo dispuesto a pagarlos.

Aunque el derrumbe de la administración Allende no fue resultado directo del *economic statecraft* de Estados Unidos, este sí contribuyó de manera significativa. Desde la perspectiva de Washington, los esfuerzos que desplegó a través de su *economic statecraft* (además de otro tipo de presiones a las que recurrió, como las operaciones encubiertas) sí funcionaron. Pero los costos reputacionales sin duda fueron altos —con o sin razón, gran parte de la comunidad internacional lo culpó del golpe de Estado—. Asimismo, el abrupto cambio en su política económica exterior hacia Chile una vez que el general Pinochet asumió el cargo solo incrementó el cuestionamiento al liderazgo estadounidense en todo el mundo. De manera un tanto paradójica, la hegemonía estadounidense no se vio afectada en el vecindario de Chile ya que otros países sudamericanos también tenían regímenes dictatoriales militares en los años 70, y la democracia no era una preocupación en la región.

Así, el reto lanzado por Perú con respecto a la crisis de la deuda no fue una apuesta salvaje. No tuvo que ver únicamente con que la participación de Washington en el Chile de Allende todavía estaba fresca —había otros ejemplos más recientes, como Granada en 1983 y Nicaragua desde que Reagan llegó al poder—, sino también con que las transiciones democráticas que se dieron en distintos

173. Los países incluidos son: Argentina, Brasil, Chile, Colombia y Perú. Fuente para el PIB: World Bank 2019. Fuente para el comercio: OEC 2019 https://atlas.media.mit.edu/en/visualize/treemap/sitc/export/

países de la región significaba que Estados Unidos no era precisamente popular en el subcontinente. Por lo tanto, las preocupaciones de Washington relativas al desafío de García no se limitaban a las acciones del país andino, sino a la posible propagación de esa actitud a otros Estados. Por consiguiente, la administración Reagan reaccionó para castigar a Perú y para incitar a otros países a seguir los exitosos programas estadounidenses de reducción de deuda. Washington estaba dispuesto a incurrir en los costos financieros necesarios para proteger al sistema financiero del cual, en última instancia, era responsable. El enfoque de Estados Unidos, en particular el Plan Brady, funcionó por lo menos en aislar a Perú y en amortiguar la crisis.

Las cosas solo mejoraron para el ejercicio del poder estadounidense al ser instanciado en el ámbito económico sudamericano en los años 90 —el segundo de los subperiodos que abarca este trabajo—. Como ya he señalado, el Consenso de Washington implicó que los países del hemisferio estuvieran a tono con el enfoque económico del Coloso del Norte, tanto en el ámbito doméstico como en el internacional. Así, aunque Estados Unidos fue incapaz de hacer efectiva la promesa de Clinton de incorporar a Chile al TLCAN, como Santiago había solicitado, su agenda general de liberalización económica cobró fuerza en la Cumbre de las Américas de 1994. De manera significativa, debido a razones internas, Washington no gastó mucho de su capital político para meter a los países sudamericanos al redil —podría argumentarse que Chile ya estaba dentro—, pero su credibilidad en la región se vio dañada por no cumplir el compromiso con su ejemplo promercado modélico (Chile) durante el momento unipolar.

Cuando los temas se volvieron más apremiantes, Washington tuvo la capacidad de ponerse de acuerdo con algunos países sudamericanos. Así, operando bajo la lógica de la guerra contra las drogas y siendo el narcotráfico un problema de seguridad nacional, la administración de George H. W. Bush fue capaz de desarrollar el citado programa de asistencia económica para ayudar a los países andinos a disminuir la producción de hoja de coca. Este fue un intento explícito por influir en la reducción del suministro de drogas. Una vez más, Washington se mostró dispuesto a pagar el costo político interno, así como los costos financieros que garantizar el acceso preferencial a las exportaciones andinas implicaron. A pesar de que el esquema no fue particularmente exitoso en la consecución de sus objetivos, Washington se ganó la buena voluntad de los países involucrados, al grado incluso de que estos insistirían después en renovar el programa.

Finalmente, durante el tercer subperiodo de este trabajo (2001–2016), el *economic statecraft* de Estados Unidos se volvió considerablemente menos efectivo para conservar su poder en Sudamérica. Es claro que el deslinde del problema argentino no ayudó a incrementar su influencia en ese país. No obstante, como ya he notado, su enfoque en el manejo de la crisis financiera internacional terminó por ayudar a Buenos Aires en la negociación con sus acreedores. Washington vio sustancialmente reducida su posición frente al país austral. Así, la estrategia de ahorro de recursos financieros no le resultó barata —tuvo que pagar el precio del distanciamiento de Buenos Aires en los años venideros.

Este alejamiento resultó muy importante en el contexto del ALCA. Como ya he señalado, Washington y Brasilia lideraron la última fase del proceso de negociación; en ese entorno, era fundamental la cercanía con otros países de la región, y Argentina no estuvo del lado de Washington. Brasil, por su parte, fiel a su identidad de potencia media, jugó sus cartas con destreza involucrándose en el proceso y sumando apoyo regional a su cauteloso enfoque. Al final, a pesar de las concesiones que Washington hizo a Brasilia, el proyecto fracasó. El intento de Estados Unidos por influir en la política comercial hemisférica fue en vano.

Obviamente, lo anterior no implicó la desaparición de la influencia económica estadounidense en la región—después de todo, veintinueve de treinta y cuatro países involucrados en las conversaciones se mostraron a favor del acuerdo—, pero con Brasil jugando un papel clave en la última fase de las negociaciones, Washington fracasó en obtener lo que buscaba. En este sentido, a principios del siglo XXI el poder de Estados Unidos, ejercido a través de su *economic statecraft*, sufrió un duro golpe.

No obstante, el traspié en Sudamérica en particular y en Latinoamérica en general fue temporal. Poco después del fiasco del ALCA, muchos países —algunos de ellos sudamericanos— firmaron tratados de libre comercio con Estados Unidos. Asimismo, la "ola rosa" perdió impulso cuando pasó el boom de las materias primas y Washington retomó la ventaja en cuanto a los principios económicos más amplios; Barack Obama, con un enfoque mucho menos unilateral que su predecesor, sin duda contribuyó al cambio en las relaciones interamericanas en asuntos económicos.

Referencias

Apple, R. W. (1998, Septiembre 25). View from abroad: U.S. policy sapped by scandal. *New York Times.*

Arashiro, Z. (2011). *Negotiating the free trade area of the Americas.* Nueva York: Palgrave MacMillan.

ATPA (1990). Andean Trade Preference Act Submitted. *Foreign Policy Bulletin, 1*(3), 75.

Barbosa, R. A. (2003). The free trade area of the Americas and Brazil. *Fordham International Law Journal, 27*(4), 1017–1028.

BBC (2001, April 26). Argentina's struggle to contain crisis. *BBC News.*

Biegon, R. (2017). The United States and Latin America in the Trans-Pacific partnership: Renewing hegemony in a post-Washington consensus hemisphere? *Latin American Perspectives, 44*(4), 81–98.

Börzel, T. A., et al (2012). *Roads to regionalism: Genesis, design, and effects of regional organizations.* Farnham: Ashgate Publishing.

Briceño, J. (2007). *The new regionalism in South America: From SAFTA and the South American community of nations.* Artículo presentado en 48th Conference of the International Studies Association, febrero28–marzo 3, Chicago, IL.

Bridges, T. (1987, Septiembre 6). Pinochet's reforms boost Chilean economy. *Washington Post.*

Bush, G. H. W. (1991 [1990]). *Public papers of the presidents of the United States: George Bush 1990.* Washington, DC: U.S. Government Printing Office.

Bush, G. W. (2001, Abril 22). *George W. Bush: The president's news conference with summit of the Americas leaders in Quebec City.* Collection: Public Papers of the Presidents. Recuperado de: http://presidency.proxied.lsit.ucsb.edu/ws/index.php?pid=45638

Cardoso, F. H. (2015). *A arte da política: A história que vivi.* Rio de Janeiro: Civilizaçao Brasileria.

Carranza, M. E. (2004). Mercosur and the end game of the FTAA negotiations: Challenges and prospects after the Argentine crisis. *Third World Quarterly, 25*(2), 319–337.

Cavallo, D. (2004). Argentina and the IMF during the two Bush administrations. *International Finance, 7*(1), 137–150.

CNN (1998, Abril 16) In Chile, Clinton seeks patience on free trade. *CNN – World News.*

Corrales, J. (2002). The politics of Argentina's meltdown. *World Policy Journal, 19*(3), 29–42.

Corrales, J. (2015). Understanding international partnership: The complicated rapprochement between the United States and Brazil. *Political Science Quarterly, 130*(2), 213–244.

CQ Almanac. (1997). 'Clinton Loses 'Fast Track' Trade Bid'. *CQ Almanac.*

Davidow, J. (1997, July 22). *The Free Trade of the Americas.* Ways and Means Committee: U.S. Department of State. Recuperado de: https://1997-2001.state.gov/regions/wha/072297_davidow.html

Deblock, C., & Turcotte, S. (2005). Estados Unidos, Brasil y las Negociaciones Hemisféricas: El ALCA en Modalidad Bilateral. *Foro Internacional, 45*(1), 5–34.

Dent, D. (1999). *The legacy of the Monroe Doctrine. A reference guide to U.S. involvement in Latin America and the Caribbean.* Westport, CT: Greenwood Press.

Department of State (2007). *The case for the U.S.-Perú trade promotion agreement.* Fact Sheet, Bureau of Economic, Energy and Business Affairs, Washington, D.C. 13 Julio.

DOS (2014). *Foreign relations of the United States, 1969–1976, Volume XXI, Chile, 1969–1973.* Washington, DC: U.S. Government Printing Office.

Economist (2001, Julio 19). How the bug can spread. *Economist, 360* (8231).

Fagen, R. (1975). The United States and Chile: Roots and branches. *Foreign Affairs, 53*(2), 297–313.

Feinberg, R. (1997). *Summitry in the Americas: A progress report.* Washington, DC: Institute for International Economics.

Felix, D. (1990). Latin America's debt crisis. *World Policy Journal, 7*(4), 733–771.

Felix, D. (2001). After the fall: The Argentine crisis and possible repercussions. *Institute for Policy Studies.*

Fishlow, A. (2003). Brazil: FTA or FTAA or WTO? En J. Schott (Ed.), *Free trade agreements: US strategies and priorities* (pp. 277–296). Washington, DC: Institute for International Economics.

GAO (2002). *Drug control: Efforts to develop alternatives to cultivating illicit crops in Colombia have made little progress and face serious obstacles* (GAO Report No. 02.291). Washington, DC: U.S. Government Printing Office.

García, A. (1985a) Mensaje del Presidente Consitiucional del Perú, Doctor Alan García Pérez, Ante el Congreso Nacional, 28 de julio.

García, A. (1985b). *Provisional verbatim record of the fifth meeting*. UN General Assembly, Nueva York, Septiembre 23.

Gerstenzang, J. (2001, Julio 14). White House rejects bailout of Argentina. *Los Angeles Times*.

Hayes, M. D. (1988/1989). The U.S. and Latin America: A lost decade? *Foreign Affairs*, *68*(1), 180–198.

Helleiner, E. (2005). The strange story of Bush and the Argentine debt crisis. *Third World Quarterly*, *26*(6), 951–969.

Hersh, S. M. (1974, Septiembre 11). Censored matter in book about C.I.A. said to have related Chile activities. *New York Times*.

Hirst, M. (2005). *The United States and Brazil: A long road of unmet expectations*. Nueva York: Routledge.

Hirst, M. (2009). Las relaciones Brasil-Estados Unidos: Al compass de nuevas coincidencias. *Foreign Affairs Latinoamérica*, *9*(2), 33–42.

Hornbeck, J. F. (2005). *A free trade area of the Americas: Major policy issues and status of negotiations* (Report No. RS20864). Washington, DC: Congressional Research Service.

Hornbeck, J. F. (2006). *Brazilian trade policy and the United States* (Report No. RL 33258). Washington, DC: Congressional Research Service.

Hughes, K. (2003). *American trade politics: From the omnibus act of 1988 to the trade act of 2002*. Artículo preparado paraCongress Project/Project on America and the Global Economy seminar on "Congress and Trade Policy" en el Woodrow Wilson International Center for Scholars, noviembre 17.

Jordan, K. M. (1994). Intellectual property under NAFTA: Is Chile up to the challenge. *Journal of Comparative and International Law*, *2*(2), 367–380.

Kahn, J. (2001, Agosto 22). Argentina gets $8 billion aid from the I.M.F. *New York Times*.

Katz, C., & Mahler, V. (1992). Three views of Latin American debt crisis. *Cooperation and Conflict*, *27*(2), 191–213.

Kirkpatrick, J. (1979). Dictatorships and double standards. *Commentary*, *68*(5), 34–45.

Kirkpatrick, J. (1981). U.S. security & Latin America. *Commentary*, *71*(1), 29–40.

Kissinger, H. (1979). *White House years*. Boston, MA: Little, Brown and Company.

Lafeber, W. (Ed.) (1965). *John Quincy Adams and American continental empire: Letters, papers and speeches*. Chicago, IL: Quadrangle Books.

Lafer, C. (2000). Dilemmas and challenges in Brazil's foreign policy. *Estudos Avançados*, *14*(38), 63–71.

Latinobarómetro (2017). *La era de Trump Imagen de Estados Unidos en América Latina*. Santiago: Corporación Latinobarómetro.

Leogrande, W. (2007). A poverty of imagination: George W. Bush's policy in Latin America. *Journal of Latin American Studies, 39*(2), 355–385.
Lowenthal, A. F. (1976) Two hundred years of American foreign policy: The United States and Latin America: Ending the hegemonic presumption. *Foreign Affairs, 55*(1), 199–213.
Makin, J. (1989). Developing-country debt problems after seven years. En R. Dornbusch, J. H. Makin & D. Zlowe (Eds.), *Alternative solutions to developing-country debt problems* (pp. 9–20). Washington, DC: American Enterprise Institute for Public Policy Research.
Malamud, C. (2002). México abandona el TIAR: Implicaciones continentales de la iniciativa. *Boletín Elcano*, (5), 1–5.
McCaffrey, J. (1992). *Army of manifest destiny: The American soldier in the Mexican war, 1846–1848.* Nueva York: New York University Press.
McClintock, C. (2000). *The United States and Peru in the 1990s: Cooperation with a critical caveat on democratic standards.* Washington, DC: Department of Political Science, The George Washington University.
McDougall, W. A. (1997). *Promised land, crusader state: The American encounter with the world since 1776.* Nueva York: Mariner Books.
Merke, F. (2015). Neither balance nor bandwagon: South American international society meets Brazil's rising power. *International Politics, 52*(2), 178–192.
Miller, M. A. (1996). Will the circle be unbroken? Chile's accession to the NAFTA and the fast-track debate. *Valparaiso University Law Review, 31*(1), 153–190.
Neff, R. (1986, Agosto 26). A House of cards in Peru. *Washington Post.*
Nelson, M. (2015). *A history of the FTAA: From hegemony to fragmentation in the Americas.* Nueva York: Palgrave MacMillan.
New York Times (1971, Agosto 15). The nation. *New York Times.*
New York Times (1987, Febrero 15). Bradley Warns of foreign-debt impact. *New York Times.*
New York Times (2005, Noviembre 6). Negotiators fail to agree on free trade proposal at Americas summit. *New York Times.*
Nixon, R. (1971a). 374. Memorandum by president Nixon. *Office of the Historian.*
Nixon, R. (1971b). Press conference: President Nixon declares drug abuse "Public Enemy Number One". *Richard Nixon Foundation.*
O'Brien, P. (1993). The Latin American debt crisis. En S. Riley (Ed.), *The politics of global debt* (pp. 85–112). Houndmills: Macmillan Press.
OAS (2005). *Declaration of Mar del Plata*, Fourth Summit of the Americas, Noviembre 5, Mar del Plata, Argentina.
OEC (2019). Visualizations: Export destinations. *The Observatory of Economic Complexity* (Consultado Mayo 13, 2019).
Página/12 (2001, Enero 25). La frase sobre las relaciones carnales fue una estupidez. *Página/12.*
Petras, J., & Morley, M. (1975). *The United States and Chile: Imperialism and the overthrow of the Allende government.* Nueva York: Monthly Review Press.
Poggio, C. G. (2011). Brazil and the instituionaliztion of South America: From hemispheric estrangement to cooperative hegemony. *Revista Brasileira de Política Internacional, 54*(2), 189–211.
Rich, J. (2001, Noviembre 16). Brazil welcomes global move on drug patents. *New York Times.*
Riding, A. (1985a, Julio 29). Peru's new chief to limit payments on foreign debt. *New York Times.*

Riding, A. (1985b, Diciembre 23). U.S. distressed by Peru, but eager to avoid clash. *New York Times.*

Riggirozzi, P., & Grugel, J. (2015). Regional governance and legitimacy in South America: The meaning of UNASUR. *International Affairs, 91*(4), 781–797.

Roett, R. (1985). Peru: The messege from García. *Foreign Affairs, 64*(2), 275–286.

Rohter, L. with Rich, J. (2001, Diciembre 19). Brazil takes a trade stance and offers a Warning to U.S. *New York Times.*

Rohter, L. (2002, Enero 20). Argentina and the U.S. grow apart over a crisis. *New York Times.*

Rosales, O. (2003). *Chile-U.S. Free trade agreement: Lessons and best practices.* Artículo presentado en American Chamber of Commerce, Washington, abril 28.

Rother, L, & Bumiller, E. (2005, Noviembre 6). Hemisphere meeting ends without trade consensus. *New York Times.*

Rusell, R., & Tokatlian, J. G. (2004). Argentina, Brasil y Estados Unidos: El desafío de una esfera de cooperación. *Agenda Internacional (Argentina),* Year 1, No. 2, 16–30.

Sachs, J. D. (1989). New approaches to the Latin American debt crisis. *Essays in International Finance* No. 174. Princeton, NJ: Princeton University.

Sanger, D. E. (1994, Diciembre 12). Chile is admitted as North American free trade partner. *New York Times.*

Scoffield, H. (2001, Agosto 22). IMF agrees to Argentine bailout. *Globe and Mail.*

Scully, T. R., & Valenzuela, J. S. (1993). De la democracia a la democracia: Continuidad y variaciones en las preferencias del electorado y en el sistema de partidos en Chile. *Estudios Públicos, 51*(Invierno), 195–228.

Sennes, R., Onuki, J., & Olveira, J. (2006). The Brazilian foreign policy and the hemispheric security. *Revista Fuerzas Armadas y Sociedad, 1*(se) [sic].

Setser, B. (2005). Bush has yet to meet a big IMF bailout he does not like. *Council on Foreign Relations.*

Sigmund, P. E. (1974). The "Invisible Blockade" and the overthrow of Allende. *Foreign Affairs, 52*(2), 322–340.

Sigmund, P. E. (1982). Chile: Successful intervention? En R. Wesson (Ed.), *U.S influence in Latin America in the 1980s* (pp. 20–39). Nueva York: Praeger Publishers.

Solervicens, M. (2003). *Impactos del Tratado de Libre Comercio entre Chile y Estados Unidos.* Montreal, QC: CIEM.

Streeter, S. (2004). *Destabilizing Chile: The United States and the overthrow of Allende.* Artículo presentado en Latin America Studies Association Convention, Las Vegas, octubre 7.

Tulchin, J. (1993). La Iniciativa para las Américas: ¿Gesto vacío, astuta maniobra estratégica, o notable giro en las relaciones hemisféricas? En FLACSO (Ed.). *America Latina y la Iniciativa para las Américas* (pp. 53–80). Chile: FLACSO.

U.S. House of Representatives (1991). *Andean trade preference act of 1991.* Hearing before the Subcommittee on Trade of the Committee on Ways and Means, July 25. Washington, DC: U.S. Government Printing Office.

U.S. House of Representatives (1997). *Free trade area of the Americas.* Hearing before the Subcommittee on Trade of the Committee on Ways and Means, July 22. Washington, DC: U.S. Government Printing Office.

U.S. House of Representatives (2000). U.*S. relations with Brazil: Strategic partners or regional competitors?* Hearing before the Subcommittee on the Western Hemisphere of the Committee on International Relations, July 26. Washington, DC: U.S. Government Printing Office.

U.S. House of Representatives (2002). *Argentina's economic meltdown: Causes and remedies.* Hearing before the Subcommittee on International Monetary Policy and Trade of the Committee on Financial Services, February 6 and March 5. Washington, DC: U.S. Government Printing Office.

U.S. House of Representatives (2007). *South America and the United States: How to fix a broken relationship.* Hearing before the Committee on Foreign Affairs, June 19. Washington, DC: U.S. Government Printing Office.

USITC (1995). *Andean Trade Preference Act: Impact on U.S. Industries and Consumers and on Drug Crop Eradication and Crop Substitution (Second Report).* Washington DC: United States International Trade Commission.

U.S. Senate (1975). *Covert action in Chile 1963–1973, Staff report of the select committee to study governmental operations with respect to intelligence activities.* Washington, DC: U.S. Government Printing Office.

U.S. Senate (1987). *Impact of the Latin American debt crisis on the United States.* Hearing before the Subcommittee on International Debt of the Committee on Finance United States Senate, March 9. Washington, DC: U.S. Government Printing Office.

U.S. Senate (2002). *Argentina's economic crisis.* Hearing before the Subcommittee on International Trade and Finance of the Committee on Banking, Housing, and Urban Affairs, February 28. Washington, DC: U.S. Government Printing Office.

U.S. Senate (2004). *Argentina's financial crisis.* Hearing before the Subcommittee on International Trade and Finance of the Committee on Banking, Housing, and Urban Affairs, March 10. Washington, DC: U.S. Government Printing Office.

USTR (2001). *Third report to the congress on the operation of the Andean trade preference act.* Washington, DC: U.S. Government Printing Office.

Van Rompay, J. (2004). Brazil's strategy towards the FTAA. En P. Vizentini & M. Wiesebron (Eds.), *Free trade for the Americas? The United States' push for the FTAA agreement* (pp. 120– 148). Nueva York: Zed Books.

Viña del Mar. (1969). Consenso Latinoamericano de Viña del Mar. *Estudios Internacionales, 3*(11), 403–418.

White House (1989). *National drug control strategy.* Washington, DC: U.S. Government Printing Office.

Whitehead, L. (1989). Latin American debt: An international bargaining perspective. *Review of International Studies, 15*(3), 231–249.

Williamson, J. (2002). Lula's Brazil. *Foreign Affairs, 82*(1), 105–113.

Wilson, M. (1992). A U.S.–Chile free trade agreement: Igniting economic prosperity in the Americas. *The Heritage Foundation.*

Winn, P. (1976, Mayo 9). Chile was the Watergate of United States foreign policy. *New York Times.*

World Bank (2019). Gross domestic product [NY.GDP.MKTP.CD]. Recuperado de: https://data.worldbank.org/indicator/NY.GDP.MKTP.CD

Zoellick, R. B. (2003a, Julio 10). Our Credo: Free trade and competitions. *Wall Street Journal.*

Zoellick, R. (2003b, Septiembre 22). America will not wait for the won't do countries. *Financial Times.*

Zoellick, R. (2003c). Concluding ministerial press conference, VIII Free Trade Area of the Americas ministerial, noviembre 20, Miami, FL.

Conclusiones

En este último capítulo emprendo tres tareas: la primera es una revisión del ejercicio del poder de Estados Unidos a través de su *economic statecraft* en los países y en los subperiodos incluidos en las narrativas analíticas de este trabajo; en la segunda, retomo la discusión sobre la naturaleza del poder, los órdenes regionales y el *economic statecraft*; en la tercera extiendo mi argumento para analizar el futuro de la hegemonía estadounidense con la llegada de Donald Trump a la Casa Blanca.

En lo concerniente a la primera tarea, es importante señalar que durante el subperiodo inicial (1971–1989) las capacidades materiales de los países del hemisferio —en términos de su PIB conjunto como porcentaje del PIB de Estados Unidos (22 por ciento en 1971 y 25 por ciento en 1989) y de su dependencia comercial (el porcentaje de sus exportaciones totales con destino a Estados Unidos: 32 y 43 por ciento en los mismos años)— no sufrieron variaciones considerables.[1] Pero como noté en las secciones finales de los cuatro capítulos previos, en el ejercicio del *economic statecraft* sí hubo alteraciones en las relaciones de poder entre

1. Fuente para el PIB: World Bank (2019a). Los países centroamericanos incluidos son Costa Rica, El Salvador, Guatemala, Honduras y Nicaragua; los sudamericanos son Argentina, Brasil, Chile, Colombia y Perú (fuente: OEC 2019).

Washington y algunos de los Estados analizados. En este tipo de dinámicas es importante tomar en cuenta algo más que los datos duros.

Ese "algo más" puede ser el enfoque estratégico de Washington y del resto de las capitales involucradas. Es decir, tanto Estados Unidos como los países aquí estudiados pudieron haber llevado su relación económica desde una perspectiva puramente transaccional, sin exigencias de otro tipo (por ejemplo, la relación política mutua, la responsabilidad y el liderazgo estadounidense o el impacto del tema económico en asuntos de seguridad). Como muestran los casos revisados, los argumentos no económicos—muchos de los cuales implican legitimidad—formaron parte de la relación de poder entre Estados Unidos y el hemisferio durante todo el periodo cubierto en este trabajo (1971–2016).

Así, a lo largo del periodo 1971–1989 Estados Unidos mantuvo, en el sentido amplio, una política comercial liberal de la que se beneficiaron los países del hemisferio —Washington se aseguró de promover los frutos de su doctrina y de dar a conocer su generosidad política—. Aunque esta práctica tuvo excepciones —por ejemplo, cuando Nixon impuso una sobretasa a las importaciones estadounidenses o cuando la administración Reagan se aventuró en el comercio gestionado—, Washington por lo general favoreció el libre comercio. Aunque los debates políticos internos y las sacudidas proteccionistas de esos años no lograron derribarla, sí debilitaron la identidad promercado de Estados Unidos. De esta manera, el resto del continente buscó el liderazgo del Coloso del Norte y le exigió actuar en congruencia con su discurso en temas comerciales. La propuesta de libre comercio que le hizo Canadá a mediados de los años 80 fue una señal de que Ottawa compartía la misma postura en la materia y de que le tenía la suficiente confianza como para profundizar sus relaciones económicas (y políticas). Canadá creía que algo quedaba de la relación especial que tuvieron durante la posguerra. El prolongado intento de Washington por influir en la relación económica (y política) bilateral terminó por dar resultados: a finales de la década de los 80 entró en vigor el Acuerdo de Libre Comercio Canadá-Estados Unidos (CUSFTA por sus siglas en inglés).

La conversión de México al libre comercio tardó un poco más. En el ínterin, Estados Unidos mostró una actitud moderada para no verse como un acosador. Así, con tentadores términos de membresía, México recibió el aliento de Washington cuando empezó a coquetear con la idea de unirse al GATT, y cuando el gobierno de López Portillo se echó para atrás, la administración Carter se abstuvo de seguir ejerciendo presión. Unos años después, cuando México se sintió seguro de unirse al régimen de comercio internacional, Estados Unidos optó por no ofrecerle los términos previos, aunque tampoco obstruyó su segundo (y exitoso) esfuerzo.

Para ese entonces, Estados Unidos ya había salido al rescate de México durante la crisis de la deuda (1982). En apariencia, el vecino del Sur también ameritaba una especie de relación especial.

En la hechura de su política económica exterior, el discurso de Washington durante la creación de la Iniciativa para la Cuenca del Caribe evidencia una consideración que no es estrictamente económica. En este caso específico, las preocupaciones más importantes de Estados Unidos con respecto a Centroamérica eran la seguridad y la estabilidad, pero su rol como patrón de los países de la región fue vital en la creación de un programa comercial unilateral sin precedente. La idea subyacente era la de "enseñar" a los países beneficiarios a utilizar "la magia del mercado" —en la cual Estados Unidos se suponía era el experto—. A pesar de las limitaciones de la iniciativa, resultó claro que los clientes centroamericanos estaban ansiosos por recibir la ayuda de su patrón.

En el caso de la crisis de la deuda de los años 80, Estados Unidos diseñó esquemas de ayuda para que los países afectados superaran sus graves situaciones económicas y de esa manera poner fin a la complicada situación política por la que atravesaba el hemisferio—azuzada por la actitud peruana, en particular por su intención de crear un frente de deudores latinoamericanos para negociar de manera conjunta con sus acreedores—. Así, con el Plan Baker y, principalmente, con el Plan Brady, Washington fue capaz no solo de ayudar a los países morosos, sino también de aislar a Lima, de suscitar la cooperación y de sembrar algo de buena voluntad entre los países latinos que se vieron beneficiados —muchos de ellos sudamericanos.

Pero la principal preocupación de Washington no era ganarse el cariño de los países del hemisferio. El agresivo *economic statecraft* que emprendió Nixon para hacer fracasar a la administración de Salvador Allende lo dejó claro; a la par de una actitud paranoica hacia los regímenes en conflicto con su ideología, lo que prevalecía en Washington era la "presunción hegemónica". Un caso más extremo de agresividad fue su política económica exterior hacia la Nicaragua sandinista, particularmente durante los años de Reagan. A pesar de que la coerción económica funcionó en ambos casos —especialmente con Managua—, la influencia estadounidense en el hemisferio (en gran medida por el prolongado caso centroamericano) se vio seriamente afectada —sin mencionar la legitimidad perdida en la Nicaragua sandinista y en Chile bajo Allende—. Estados Unidos se vio aislado en la región. La autoridad transita en dos vías, y la mayoría de los países del continente —vale la pena recordar que durante los años de Allende varias dictaduras latinoamericanas estaban en sintonía con el gobierno de Nixon— no aprobaron el flagrante y arrogante intervencionismo de Washington.

Más cerca de casa, el *economic statecraft* de Estados Unidos nunca fue tan agresivo con México y Canadá —acaso porque ninguno de los dos países adoptó un régimen político parecido al sandinista o al de Allende—. Así, después del esfuerzo de Ottawa por volver más canadiense su economía en los años 70, Washington contraatacó principalmente en términos políticos. Asimismo, Estados Unidos expresó consternación por haber sido abandonado por un socio (menor), y también preocupación por el mal ejemplo que un país en apariencia "conocedor" podía dar a otros menos ilustrados. Por su parte, Canadá siempre intentó mantener tranquilo a su vecino —y eventualmente cambió curso.

Por otro lado, cuando México adoptó un enfoque económico nacionalista (expresado, por ejemplo, en su ley de inversión extranjera y en su propuesta para adoptar la Carta de Derechos y Deberes Económicos de los Estados de la ONU), Estados Unidos se abstuvo de aplicar medidas punitivas o de ejercer un castigo de manera abierta. Sin duda, estaba en desacuerdo con la doctrina y las políticas económicas de su vecino del Sur, pero la estabilidad del país azteca resultaba más importante que el daño económico que podía causarle a Washington o al orden internacional que lideraba. No es que el Coloso del Norte no haya aplicado un duro *economic statecraft* hacia México durante esos años (la otrora amistosa y comprensiva administración Carter lo hizo en el citado episodio del gas), pero mostró moderación porque entendía la importancia de tener a México, el país donde empieza Latinoamérica y un importante líder regional, de su lado. A pesar de no acomodarse a las decisiones mexicanas, Estados Unidos tuvo que digerirlas, logrando evadir una confrontación cuyos costos pudieron haber sido muy altos en el volátil entorno político de los años 70 y 80. Una vez más, el vecino del Sur fue merecedor de un trato distinto al otorgado a otros países latinoamericanos.

Así, a lo largo del primer subperiodo (1971–1989), donde los años de Reagan resultaron particularmente críticos, la hegemonía de Estados Unidos en el hemisferio occidental experimentó altas y bajas, aunque para 1989 volvió a estar en muy buena forma gracias al retorno al multilateralismo con Bush (padre). Como señaló Georges A. Fauriol en la edición de 1989/1990 de *Foreign Affairs*, bajo la presidencia de George H. W. Bush se dio "el redescubrimiento de la diplomacia multilateral".[2] Para ese entonces resultaba claro que el vencedor de la Guerra Fría había sido Estados Unidos y que había pasado a ser la "superpotencia solitaria"; pero reitero: la unipolaridad no necesariamente produce unilateralismo.

***

2. Fauriol 1989/1990: 117.

Durante el segundo subperiodo (1990–2000), la hegemonía de Estados Unidos en el continente no hizo más que expandirse. Esta expansión tuvo poco que ver con un cambio en las capacidades materiales (27 y 26 por ciento de PIB conjunto de los países revisados como porcentaje del PIB estadounidense en 1990 y 2000, respectivamente; 44 y 52 por ciento en cuanto a dependencia comercial en los mismos años).[3] La razón principal de la intensificación de la hegemonía fue el fin de la Guerra Fría y, con ello, la prevalencia del Consenso de Washington en la región. El *economic statecraft* de Estados Unidos hacia los países del continente se dio en un nivel más profundo del que suponen las interacciones estratégicas; hubo una coincidencia básica de intereses y valores. De ahí los discursos compartidos sobre democracia y liberalización económica y los intentos por profundizar la integración hemisférica (como la Cumbre de las Américas de 1994). Estos fueron los años de la primacía estadounidense, de la convergencia hemisférica y de la restauración parcial de la identidad promercado de Estados Unidos.

Más allá de algunas disputas secundarias debidas al instinto unilateralista de Estados Unidos durante el momento unipolar (o a políticas internas como la Ley Helms-Burton), Washington y Ottawa mantuvieron relaciones cordiales; por lo general, Canadá se mantuvo en sincronía con la doctrina y la práctica económica estadounidense. De manera similar, el viraje de México en su política comercial a principios de la década y el éxito de las negociaciones del TLCAN, dicen mucho sobre la ascendencia de Estados Unidos sobre su vecino del Sur. Así, para finales del siglo XX ambos países habían logrado acercarse como no lo habían hecho en décadas.

A diferencia del experimentado por México, el *economic statecraft* hacia Centroamérica no estuvo tan activo ni fue tan intenso durante el interregno. Sin presiones económicas, políticas o de seguridad que lo comprometieran, y con la confianza de que ya estaba montado en la ola del modelo económico prevaleciente, Washington relegó al istmo de la agenda de su política económica exterior. El *economic statecraft* hacia Sudamérica tampoco tuvo mucha actividad durante los años 90; esto, en parte, debido a que Estados Unidos dio por sentada su hegemonía en la región. Un ejemplo de la seguridad que Washington sentía (y también del acalorado debate sobre el libre comercio que había en el Congreso) fue la imposibilidad de concretar el acuerdo comercial con Chile durante esos años. Esta falencia, relacionada con la falta de autoridad *fast-track*, mostró que, tal

3. Fuente para el PIB: World Bank 2019a; fuente para el comercio: OEC 2019 [donde considero a los países mencionados en la nota al pie anterior].

como señaló Richard Haass a finales de esta década, Washington "careció de un liderazgo efectivo"[4] después de la Guerra Fría. Sin embargo hubo un intento más focalizado y ambicioso por influir en la región: la Ley de Preferencias Arancelarias Andinas (ATPA). No obstante tener objetivos diversos, los instrumentos de la ATPA eran claramente económicos y, a pesar de que su desempeño estuvo lejos de ser el mejor, le ayudó a Washington a ganar algo de buena voluntad entre los países andinos. De ahí que Estados Unidos fuera, como señaló Stephen Walt en el año 2000, el "tímido hegemón" tanto en el hemisferio occidental como en el resto del mundo.[5] A pesar de su falta de empeño, la hegemonía de Estados Unidos en la región a principios del siglo XXI era robusta.

***

El último subperiodo bajo consideración en este trabajo (2001–2016) resultó más problemático para el ejercicio del poder estadounidense a través de su *economic statecraft* en el hemisferio. De nueva cuenta, resulta difícil argumentar que este cambio tuvo que ver únicamente con las capacidades materiales (24 y 31 por ciento de PIB conjunto de los países revisados como porcentaje del PIB de Estados Unidos en el primero y en el último año del subperiodo, respectivamente; 50 y 37 por ciento en términos de dependencia comercial durante los mismos años).[6] Washington mantuvo una política promercado mucho más agresiva, desarrollando a su vez la identidad de un centro de conexión comercial a través de su estrategia de liberalización competitiva; pero este no fue el motivo principal de las crecientes dificultades para ejercer su hegemonía en el continente. El principal factor tuvo que ver con las crecientes tendencias unilateralistas de Washington. Así, en la víspera del inicio de la era de George W. Bush, Condoleezza Rice (quien, como ya he notado, se convirtió en Asesora de Seguridad Nacional y posteriormente en secretaria de Estado) presagió la arrogancia de la futura administración al señalar que "los valores estadounidenses son valores universales".[7]

Los años de Bush (2001–2008), en particular los primeros cuatro, vieron un brusco aumento de políticas unilateralistas en distintos temas; este uso asocial del poder le hizo perder legitimidad en todo el mundo —y el hemisferio occidental no fue la excepción—. Asimismo, el estancamiento económico (al menos en

4. Haass 1999: 48.
5. Walt 2000: 64.
6. Fuente para el PIB: World Bank 2019a; fuente para el comercio: OEC 2019
7. Rice 2000: 64.

Latinoamérica) que siguió a la década del Consenso de Washington,[8] además de la apertura de mercados de exportación alternativos (particularmente el de China para las materias primas), significó que varios de los países de la región se mostraran dispuestos a tomar distancia de Estados Unidos tanto en la práctica como en el discurso económico. El caso más notable fue Sudamérica; por ejemplo, las relaciones políticas y económicas con Buenos Aires se deterioraron como resultado de la negativa de Washington a ayudar a su incondicional aliado de antaño en el contexto de su crisis financiera a principios de siglo. El vengativo y barato *economic statecraft* hacia el país austral terminó por resultar costoso, en términos políticos, para la hegemonía estadounidense en la región.

Otro tema relacionado con los costos que Washington tuvo que pagar por su arrogante actitud a principios del siglo XXI fue su incapacidad para salirse con la suya en el proceso del ALCA. Brasil terminó convirtiéndose en un líder regional a ser tomado en cuenta. La renuencia de Estados Unidos a ampliar el alcance de las negociaciones en asuntos de interés vital para Brasilia, además del trato poco cordial que le dio al gigante del Sur con gestos discriminatorios y la imposición de tarifas, definitivamente no ayudaron a conseguir el apoyo brasileño para lograr un exitoso ALCA —como dejó claro el fiasco de Mar del Plata.

No obstante, el fracaso de Washington en el proyecto hemisférico no fue sinónimo de un declive general o definitivo de la hegemonía estadounidense. Como ya he señalado, veintinueve de treinta y cuatro países presentes en la ciudad argentina estuvieron a favor del acuerdo comercial, y posteriormente Washington fue capaz de firmar tratados regionales o bilaterales con muchos de ellos. Asimismo, el fin del boom de las materias primas y los problemas políticos que enfrentaron muchos de los países de la "ola rosa" durante los años de Obama significaron que Estados Unidos pudo ser capaz de recuperar algo de la influencia perdida durante la primera mitad de este subperiodo (2001–2016).

Washington fue más exitoso en mantener su hegemonía en Centroamérica. Allí, la aquiescencia estadounidense ante la solicitud de la región por tener un tratado de libre comercio ayudó a Washington a preservar su posición —incluso si los países del istmo fueron utilizados como una especie de conejillos de indias

8. Para el periodo de 1998–2000 la tasa de crecimiento promedio en términos porcentuales fue de 4.5 para Canadá, 4.3 para México, 3.9 para Centroamérica y 1.15 para Sudamérica; en el período que corre desde el 2001 y hasta la fecha, la tasa de los mismos países cambió a 2.2, 0.33, 2.7 y 1.9. En Estados Unidos fue de 4.4 y 1.9. Los países incluidos en Centroamérica y Sudamérica son los mismos que utilicé en notas al pie anteriores. Fuente: World Bank (2019b).

para la estrategia comercial más amplia de la "liberalización competitiva"—. No obstante, el pobre desempeño económico de la región, además del incremento del sentimiento antiamericano en el contexto de la "ola rosa", tuvo como consecuencia los crecientes cuestionamientos a la hegemonía de Washington y la necesidad del Coloso del Norte de generar programas paliativos de asistencia para sus clientes centroamericanos.

El poderío estadounidense ejercido a través de su *economic statecraft* hacia México no sufrió alteraciones significativas. Ambos países estaban básicamente de acuerdo con respecto a lo que consideraban la política económica apropiada, tanto en el ámbito interno como en el externo. De manera notable, con su ascendencia sobre México bien establecida en asuntos económicos, Washington incluso se negó a profundizar su relación económica bilateral; las disputas entre las dos capitales durante esos años tuvieron que ver principalmente con temas políticos, como la invasión de Estados Unidos a Irak. De manera similar, las fricciones entre Estados Unidos y Canadá durante el periodo se debieron principalmente a los impulsos unilateralistas de Washington; aunque ya para finales del periodo se presentó una de naturaleza económica: el oleoducto Keystone. Pero el *economic statecraft* estadounidense hacia Canadá durante esos años fue, al igual que el ejercido hacia México, moderado; el poder de Washington sobre Ottawa no mostró señales de declive.

Por lo general, durante este periodo de dieciséis años la hegemonía de Estados Unidos en el hemisferio occidental fue mucho más errática que durante el subperiodo anterior (1990–2000), y buena parte de ello tuvo que ver con su entendimiento y con su práctica asocial del poder. El malentendido con respecto al uso apropiado y eficiente del poder fue claro desde el principio de este subperiodo (2001–2016). Para citar de nuevo a Rice en el año 2000, "la búsqueda de Estados Unidos de su interés nacional creará las condiciones que promuevan la libertad, los mercados y la paz. Su búsqueda del interés nacional después de la Segunda Guerra Mundial llevó a un mundo más próspero y democrático. Esto puede volver a suceder".[9] Lo que ella y la administración Bush en general no captaron es que el poder de un Estado es más efectivo cuando se encuentra imbuido en la comunidad internacional más amplia, cuando el Estado —en particular si es un hegemón— posee un interés propio iluminado.

***

9. Rice 2000: 47.

Habiendo revisado el ejercicio del poder estadounidense a través de su *economic statecraft* en el hemisferio occidental, paso ahora a la segunda tarea de este capítulo: hacer una revisión de la discusión sobre la naturaleza del poder, los órdenes regionales y el *economic statecraft*. Como sugiere la narrativa anterior, el ejercicio del poder es un tema altamente relacional y contextual. La política económica exterior de Washington hacia la región ciertamente correspondió a la identidad del país instanciada a través de su política comercial en cada uno de los subperiodos. Debido a que estos últimos fueron definidos a partir del debate global sobre el declive de la hegemonía estadounidense (correspondientes a las dos últimas décadas de la Guerra Fría, al momento unipolar y al surgimiento de China), como señalé en la introducción, no necesariamente corresponden con exactitud a las distintas fases de los vaivenes del poder estadounidense en la esfera económica del hemisferio occidental. Este campo de las relaciones de poder fue incluso moldeado por el entendimiento del poder que tuvieron las diferentes administraciones en la Casa Blanca. El despliegue del *economic statecraft* de Estados Unidos fue, *a fortiori*, afectado por este hecho contingente. Debido a que algunas concepciones —y prácticas— cambiaron, lo mismo sucedió con la autoridad que Estados Unidos gozó en la región. Así, por ejemplo, los años de Nixon, Reagan y Bush (hijo) tuvieron distintos efectos que los años de Carter, Bush (padre) y Obama en su hegemonía continental.

No obstante, a lo largo del periodo de cinco décadas (1971–2016) cubierto en este trabajo, el poder estadounidense tuvo un giro hemisférico distintivo en el ámbito económico —y no debido, como ya he señalado, a que Washington haya desplegado una política económica exterior a la medida de la región—. Obviamente hubo excepciones notables, como la ICC y el ATPA, pero los contornos amplios de la doctrina económica de Estados Unidos no diferenciaron entre el hemisferio y el resto del mundo. La explicación del giro hemisférico yace en la profunda estructura normativa que históricamente ha estado bajo la superficie de la economía política del continente: la Idea del Hemisferio Occidental (IHO). Como vimos en el capítulo dos, el sistema separado de valores e intereses que evolucionó desde principios del siglo XIX en el Nuevo Mundo fue un hecho social reconocido internacionalmente a principios del siglo XX, y se legalizó o institucionalizó con la Carta de Bogotá de 1948.

Pero más allá de la formalización del pacto regional, lo que resultó relevante para las relaciones económicas hemisféricas fueron los elementos autoritativos contenidos en ella, es decir, la moderación (estadounidense) y el reconocimiento (latinoamericano y canadiense — estrictamente con respecto a las relaciones interamericanas, los principios de un gobierno representativo y la no intervención fueron temas centrales de la IHO). Es decir, mientras Washington se comprometió a respetar los derechos de sus vecinos hemisféricos, estos últimos se comprometieron a reconocer el liderazgo estadounidense. La legitimidad fue el pegamento que volvió posible el orden regional. Este acuerdo político básico, impregnado del legado republicano según el cual los Estados soberanos están vinculados en un entorno jerárquico (uno donde el líder debe justificar sus acciones), permeó las relaciones económicas entre los países del hemisferio occidental. Así, tanto las consideraciones no económicas, como los reclamos políticos y normativos presentados por Washington e incluso por los países "objetivo" del continente americano fueron una constante en lo que de otra manera hubieran sido simples interacciones económicas.

Así, la discusión más amplia sobre el supuesto declive de la hegemonía estadounidense iniciada a principios de los años 70 se ubicó en este orden regional específico y en los términos mostrados en los capítulos previos; como ya he señalado, desde este punto de vista las cosas se ven un poco diferentes. A pesar de que a principios de los años 80 la propuesta declinista se había esparcido por el hemisferio occidental, más tarde se volvió evidente que la hegemonía estadounidense en asuntos económicos todavía era robusta. Como ya he notado, el liderazgo económico (y político) de Washington en la región, junto a su liderazgo en el contexto internacional más amplio, mejoró de manera sustancial durante el interregno. No obstante, fue durante la última fase (2001–2016) que la hegemonía estadounidense en la región se volvió más errática, primero declinando y luego recuperándose hacia el final del periodo cubierto en este trabajo. Esto por supuesto tuvo que ver con el surgimiento de la izquierda en Latinoamérica y con los renovados esfuerzos de integración estrictamente latinoamericana, pero también con las políticas unilateralistas de la administración Bush, con el ascenso de China y con el boom de las materias primas. La recuperación parcial de la hegemonía estadounidense en el hemisferio occidental durante los años de Obama, un periodo durante el cual se dio un entendimiento más social del poder y que correspondió más de cerca con los principios básicos del pacto hemisférico, fue en cierta medida a contracorriente de la supuesta trayectoria a la baja de la hegemonía estadounidense en el mundo entero. Durante estos últimos años, Estados Unidos se ajustó más a un interés propio iluminado en el hemisferio occidental, uno que incluía las necesidades de respeto y autonomía de sus vecinos, lo que a su vez incrementó su legitimidad en la región.

Como ya he notado en las narrativas analíticas de los capítulos previos, a lo largo del periodo de cuarenta y seis años cubierto en esta obra las capacidades materiales de Estados Unidos vis-à-vis los países del hemisferio no cambiaron de manera sustancial; esa es una de las razones por las que he argumentado que los recursos por si mismos no son muy útiles para el estudio de los vaivenes del poder de Washington en la región. No obstante, con esto no quiero sugerir que en el estudio de la economía política internacional los activos tangibles sean irrelevantes. De hecho, los datos duros de este tipo constituyen una aproximación (muy general) de las relaciones de poder en los asuntos internacionales. Pero un enfoque materialista, que concibe el poder como un atributo, no nos lleva muy lejos en la explicación de las complejidades de las bases políticas del ejercicio de la hegemonía y del *statecraft* político. A pesar de que proporciona una mayor sensibilidad para entender la naturaleza social del poder, un entendimiento relacional delgado del poder, uno que se enfoca en su componente estratégico, también tiene un uso limitado. La explicación relacional delgada no toma en cuenta las bases normativas del poder, es decir, fracasa en analizar los aspectos no estratégicos basados en la legitimidad, e incluso a veces aspectos deontológicos de las relaciones de poder involucrados en el ejercicio de la hegemonía a través del *economic statecraft*. A esto se debe que un análisis relacional grueso del poder, junto con una concepción gruesa del *economic statecraft*, puede ayudar a entender mejor las complejidades implícitas en la instanciación de la hegemonía estadounidense en los asuntos económicos.

El *economic statecraft* no consiste únicamente en una serie de instrumentos técnicos. Refleja la identidad del Estado "*A*" que lo despliega; esta integración de la identidad (como un concepto de propiedad) es parte de lo que vuelve "grueso" el entendimiento del *economic statecraft* presentado en este trabajo. Es por ello que, en general, los esfuerzos de influir implementados en políticas económicas exteriores específicas son congruentes con la identidad del poseedor de la identidad. Asimismo, tanto la identidad como los medios elegidos para ejercer el poder aparecen como hechos sociales para el Estado objetivo, "*B*". Sin embargo, de la misma manera, el conocimiento que *B* tiene de la identidad de *A* informa y le otorga predictibilidad a la relación de poder conforme es instanciada en el plano económico. Incluso si el enfoque presentado aquí es menos parsimonioso que los otros, ciertamente tiene algunos puntos de convergencia con ellos, como espero que su aplicación en los capítulos previos haya demostrado. El argumento aquí presentado es análogo al citado análisis de John Gerard Ruggie (en el capítulo uno) sobre el surgimiento del multilateralismo en la posguerra, el cual Ruggie atribuyó no a la existencia de la "*hegemonía* estadounidense" sino al establecimiento de un orden jerárquico particular, la "hegemonía *estadounidense*". Así, no sorprende que la extendida existencia de la hegemonía de Estados unidos en el Nuevo Mundo haya señalado el rumbo o definido las relaciones de poder en general y en el ámbito económico en particular.

Obviamente, esto no significa que la relación de Washington con sus vecinos hemisféricos esté predestinada. Hay factores que afectan el desarrollo de las relaciones de poder. En primer lugar, como ya he sugerido, la identidad estatal, incluso cuando se pasa por alto la interacción a la que se ve sometida en el nivel internacional (como se hizo en este trabajo con fines metodológicos), es maleable. Así, a pesar de que en lo general Washington mantuvo una actitud liberal hacia el comercio internacional en el periodo aquí cubierto, como señalé en el capítulo cuatro, su identidad no fue estática o definitiva, tal como sugieren las variaciones en su *economic statecraft*. Asimismo, la medida en la que otros países compraron el discurso estadounidense en la materia (así haya sido de manera sincera o por estrategia) también arroja algo de luz sobre el flujo del poder que Washington fue capaz de ejercer sobre el hemisferio. No obstante, a lo largo del periodo de 1971–2016, parafraseando la citada definición de poder de Dahl, es seguro afirmar que la habilidad de Estados Unidos para afectar las *acciones, o la predisposición a actuar […] de una forma consistente con —y no contraria a— [sus] deseos, preferencias o intenciones* de los países del hemisferio occidental en gran medida se preservó.

***

La discusión anterior sobre el poder, los órdenes regionales y la naturaleza del *statecraft* me llevan a la última tarea establecida para este capítulo: la extensión del argumento a las implicaciones que la llegada de Donald Trump al poder tiene para la hegemonía estadounidense.

A finales de 2016, cuando las apuestas indicaban que el ejercicio del poder bajo Obama iba a seguir una trayectoria similar bajo el liderazgo de la candidata presidencial demócrata Hillary Clinton, el contendiente republicano, Donald J. Trump, revirtió la quiniela al ganar la elección con un margen de menos 2.86 millones de votos —pero con la mayoría de los votos en el Colegio Electoral: 304 contra 227 de Clinton—. Al asumir el poder en enero de 2017, Trump empezó a hacer válidas las promesas nacionalistas y xenofóbicas de su campaña *Make America Great Again* a la presidencia. Así, poco después de su llegada a la Casa Blanca, Trump sacó a Estados Unidos del Acuerdo Transpacífico de Cooperación Económica (TPP por sus siglas en inglés) y anunció el inicio de las renegociaciones de lo que llamó "el peor tratado jamás firmado": el TLCAN.

En el frente económico internacional, el presidente estadounidense atacó repetidamente a la Organización Mundial de Comercio e impuso tarifas por doquier (a Canadá, China, la Unión Europea, México y Turquía, por ejemplo).[10] Resulta claro que Trump favorece los objetivos de "ingresos" y "restricciones" en la política

10. Reuters 2019.

comercial internacional que caracterizó a Estados Unidos en épocas previas, en lugar de la política de "reciprocidad" que ha distinguido al enfoque estadounidense desde mediados de la década de 1930.[11] Mientras tanto, como señaló Stephen Walt, Washington ha seguido un "caótico enfoque en su diplomacia económica", particularmente con su indiscutible principal contrincante: Beijing.[12] Así, Trump no solo excluyó a su país de la amplia coalición política y económica que había construido para lidiar con el surgimiento de China, el TPP, sino que también se alienó de aliados potenciales, como Canadá o los países europeos, en su contienda contra el país asiático. Como el ex secretario del Tesoro, Larry Summers, señaló en el *Financial Times*, una "regla básica de estrategia es la de unir a tus amigos y dividir a tus potenciales adversarios. Estados Unidos parece estar haciendo lo contrario… ello ha dado como resultado que la mayoría del resto del mundo se ponga del lado de China en contra de Estados Unidos".[13]

Asimismo, desde principios de 2017 Estados Unidos ha abandonado otros muchos principios que le han servido como faro y guía desde la Segunda Guerra Mundial, particularmente en la conducción de su diplomacia. Así, ha arremetido de manera constante contra su alianza de seguridad más importante, la OTAN; ha criticado a la Unión Europea e incluso ha amenazado con abandonar las Naciones Unidas. La administración Trump también ha desdeñado la amenaza del calentamiento global al retirarse del Acuerdo de París, y ha promovido el racismo con sus restricciones de viaje a los musulmanes, con sus acciones y su discurso sobre su pretendido "muro" a lo largo de la frontera con México, o con los denigrantes comentarios del presidente sobre algunos países centroamericanos y africanos (les llamó "agujeros de mierda" o países "de mierda").[14]

En la era de Donald Trump, Washington ha privilegiado a los servicios armados sobre el servicio exterior, buscando incrementos y reducciones en sus presupuestos, respectivamente.[15] Confirmando la poca consideración que el actual ocupante de la Casa Blanca le tiene a la diplomacia, Trump se ha jactado de mentirle a una de sus contrapartes (y aliado), el primer ministro de Canadá Justin Trudeau.[16] Resulta claro que ningún líder extranjero pronunciaría acerca de Trump lo que Charles de Gaulle dijo sobre el presidente Kennedy cuando el

11. Irwin 2017.
12. Walt 2019.
13. Summers 2018.
14. Sullivan 2018; Dawsey 2018.
15. Filkins 2017.
16. Walt 2018c: 245.

secretario de Estado Acheson intentó mostrarle evidencias sobre los misiles rusos en territorio cubano: "la palabra del presidente de Estados Unidos es suficiente para mí" —desestimando los esfuerzos del enviado estadounidense—.[17] Como ha notado *The Economist*, "Trump maneja cada relación como una serie de transacciones competitivas"; según el semanario inglés, ningún otro presidente estadounidense "ha fallado de manera tan conspicua en revestir la aplicación del poder coercitivo con el reclamo de estar actuando por el bien global".[18] Así, la política exterior de la administración Trump se ha reducido en gran medida a la coerción y a rudimentarias negociaciones estratégicas[19] —muy distinto a lo que fue la diplomacia estadounidense en los años dorados de su hegemonía—. Por lo tanto, como el presidente del Consejo Europeo, Donald Tusk, ha observado, "el orden internacional basado en reglas está siendo desafiado, de manera sorpresiva, no por los sospechosos habituales, sino por su principal arquitecto y garante, Estados Unidos" (durante la Cumbre del G7 de 2018 en Canadá, la delegación estadounidense objetó la inclusión del consuetudinario "orden internacional basado en reglas" en el comunicado oficial del encuentro).[20] De manera similar, el presidente del Consejo de Relaciones Exteriores, Richard Haass, ha notado que, desde la llegada de Trump a la Casa Blanca, "Estados Unidos ha pasado de ser el principal preservador del orden a ser su principal disruptor".[21]

Ahora bien, el cambio observado en el rol de Estados Unidos de "preservador" a "destructor" puede verse con matices debido a que, como ya he notado, no es que Estados Unidos haya preservado el orden internacional de la posguerra, o se haya adherido devotamente a él, por razones altruistas. Washington actuó por su (iluminado) interés propio; en el ámbito económico, por ejemplo, su (consistente) búsqueda del objetivo de "reciprocidad" en su política comercial ciertamente resultó benéfico para otros, pero Estados Unidos fue el principal favorecido. Asimismo, el actual orden internacional liberal está lleno de "anomalías". Una lista parcial de ellas incluiría, de la parte estadounidense, asesinatos políticos en otros países, alrededor de setenta intentos de cambio de régimen, apoyo a gobiernos autoritarios, actividades encubiertas ilegales y tortura.[22] Obviamente hubo altibajos en el grado en el que Washington siguió el guion del orden liberal; un periodo

17. Walt 2018b.
18. *The Economist* 2018.
19. Drezner 2018b.
20. En Shear 2018.
21. Drezner 2018a.
22. Bacevich 2018: 212; Zenko 2019.

particularmente difícil fue, como ya he señalado, la propensión unilateralista de George W. Bush.

Pero, aun así, se ha dado un cambio de categoría bajo la administración Trump. Con el simple hecho de rechazar los valores morales en la arena internacional, Washington ha dado un paso sin precedente. Como el semanario liberal *The Economist* señaló:

> La peculiar disposición de Estados Unidos a liderar fundiendo el poder y la legitimidad venció a la Unión Soviética y lo llevó a la hegemonía. El orden mundial que diseñó es el vehículo de esa filosofía. Pero el Sr. Trump prefiere recurrir a la vieja idea del poder de la fuerza. Sus impulsos quizá empiecen a imponer una nueva geopolítica, pero no le serán de utilidad ni al mundo ni a Estados Unidos por mucho tiempo.[23]

De manera similar, el académico realista Barry Posen ha notado que "al romper con sus predecesores, Trump le ha quitado mucho de lo 'liberal' a la 'hegemonía liberal' […] Trump ha marcado una gran estrategia totalmente nueva para Estados Unidos: la hegemonía iliberal".[24]

Pero ¿de dónde proviene este nuevo enfoque o entendimiento del poder? Tiene sus raíces en una de las principales tradiciones de política exterior de Estados Unidos, la Jacksoniana, la cual pone de manifiesto el nacionalismo económico, el populismo y el unilateralismo;[25] algo que de hecho ha sido reconocido por el propio Trump.[26] Al igual que con las profundas convicciones del presidente argentino Juan Domingo Perón sobre la flexibilidad de la economía —citadas en el capítulo cuatro— las cuales guiaron su política económica, parece haber una creencia muy arraigada en el presidente estadounidense con respecto a las tarifas y a su uso apropiado en el *economic statecraft*; para él, son herramientas indispensables y universales que protegen a Estados Unidos de un mundo que intenta tomar ventaja de él.[27] Asimismo, hay una especie de visión hobbesiana de la política internacional en el entendimiento que la presente administración tiene de las relaciones económicas exteriores. Como han señalado el asesor de seguridad nacional de Trump, H. R.

23. *The Economist* 2018.
24. Posen 2018.
25. Mead 2005.
26. Friedman, Lissner y Rapp-Hooper 2018.
27. Tankersley y Landler 2019; Consejo editorial 2019; Irwin 2018.

McMaster, y el asesor económico, Gary D. Cohn, en un editorial conjunto en el *Wall Street Journal* en el contexto del primer viaje de su jefe al exterior:

> El presidente se aventuró a su primer viaje al exterior con una clara visión de que el mundo no es una 'comunidad global', sino una arena donde las naciones, los actores no gubernamentales y las empresas se vinculan y compiten para sacar provecho […] En lugar de negar esta naturaleza elemental de los asuntos internacionales, nosotros la aceptamos.[28]

De acuerdo con la administración Trump, la superioridad material de Estados Unidos significa que debe ser capaz de ejercer más poder, a su discreción. Asimismo, bajo este entendimiento, el desequilibrio debería infundir ansiedad entre los demás países. Para el presidente Trump, como ha señalado, "el poder real es —ni siquiera quiero utilizar la palabra— el miedo".[29] De esta manera, llegamos a la enunciación de la Doctrina Trump como la formuló un alto funcionario de la Casa Blanca: "La Doctrina Trump es 'nosotros somos Estados Unidos, perra'. Esa es la Doctrina Trump".[30] De manera similar, un amigo del presidente describió el nuevo enfoque en los siguientes términos: "está la Doctrina Obama y la Doctrina de 'joder a Obama' […] Nosotros representamos la Doctrina de 'joder a Obama' ".[31]

Más allá del lenguaje gráfico, el contraste entre los enfoques de política exterior de los dos últimos presidentes resulta, en efecto, evidente. Tomemos el caso del hemisferio occidental. Como señalé en el capítulo dos, el secretario de Estado de Obama, John Kerry, declaró en la OEA en 2013 que la Doctrina Monroe ya no era una política de Estados Unidos. Trasladándonos al 2018, es de resaltar la opinión del secretario de Estado de Trump, Rex Tillerson, sobre la Doctrina Monroe en la Universidad de Texas en Austin: "Pienso que hoy es tan relevante como cuando fue escrita".[32] No obstante, para él, a diferencia de los creadores de la doctrina, la amenaza no proviene de Europa, sino de China. Tal como señaló Tillerson, "Hoy mismo, China se está afianzando en América Latina. Está utilizando el *economic statecraft* para jalar a la región a su órbita".[33] De manera similar,

28. McMaster y Cohn 2017.
29. Woodward 2018.
30. En Goldberg 2018.
31. Ibíd.
32. Tillerson 2018.
33. *Ibid.*

hablando ante un grupo de veteranos de la invasión a Bahía de Cochinos en 2019 en Miami, el asesor de seguridad nacional, John Bolton, aseguró que "hoy en día, con orgullo proclamamos algo que todo mundo debe saber: la Doctrina Monroe está viva y goza de cabal salud"; de acuerdo con él, después de todo, "es nuestro hemisferio".[34]

No obstante, los efectos del ejercicio del poder duro de la administración Trump ciertamente no han sido los esperados. Tomemos otra vez el ejemplo de América Latina. El renovado, arrogante e intervencionista enfoque de Washington hacia la región no ha generado una mayor influencia o inquietud, sino desconcierto. Como notó *The Economist*, "Un profundo desconcierto. Eso, como señala un funcionario latinoamericano, describe la actitud de su región ante el gobierno del presidente Donald Trump. Lo que los líderes latinoamericanos no sienten es miedo".[35] Así, su concepción y su práctica asocial del poder parecen ser ineficaces en el hemisferio. Y lo mismo pasa en otras regiones en su trato con aliados y adversarios.[36] Particularmente en el frente económico, como ya he señalado, la política estadounidense ha resultado contraproducente; ha mostrado a Washington no únicamente como egoísta, sino también como un líder poco efectivo, debilitando su legitimidad como una potencia hegemónica capaz. [37]

Más allá de las relaciones interestatales estrictamente económicas, Estados Unidos ha ido sufriendo grandes pérdidas en términos reputacionales. En comparación con el último año del gobierno de Obama, la tasa de aprobación del liderazgo estadounidense hacia el final del primer año de Trump cayó alrededor de 20 puntos porcentuales—y alrededor de 30 de acuerdo con una encuesta de *Gallup* levantada en ciento treinta y cuatro países—.[38] De manera similar, en 2018 una encuesta del *Pew Research Center* en veinticinco países encontró que, en promedio, solo el 27 por ciento de los encuestados confiaban en el presidente Trump; México presentó la peor opinión, con solo el 6 por ciento de los entrevistados mostrando confianza en el mandatario estadounidense.[39]

De manera significativa, esta percepción no solo se da fuera del país, los ciudadanos estadounidenses reconocen en gran medida que la imagen e influencia de su país en el mundo va en declive. Así, de acuerdo con un reporte del Consejo de

34. Richardson 2019; Filkins 2019.
35. Lexington 2017.
36. Walt 2018a.
37. Krugman 2018; Drezner 2017; Summers 2018.
38. En Baker 2018.
39. Wike et al. 2018.

Chicago de 2018, "59 por ciento de los estadounidenses dice que Estados Unidos es menos respetado ahora que hace diez años", y la mayoría de los encuestados "piensa que Estados Unidos está perdiendo influencia global".[40]

Así, resulta claro que Estados Unidos ha perdido influencia bajo el mandato de Trump. Parafraseando de nuevo la citada definición de poder de Dahl, podríamos decir que la habilidad de Washington para afectar las *acciones, o las predisposiciones a actuar* [de otros países]… *en una dirección consistente con —y no contraria a—* [sus] *deseos, preferencias, o intenciones* ha recibido un duro golpe. Pero esto no significa necesariamente que (el actual) orden internacional liberal esté muerto. A pesar de que Washington está de manera constante debilitando las instituciones cuya creación lideró, es probable que estas pudieran sobrevivir a la presidencia de Trump. Las instituciones son maleables y normalmente no desaparecen al sufrir un golpe. Como se ha argumentado de manera convincente en la literatura sobre los regímenes internacionales, las instituciones en ocasiones adquieren vida propia.[41] Como señaló hace tiempo Robert Keohane, quizá haya cooperación después de la hegemonía estadounidense.[42] Y ese es precisamente el punto —es poco probable que el orden jerárquico internacional siga siendo liderado por Estados Unidos—. Incluso si alguien más lúcido(a) gana la elección presidencial del año 2020, tendrá que enfrentar una muy difícil batalla a fin de recuperar la legitimidad de su país en la arena internacional que le permitiera de nueva cuenta ser un líder hegemónico. Él o ella quizá logre recuperar algo de la influencia perdida durante los últimos años, particularmente durante la administración Trump, aunque ello difícilmente resultará suficiente para volver a poner a Estados Unidos en la cúspide de la pirámide del poder. El daño infringido a la credibilidad estadounidense probablemente sea insuperable. Quizá no sea la disminución de sus capacidades materiales lo que ponga fin a la hegemonía estadounidense, sino el declive de su habilidad para ejercer el poder de una manera adecuada. Al igual que sucede con la esfera doméstica, como notó hace tiempo el autor realista y practicante de la *realpolitik*, Henry Kissinger, "cualquier sistema de orden mundial, para ser sustentable, debe ser aceptado como justo —no solo por los políticos, sino también por los ciudadanos—".[43] La política es la política es la política.

40. Smeltz et al. 2018: 13–14.
41. Krasner 1983.
42. Keohane 1984.
43. Kissinger 2015: 8.

Referencias

Bacevich, A. (2018). The "Global Order" myth. En R. Gervis, F. J. Gavin, J. Rovner, D. E. Labrosse & G. Fujii (Eds.), *Chaos in the liberal order*. Nueva York: Colombia University Press.

Baker, P. (2018, Enero 18). Souring world views of Trump open doors for China and Russia. *New York Times.*

Dawsey, J. (2018, Enero 12). Trump derides protections for immigrants from 'shithole' countries. *Washington Post.*

Drezner, D. W. (2017, Julio 10). As it turns out America first does equal America Alone. *Washington Post.*

Drezner, D. W. (2018a, Enero 9). Is president Trump's foreign policy better than we think? *Washington Post.*

Drezner, D. W. (2018b, Octubre 1). The Trump administration's incomplete understanding of power. *Washington Post.*

The Economist (2018, Junio 7). Donald Trump's demolition theory of foreign policy won't work. *The Economist.*

Editorial Board (2019, Mayo 31). Tariff man unchained. *Wall Street Journal.*

Fauriol, G. (1989/1990). The shadow of Latin American affairs. *Foreign Affairs, 69*(1), 116–134.

Filkins, D. (2017, Octubre 16). Rex Tillerson at the breaking point. *New Yorker.*

Filkins, D. (2019, Abril 29). John Bolton on the Warpath: Can Trump's national-security adviser sell the isolationist President on military force? *New Yorker.*

Friedman Lissner, R., & Rapp-Hooper M. (2018). The day after Trump: American strategy for a new international order. *Washington Quarterly, 41*(1), 7–25.

Goldberg, J. (2018, Junio 11). A senior White House official defines the Trump doctrine: 'We're America, Bitch'. *Atlantic.*

Haass, R. (1999). What to Do With American Primacy. *Foreign Affairs, 78*(5), 37–49.

Irwin, D. (2017). *Clashing over commerce: A history of US trade policy*. Chicago, IL: University of Chicago Press.

Irwin, D. (2018, Noviembre 6). Trade under Trump. What he's done so far—And what he'll do next. *Foreign Affairs.*

Keohane, R. O. (1984). *After hegemony: Cooperation and discord in the world political economy*. Princeton, NJ: Princeton University Press.

Kissinger, H. (2015). *World order*. Nueva York: Penguin Books.

Krasner, S. (1983). *International regimes*. Ithaca, NY: Cornell University Press.

Krugman, P. (2018). Leadership, laughter, and tariffs. *New York Times.*

Lexington (2017, Agosto 17). Donald Trump blusters, Latin America shrugs. *The Economist.*

McMaster, H., & Cohn, G. (2017, Mayo 30). America first doesn't mean America alone. *Wall Street Journal.*

Mead, W. (2005). The Jacksonian tradition and American foreign policy. En O. C. Judd (Ed.), *Redefining sovereignty: Will liberal democracies continue to determine their own laws and public policies or yield these rights to transnational entities?* (pp. 307–344). Hanover: Smith and Kraus.

OEC (2019). Visualizations: Export destinations. The Observatory of Economic Complexity (Consultado Mayo 13, 2019).

Posen, B. (2018). The rise of illiberal hegemony: Trump's surprising grand strategy. *Foreign Affairs, 97*(2), 20–27.

Reuters (2019, Mayo 13). Factbox: Tariff wars – Duties imposed by Trump and U.S. trading partners. *Reuters.*

Rice, C. (2000). Promoting the national interest. *Foreign Affairs, 79*(1), 45–62.

Richardson, D. (2019, Abril 17). John Bolton reaffirms America's commitment to the Monroe Doctrine with new sanctions. *Observer.*

Shear, M. (2018, Junio 8). Trump attends G-7 with defiance, proposing to readmit Russia. *New York Times.*

Smeltz, D., Daalder, I. H., Friedhoff, K., Kafura, C., & Wojtowicz, L. (2018). *Chicago Council Survey—America engaged: American public opinion and US foreign policy*. Chicago, IL: The Chicago Council on Global Affairs.

Sullivan, E. (2018). Trump denies changing his position on border wall. *New York Times.*

Summers, L. (2018, Junio 4). Donald Trump's trade policy violates every rule of strategy. *Financial Times.*

Tankersley, J., & Landler, M. (2019, Mayo 15). Trump's love for tariffs began in Japan's '80s Boom. *New York Times.*

Tillerson, R. (2018). *U.S. engagement in the Western Hemisphere.* Remarks at University of Texas at Austin, Febrero 1.

Walt, S. (2000). Two cheers for Clinton's foreign policy. *Foreign Affairs, 79*(2), 63–79.

Walt, S. (2018a, Agosto 13). A playbook for taming Donald Trump. *Foreign Policy.*

Walt, S. (2018b, Septiembre 17). Does it matter that Trump is a liar? *Foreign Policy.*

Walt, S. (2018c). *The hell of good intentions: America's foreign policy elite and the decline of U.S. primacy.* Nueva York: Farrar, Straus and Giroux.

Walt, S. (2019, Abril 26). America isn't as powerful as it thinks it is. *Foreign Policy.*

Wike, R., Stokes, B, Poushter, J., Silver, L., Fetterolf, J., & Devlin, K. (2018, Octubre 1). *Trump's international ratings remain low, especially among key allies.* Washington, DC: Pew Research Center.

Woodward, B. (2018). *Fear: Trump in the White House.* Nueva York: Simon and Schuster.

World Bank (2019a). Gross domestic product [NY.GDP.MKTP.CD]. Recuperado de: https://data.worldbank.org/indicator/NY.GDP.MKTP.CD

World Bank (2019b). Gross domestic product growth [NY.GDP.MKTP.KD.ZG]. Recuperado de: https://data.worldbank.org/indicator/NY.GDP.MKTP.ZG

Zenko, M. (2019, Abril 10). Nostalgia is a national security threat. *Foreign Policy.*

Índice analítico

www.ingramcontent.com/pod-product-compliance
Ingram Content Group UK Ltd.
Pitfield, Milton Keynes, MK11 3LW, UK
UKHW021857290926
8980IPUK00005B/891